王子精靈法則

陽明心學智慧記

陳復 著

目次

自序

活出你生命裡的精靈

這本《王子精靈法則：陽明心學智慧記》終於要跟社會大眾見面了。猶記得距離今天的十年前，敝人在傳播心學的過程裡，覺得有需要針對當前時空背景，將陽明心學做大幅翻新，特別花一年的時間，每天清晨仔細研讀《王陽明全集》（包括《傳習錄》在內），每兩天寫一篇詮釋心學的文章，藉此來收攝精神並鍛鍊自己的觀念，共計寫出一百八十篇文章，當時每寫完一篇，就將文章放在海峽兩岸各大儒家思想網路平台（包括自己創設的心學聯合論壇），當時敝人將這類文章集合稱作《陽明心學涵養實記》，由於文章簡明易懂，很快就獲得好學深思的青年熱烈迴響，很多人常在網路跟敝人論學，蔚為一時風潮，直到現在，每當敝人接受邀請，到大陸的某間高校演講或座談，都還會有青年從各省不遠千里而來，拿著自己收集與打印出來的《陽明心學涵養實記》紙本，既給敝人瀏覽他的眉批，更希望敝人簽名留念，這些難忘且感人的經驗，常縈繞在敝人的心頭。

後來十年間，敝人寫完《陽明心學涵養實記》後，深感修心養性的觀念很難被已深受西化思維影響的國人接受，加上當年人文社會領域還有極其保守頑固的學術典範，在安身立命的綜合衡量裡，敝人改弦易轍，階段性來讓自己從心學獲得的創新觀念能被學術圈接納，因此奮勉耕耘，撰寫探討心學或轉型成生命教育的學術論文，投稿並刊登於國內外一流的學術期刊，這期間雖然不再像往日大量在民間辦書院講學，然而還是有很多青年常來跟敝人討論，他們對《陽明心學涵養實記》最深刻的印象，就是常會發問：「怎麼會有人將心學講到這種徹底明朗的狀態，讓人類各類心靈的思想都被容納在心學裡？」的確，這就是敝人當年發願寫書的用意。如果中華文化要恢復其傳統，就不能再固著於傳統，反而應該回答並解決當前人類共有的問題，敝人長年生活在台灣這個充滿思想自由的環境裡，融會貫通古今中外的心靈思潮，本來就是心學繼續發展應該具備的背景視野。

然而，十年前寫完這本書，雖然散布於各大網路，敝人卻不急著出版，主要還是來自當年人文社會領域的典範拒絕秉持開放的態度討論學術，只能套上標準規格來寫論文，貿然出版成書，當會讓本身還是個青年的我，置身在艱險的學術環境裡更顯得困難。但，敝人在這十年裡並沒有閒著，不斷構思如何將自性的觀念學術化，藉由撰寫論文或公開演講，恢復心體成為公共語言，並將心學轉化成心學心理學，將其整合出華人本土心理諮詢的觀念與實作，這就是逐漸成為中年的我，每天在從事的學術工作。十年辛苦不尋常，這兩年來，更因人文社會領域既有的學術典範已面臨崩盤，敝人懷著挽狂瀾於既倒的情懷，與一群志同道合的夥伴攜手發展華人本土社會科學，給出自性內蘊的詮釋脈絡，使得其自具科學系統，成為中西會通與儒佛會通過程裡的共同觀念，目前看來已略有成效。

回首二十年來，敝人用不同管道傳播心學的日子就這樣過去了。直到兩年前，敝人因為首度拍攝與開設《王陽明帶你打土匪》這部磨課師教學影片，獲得海內外廣大青年的好評，超過三萬五千人來學習這門課，並陸續獲得校外與校內各大教學榮譽獎項，除將該課程的教學腳本出版專書外，敝人十年前即已寫完的《陽明心學涵養實記》，就開始獲得青睞與洽談，聯經出版公司是國內首屈一指的出版社，這本《王子精靈法則：陽明心學智慧記》就是該因緣和合裡的出版成果。或許讀者不免會覺得疑惑：「為什麼書名要稱作『王子精靈法則』呢？」古人會將思想家尊稱作「子」，心學宗師王陽明先生曾說：「良知是造化的精靈。這些精靈，生天生地，成鬼成帝，皆從此出，真是與物無對。」因此，「王子精靈法則」就是指陽明先生談良知的觀念脈絡，其實就是將陽明心學稍加變化的異稱。

這本書完稿於十年前，十年來敝人的思想已經發生很大的變化，這些天重新閱讀全書，頗覺得有些觀念敝人現在如再寫，不見得會寫成這樣的語言脈絡。雖然敝人的思想持續在豐富與深化，然而這回出版，敝人卻沒有大幅翻新具體內容，只是將某些已變化的時間或地點稍做更改，儘量保留當年的義理，這主要來自敝人體會到當人的思想成熟到某個階段，各種觀點不見得只會垂直軸的深化，有時候還會有水平軸的差異，更改幅度如果過度劇烈，反而會不知不覺失去當年撰寫的思維歷程，這對於展示心學思想的豐富內涵不見得有益。心學是種深具辯證意義的思想，其汲取儒家的特徵卻反對儒家的教條，更是中國在明朝結束前最後一股深具原創性的思潮，這本書應該是自這股原創性思潮沒落後，歷經清末民初至今的思想變局，四百年來重新詮釋與推演心學的鉅著。

敝人撰寫這本書，並不是在從事「古籍今註今譯」的訓詁工作，而是從真實生活在華人社會的角度出發，來談如何修心養性做工夫，其適合的閱讀對象首先是社會大眾，而不是皓首窮經的學者，當然，如果後世學者想研究書中反映的心學觀點自無不可。如果你已經發現人只活在自我意識裡產生的弊端，這主要體現在人與四大關係裡（天，人，物，我）的各種撕裂與隔閡，並發現世間有個更高於自我意識的存在，希望能不帶有宗教色彩的認識真知與活出真如，來自心靈的企望，會使得你很適合閱讀這本書。本書每篇文章的排列都按照敝人當年撰寫的時間秩序，讀者閱讀其間，要不仔細琢磨其每篇內容，或有時拿來隨手翻一篇讀來刺激思考，應該都會開卷有益。每個人生命裡都有個精靈，讓這個精靈獲得滋養與茁壯，活出智慧與洞見，就是我們每個人對自家生命無可推卸的重責大任。

農曆戊戌年（民國一〇七年）清明節，陳復自序於蘭陽平原家中

王子精靈法則

陽明心學智慧記

1 聖佛不該兩斷

讀陽明先生〈諫迎佛疏〉，他說：「佛，就是夷狄的聖人；聖人，則是中國的佛。在夷狄，就可用佛的教化來開導頑愚；在中國，則當用聖人的道理來參贊化育。就譬如說在陸地上行走必然要用車馬，在海面上遊走必然要用舟船。現在居於中國卻全面師法佛教，這是用車馬在渡海了，雖然使最會駕車的造父或王良過來，非但不能有利於航行，反而會有沉溺的憂患。」

佛學自有甚深的智慧，然而佛陀本來並沒有素食。現在素食養生的說法甚囂塵上，某些佛教中人不斷鼓吹吃素，說人吃素能減輕業報（因為不殺生），然而，素食來自慈悲胸懷，卻不見得能養生，人體有各種屬性，素食多寒涼，吃素而害生者並不罕見，敝人還曾在跟周醫生談話的過程裡，遇見一位因長年茹素而得乳癌的女人來看病，乳房的肉已經潰爛而掉下來，她依舊堅信吃素不只能減輕她的罪孽，並且對身體有益，更大量在喝蔬果汁，即將面臨死亡，卻自覺身體越來越健康。如果素食者性格有固執己見的傾向，這難免與氣血凝滯有關。

最關鍵的問題更在於：我們如何確知植物沒有意識，因此吃素並不會殺生？萬物有靈，動物、植物甚至礦物都不例外。究其實，素食與葷食並不該被視作對立命題。正確的飲食並不就是葷食，而是多吃溫性與熱性的食物，這點敝人已經再三闡釋。然而，現在有個重點：華人社會有修行意識的人多半會接觸佛教系統，卻不知不覺把某些本來只適合聰明睿智者的法門給擴大化（包括吃素作為大乘佛法的修行工夫），這使得「中道不彰」。聖人的道理更應該獲得重振，成為普遍的共識與行止，再包容與尊重具有夙慧因緣者皈依佛門，這纔是社會發展的常態。

當學習佛教成為某些人拒絕真實人生的口實，這並不是佛教義理的問題，更無關於佛學空性的智慧，而是人本身的態度問題，然而這個問題早在明朝中葉時已經存在。陽明先生在這篇文章裡對明武宗的勸告，不正反映這個處境？很多人拋棄家人不顧，散盡錢財，全心全意參與佛門法事，只圖能給自己減輕罪孽，殊不知讓最親的家人無法獲得妥善的生養，這不是做任何其他法事能彌補的罪孽。聖佛有共法，不該兩斷，陽明先生常說的「事上磨練」，需要世人再三揣摩。

原文

夫佛者，夷狄之聖人；聖人者，中國之佛也。在彼夷狄，則可用佛氏之教以化導愚頑；在我中國，自當用聖人之道以參贊化育，猶行陸者必用車馬，渡海者必以舟航。今居中國而師佛教，是猶以車馬渡海，雖使造父為御，王良為右，非但不能利涉，必且有沉溺之患。（出自《王陽明全集・別錄一》卷九）

2 禮敬陽明先生

陽明先生說：「世上充斥著強調各種變幻的詛咒，捏造眩人耳目的妖怪，來欺騙迷惑的人，並愚昧冥頑的人，這正是佛陀竭盡其能去排斥與詆毀的對象，因此稱他們是邪魔外道，其教義正與佛教的道理相反。然而，人如何能好佛卻好其完全相反的內容，求佛卻去求佛陀要排斥與詆毀的對象呢？」他還說：「如果能拿悅納佛的心境來悅納聖人，拿求佛陀的誠意來求堯舜那種拯救天下的道理，那就不需要跋涉遙遠的萬里，極樂的淨土，就在眼前。」

這還是出自於〈諫迎佛疏〉。

常常看見人在佛陀面前，請求保佑家庭幸福，諸如孩子考上好學校，先生事業順利，或父母身體健康……，然而，佛陀如何會保佑這些內容？他自己都不惜毀家棄國，不再要任何的榮華富貴，當然包括家庭幸福在內，只希望能徹底解脫生死。因此，他保佑的對象，應該是來跟他求「解脫的道理」的人，幫忙他們精進於了悟空法，而不可能應許還有各種人世執著的念頭。因此，尚有這些懸想的人，怎麼能跟佛陀去求這些佛陀終身排斥與詆毀，稱作邪魔外道的內容呢？

佛教中人素稱佛陀的思想為「無神論」，其本意是指空性義，意即佛教不相信有本體，或者說，他們認為即使有本體，這本體的存在都不究竟，而是個假合，既然無本體，就沒有個終極會去「保佑」誰，再繼續想，人如果不為眾生奮勉，為何要有個「神」，會去保佑這些私心與痴想呢？然而，人如果發願為眾生奮勉，並且希望有個本體能保佑這個發願與奮勉，他請求給其機會如實學習的對象，自然應該是在自性義獲得大明白的聖人，而不是在空性義獲得大明白的佛陀了。

心學宗師陽明先生主張良知即自性，他用自己人生真實面臨的患難，並展示如何把握良知來化險為夷，這裡面有極深刻的人間世智慧。日本海軍大將東鄉平八郎率領裝備落後的日本艦隊在日俄戰爭中全殲俄國艦隊，他一輩子掛著的腰牌上刻著「一生伏首拜陽明」。的確，極樂的淨土就在眼前，陽明先生是自性義獲得大明白的聖人，他的傳奇歷史並不是向壁虛構，每段經歷都來自於血淚鎔鑄交織的體會，這就是我們需要禮敬陽明先生來作為生命典範的根本原因。

原文

若乃詛咒變幻，眩怪捏妖，以欺惑愚冥，是故佛氏之所深排極詆，謂之外道邪魔，正與佛道相反者。不應好佛而乃好其所相反，求佛而乃求其所排詆者也……陛下果能以好佛之心而好聖人，以求釋迦之誠而求諸堯、舜之道，則不必涉數萬里之遙，而西方極樂，只在目前。（出自《王陽明全集・別錄一》卷九）

3 網路同樣能行善

陽明先生說：「學著如何下棋，同樣會被稱作學問，學著如何寫文章，同樣會被稱作學問，學著如何修道，同樣會被稱作學問，然而這三件事情會歸向的位置卻差異很大。『道』就是指大路。離開大路，那就充滿著荊棘，很難到達目的地。因此專精於道，這纔能被稱作真正的『專精』。如果只是專精於下棋，卻沒有同時在專精於道，那這個專精就是在沉溺。如果只是專精於寫文章，卻沒有同時在精於道，那這個專精就會流於怪癖。道是很寬廣博大，能由裡面發展出文詞與技能，如果反而拿文詞與技能為主，那就離開道很遠了。」

這出自〈送宗伯喬白巖序〉。

現在的學問，則已被規範在知識裡，只有從事於知識的研究，纔被視作學問，否則不被承認是學問。這固然或能滿足於學者的知識傲慢，卻更使得一般人能很坦然的自承「我不做學問」，因為做學問就跟寫論文畫上等號，完全無關於做人處事，尤其是做人處事背後在引導的心性。我們不該全盤否認知識作為學問的意義（雖然它很需要改革），然而，我們更應該恢復做人處事的學問，這種學問不只是去學跟人應對進退的計謀與辦法，更要去涵養心性，讓心性能引領人應對進退，這就是我們要重新提倡心學的原因。

現在的工作概念，都是把人侷限在某個知識範疇極其狹窄的位置，要人不斷為那個工作奉獻精神，然而，其奉獻卻即使美其名曰「勞心」，都只是在反覆操作大腦的某個區塊，並沒有真的在活化全腦，甚至全部的精神。這種過度操作的結果，會使得大腦陷在僵滯的處境裡，如同人的奴工，毫無獲得休息與滋養的機會。這就是有問題的「專精」，因為這個專精裡不曾把心性放進去。然而，面對大多數人都還是得做著這樣的工作型態，纔能獲得生存或生活的有限資源，他們該如何是好呢？

我們無法驟然呼喚多數人不要再做這種工作，不過，他們依然要知道，如何把心性放到裡面去，意即能否把知識範疇狹窄的工作，放到更大的意義裡，使得這個工作有意義。這個意義的核心，就是「行善」，人只要有意願，都能想得到如何把工作與行善結合，即使是電腦工程師，都還是能讓其工作的內裡具有行善的事實，譬如說幫忙同仁瞭解做事不離心性的道理，待人接物心存敦厚，只有行善的事實，能揉化單調的工作，不至於使得人生變得毫無意義，行善乍看是在外王，其實本質是在內聖。

現在網路很發達，大家都開始喜歡暴露自己的生活瑣事，或者馳騁於文筆，做個文學寫手。然而，我們有沒有想過：根本沒有「虛擬」的空間，人不論用什麼管道跟人互動，只要對生命產生影響，都應該帶著心性去行為。因此，我們應該要有誠意去帶著心性來實踐生活，而使得我們寫字的時候能寫出感人向道的文字，而不是只有誠意去寫些自己的生活瑣事，而裡面淨是無謂的恩怨情仇。上面講的兩件事情，就是專精於道，而不是專精於技能與文詞。即使是網路環境，同樣能行善，只要我們願意。

原文

學弈則謂之學，學文詞則謂之學，學道則謂之學，然而其歸遠也。道，大路也。外是，荊棘之蹊，鮮克達矣。是故專於道，斯謂之專；精於道，斯謂之精。專於弈而不專於道，其專溺也；精於文詞而不精於道，其精僻也。夫道廣矣大矣，文詞技能於是乎出。而以文詞技能為者，去道遠矣。（出自《王陽明全集．文錄四》卷七）

4 攜家帶眷養心性

陽明先生在〈寄諸弟〉裡面說：「人還年輕的時候，精神意氣都很充裕鼓舞，還沒有生計與家庭的負擔來侵蝕著精神，因此要專注於學習心性，都還很容易。等到年歲漸長，人世間的拖累日漸加深，而精神意氣都日漸遞減，這時候還能發憤圖強，立志學習絕不休止，則還尚有得救。至於四十歲或五十歲的時候，就像是即將下山的日子，精神意氣都逐漸歸於寂滅，就再不能挽救了。」這是他寫給幾個弟弟的家書，他在信裡自承這一陣子就有這樣的毛病，對於心性有荒廢，希望他幾個弟弟能跟自己共同警醒改正。

很多人只要物質性的成就稍有眉目，就開始沉湎於聲色犬馬，縱情於歡樂，不再有發憤圖強的鬥志與意願。其實，何止於此？他們即使年輕的時候，發憤圖強的目標，都還是物質性的成就，從來不曾對精神的淨化與昇華有任何想望。或者，偶爾有在想：自己這樣是不是太墮落了？卻由於不信心性，因此驕慣著積習，不能對「自體」下工夫。即使偶爾有人知道心性的存在，都還是在「他體」的層面去計較，譬如認真讀書，誤認讀到什麼深刻的訊息，就表示自己知道了。未曾經歷過自體的實作與驗證，其實不能說是真正的認識。

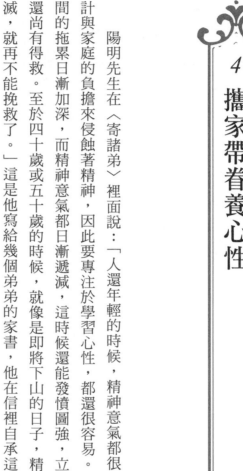

陽明先生很誠實在反省自己。人要誠實寫字，很難，因為人要面對各種難堪的處境。通常人不敢如此深刻的梳理自己，因為人常活在各種錯亂與顛倒的情緒裡不能自拔。因此，不要漠視認真寫字觀察自己的效益，那就是在從事真正的「知識瑜珈」，因為你正透過這種檢視的過程，逼使自己看清生命的盲點，這裡的文字醞釀的知識，都來自真實的領會，只要願意大膽反覆觀看，不用太久，生命就會自然而然有蛻變。這就是我們要提倡與推廣書寫心性日記的原因，心學家正要用他的筆，攤開來畫出自己心性的輪廓，提供給他人「同觀而得內觀」。

現在，何止四十歲或五十歲，有些年輕人，二十歲就開始自覺經濟困窘，開始為生計與家庭的負擔而奔忙。其實，經濟困窘來自於「自覺」，人如果沒有這種自覺，安貧而常樂，誰能說這是活在幻覺裡？最糟糕者，莫過於只知為生計與家庭的負擔而奔忙，卻不能真實引領著自己與他人「脫貧」，因為脫貧需要的是知識與心性的雙重成全，人沒有知識與心性，其物質與精神都會處於失衡狀態，有時即使賺很多錢，人還是活在自覺經濟困窘的狀態裡，這種意識如不能改正，長期下去就會罹患憂鬱症。

現在由於衛生條件改善，人要「下山」的日子往後延長，四十歲或五十歲都不能說是老人，精神意氣都臻於鼎盛，經濟則相對處於穩固，更應該花些時間在精神領域，讓人生能真的「知天命」而不淪為口號，這纔不枉費活過此生。人只要有情，就不可能沒有拖累，攜家帶眷本來就是生命的常態，有生計與家庭並不是問題，問題在於人不肯攜家帶眷來涵養心性，只肯縱容著積習，讓家人不知不覺疏離，各奔東西而視作自然或無常，其實，人的情感裡如果有道在支撐，人與人不會如此習慣冷漠與別離，而會不斷因相知而相聚。

原文

人方少時，精神意氣既足鼓舞，而身家之累尚未切心，故用力頗易。迨其漸長，世累日深，而精神意氣亦日漸以減，然能汲汲奮志於學，則猶尚可有為。至於四十五十，即如下山之日，漸以微滅，不復可挽矣。（出自《王陽明全集．文錄一》卷四）

5 拯救天人的第一義

陽明先生說：「敝人平素沒有什麼大知識，更不是喜歡去跟人說教。只不過看見現在這個時刻，人心陷溺已經很久了，即使僥倖覓得一個善良的人，都不免憂慮他在心性的志業裡沒有任何成就。因此，我很期待與大家共同闡發明白心學，不因這是我的責任，憂慮人家誤會我好為人師，而故意避嫌。這就像是婚姻，不過只是做個媒人而已。鄉里的優異青年，如果覺得能跟他們談論心性，就請幫忙接引過來，這都是我們有志於心學者的分內工作，請不要自認沒有時間，就不做這件事情了。畢竟時間本來要由人自己安排，這只是個意願問題。」

這段話出自他寫給〈寄希淵〉的第三封信。

闡發心學，最低限度，只是要讓本來就已經有心性意識的人，能獲得涵養與精進的機會，畢竟這個社會就像是個大染缸，如果任著人在外頭交際應酬，不消半個月，就會被消磨成一個俗人，精神再沒有任何光亮。因此，讓已經知道除自我外，還有個更深沉的自性的人，能有機會來琢磨這個自性，使其晶瑩潔白，產生大覺知與大洞見，這不只是在拯救他人，更是在拯救自己。因為有心性的人只有常常聚集在一堂，共同淨化與提煉能量，纔能回到社會裡，去展開事上磨練，否則光只是個赤條身子，轉眼就被社會的烏煙瘴氣給燻黑了。

常見世人會拿人在社會應酬交際的能耐，當作成熟與否的標準。這種顛倒黑白的積習，還要妄談心性，就會有困難。心性是指心靈的自性，稱作「心」是指稱有個廣大無礙的世界的存在，這個存在貫通著天與人，稱作「性」則是指稱人內在能感應天的機制。道德是心性的餘末，不瞭解心性，先談論道德，就會流於「教條殺人」。陽明先生不敢避嫌來耽誤心學的闡發，這是因為他看見一條最廣大且深沉的救世路徑，那不再是做官，更不是出家，而是直接面向社會，去傳播心性的存在，讓人人都投身於心性的涵養。

人如果不知道心性，那不論什麼名目或主張的社會改革，終歸於緣木求魚。讓他人知道心學，其實只是如同舉個手轉一轉那般的容易，因為人人的生命都與心性連結，每個人都有自性，當你講的話語不出於教條，而出於心性，他人都能聽得出來其內容的真實性，問題只在於人受自我意識不同程度的蒙蔽，因此總無法簡單回歸自性，而會受著自我的牽引，做出傷害人我的事情。因此，對心性已有覺知的人，更要磨光其心性，提高其精神的能量，來抵銷他人的自我對生命整體的傷害。復見心性是拯救天人的第一義，釐清心性的究竟是救世的起點。

原文

某無大知識，亦非好為人言者。顧今之時，人心陷溺已久，得一善人，惟恐其無成。

期與諸君共明此學，固不以自任為嫌而避之。譬之婚姻，聊為諸君之媒妁而已。鄉里後進中有可言者，即與接引，此本分內事，勿謂不暇也。（出自《王陽明全集．文錄一》卷四）

6 心學不彰的原因

陽明先生說：「大抵來說，心學不能大明於世，都是因為我們一般人從耳朵聽進去，再從嘴巴脫口而出，未曾誠意實踐在生命裡。這就像是用嘴巴談論飲食，如何能獲得吃飽喝足的事實呢？敝人自從這些年來纔開始重新看見心學這門學問，箇中實修的證悟，真有百世等待聖人來解答，都不會有疑惑的感覺。朋友裡面，同樣逐漸有些人能篤信心學，不再回頭。但，如果有人疑信相半，瞻前顧後猶豫不決者，多半是因為過去的說法釀就的沉痼，在左右他們的精神，並且，要他們改變想法，會有得失毀譽的憂慮，他們很難放棄眼前具體的利益，未能專心致志來傾聽敝人的說法，即使偶爾來坐坐，都相處不久，或見個面隨即交臂而別，根本無從細說心學。」

這出自於〈與席元山〉的書信，席元山是第一位傾聽他大悟後講心學的人。

自五百年後，情況依舊如此。敝人揭櫫心學的大纛，設立網站與講堂，並在各地宣講心學的要旨，到現在已經二十年了。可惜世人多半只是聽聽與看看，並未專心致志來傾聽敝人的說法。

他們普遍受困於三種意識型態：

首先，西洋科學的意識型態，把心學視作無法量化的思維，因此不看重人心這門學問，或即使看重，都會看重其意識型態裡量化人心的心理學，而不會看重觸摸至靈性的心學，這種類型普遍來自於當前的學術顯貴，他們壟斷學問，使得學問只能被他們「兒撫」，用來當作獲得富貴的工具，卻不能被大眾共享，成為人人都能討論與關注的議題。在這種科學主義的獨斷態度裡，人文精神低落，人不再有存在的尊嚴。

再者，共產主義的意識型態，把思維割裂作「唯物論」與「唯心論」這種二元對立的系統，不能承認這種思維的誤導性，由此再發展出來的「心物合一論」，更是順著這種誤見的繼續引申。因此，心學在這種對立性的思維裡沒有安身的位置，他們即使已經知道這種意識型態的無效性，其根深蒂固的思維習慣，讓他們很難去認知靈性的層面，因此尚無法理解何謂心學，這種類型普遍來自大陸想恢復儒家思想的人，他們沒有認識到共產主義其實有不同義理的發展空間。

其三，通俗佛教的意識型態，與其混合引申出來的新世紀思維，他們對儒家有著隱藏性的敵意，執著於無本體的空法，卻常對佛陀做不對應的祈禱，或喜歡豢養自我意識的心靈學說（如此不需要做任何生命改革），而對於復見自性毫無意願。這種傾向導致靈性修持無法與社會實踐結合，儒家傳統的「修，齊，治，平」的理想被自認究竟或宣傳歡樂的思想給架空，各種環境日漸敗壞，卻無大智慧者來承擔，提出改變的根本辦法。這種類型普遍來自於台灣有靈性傾向的人。

如果我們不能正視這三種意識型態的傷害性，對其做有效的破解，心學就無法重新大明於世。敝人主張的心學，能跟願意開放科學典範的科學結合，不能跟固著於西洋科學的典範對話；能跟願意把靈性覺醒帶進社會改革進程的共產主義結合，不能跟否認心性是人存在根基的唯物思想對話；能跟承認本體並面向社會的佛學與新世紀思維結合，不能跟拒絕活在現實人生的任何宗派對話。如果有人願意承認自己正受著這三種意識型態的影響，卻願意脫離這種影響，來認識主張內聖與外王整合無間的心學，我們就有機會再度恢復心體成為公共語言。

原文

大抵此學之不明，皆由吾人入耳出口，未嘗誠諸其身。譬之談飲說食，何由得見醉飽之實乎？僕自近年來始實見得此學，真有百世以俟聖人而不惑者。朋友之中，亦漸有三數輩篤信不回。其疑信相半，顧瞻不定者，多以舊說沉痼，且有得失毀譽之虞，未能專心致志以聽，亦坐相處不久，或交臂而別，無從與之細說耳。（出自《王陽明全集・文錄二》卷五）

7 奇怪的上師

陽明先生說：「今天的人的病痛，大抵只是『傲』這個字。千百種罪惡，都是從驕傲裡滋生出來。人如果驕傲，就會自認為高貴，自認為正確，不肯屈尊下人。因此，做兒子卻驕傲，必然不能孝順父母；做弟弟卻驕傲，必然不能悌讓；做部屬卻驕傲，必然不能忠貞。舜的弟弟象會不仁，堯的兒子丹朱會不肖，都只是因為這個『傲』字，就這樣結果一生，做個極惡大罪的人，更沒有解救的機會。」他還說：「驕傲的反面就是謙虛。『謙』這個字就是對付驕傲的猛藥。不但是外貌看起來謙卑遜退，人得要心中真實生出恭敬，掌握住禮節，有節奏感的退讓，常常看見自己的不對，如此纔真能虛己，來承受他人的指正。」

這是陽明先生在他的兒子正憲的扇子上寫的字，後來就稱作〈書正憲扇〉。

現在的人很難去認識心性，其癥結點就在於驕傲。因為有著濃厚的自戀情結，總是覺得自己很重要，自己的條件這麼好，不覺得需要跟誰低頭，因此動不動就會跟人起衝突，而且覺得有衝突一點都沒有關係，反正老子不需要吃虧，這裡不能養爺，橫豎自有養爺的處所。帶著這樣的心態，人會不斷在漂泊，在尋覓，總覺得沒有根，到處都不是歸宿，其實不是沒有歸宿，而是人的自我太大，扛著這個自我橫衝直撞，總覺得人家對不起自己，不論到底孰是孰非，時間拉長，人就會覺得心裡像是被挖空一般，有個巨大的黑洞，感覺永遠都填不滿這虛無感，生活開始失序不說，精神會跟著發生問題。

不能擱置驕傲，因此沒辦法接受他人的幫忙。真要接受他人幫忙，總要等到已經深陷在嚴重的精神疾病裡，不得不靠藥物控制，纔不得不靠人家幫忙。沒到那山窮水盡前，則不可能真誠接受大覺知者的指引，或者，則會去尋覓個「無法跟自己比較」的人，認其做上師，來學習。這裡會有個問題：無法跟自己比較的人，往往來自於生命背景徹底不同的人，他甚至沒有任何社會化經歷，沒有工作，沒有結婚，沒有孩子，沒有親人，沒有……，他什麼都沒有，只是單單純純的活在精神修養裡，這固然是很良善的因緣，他卻不曾經歷過這人間的翻雲覆雨，他如何能曉喻你這世間的恩怨情仇，如何能站在更高的視野，觀看與化解？

因此，上師歸上師，愚痴還是歸愚痴。愚痴只能觀賞上師的完美，卻無法離開愚痴。正因為愚痴，因此會來到上師跟前；正因為愚痴，因此不能沒有上師；卻還是正因為愚痴，因此這輩子終究沒有擱置驕傲，只是每隔一陣子，來上師跟前躲開煩惱，他的自我則依舊如此，因為他的愚痴，還正在那人間，從事著恩怨情仇的勾當，而上師並不曾教導他什麼，因為他並沒有放棄那濃厚的自我，而上師其實同樣很難教導他什麼，因為上師並沒有這些恩怨情仇的經驗，上師只能反覆強調抽象的觀念，或透過某些宣稱的加持、灌頂與作法，維持彼此深刻的情誼，更讓愚痴者繼續「自我感覺良好」。

我們需要有「活在人間」的上師，親身在社會裡，經歷著恩怨情仇，卻能帶著智慧，去觀看與化解這些恩怨情仇。我們需要有人能真實的擱置驕傲，低頭看見這種活在人間的上師，他可能就在你身旁，如此的不起眼，然而，他的不起眼，正是因為他真誠的活著，他經歷著與你相同的生老病死與悲歡離合，差別點只在於：他永遠不懈的奮鬥，去承擔人間的責任，而不斷滋生出嶄新的洞見。當你跟著這種上師學習，學習的內容，得要在你自己的生活裡去驗證，纔能確知是否真實的瞭解，這種學習因為具有真實性，因此乍看會顯得很辛苦，但，只要你不懈的奮鬥，你的心性就會產生真實的蛻變。對於這種奇怪的上師，我們稱作「大儒」。

原文

今人病痛，大段只是傲。千罪百惡，皆從傲上來。傲則自高自是，不肯屈下人。故為子而傲，必不能孝；為弟而傲，必不能弟；為臣而傲，必不能忠。象之不仁，丹朱之不肖，皆只是一「傲」字，便結果了一生，做個極惡大罪的人，更無解救得處。汝曹為學，先要除此病根，方才有地步可進。「傲」之反為「謙」。「謙」字便是對症之藥。非但是外貌卑遜，須是中心恭敬，撙節退讓，常見自己不是，真能虛己受人。（出自《王陽明全集．文錄五》卷八）

8 跟陽神祈禱

陽明先生說：「尋覓聖人的學問如果不能獲得，這只是因為未曾立志的緣故。天下人，有志於獲得車子，就能獲得車子；有志於獲得皮衣，就能獲得皮衣；有志於搞星象當巫師，就能搞星象當巫師，對任何事情有志向卻不能辦到，敝人倒是從來不曾看見。豪華的車子，美麗的皮衣，與搞星象當巫師者遍布於天下，想要尋覓聖人的學問的人，數百年來看不見一二人，真是聖人的學問很困難嗎？還是要人立這種志很困難嗎？不立志做聖人，而能成為聖人，敝人確實就沒有見過有這種事情。」

這是陽明先生寫的〈贈林以吉歸省序〉。

做個空義的佛，其境至廣大至深刻。人尚且不能做個大有義的聖人，如何能做個空義的佛呢？聖人與佛並不對立，甚至應該要說，只有先做個聖人，纔能接著思考如何做個佛，不按照這個次第，那就是在「踏虛不踏實」。只有能給出大有情，纔能去論是否需要大無情。如果這層義理的先後不釐清，那會開啟個人與社會的混亂。人其實並不遠離聖學，有如此大量的人，會到廟裡求神保佑平安，他們渴望的是什麼？還不是個人與家人的生命能獲得神的眷顧。期待個人卑微的生命能有個更大的能量做靠山，這本來並不是問題。

問題在於：人要不就去佛教的廟宇，請佛陀保佑，要不就去道教的廟宇，請諸神保佑。佛陀不保佑世俗的平安，這點已經闡釋過。道教的諸神能不能保佑世俗的平安呢？這要看人信奉的神是什麼型態的神。有的神是「天造神」，這是宇宙自然孕育出來的神靈，有的神是「人造神」，這是人類文化孕育出來的神靈，這還有兩種：有的曾經真實存在（如英雄豪傑），有的不曾真實存在（如孫悟空），不論是否曾經存在，只要人信，那個神的靈識就出現了。但，什麼樣的人去信，慢慢累積出共聚的效應，會影響到那個神的靈識的品質高低。

品質高低並不是指應許能耐的高低，甚至有時陰神的應許能量更高。然而，陰神會有陰報，陽神會有陽報。人自身氣焰不正，自然而然會跟陰神去求，即使暫時立刻獲得應許，其後要償還的利息，絕對會超過本來的祈禱內容。因此，你常會看見有人倏忽名利雙收，卻數年後跟著身敗名裂，甚至性命被奪去，家人都在承受苦果，那就是求陰神的效應。人還能平平安安的活著，依循著正確的觀念而端正活著，就是整體宇宙神聖帶給人最大的恩惠，究竟還有什麼不滿、執著與貪戀，要去跟神祈禱呢？

因此，獲得神的眷顧，其實應該是聽從曾經真實活過的聖人的教導，他們經歷過的苦難，使得他們的話語更加真實。祭祀聖人，就是祭祀陽神，按著聖人給出的觀念而在生活裡實踐，就是活在神許諾的幸福裡。人如果貪戀著車子與皮衣，應當要自問這就是幸福嗎？光鮮亮麗的物質，不如有人真誠的愛你，而你還能真誠的愛人，更來得可貴。立志做聖人，只是在立志過著精神富饒的人生，精神富饒的人生，並不意味著就會過著物質困窘或物質富裕的日子，而是正神會保護你不論富貴或貧賤，都因為有著正確的觀念，而過著充滿愛意的人生。

原文

求聖人之學而弗成者，殆以志之弗立歟！天下之人，志輪而輪焉，志裘而裘焉，志巫醫而巫醫焉，志其事而弗成者，吾未之見也。輪、裘、巫醫遍天下，求聖人之學者間數百年而弗一二見，為其事之難歟？亦其志之難歟？弗志其事而能有成者，吾亦未之見也。（出自《王陽明全集．文錄四》卷七）

9 不能讓懶病作祟

陽明先生說：「敝人被朝廷貶謫在龍場居住兩年，沒有能說話的對象。歸來的路上能遇見各位道學，這是如何的幸運哪！纔剛覺得很喜悅，就隨即要與各位相別，心底真是極大的惆悵。聖門的絕學，至今已是流風餘韻，然而想求道的人很是罕見，大家只要與敝人相隔異地，就很容易被世俗搖奪求道的意志。如果不是豪傑，鮮有能卓然不被俗風改變的人。各位道學應該要互相砥礪扶持，務必要期許涵養心性有得。現在的士大夫同樣有稍知求道的人，卻都因為實德未成，就開始揭舉名目自相標榜，卻引來世俗人士的誹謗，因此往往墮落到無法立足的程度，反而是給嶄新的大道的出現在作梗。各位道學應該引此為鑑，振落無謂的聲色榮華，要在自己真實的處境著手改革。」

這是陽明先生在貴陽書院寫給學生的書信，題目是〈與辰中諸生〉。

每個人都很容易覺得自己很忙，然而，忙的事情多半與道業無關，而是些與具體利害有關的事情。人只要待在自己的處境裡做著與利害有關的事情，沒有幾天就會把聖學拋諸腦後，被各種利害牽著鼻子搖擺不定，自然跟著昏沉不定，因此就很難再涵養什麼心性。夫子就是教授儒家心性的老師，人需要認夫子，而有個涵養心性的團體，常常相聚論學與做工夫，使得自己能有調養生息的契機，如果總是自認很忙，無法來聚會，那其實並不是忙，而是懶病在作祟。懶病是養就一身積習的原因，積習會使得人總是想著最便利自己嗜欲的事情，只要每回在嗜欲前面退卻，不斷餵養著嗜欲，那就很難去看見心性的根苗了。

這幾年，儒家好像有些復興的苗頭。然而，有很多儒者，不是立志做聖人，而是立志做大師，因此，他們只是曾經讀過儒家的經典，擅自做些引申，就開始自立宗派，把某些片面的主張給擴大，稱作某學。開宗立派本來是學問蘊生自然的現象，然而，如果沒有通盤的論理脈絡，並做過心性的實證，厚積而薄發，說出來只是媚惑世人而已，自誤且誤人不說，更會干擾嶄新的大道的出現，隱瞞實學復興的契機。因此，敝人希望學習心學的人，能埋頭做工夫，不要出風頭，尤其不要隨意去網路馳騁文筆，用言語攪和名相，與人相罵而自認得意。我們需要把心性琢磨得光亮，在真實的人生裡奮鬥，在社會裡隨機緣去播灑心學的種子，這纔或真能呈現出行道的風範。

原文

謫居兩年，無可與語者。歸途乃得諸友，何幸何幸！方以為喜，又遽爾別去，極怏怏也。絕學之餘，求道者少；一齊眾楚，最易搖奪。自非豪傑，鮮有卓然不變者。諸友宜相砥礪夾持，務期有成。近世士夫亦有稍知求道者，皆因實德未成而先揭標榜，以來世俗之謗，是以往往隳墮無立，反為斯道之梗。諸友宜以是為鑒，刊落聲華，務於切己處著實用力。（出自《王陽明全集．文錄一》卷四）

10 擱置名詞的爭論

陽明先生說：「後世心性的學術無法彰顯於人間，這並不是後人的聰明識見不及於古人，大抵是因為求勝的心態在肆虐，不能謙卑低頭，向正確的內容學習。明明已經有個學說說得很正確了，卻還有人再立一說來表示很高明，這使得這些學說越多，卻讓世人更加感覺疑惑。現在，心學已經出現，如果學術依舊晦暗不明，使得後來的學習者無所適從，徒然讓人要說更多拐彎抹角的話，卻依舊不能明白，這正是我們心學中人相互間要求勝的心態引發的罪過。現在敝人提倡良知的學說，已經將學問的頭腦說得很徹底俐落，只是要各自去除求勝的心態，務必期許共同闡明心學，隨著個人的因緣與際遇，去循循善誘於人，自然會各有收穫。如果是拿心學來自立門戶，假借衛道的名義，而內行求取勝利的事實，不顧正學因為這種心態而被日益荒廢，人心因此而更加疑惑，卻在黨同伐異，反覆爭個長短，只是在成全個人自私自利的計謀，凡是仁者都會心有不忍！」

這是嘉靖五年（西元一五二六年）他寫給其弟子鄒守益的第五封信。

華人面對學問，本質都有種「喜難不喜易」的心態，已經很久很久了。這種扭曲的心態，使得他們普遍喜歡來自遙遠的學問，勝過於就在自己呼吸的空氣裡的學問，喜歡名詞一堆，要通過各種轉譯都還不見得能理解的學問，勝過於就在談自己生命情感變化的學問。而且，他們談論學問的時候，目的好像在藉此表現「我的出身高貴」，來讓聽者自慚形穢，深感不能理解的罪過很重大，而不是要使自己或他人精神受益。這種扭曲的心態，原本普遍來自講西洋哲學或印度佛學的人，現在則還要加上各種「新創」的儒學闡發者，他們把語言當作自己「兵不血刃」的武器，罔顧涵養心性的事實，競相與人爭論長短，然而，如果細細釐清彼此爭論的起點，往往總是極其細微的名詞定義問題，如果能平情去認識他人的論點，則可能彼此間根本沒有什麼好去爭論。

因此，學習心學的第一點，就是擱置名詞。凡是與人講話，聽見有個生澀的名詞在反覆講說，必然要先問清：這個名詞到底是什麼意思？彼此先對名詞問題解釋清楚，再探索是否還需要再申論。最好的狀態，則是人與人講話，盡可能使用最直白的話去說，說到彼此能心領神會的程度後，再給出相應的名詞，就會有畫龍點睛的效果。學習心學的人，要針對心性的真實面去不懈探索，卻不應該有「開宗立派」的想法，因為這本身就是種求勝的心態，這種心態不去除，那會是心性整體的災難，不論是施者或受者。有人曾經表示，世間沒有「創造性」的學問，因為學問從來都在那裡，哪裡是被誰去闡發？這就像是哥倫布宣稱「發現」美洲大陸般荒唐，人應該老實做人，實在求學，而不是執著於虛妄的創生新說。然而，這種來自於謙虛的民俗說法雖然對於去除求勝的心態有益，卻並不是事實。

因為宇宙本體不斷在創生其宇宙的存在，世界的存在得要不斷的相應，去翻出嶄新的意識來彌合，這相應來自於人的奮勉，與天無關，就這個層面而言，的確有創造性的闡發可言。但，這種闡發不是隨興而發，得要有明確的宗主（信仰的對象），按著既有的脈絡裡給出新的說法，因此，任何的創新，都得來自於其本來的傳統，無根的創新，就是在與世界的存在脫節，這會引發世界本身的動盪，因為人的意識離開天。在這層瞭解裡，就得跟著瞭解心學的兩面性：首先，要學習心學，得要埋頭做弟子，瞭解傳承心學的脈絡究竟是什麼，不可在未經夫子的授權與認證裡，隨意發表不同於既有脈絡的說法，這是心學對自我的抑制；再者，通過夫子的授權與認證，心學弟子要對創造性的闡發世界的存在肩負起責任，因為天人關係要通過意識的溝通持續合一，這是心學對自性的肯認。

原文

凡今學術之不明，使後學無所適從，徒以致人之多言者，皆吾黨自相求勝之罪也。今良知之說，已將學問頭腦說得十分下落，只是各去勝心，務在共明此學，隨人分限，以此循循善誘之，自當各有所至。若只要自立門戶，外假衛道之名，而內行求勝之實，不顧正學之因此而益荒，人心之因此而愈惑，黨同伐異，覆短爭長，而惟以成其自私自利之謀，仁者之心有所不忍也！（出自《王陽明全集．文錄三》卷六）

11 禍福相倚學心學

陽明先生說：「君子求學，務必只是在求認識自己而已。人世間的毀譽榮辱，不獨不能搖撼他的良知，還要把這些暫時的挫敗與得意，都當作磨練自己心性沉穩的機緣，因此君子無論遇到什麼事情，都會感覺喜樂，這正是因為他把全部遭遇的處境，都當作是生命的學問。反過來說，如果聽見榮譽就很高興，聽見詆毀就很悲戚，這就是每天被外境攪得惶惶不安，每天都對心性有虧損，那還說去做什麼君子？往年明武宗御駕駐蹕來敝人這裡，皇上的左右都在武廟詆毀敝人，當時的災禍甚至可能讓敝人險遭不測，敝人的同僚與部屬全都感覺危險與恐懼，都說已經遭到層峰懷疑到這種程度，應該要想辦法自救。敝人卻說：『君子不應該去求整個天下來相信自己，只應該去期勉自信而已。我奮勉去自信都感覺來不及，哪裡還有時間去求他人來相信自己呢？』」

這是陽明先生寫給某人的信，題目就稱作〈答友人〉，沒有具體指名，可見來信的人相問的事情有隱密性，陽明先生不希望給他帶來負擔，因此沒有寫清來信的人到底是誰。

陽明先生這輩子都活在世人的詆毀與世間的榮譽交錯的處境裡，而且，自身心術不正的人，常習慣去揣摩他人的負面心思，對於陽明先生的詆毀就更甚，這種現象到現在都依舊如此。敝人每遇到這種處境，就當作磨練的課題，不隨意去隨其負面心思起舞，他們或許需要「無垢」的大覺知者，這種人，只要曾經還是個活人，就不曾發生過。然而，他們不能看見活人的奮勉，卻只活在自己對「神」的天開異想裡，對此敝人只會替他們覺得心疼。心學秉持著徹底的人文精神，對於世間各種宗教或思想的開創者的尊敬，即便是佛陀或耶穌，都不是基於他們的神性，而是基於他們的人性，意即肯認他們作為「人」的奮勉，從而使得他們對於世人有學習的意義。

人比較容易在詆毀的時候磨練心性，比較困難在榮譽的時候磨練心性，比較容易承認挫敗對心性的啟示，比較困難承認得意對心性的啟示。然而，我們不得不承認「禍福相倚」卻是上天給世人最奇異的魔術，最痛苦的時刻，馬上跟著來臨最榮譽的時刻；最榮譽的時刻，馬上跟著來臨最痛苦的時刻，每個環節都要戒慎恐懼去面對，哪裡有歇息的空間？陽明先生大破叛亂的朱宸濠，明武宗卻很不高興他搶去自己能親自出征的機會，幾乎瀕臨死亡的威脅，局面卻忽然翻轉，明武宗莫名暴斃，新登基的明世宗，卻封給他新建伯的最高榮譽，然而，最榮譽的時刻，卻是他最遠離中央的時刻，再沒有回朝做官的機會，卻在同時，卻是他能創辦書院講學，對心學的闡發最精微的時刻，究竟什麼是榮譽？什麼是詆毀？什麼是挫敗？什麼是得意呢？全都是相伴相生的同一件事情。

因此，只有磨練心性這一件事情，沒有毀譽榮辱，君子不奮勉求得這層最根本的自信，還有什麼其他外在的得失好計較呢？但，這裡有個奇怪的要點，敝人全然明白：當敝人在世間的榮譽攀登到高峰的時刻，那將同時是心學大顯的時刻。然而，敝人更希望來跟敝人學習的人，不是看見敝人的榮譽，而是看見敝人的被詆毀，不是看見敝人的得意，而是看見敝人的正挫敗。只有當敝人什麼都還不是的時刻，纔是真正的菁英最容易被智慧網過濾出來，與敝人相會來做工夫的時刻，那更是我們共同要發憤圖強的時刻，當敝人傳播心學的聲名已經大顯於社會的時刻，那既是大量無法自救的庸人來湊熱鬧的時刻，更是我們要隨時警覺莫要讓心學衰亡的時刻。

原文

君子之學，務求在己而已。毀譽榮辱之來，非獨不以動其心，且資之以為切磋砥礪之地。故君子無入而不自得，正以其無入而非學也。若夫聞譽而喜，聞毀而戚，則將惶惶於外，惟日之不足矣，其何以為君子！往年駕在留都，左右交讒某於武廟。當時禍且不測，僚屬咸危懼，謂群疑若此，宜圖所以自解者。某曰：「君子不求天下之信己也，自信而已。吾方求以自信之不暇，而暇求人之信己乎？」（出自《王陽明全集．文錄三》卷六）

12 精神的高壓與倦怠

陽明先生在〈與黃誠甫〉的書信裡說：「有關於立志這件事情，敝人常說，甚至已經說得很繁瑣，但，只要是與知己談話，都不能捨棄這個議題不談。人立志要在心性的道德有成就，是否有做大官，這件事情就不會拖累他的精神；人立志要在政治的事業有成就，是否有獲得富貴，這件事情就不會拖累他的精神。但，問題在於：現在世人認知心性的道德是否有成就，竟然是拿有沒有做大官來當標準；再者，現在世人認知政治的事業是否有成就，竟然是拿有沒有獲得富貴來當標準。要做個有仁的人，應該端正自己的行徑，不計較是否能獲得利益，應該詢問是否有闡發大道，不計較是否能被人彰顯。如果有計較的心態，那即使行徑端正，大道獲得闡發，都還是種利益掛帥的狀態，這對於心性有虧損。」

心性的道德與政治的事業，就是內聖與外王。立志於內聖外王，纔是真立志，如果這二者沒有緊密結合，那就不能稱作立志。當然，現在的公共事業已經不限於政治領域，然而各種公共領域依舊與傳統的政治領域有個相通點，那就是涉及龐大的利益重新配置的議題，如果在這利益重新配置的過程裡，人是在把利益配置給自己，而不是用來幫忙他人，那就不能稱作外王。有個關鍵性的現象值得注意，絕大多數從事於公共事業的人，並不會有這種把不當利益配置給自己的私欲，這符合最基本的良知，然而，絕大多數從事於公共事業的人，常有「我只是每個月來領個薪資餬口」的心態，對於如何把公共利益精確配置給他人，不太注意，只覺得「我自己沒有貪」就已經很不錯了，這卻常使得公共利益被無謂的大量消耗掉，這不只是在糟蹋公共的資產，更是在不知不覺的造孽卻毫無感覺。

不能外王，當然就是因為未曾內聖。不能內聖而外王，不會只是充其量「我不能做聖人」罷了，畢竟絕大多數的庸人，並不會對於做聖人有任何憧憬，然而，做個公共事業的官僚，充滿著消極的心態，對於各種在自己手上來來去去的資源毫無珍惜的覺知，只覺得自己只是個蓋章或交辦的人，即便有重大決策的疏失，那都會是集體的疏失，我個人並不需要承擔具體的疏失，這種耽溺於共犯結構裡的工作失察，其負面效應常會累積在個人的身上，化做精神的高壓與倦怠，因為你並沒有對正在做的事情，付出真正帶著情感的關注，這種效應就會回饋到自己的生命裡，使自己的內在空洞化。陽明先生那時候，世人就已經普遍只是拿政治的地位與金錢，來衡量為官者的政治成就，並用這種政治成就，來衡量他道德的意義與價值。然而，這種錯誤的心態，本質不是靠與人辯駁去澄清，畢竟無知無覺而無感的人，他自己因為工作而滋生的各種身心疾病，就已經在幫我們澄清何謂正誤了，我們何需再用言語去馳騁什麼快意呢？心懷悲憫，知道內聖外王是精神康泰的上乘良藥，每日老實服食，就是知道養生的人。

原文

立志之說，已近煩瀆，然為知己言，竟亦不能捨是也。志於道德者，功名不足累其心；志於功名者，富貴不足以累其心。但近世所謂道德，功名而已；所謂功名，富貴而已。「仁人者，正其誼不謀其利，明其道不計其功。」一有謀計之心，則雖正誼明道，亦功利耳。（出自《王陽明全集・文錄一》卷四）

13 孩子就是我們的弟子

陽明先生晚年最信賴的兩大弟子，王汝中（畿）與錢德洪，他們負責幫忙陽明先生在紹興的稽山書院的講學事宜，並常幫忙處理陽明先生在餘姚的家內瑣事，包括照顧陽明先生的孩子，陽明先生在過世前，曾經寫信給他們兩人說：「德洪與汝中兩人的來信已收到，讓敝人看見你們的工夫每天都有長進，深深地感覺喜慰！而我們在餘姚與紹興的各位同志，都能共同聚會認真講學，奮發興起，每天都不懈怠。我們的大道的昌盛，真有如大火已經遍地點燃，或甘泉川流不息，那般豐沛的契機！敝人辛苦一生，喜幸得不知道該怎麼說！喜幸得不知道該怎麼說！」他還說：「我的兩個弟弟守儉與守文，這陣子受著你們兩位的相互扶持與啟發，想來應該比較有些成長，我的兒子正憲尤其極端懶惰，如果不痛加指陳其問題，他的病痛不容易去除。父子與兄弟間，由於情感太過緊密，希望他們變好的心情更加急迫與緊張，敝人要能直接指責他們向善反而比較難，這個大任反而要交給你們的身上，因為你們對他們來說既是老師，同時是朋友。敝人私想平日有關於骨肉的情感如何能轉化出對道義的深愛，你們都早有領會，當不需要我反覆叮囑。」

這是〈與錢德洪、王汝中〉，陽明先生過世前寫給這兩大弟子的最後一封信，裡面記錄著他最關注的兩件事情，前一件有關於心學的昌盛，後一件有關於家人的教育，他縈繞心頭的兩件事情，都有關於生命的傳承。他過世後，兄弟爭奪他的家產，過繼的兒子正憲還跟嫡出兒子正億爭爵位，顯然他的家人，並沒有領會到他存在的深意，只是想輕鬆掠奪他的「富」與「貴」，反而是他的弟子，纔是他生命真正的傳人，讓心學的火焰在全中國燃燒不息。

這裡有個歷史問題要澄清：陽明先生傳播心學，他的家人（兄弟與孩子）的表現卻如此不肖，這其實有長期的原因。他這一生只有活短短的五十八年，卻在二十七歲中進士後，幾乎生命都處於顛簸動盪的狀態，要不就是流放在外，要不就是征剿大任，根本沒有什麼時間待在家，這固然與明朝黑暗與詭譎的政局有絕對的關係，更使得他其實沒有多長的時間與家人相處。晚年在稽山書院講學的那幾年，既是他終於能回到家鄉生活的幾年，更是他想要彌補與家人情感生疏的幾年。然而，我們著實可發現，極度困難的政治處境，更使得陽明先生在齊家議題都跟著發生困難，這使得他已沒有辦法讓兄弟與孩子都跟著活在心學裡，雖然他很奮勉想這麼做，纔會讓兩大弟子來教育自己的兄弟與孩子，但，人的積習並不是一天養就，儘管王汝中與錢德洪確實很認真想教育陽明先生的兄弟與孩子，尤其當陽明先生過世後，他們積極在保護孩子不受欺凌。這個悲慘的事實，我們不應該避開不談。

反過來說，現在我們有幸生活在政治比較清平的時期，或者，最起碼政治的風雨沒有席捲到我們身上，就更要珍視與家人相處的因緣，對齊家議題有更精細的對待。最重要的一點，過去受限於交通不便，女人與孩子都很難跟著士大夫出外，士大夫只要有政治工作，就很難照顧妻兒，現在我們已經沒有這個問題，就更不應該卸責，反而應該把整個家都視作行道的單位，讓「家人即是同志」，這使得心學家行道的起點，就當從攜家帶眷養心性開始做起，我們的孩子，就該被視作我們的弟子，不該再有責善困難的問題，反而要直接負起教育的重任，只有越早就把孩子當作弟子來教育，這真實的人格教育纔可能發生，往後纔不會發生無可挽回的悲劇。

原文

德洪、汝中書來，見近日工夫之有進，足為喜慰！而餘姚、紹興諸同志，又能相聚會講切，奮發興起，日勤不懈。吾道之昌，真有火然泉達之機矣。喜幸當何如哉！喜幸當何如哉！……守儉、守文二弟，近承夾持啟迪，想亦漸有所進。正憲尤極懶惰，若不痛加針砭，其病未易能去。父子兄弟之間，情既迫切，責善反難，其任乃在師友之間。想平日骨肉道義之愛，當不俟於多囑也。（出自《王陽明全集．文錄三》卷六）

14 世人受苦不冤枉

陽明先生在〈答以乘憲副〉裡說：「心學沒有在世間獲得大澄清與大明白，已經很久了。舊有的觀念與舊有的積習障礙遮蔽著人身，反覆纏繞在他們的心頭，一旦忽然聽見我的學說，未有人不會立刻非難、詆毀與質疑。然而，良知昭然不昧，萬古如一日的存在，只要肯持平自己的心量，更改自己面對議題的氣息，而拿我的學說來反省與反觀，同樣未有人不會因此洞然明白。然而，不能立刻就此發憤立志去勇脫窠臼，依舊在那裡依違觀望於舊說與新說間，如此舊有的觀念與舊有的積習就會再度牽滯蔽塞人了。」

為了解釋這個現象，他講一個很有趣的故事：過去有個村子裡，有十戶人家，他們都把自己的百畝良田給荒廢了，只因為他們每天都要去市場做稻米的轉賣生意，靠著轉賣的生意，爭取差價，過著過一天是一天的生活。隔壁村子有農夫過來勸告他們說：「你們這樣早晚轉賣稻米，對精神的消耗沒有止盡，卻不能有什麼盈餘，何不耕田三年，這樣能剩餘一年的糧食，累積下去，光耕田就能因盈餘而致富了。」十家裡有兩家人聽進去了，就捨棄稻米的轉賣生意，認真開始耕田，其他八家的人，爭相過來阻止他們這種不合群的狀態，家裡的老人或兒童都交相指責說：「我們早上到晚上都不轉賣米，沒有進帳，餐餐都沒有著落，早晚都吃不飽了，哪裡還能等待秋天的時候有糧食可吃呢？」其中一人只管耕田，不顧他人的指責，最終成為富有的人，還有一人被說得動搖，再度拋棄良田，回來做稻米的買賣生意，最後一輩子過著貧困與飢餓的生活。

陽明先生因此說：「現在整個天下的人，每天都在市場做著稻米買賣，忽然出現有人不想做買賣，而想來耕田，這乍看全然是個傻事，難道他還奢望免於世人的非難嗎？要緊處卻在人只要看清目標，就要深信不疑，既然知道耕田是根本，就不要再管他人的非難，這樣最終纔能有成就。」這裡買賣是個譬喻，用來指稱世人都在做著不究竟的事情。

人要有定見，不受流言的左右，這需要大智慧。世人普遍習慣於昏沉，絕不是沒有原因。首先是世人通常智慧未開，不曉得什麼比較根本，常受不住暫時性的困難，與唾手可得的誘惑，就立刻屈服於能馬上拿到的好處，而不肯放長線釣大魚，卻反而失去徹底解決困境的機會，一輩子受苦。最詭異的現象在於，能讓人掙脫困境的東西，都會呈現出不起眼或無利益的假象，並且還會讓你開始受苦，你只有帶著堅強的意志撐過去，纔會最終品味到本相。再者是世人容易受輿論的影響，耳根子很軟，人家說東就做東，人家說西就做西，跟著人潮浮浮沉沉，大家這樣會淹死，你就跟著淹死了。人的昏沉與清醒，背後就是心性的蒙蔽與張開，世人常不知道什麼是心性，不過世人都很相信自己的直覺，常會說要「順著直覺去做」，不過，昏沉的人，順著那受蒙蔽的心性的直覺的牽引，往往把自己搞得糊里糊塗，遍體鱗傷後，卻依舊不知道這來自於愚痴。

這就是菁英當然會很罕見的原因，心性的菁英尤其如此。在合群與不合群間，我們要有智慧去選擇，有選擇性的合群，有選擇性的不合群，這能做出選擇的精神機制，就是心性。認識心性要吃苦，然而，這比起昏沉的人一輩子吃苦，最後不知道自己怎麼死來說，因心性而吃苦，實在是太幸福了。這點尤其是在面對死亡的時候，你這一生到底有沒有做過工夫，就在那一刻裡見真章。敝人已經看過太多的人，這輩子不知道正確的養生觀念，最後生病住進醫院裡，這個至親過來說你該吃這個，他基於親情就認真吃這個，那個長官過來說你該吃那個，他基於感恩就認真吃那個，最後再來某個居士，告訴你吃這個會有大福報，他基於信仰就再認真改吃這個，吃完後就去陰間享福了。請牢記：世人一生會不斷受苦，絕不是沒有原因，更絕對不冤枉。

原文

此學不明於世，久矣。而舊聞舊習障蔽纏繞，一旦驟聞吾說，未有不非詆疑議者。然此心之良知，昭然不昧，萬古一日。但肯平心易氣，而以吾說反之於心，亦未有不洞然明白者。然不能即此奮志進步，勇脫窠臼，而猶依違觀望於其間，則舊聞舊習又從而牽滯蔽塞之矣。（出自《王陽明全集．文錄三》卷六）

15 聖人愛作夢

莊子在〈大宗師〉說：「古之真人，其寢不夢。」莊子如果自認是真人，睡覺不會作夢，那為何還要夢到蝴蝶與他的交纏呢？莊子是個任性馳騁的人，他的言語裡，總是夾雜著自我與自性的交錯對話，如果不能細膩辨識，常會被他片段的語意牽引。其實，大覺知者常尊重夢境對他自性的召喚。陽明先生的祖母岑氏，就夢到有天神抱著嬰兒駕著雲朵送到他們家，夢醒她的媳婦鄭氏就生出陽明先生，他誕生的地點纔會因此取名為「瑞雲樓」，而陽明先生本來被祖父王倫取名為「王雲」，就是要紀念這個神異的夢兆，只是因為這可能暴露了天機，致使陽明先生直到五歲，都還不會說話，某日神僧路過，看見不會說話的陽明先生，立刻明白箇中究竟，就告訴王倫說：「這是個有大命的好孩子，可惜天機被道破。」王倫若有所悟，就幫陽明先生改名「守仁」，改完名，陽明先生就會說話了。

陽明先生十五歲的時候，夢見去拜謁伏波將軍馬援廟，夢中出現一首詩：「卷甲歸來馬伏波，早年兵法鬢毛皤。雲埋銅柱雷轟折，六字題文尚不磨。」裡面預示著他這一生會帶兵平大亂。後來果真如此。在他過世前，他坐船不經意來桂林的伏波山，果真看見伏波將軍馬援廟，裡面的景象，全都與他十五歲的夢境一樣，他不禁感慨這一生都是冥冥中安排好的局，因此再寫出〈謁伏波廟〉這首詩：「四十年前夢裡詩，此行天定豈人為？徂征敢倚風雲陣，所過如同時雨師。尚喜遠人知向望，卻慚無術救瘡痍。從來勝算歸廊廟，恥說兵戈定四夷。」

陽明先生二十七歲的時候，曾經夢見威寧伯王越贈給他一把寶劍，不久後他考上進士，在工部做事，竟然就奉命監督興造威寧伯王越的墳墓，事情結束後，威寧伯的家人想贈給他金錢，他辭謝不受，威寧伯的家人竟然出示威寧伯佩帶的寶劍相贈，由於與夢境相符，陽明先生就接受了。他三十八歲在龍場大悟的時刻，根據馮夢龍的記載，其實是夢見孟子下台階來迎接他，並跟他講良知這一章，這纔使他豁然大悟，不覺在夢中大跳大喊，最後纔醒來，取出五經對照，發現全都與這領會相合。

陽明先生四十六歲在贛州做知府，他軍令甚嚴，宿衛知府衙門的士兵個個戒備嚴密，沒有人膽敢怠忽職守，更不敢隨便散播流言。然而，有一天深夜，士兵忽然眼睜睜看見知府衙門被打開，一個道士從外面飄然進去衙門，他留著長長的鬍鬚，手裡還拿著一把芭蕉扇。前面有個童子掌著燈，在引導著他，接著門就自己關起來。士兵都不曉得這是怎麼回事，面面相覷著。很久後，那門忽然再打開，道士出來，長長打個揖，接著就不見了。門跟著再關上。士兵都驚嚇得不知道這是怎麼回事，隔天這件事情就全都在官邸傳開了。有人去告訴陽明先生，陽明先生喃喃自語說：「敝人夢見呂洞賓來探望，敝人相問：『什麼是神仙？』呂洞賓回答：『沒有做到儒者的極致，就不能稱作真的神仙。』敝人再問：『什麼是儒者？』

呂洞賓回答：『沒有做到神仙的極致，就不能稱作真的儒者。』」

他在四十九歲的時候，還夢見晉朝的忠臣郭璞來跟他申冤，郭璞表示他會被王敦殺害，根本是因為他知道王敦與王導的底細，王敦再三詢問王導，兩人商量後的結果，他們兩人的關係非比尋常，王敦想要篡位，其實王導早就知道，甚至還在暗中幫忙，直到王敦因生病而無法成事，王導就全盤嫁禍給王敦，來讓自己避開禍害。郭璞希望陽明先生能把事情的經過寫出來，讓後世知道王導其實是個大奸雄，不要被不知底細的史書給誤導了。

第一位來跟陽明先生拜師的弟子徐愛，有一回跟陽明先生說，他可能不能長壽而終，因為他曾經去衡山玩，夜裡夢見有個老人輕輕撫摸著他的背，跟他說：「你跟顏淵同德。」接著，再嘆說：「還跟顏淵同壽。」結果徐愛果真在三十一歲的時候過世。陽明先生在〈祭徐曰仁文〉裡說：「當時敝人安慰徐愛說：『這不過就是個夢，你還去猜疑，就未免太過耗神了。』徐愛說：『這是無可奈何的事情啊！只希望我能早點告病回到山林裡，能從事於認識與傳播先生開啟的教化，早上聽聞心學的大道，晚上就死亡，這就不會有遺憾了！』我本來覺得這只是他偶然胡思亂想的夢，哪裡知道他的處境竟然與夢境相同！」這個夢境還暗示著：徐愛是嶄新的顏淵，陽明先生則是嶄新的孔子。

陽明先生有過如此豐富直接或間接的夢境，這就難怪《傳習錄》裡記錄，當有弟子問：「睡著的時候該如何做工夫呢？」陽明先生就如此回答：「知道白天如何做工夫，就會知道夜晚如何做工夫了。白天裡，良知是順應環境沒有窒礙在開展，夜晚裡，良知是收斂在生命底層凝聚為一體，這使得你只要作夢，就能呈現出徵兆，呈現徵兆就是在做工夫。」我們不能輕看夢境，這裡有自性在醞釀與開展，讓你知生知死知天命。因此，哪裡是「真人無夢」呢？那只是在說真人不作自我意識去顛倒實相的夢境罷了。當孔子都對自己好久不再夢見周公而深感憂慮，從陽明先生的往事裡，我們更應該知道「聖人常作自性的夢境」，而且，聖人會尊重這由自性發出的夢境的指引，並從夢境裡領會生命，藉此來做工夫。

原文

曰：「睡時功夫如何用？」先生曰：「知晝即知夜矣。日間良知是順應無滯的，夜間良知即是收斂凝一的，有夢即先兆。」（出自《傳習錄・下卷》第六十七條）

16 什麼都不奇怪

陽明先生在〈答南元善〉裡說：「世間品味很高，不願意附庸流俗，性格通達，生命情調很超脫的讀書人，願意拋開富貴，看輕利害，放棄階級，毅然往自己的路踏去，而絕不會回頭，這樣的人還是看得見。他們有時或會喜歡不屬於儒家，而流於詭異的涵養心靈學說；或會投身情感於詩酒，每天在山水間彈琴作樂；或會受意氣的激發，留戀著不滿與憤怒，受著嗜好的牽引與沉溺，他們的生命有待於通過賞玩物品來忘記痛苦，因而要不斷去更換新的物品，纔能轉移痛苦不斷發作的難過。他們不論做什麼，都有著追逐於物化的習慣，等到他嗜好的東西已經玩得倦怠，他就會再覺得心情鬱悶，感情要隨著事情不斷轉移變換，如此他的憂愁悲苦根本沒有停止的一天，而會隨時在不經意的時刻發作，這樣的人真是在拋開富貴，看輕利害，放棄階級，終身很快意活著，對每個處境都深感自在嗎？根本不會！只有對心學的大道有立志的士人，真能看見良知的昭明靈覺，圓融洞澈，廓然與太虛同體，在太虛裡，什麼東西都有，然而，沒有任何東西能障礙太虛。」

從陽明先生的文字裡，我們能看見當日的時空裡，已有我們現在很常見的精神病徵。

顯然，明朝與民國，都有這兩種人：其一，終身汲汲營營於富貴，對於地位與金錢完全放不開，每天都投注全部的精神在裡面，深恐會一不留神，就失去這些好不容易積攢的東西；其二，毅然拋棄富貴，或投身於某個宗教，做個刻苦壓抑的修行人；或留戀於浪漫的情調，覺得人生苦短，不如徹底玩樂；或活在不滿與憤怒裡，卻通過賞玩某個物品來抒發痛苦，有時或是古董，有時或是異性。然而，不論是哪種人，全都在把身外的現象給物化，他們不論要富貴或不要富貴，都不曾把留戀於物質的意識給丟掉，總覺得要「獲得」某個東西，藉由擁抱那東西，再由那東西給出的激情，來抵銷掉內在的空虛與寂寞。這樣的人，即使其中有拋棄富貴的修行人，都因為還是在把信仰當作要擁抱的物品，而不能真正化解心底的空虛與寂寞。

因為他們都沒有看見良知。

受良知牽引的個體，能直通整個宇宙，宇宙與個體本來無二，因為它們同歸於本體，但，宇宙裡面什麼物質都有，卻沒有任何物質能障礙宇宙。這是因為宇宙裡有本體。如果個體不能如此，那是因為個體把物質視作在自身的外面，它自覺不擁有，因此會感覺很卑微很困窘。然而，個體裡面難道沒有良知？如果個體承認良知就在自己身內，那物質全都不在自身的外面，因為良知在個體稱作自性本體，在宇宙稱作宇宙本體，這本來只是同一個存在狀態，只是因為要解釋而給出兩個名相。個體因為良知的自覺而直通宇宙，那什麼物質都在「這」（個體即宇宙，宇宙即個體）裡面。其實，物質都是本體創生，本體起念則萬有，如果你因為洞見良知，就會發現你是個本來就「什麼都有」的人，那你還需要去刻意擁有什麼其他東西呢？什麼都有，就什麼都不奇怪，人就是如此安然活著，其餘本來就無話可說。

原文

世之高抗通脫之士，捐富貴，輕利害，棄爵祿，決然長往而不顧者，亦皆有之。彼其或從好於外道詭異之說，投情於詩酒山水技藝之樂，又或奮發於意氣，感激於憤悱，牽溺於嗜好，有待於物以相勝，是以去彼取此而後能。及其所之既倦，意衡心鬱，情隨事移，則憂愁悲苦隨之而作。果能捐富貴，輕利害，棄爵祿，快然終身，無人而不自得已乎？夫惟有道之士，真有以見其良知之昭明靈覺，圓融洞澈，廓然與太虛而同體。太虛之中，何物不有？而無一物能為太虛之障礙。（出自《王陽明全集．文錄三》卷六）

17 禮儀在散發能量

陽明先生說：「整個天下，不論過去或現在，人的情感都一樣，沒有什麼根本的變化。古時的聖王，制訂禮儀，都是基於人的情感而做出調整與修飾，因此實踐於萬世都很合適，或許有些規範我們反省的時候心裡會有不安，那並不是禮儀的紀錄有錯誤或缺漏，而是因為古今的風氣與習俗有變化，使得有的禮儀看起來很怪異，有的禮儀則看起來很適合。這種風氣與習俗的變化並不是古時候的聖王會面臨的問題，我們現在的人還是可再從頭釐訂，這就是堯舜禹這三王的禮彼此沒有承襲的原因。如果只是拘泥於古，不去問是否符合於你的心裡，這就是盲目的蠻幹，這就是無禮的禮，行徑並沒有真的符合禮，卻在做習而不察的事情。後世不講心學，人都失去正常的情感，幾乎很難去跟他們講禮儀！然而，良知在人心裡，萬古如一日，如果能順著我們心裡的良知去問禮儀，那即使不知道腳的尺寸就去編鞋，我們都絕不會編出個竹簍出來。」

這是嘉靖五年（歲在丙戌）陽明先生寫給鄒守益的第二封信。

這段話具有兩面性，得要精確解讀：首先，禮儀來自於良知，但會隨著風氣與習俗而有各種變化，風氣與習俗會使得禮儀要跟著適度調整來相應，否則就會離開人情。再者，失傳的禮儀，其實去問良知，就能得出其該有的脈絡，八九不離十，因此要恢復禮儀，與其去問周公時候的禮儀如何，覓得某個已經不再實踐的古怪舉止，更不如直接去問我們的良知，自然能給出適應於當前時空的禮儀。然而，這裡要注意：陽明先生不論怎麼說，都還是重視禮儀，而沒有同意廢棄禮儀，或對禮儀採取輕忽或放縱的態度。

我們現在活在末世，禮儀已盡廢棄，任何人如果反過來奮勉倡導「全盤恢復禮儀」，都會被大家視作怪人在說天方夜譚，被歧視或被嘲笑。這個時候，你如果就跟著想說要順應現在的風氣與習俗，那大概就是要把無禮當作有禮，譬如看見爸爸，就學美國人直接給個暱稱，說個哈囉，就是在行禮了，果真如此順應，那恢復禮儀根本不可能，真是天方夜譚了。或許有人會說「心誠則靈」，只要對人有誠意，為何要拘泥於禮儀不禮儀呢？但，如果有誠意，為何「就是不能」給出慎重與端莊的禮儀，而只是要去順應著隨便與輕鬆的美國風俗呢？這就是不老實，本身欠缺誠意，卻在尋覓藉口罷了。

但，恢復禮儀，還是要跟當前的時空保持對話，不能盲目認為「恢復古禮」就是好事，人如果舉止跟他那個時空的風氣與習俗差異過大，即使他出自於苦心孤詣，都很難讓世人感動，因為這與當前的情感脈絡有差異。因此，我們要做的工作是「銜接」，銜接過去與現在，讓聖王的禮儀能經過調整與修飾，再回到當前社會的日常生活裡，這種銜接的過程，就要把聖王的脈絡與當前的脈絡做恰當的彌合，讓人有個落實的橋梁。

譬如說，我們在儒家的道團裡，弟子來到書院與其夫子相見，自然要按照古風行慎重的大揖禮，然而，在平常的時候，學生看見世俗學校傳授知識的老師，由於現在的老師都受美派自由作風的影響，你真跟他行大揖禮，他大概會嚇得倒退轉身，但，你如果屈從於揮手說哈囉，那固然彼此都很愉快，卻是在順應著崩壞的禮儀，這時候，你不妨雙手撫在胸腹間，跟老師鞠躬六十度，這同樣能成全出你的誠意，不懂儒家精神的老師接受的程度會比較高。這樣的禮還是由周禮演變而出，卻能與當前的風氣與習俗彌合，敝人稱作「經師禮」，因為這是在對傳授知識的老師行禮，過去在學習生活裡敬師的禮儀，則可稱作「人師禮」，適合於傳授心性的老師。

其實，禮儀的給出，就是在做工夫，透過這個舉止，來觀看自己的誠意。我們學習心學，其重點在內觀良知，然而，絕不可輕忽或放縱禮儀，誤認這只是個表面的行為而已，如果我們心學涵養者都把禮儀給虛無化，那還要跟世人談恢復禮儀，就無異於緣木求魚了。我們透過禮儀會給出能量，給出什麼樣的禮儀，就給出什麼樣的消息與磁波，我們想要讓現身的環境變成什麼樣子，就跟我們的舉手投足有絕對的關聯，如果你希望自己現身的環境有心性，那就要透過禮儀去涵化環境，讓環境能接納你的現身，如果你同意人與人無禮的對待，那無禮的舉手投足就會散發出放縱的負面能量，讓環境變得惡質，如此相互震盪，就什麼相互傷害的情況都可能會發生。因此，心學涵養者要意識到禮儀背後的精神狀態，給出高品質的精神裡會散發出的禮儀，這其實既是在善待自己，更是在幫忙他人，因為你要反覆牢記，禮儀的背後有能量。

原文

蓋天下古今之人，其情一而已矣。先王制禮，皆因人情而為之節文，是以行之萬世而皆准。其或反之吾心而有所未安者，非其傳記之訛闕，則必古今風氣習俗之異宜者矣。此雖先王未之有，亦可以義起，三王之所以不相襲禮也。若徒拘泥於古，不得於心，而冥行焉，是乃非禮之禮，行不著而習不察者矣。後世心學不講，人失其情，難乎與之言禮！然良知之在人心，則萬古如一日。苟順吾心之良知以致之，則所謂不知足而為屨，我知其不為蕢矣。（出自《王陽明全集．文錄三》卷六）

18 大信良知不應酬

嘉靖五年，陽明先生在寫給鄒守益的第一封信裡說：「這陣子敝人的家裡面遭逢很多災難，做工夫極耗費精神，反而看見『良知』兩字比起舊日更加的親密。這真是大根本大道理，捨棄掉這兩字，就再無學問可講了。敝人的知交湛若水先生主張『隨處體認天理』的學說，大抵來說未嘗說得不對，但，只要我們歸根究柢，查問其著落點，就會發現未能免於捕風捉影的光景，縱令他說得如何鞭辟向裡，都還是與聖門致良知的工夫尚隔一層。如果在精微的起點稍有毫釐的差異，接著就會有千里的錯誤了。四方的同志來我這裡，都能拿致良知的意念來貫通自己平生的學問，無不都會有反省與領悟，只是著實能透徹掌握致良知的人，其實還是很難見。世間沒有志向的人，既然已經在追逐於聲色與利益，而寫著無關於經國濟民的詞章，偶爾知道應當去認識自己的自性內，卻再被一種似是而非的學問兜著，牽絆與綑綁住，終身不得出頭。這只是因為沒有真正去做聖人的志向，常未免挾有私心，只看見狹窄的層面，想快速見得成效，纔會去探索這種不究竟的學問，支支吾吾著，眼睛半開半閉，得過且過的活著。因此，即使是個豪傑，有著任重道遠的生命氣息，卻因為錯誤的立志，結果就安頓在那些不究竟的學問裡，苟且與將就掉這一生。」

這段話說得真是深刻！心學有兩種，無關於宗主的心學與有關於宗主的心學。前者是包羅萬象的心學，這是承認與容納各種不同宗教與哲學，由其間獲得貫通解釋的心學；後者是歸宗陽明先生的心學，這是立志於振興儒家，開展中華文化的靈性復興的心學。然而，世人通常跟著有兩大盲點：已經有自己信仰的人，不願意去瞭解各種不同的信仰背後的貫通點，那對他好像毫無意義，因此他不需要去接觸前者的心學；乍看還沒有自己信仰的人，其實早已有根深蒂固的西洋型態的理性信仰，只要跟他去講儒家或中華文化，他就會打瞌睡，根本不會想去接觸後者的心學。然而，如果人活著不是只顧著自己，深深地瞭解他人，瞭解這個社會為何會有各種差異，能因為尊重歧異而自然解放生命，活得更快樂，他當然需要去瞭解前者的心學；如果人不願意捨棄人間，甚或覺得生命對社會有責任，需要有個融貫的說法來幫忙自己安頓住生命，能承擔社會給出的責任，他當然需要放棄名相的執著，去瞭解後者的心學。

然而，世人普遍喜歡極端，不喜歡融貫；只關注於自己，不關注於他人。這使得他們或會信仰給出保證的宗教，或會汲取不斷支離的知識，就是不願意對人內在的智慧投注精神。來跟敝人問學的中年人，常只要聽見敝人銳利的言語，指出思維有盲點的觀念，尤其是對本土宗教的信仰與西洋理性的信仰，就會激生「不想與你爭論」的傲慢與倦怠，這哪裡是來問學呢？他們的本意，應該只是希望敝人能簡單承認他們既有的成見罷了。當然，老年人就更不用說了，他們只想去傳播他們已無法改變的成見。然而，正就是在精微的起點有著毫釐的盲點，纔會引發後面宛如大海嘯的錯誤，如果我們不對這意識的起點抱持著關注，我們還去談什麼社會改革？因此，社會改革的源頭，就是心靈的改革，心靈不肯改革，那社會根本不能改革。沒有比認識自性更根本重要的事情，如果人不想認識自性，卻眷戀著各種花稍的名相，那只能說該人喜歡活在不究竟裡，他就不該怨惱自己為何總會有各種不解的生命變故了，那其實都很合理。

陽明先生真是大信良知的人，這封信可看見他徹底的相信進去，九死不易，並從裡面滋生出各種洞見，再散播這些消息給世人。陽明先生不能因為與知己的情誼，就不說破其人觀念的盲點，這就不是在幫忙人，而是在忙於應酬了。因此，他得要坦然說出自己相信的觀念，因為他已經不是在為自己而活，他的動靜舉止，都影響著廣大的心學儒者，他要對他們的安危禍福負責，因為他們相信良知，而陽明先生正是講破良知的第一人。敝人立基於最徹底的人文精神，兼容並蓄各種宗教與哲學，既稱讚這些大覺知者的精湛點，同時不避諱他們的破綻點，這只是基於澄清自性（良知）使然，世人如果來與敝人論學，正應該根據這些實在的論學裡反覆商量，而不是帶著傲慢與倦怠，跳開那毫釐的差異，誤認我們只要保持善意的距離與情誼即可，這樣就是沒有誠意在面對心性了。

原文

比遭家多難，工夫極費力，因見得良知兩字比舊愈加親切。真所謂大本達道，捨此更無學問可講矣。「隨處體認天理」之說，大約未嘗不是，只要根究下落，即未免捕風捉影，縱令鞭辟向裡，亦與聖門致良知之功尚隔一塵。若復失之毫釐，便有千里之謬矣。四方同志之至此者，但以此意提掇之，無不即有省發，只是著實能透徹者甚亦不易得也。世間無志之人，既已見驅於聲利詞章之習，間有知得自己性分當求者，又被一種似是而非之學兜絆羈縻，終身不得出頭。緣人未有真為聖人之志，未免挾有見小欲速之私，則此重學問，極足支吾眼前得過。是以雖在豪傑之士，而任重道遠，志稍不力，即且安頓其中者多矣。（出自《王陽明全集．文錄三》卷六）

19 大膽承當不由己

正德十四年（西元一五一九年），陽明先生正在擔任贛南巡撫，他本來因為祖母過世，很想回家鄉奔喪，皇帝不准他辭官，卻要他去福建省消滅叛軍，他本來甚至想擅自離職回去，沒想到此時南昌的宗室寧王朱宸濠叛變，更意外的是此刻全省內最大的官只剩下他一人，他因此寫奏本給皇帝，告知實情，想請那極度聰慧，卻極度荒唐的明武宗能授權他做事，然而，他卻不是直接這麼說，而是請皇帝能同意他回家鄉安葬祖母。

這就是有名的〈乞便道省葬疏〉。

陽明先生說：「臣思量著祖母從幼年時期對臣的撫養與教育，祖母的恩情實在太重，卻沒有跟她見最後一面，做個訣別，每回想到這裡，就會哀嚎痛哭，肝膽都被割裂到要昏厥死去，這種哀痛日益在增加，僅僅是在苟延殘喘而已。母親在臣稚齡過世的時候，不過只是暫厝在祖父的墳墓一側，現在埋葬祖母，很希望能幫母親一併改葬。臣的父親日益衰老，祖母過世，他哭泣太過度，現在已經臥病在祖母棺木的靈堂前。臣現在抱病在召集軍隊，來往於廣信與南昌間，廣信距離臣的家鄉不過只有幾天路程，希望能抽空回家一哭，略微經營埋葬祖母的事情，並探望生病的父親。臣區區報國血誠，上通於天，不辭被滅掉宗族的災禍，毫不迴避願意擔當大任的嫌疑，明知自己不是適任的人，卻甘願盡忠共體國難，只希望朝廷能鑑察臣的心情，不拿法律條例來治臣的罪，使臣能稍微排解如同烏鴉反哺那般的哀痛，臣的感恩，死掉都會圖報，現在呼天搶地，實在不知所云。」

陽明先生的這封奏摺，到底是希望皇帝同意他回家處理喪事，還是希望皇帝授權他做事呢？這就是陽明先生做事的特殊性，或者是說兩面性。他做事總會保持各種彈性，甚至，會把兩面的誠意都直接攤開，看情境往哪面發展，他就順其自然做那件事情。因此，祖母過世，母親改葬，與探望生病的父親，這些絕對是人倫裡面最重要的孝道，更是令陽明先生至為哀痛的事情，然而，宗室叛變，整個國家動盪不安，這個國難卻是任何有擔當的士人都不應該躲開的重責，更何況機緣使得陽明先生是最能擔當的第一人，然而，沒有皇帝的授權，他卻無法直接擁有做事的權柄，他渴望皇帝能給他機會擔當大任，但，他卻在奏摺裡懇望皇帝能讓他回家去處理喪事，這乍看好像很矛盾，其實，這大任誰能擔當，自有天機，不論這天機出自於抽象的上天還是具體的皇帝，陽明先生固然願意承當，權柄的給出與否卻由不得他，如果天命不是由他來擔當這個大任，他大可繼續去處理私人的喪事，這就是他把兩面的實情都和盤托出的背景，其結果由天來抉擇。

當然，最後就是由他來主持平亂的大計。

人常面臨抉擇的困難的時候，就會慌亂手腳，心神不寧。其實，心學的態度卻是在教人：把你的困境和盤托出，如果你同時有兩種（或更多種）情境，做這個就由不得那個，做那個就由不得這個，當這些情境彼此纏攪出死結，你根本不需要由自己來作主，而是把情境都攤開來，由時間推展的外境來幫你自然作主，當你很誠意的理清到底有幾種跟你有關的情境，這理清就會齊一你的精神，發出的能量，就會產生讓事情獲得化解的效應，雖說外境來幫你自然作主，其實還是因為你的理清蛻變出覺知，在化解外境，使得外境跟著回應你的釐清。因此，天命還是來自於人的誠意，人願意大膽承當，即使暫且不知道最後的結局，天卻會因知道你準備好了，就給你機會來承當大任。

由此可知，人根本不需要替自己的困境煩惱，煩惱的人，常來自於他誤認自己纔是最終要作主的人，他纔需要煩惱，否則，人只要理清困境的實質內容，這種覺知會使得天讓他自然開展出嶄新的局面。

這就是敝人會說，理清觀念，實在是涵養生命的鑰匙。

原文

臣思祖母自幼鞠育之恩，不及一面為訣，每一號慟，割裂昏殞，日加尫瘠，僅存殘喘。母喪權厝祖墓之側，今葬祖母，亦欲因此改葬。臣父衰老日甚，近因祖喪，哭泣過節，見亦病臥苫廬。臣今扶病，驅馳兵革，往來於廣信、南昌之間。廣信去家不數日，欲從其地不時乘間抵家一哭，略為經畫葬事，一省父病。臣區區報國血誠上通於天，不辭滅宗之禍，不避形跡之嫌，冒非其任以勤國難，亦望朝廷鑒臣之心，不以法例繩縛，

使臣得少伸烏鳥之痛。臣之感恩，死且圖報。搶攘哀控。不知所云。（出自《王陽明全集·別錄四》卷十二）

20 成聖的密碼

陽明先生在嘉靖六年（歲在丁亥，西元一五二七年）寫〈與黃宗賢〉這封信，裡面說：「人在擔任公職的路上，比起退隱於山林的時候，說到做工夫，簡直要難十倍，如果沒有良友時時提醒啟發，相互砥礪，那平日立的志向，很難不被默默地移轉與掠奪，每天鬆弛於頹廢的狀態裡。這陣子我就與王誠甫說過，在京師能共同砥礪心性的我輩儒者不多，你們兩個必須事先約定好，常常在一起論學，彼此一旦發現略微有動氣的狀態，就得提起『致良知』的話頭，互相規勸，踏實責善。我們人說話正到快意的時刻，就要立即忍耐沉默；意氣正到風發的時刻，就要立即安靜收斂；憤怒、嗜好與慾望正到沸騰的時刻，就要大公無私去消化這些殘渣泡沫。如果不是天下大勇猛的人，萬不能做這件事情。然而，當發現良知其實與我們很親密的時刻，做工夫並不難，剛剛說的那幾種毛病，良知本來沒有，卻因為良知被蒙蔽纔會產生，如果良知一被提醒，就會如青天白日出現，魑魅魍魎就自己消失了。」

這裡可看出，陽明先生打從心底深處相信「致良知」這個觀念工夫，說這是個「觀念工夫」，就意味著陽明先生相信，人只要意識到「致良知」這三個字，就會引發身體與精神在相互作用裡各種複雜的變化，使得人直接把握住本體，活在收攝與微放交感互應的狀態裡。陽明先生的弟子王畿，自稱「先師講良知，唯我信得及」，就是已洞悟這門觀念工夫。在天主教的驅魔儀軌裡，人面對邪魔，只要高舉著十字架，就能降服或喝退邪魔。現在按照陽明先生給出的心學脈絡來看，即使外境裡有邪魔，我們只要意識著致良知，就能使得自身的精神無法與邪魔相感應，邪魔就會自己消失了。

俗話說「身在公門好修行」，其實這是個勉勵的話，並不是反映實情，真實的處境常是說，身在公門，最難修行，因為你手握權柄，面對各種複雜的利益配置，如何做出精確的回應，能片刻不忘真正需要被照顧的人。須知人在靜坐裡要能完全不閃神，就已經是很難，在處理工作時要能完全不閃神，那大概就是難上加難了，但，你稍微閃神，做出的決策，即使就最低標準來說，都可能浪費公帑上億元，或者使得最起碼數十萬人都因為政策失誤而受苦，那你給自己帶來的業報與罪過要如何補償呢？現在公職的概念已經被擴大了，在私人公司裡工作，業務同樣可能在影響眾生，譬如說在銀行裡負責信用貸款的額度事宜，該如何把利益配置給最適合的申請單位，而不是基於私人的情緒好惡來決策，這就很需要無善無惡的大智慧，這並不僅是在說我們需要有良知來幫忙決策，更是在說人不要讓自己做的事情，不知不覺地傷天害理，卻要在往後的日子裡來加倍承擔。

人如果有幸不需要工作，那並不見得就需要去退隱山林來涵養心性，如果真想涵養心性，重點應該放在領悟「就只是存在」。我們當前資本主義的社會，國家機器給出的教育，就是催眠大家要不斷工作，不斷工作，藉由增加產能，來增加自己的名與利，做到退休或死亡為止，如果不工作，人就會覺得自己是個廢人了。我們怎麼能如此嚴重的兩極化看待人生呢？這種奮勉產生的效益，很可能會是地球的重大災難。我們得承認，工作的人，並不見得就是個正常人，正常人應該是指精神與身體的完善運作，絕大多數在工作的人，常常是有各種慢性病的人，他們的精神處於高壓狀態，人通常不會喜樂，反而得靠著過激情與畸情的生活來維持平衡。反過來說，有幸不需要工作的人，更應該做個正常人，正常人並不見得就是繼續去生產線上生產什麼東西，而應該去練「就只是存在」（Just live in the Existence），這存在，意味著喜樂的活著，不依賴任何奢望而活，遠離各種顛倒夢想，甚至什麼都不再想，就只是因為活著而喜樂，因此能喜樂的活著。

敝人說「就只是存在」這五個字，同樣是門觀念工夫，這表示人只要深度意識到這個狀態，就能因此停止盲與躁，頻率變得簡單，當人發現自己能簡單活著，而且發覺早就該如此簡單活著，人就能每個片刻都有深刻的安謐。

就只是存在，這是致良知的轉語，更是成聖的密碼。

原文

人在仕途，比之退處山林時，其工夫之難十倍，非得良友時時警發砥礪，則其平日之所志向，鮮有不潛移默奪，馳然日就於頹靡者。近與誠甫言，在京師相與者少，二君必須預先相約定，彼此但見微有動氣處，即須提起致良知話頭，互相規切。凡人言語正到快意時，便截然能忍默得；意氣正到發揚時，便翕然能收斂得；憤怒嗜欲正到勝沸時，便廓然能消化得；此非天下之大勇者不能也。然見得良知親切時，其工夫又自不難。緣此數病，良知之所本無，只因良知昏昧蔽塞而後有，若良知一提醒時，即如白日一出，而魍魎自消矣。（出自《王陽明全集・文錄三》卷六）

21 心學煉金術

你相信有人看見陽明先生，不是急著跟他請教如何成聖，而是急著跟他請教如何做神仙嗎？曾經真的發生過這件事情，而且，跟陽明先生請教的人，連續問過三回，陽明先生都不願意回答，最後是他再請弟弟親自過來相問，陽明先生只好寫封信跟他談自己的看法，這封信就稱作〈答人問神仙〉，寫在陽明先生三十七歲那年。

陽明先生說：「你問我是否有神仙，還問與神仙有關的其他事，已經三回了，敝人都沒有回答。這並不是不願意回答，而是沒有什麼好回答！昨天你讓弟弟過來，務必希望敝人能回答，敝人只好跟你說，誠然，自八歲開始，敝人就很喜歡這類的學說，現在已經三十年過去了。我的牙齒逐漸搖晃得很厲害，頭髮已經有幾處變成白色，眼睛只能看見一尺內，耳朵只能聽到幾丈外，常常整個月臥床不起，吃藥量加大，這大概就是我想做神仙的效果了。認識敝人的人卻依舊妄稱敝人能做神仙，您還跟著妄聽而不斷過來問敝人，不得已，敝人就只好姑妄跟您說做神仙的道理了。」

他接著說：「古時候有意境臻於極致的人，有著純樸的德性，凝斂的大道，與陰陽四季相調和，離開人間俗世，讓自己的精神獲得積聚，在天地間遊歷，他的視與聽能到八荒外的距離，就像是廣成子，活到一千五百歲都不會衰老，或像是李伯陽，經歷商朝與周朝的更替，最後往西去函谷關，這都是曾經發生過的事情，如果敝人把這些事情都說成沒有，那您就會懷疑敝人在欺騙您了。」

但，他接著說：「然則人的呼吸動靜，都是依賴著大道做根本，精骨的完好與長久與否，都在受氣的剎那間就已經被天促成了，這不是人的奮勉能勉強。後世有些傳說，說哪個道士能帶整個房屋都一同升天，或者點石成金這類事情，實在太過於詭譎怪異，令人好奇與驚駭，這種祕密的法術或曲折的技藝，尹文子都說過這是種幻象，佛陀都稱作外道了，如果敝人把這些事情都說成有，那您就會懷疑敝人在欺騙您了。」

那，這些密法或曲技，在陽明先生的眼裡到底存在或不存在？

首先，陽明先生指出，自己都已經在老化，如何能做神仙？即使他自己大膽說能做，這好像都不具有對世人的任何說服性。但，如果有人能活個一千五百歲，徵諸往事，這當然還是有可能，只是這不是人的奮勉能勉強，畢竟身體好壞早在出生前就已有個基本盤，很難大幅改變，或者說，他認為生命不應該把重點放在「長生」，而該放在「有意義的活著」。至於那些能轉換物質的屬性與其存在空間的事情，陽明先生表示有人說是幻象或外道，他因此不應該說這些事情真的存在，然而，他自己到底是相信還是不相信呢？你從字裡行間，還是看不出他真實的態度，他顯然不想發表任何武斷的言論，不過你會知道，陽明先生覺得即使這些事情存在，都不該被視作生命的重點，因為現在認知與稱呼的「煉金術」，其實不應該去煉身外的物質，而該去煉身內的心性。

因此，心學的煉金術，不煉長生，不煉黃金，只煉內在的覺知與其能量。

原文

詢及神仙有無，兼請其事，三至而不答，非不欲答也，無可答耳。昨令弟來，必欲得之。僕誠生八歲而即好其說，今已餘三十年矣，齒漸搖動，髮已有一二莖變化成白，目光僅盈尺，聲聞函丈之外，又常經月臥病不出，藥量驟進，此殆其效也。而相知者猶妄謂之能得其道，足下又妄聽之而以見詢。不得已，姑為足下妄言之。

古有至人，淳德凝道，和於陰陽，調於四時，去世離俗，積精全神；遊行天地之間，視聽八遠之外，若廣成子之千五百歲而不衰，李伯陽歷商、周之代，西度函谷，亦嘗有之。若是而謂之曰無，疑於欺子矣。然則呼吸動靜，與道為體，精骨完久，稟於受氣之始，此殆天之所成，非人力可強也。若後世拔宅飛升，點化投奪之類，譎怪奇駭，是乃祕術曲技，尹文子所謂「幻」，釋氏謂之「外道」者也。若是謂之曰有，亦疑於欺子矣。（出自《王陽明全集．外集三》卷二十一）

22 儒家的神仙

現在想繼續拿〈答人問神仙〉，來討論有沒有神仙的議題。

陽明先生說：「神仙的有與無，其真實的狀態並不是語言的『有』或『無』能釐清，如果相信，存放在心裡長久，自然會瞭解這是怎麼回事，涵養的深厚，自己就會獲得做神仙的辦法；沒有到達這種程度，卻勉強去討論，即使聲稱相信能做神仙，都還不見得能獲得做神仙的辦法。我們儒家同樣自有做神仙的辦法，顏淵三十二歲的時候死去，然而至今卻依舊活著。這樣說先生您能相信嗎？後世那種如上陽子這類的道士，都只是在玩方術技藝的人，不能就把這些人視作有道的人。像是達摩或慧能這類的人，則大致已經接近於大道了。然而這卻不容易拿語言去解釋，很容易引發無謂的爭論。您如果想聆聽這種學說，須要退隱於山林三十年，保全自己的耳目，齊一自己的心志，胸中毫無雜念，不受任何世俗的塵埃的沾染後，纔能去討論這種狀態。現在敝人遠離那種神仙的道理，卻在發出這些妄言，希望不會被您責怪。」

顯然，從這段文字裡，可看出陽明先生更明確的態度。他覺得神仙的有無，不是口舌爭論能得知，而要真實的做工夫，自然會明白箇中意境，然而，這卻已不是他的生命嚮往，因此，他實在不需要回答這個問題。他卻想告訴這位來請益的人說，儒家自有做神仙的辦法，這會是什麼辦法呢？顯然，這不是在尋覓身體的長生，而是在尋覓精神的長生。精神如何能長生呢？就是生命意義的不斷開展。這裡很有意思的是他提到顏淵，並且特別提到他三十二歲就死掉了，卻強調他的精神依舊長在，或許有人會覺得這有兩種可能：其一，這可能在期勉來相問的人能有志於做個顏淵，再創儒學新猷；其二，這可能在暗示他已經有一位如顏淵般發憤學習心學的弟子，那就是徐愛。

其實，這兩種暗示都只能是揣測，而無法獲得任何證實。我們更應該去瞭解這兩種揣測背後的合理脈絡，任何思想的產生，背後都有其靈性的能量在支撐，思想當然不是種物質的存在，然而只認知為精神，卻因為現在的人對精神的理解太過窄化，只誤認是種與物質對立的存在，而不見得能精確把握。心學的開展，如同先秦儒學的開展，除有大覺知者的降生外，還要有大量菁英，投注他們的全部生命來共同成就，纔能再啟木鐸。孔子如果沒有顏淵，沒有這個樸實無華的弟子的無怨無悔的相伴，能不斷心領神會夫子的見解，那孔子同樣無法獲得成就，雖然孔子曾經說顏淵不是對自己學問有幫忙的人，其實正好相反，沒有顏淵能全然領會孔子的觀念，孔子不會在各種重大的挫敗裡獲得深深的寬慰，能終於承認他的志業不在政治層面，而就在教育。這就是夫子與弟子的共生關係，更是儒家學派獲得傳承與開展的主因。

這篇文字寫於陽明先生在龍場悟道前，心學的開展，在當日還需要最關鍵性的突破，然而，這個過程需要有人能對陽明先生不離不棄，能有個弟子在忠誠守候著他的夫子，全然領會著他的夫子的不斷蛻變，陽明先生期待這個人的出現，或許這個人一直都在。歸根結柢來說，做儒家的神仙，就是繼承儒家型態最根本的覺知能量，卻開創出嶄新的學問樣貌，使得轉法輪的聖人不斷應世而出。

因此，每個能繼往開來的夫子，都需要有顏淵。

原文

夫有無之間，非言語可況。存久而明，養深而自得之；未至而強喻，信亦未必能及也。蓋吾儒亦自有神仙之道，顏子三十二而卒，至今未亡也。足下能信之乎？後世上陽子之流，蓋方外技術之士，未可以為道。若達摩、慧能之徒，則庶幾近之矣，然而未易言也。足下欲聞其說，須退處山林三十年，全耳目，一心志，胸中灑灑不掛一塵，而後可以言此；今去仙道尚遠也。妄言不罪。（出自《王陽明全集．外集三》卷二十一）

23 天天如實靜坐

陽明先生說：「前些時候，敝人在寺廟裡跟大家講靜坐的事情，並不是要大家去學習『坐禪入定』這個狀態，主要是因為我們這些士人，平日被龐雜的事物牽制拉扯，不容易知道為自己生命去存養自性的辦法，因此拿靜坐來補強，權作一段簡單的工夫，藉此收攝心靈與放開心靈。程顥（明道）說：『纔剛開始學習，就須要知道認真著手的起點。既然已在學習，就須要知道認真把握的要點。』各位學習，都應該首先在靜坐這件事情去著手與把握，不要茫然無措，這樣學問纔能有進展，來日纔會使精神真實受益。」

這出自〈與辰中諸生〉。

首先，靜坐的重點不是「靜」與「坐」，果真如此去想，就會把靜坐這個狀態給攪得僵硬固著，靜坐的重點在涵養本體，更精確來說，就是存想著本體，當人在靜坐裡念念不忘本體，自然會領會出無盡的祥和。而且，存想並沒有身體姿態的限制，並不會只有當人盤腿坐著存想，本體纔會被把握住，不盤腿坐著存想，本體就會消失不見了。沒有心性根柢的儒者，自己憑空想像，不曾實際練習，就會去詆毀靜坐，認為這是「流於佛老」，或說這就是

「狂禪」。然而，人光是盤腿坐著，就能直接被簡化視作他就是個佛教中人或道教中人嗎？這種評論恐怕太過於粗疏與武斷。反過來說，人如果不盤腿坐著，他就不能存想本體嗎？自然不是如此。

不能否認存想本體的意義，畢竟這是內聖外王的根基，如果這層都要否認，那儒家就沒有精神的底盤，其內容稍高者只是種社會思想，其最末者則是教條主義，而不論高與低，都將不具有深層的靈性意蘊，這對於全人類就沒有普遍的啟發性。如果承認存想本體的意義，那各種觀念工夫或實踐工夫，都能幫忙我們掌握本體，靜坐是個結合觀念與實踐的複合工夫，同樣不例外。既然靜坐不例外，且不限於「坐著養靜」，那反過來說，坐著養靜，同樣還是能幫忙存想本體，我們不應該妖魔化這個動作。

六祖慧能，直接否認掉「頑空」，意即不承認「宇宙沒有本體」的原始佛教的觀念，並要世人注意不該執著於「無記空」，意即不能執著於靜坐要臻至於無自性的狀態為佳，這就是受著孟子的心性觀念的影響，而讓無本體的佛教思想蛻變出有本體的佛教思想。陽明先生曾在其他文字裡稱許慧能，正是因為慧能在這個基點做出重大的修正，這對於佛教中人知聞最康莊的正法，著實有裨益。陽明先生自身則是把這個正法重新帶回儒家，使得儒家的靈性能量沛然獲得擴充，並告訴來跟他學習的人，不要誤認這是佛教的寶貝，這本來就是原始儒家的主幹，孔子首先悟得「仁」這個實有的本體，再由子思子開啟情的本體觀（這是對本體屬性的把握），最終由孟子領會出「性善」，把本體至善無惡的本質揭露出來，其後陸九淵先生闡釋「發明本心」這個本體屬於人的領域的自性觀，讓本體有更細膩的釐清，最後陽明先生講「致良知」這個簡潔俐落的觀念工夫，大膽展現意識直信自性本體，而能洞見內外的存在領域。

當然，我們如要直面全人類，就不應該再陷溺在學術家派的名相裡，做狹窄的情感表態，反而應該直問：心學的靜坐究竟有什麼根本特徵？這個問題的答案，就在問題的本身裡。因為是心學的靜坐，就不能否認掉人這個主體，這個主體會展開廣大無礙的世界的存在，這展開的內在原因，就在於感知那廣大無礙的宇宙的存在。這個主體就是自性（不是自我），自性的本體自然能與宇宙的本體相互扣應，因為它們本來就是一體，相互扣應就使得宇宙與世界密合無間。靜坐就是領會著這密合無間（這就是冥契經驗），並帶著這密合無間給出的洞見，來面對複雜的人生，在這過程裡展現的人情與義理，就是在從事於生命實踐。

因此，要做個心學家，首先的工夫課題，就是天天如實靜坐。

原文

前在寺中所云靜坐事，非欲坐禪入定。蓋因吾輩平日為事物紛拏，未知為己，欲以此補小學收放心一段工夫耳。明道云：「才學便須知有著力處，既學便須知有著力處。」諸友宜於此處著力，方有進步，異時始有得力處也。（出自《王陽明全集．文錄一》卷四）

24 事業要有心性做基底

陽明先生在寫給他子姪輩的信〈寄諸用明〉裡說：「看見你的信，已經知道你這些時候學問質量有在增長，很是歡喜！君子只害怕學業沒有進展，至於科舉登第快或慢這件事情，都不需要計較。況且，我平日寄望於賢弟者，有比這更重要的事情（那就是希望你能學習心性），不曉得你是否有意於瞭解呢？希望你有空的時候報告讓我知曉。」他還說：「來信勸告我出來做大官，我並不是潔身自好的人，會汲汲於心性，並不只是因為現在局面混亂，應當收斂隱晦來保全，更是因為敝人的學問還沒有成就。歲月不會等待人，再過幾年，精神越來越衰微疲憊，雖然想要勉強成長，都感覺很困難，最終將會一事無成。這都是我處在不允許自己浪費時間的情境裡。」

這封信寫於辛未年，意即正德六年（西元一五一一年）。乍看好像陽明先生不願意做官，不過，這一年他卻由江西廬陵縣知縣回到京師（北京），去年十二月的時候，先陞任南京刑部四川清吏司主事，今年開始，一月的時候，擔任吏部驗封清吏司主事；二月的時候，再擔任會試同考試官；十月的時候，再陞文選清吏司員外郎；隔年三月的時候，他再陞考功清吏司郎中。反而，如果就文官升遷系統來說，這恐怕是他最一帆風順的一年，他的官職簡直是三級跳。諸用明的勸告，顯然並不相應陽明先生的實際情況，但，陽明先生的回答，重點不是在說他能不能讓自己的官位越做越大，常常讀陽明先生的文字的人就應該有經驗，陽明先生善於透過「承認自己的缺失」，來引領他人覺得承認問題並不難堪，跟著願意改正自己的缺失，共同向善。

這就是誠意的能量。人如果能誠意面對生命，其實就很容易看見並化解生命的盲點。人如果總要靠衣服或語言的裝飾，來眩惑他人的耳朵或眼睛，藉此讓他人相信你都很好，或很稱頭或很成熟，這並不是在蒙蔽他人，而是在蒙蔽自己，因為人家覺得你好不好並不重要，重要在於自己常不願意內觀生命，覓得心性的突破。而且，外在事業的開展，如果沒有內在精神的歷練與養成，很難不變成被事情牽引無主的俗人，終身在表象裡打轉，浪費時間，做盡無意義的瑣事。人誠然需要有事業，不過，人的事業要有心性做基底，纔能給出意義，不斷過關，活出天命的人生。

原文

得書，足知邇來學力之長，甚喜！君子惟患學業之不修，科第遲速，所不論也。況吾平日所望於賢弟，固有大於此者，不識亦嘗有意於此否耶？便中時報知之……書來勸吾仕，吾亦非潔身者，所以汲汲於是，非獨以時當斂晦，亦以吾學未成。歲月不待，再過

數年，精神益弊，雖欲勉進而有所不能，則將終於無成。皆吾所以勢有不容已也。（出自《王陽明全集・文錄一》卷四）

25 王陽明被詆毀

陽明先生說：「收到您的來信，裡面提到純甫的事情，態度如此的誠懇，看得出您對敝人這個朋友真是忠實與愛護到極致了。世道衰敗，風俗頹廢，心學的朋友裡，即使平日最敬愛的對象，都還是在改頭換面，把持著首鼠兩端態度，游離於朱熹與敝人的學說間，希望能取得世俗的寬容，讓自己能容身，他們這種意念與思想，實在是如同衰敗的冷風襲來，真讓人覺得憐憫不已。像是我兄長這樣堅持著心學，真可說是信仰大道如此的篤實，把持著德性，不斷去闡發到底啊！敝人真是如何的有幸！如何的有幸！在留都的時候，敝人與純甫來往很親密，或是一個月見一回面，或隔月不見得見一回，不斷對他有規勸與忠告，都是發自於敝人的誠懇與愛護，出自於最真實的心底，從來沒有懷著絲毫的計較。純甫或許對我有些疏遠與見外，然而我的這片心真是可在鬼神的面前對質。其後純甫輾轉做官北上，敝人纔開始覺得有些感覺不大契合，純甫可能並不接受我的意見，思前想後，有著痛苦與悔恨，卻還會不斷指責自己，認為我們人與人相交貴在真實，怎麼能有這些芥蒂呢？這是墮落至人世間計較的坑洞與陷阱裡，這樣的胸懷未免太過狹窄了。當下對於純甫的不滿就冰消霧散了。」

陽明先生都會被詆毀？沒錯。這是全部大覺知者都無法閃躲的難關。正德八年（歲在癸酉，西元一五一三年），因為王純甫在外面不斷詆毀陽明先生的人格，並不再相信心學，他的弟子黃宗賢對此很不滿，告訴陽明先生，陽明先生因此寫〈與黃宗賢〉這封信（原文是第五封），告訴他自己的心路歷程。

文言文裡的「朋友」，與我們現在白話文裡的「朋友」，雖然是同一個詞彙，內涵的精神卻很不一樣。現在深受西洋文化的影響，「朋友」兩字就只是意味著有共同的嗜好或話題，彼此沒有利益的直接衝突，或者反而有直接的利益共生關係，使得個體與個體間很常來往，維持著對彼此都有利的情誼，如此就能稱作朋友了。文言文裡的「朋友」則有著一隻鳥兩翅高飛的意思，他們就是一體，有著相同的生命脈絡，相同的觀念與信仰，因此會共同前行。在這種古老的脈絡裡，不可能有「酒肉朋友」這種想法，只要是朋友，就是親密無間奮鬥終身的同志。

然而，現在每個人的自我意識都很強烈，自我與自我總會不斷在撞擊，人不容易覓得頻率相同的同志，就在不知不覺間，把朋友的標準給降低（或西化）了。這固然是很令人遺憾的現象，不過，現在的重點是說，即使在陽明先生活著的時候，都有人不能堅持心學，並反過來狠咬陽明先生一口。陽明先生如此誠意在幫忙度化人，難道不會感覺痛苦嗎？陽明先生是個人，而且是個很有感情的人，他當然會覺得痛苦，甚至悔恨，不斷指責自己為何要對人產生這種情緒呢？因為他如此誠意在幫人梳理盲點，人家不知道感激，還毫無心裡掛礙去打擊他，如此沒有道義，真是在枉費他的心血，那會讓他質疑自己的善良。然而，他不能縱容自己的胸懷變得狹窄，那會遠離本體，只活在私人的情緒裡，這種意念使他頓然內觀情緒本身，因此能當下高拔，產生更磊落的精神與洞見。

我們處在亂世與末世裡，面臨有人當著面稱讚你，背後卻在詆毀你的現象，實在太過於頻繁了。人習慣於對人無情，因此他不在意自己說出來會有什麼影響，或者平日被人言語暗殺，轉個身再造謠生事去暗殺他人，毫不害怕報應纏身。正人君子面臨這種精神劇烈在搖晃的恐怖時空裡，該學習的課題就是坦然與無愧，坦然與無愧並不是在面對世俗的道德，更不是在面對眾人的評價，而是面對著自己的良知，要確信自己說的話無誤，做的事沒錯，沒有對不起誰，縱使不能堵住眾口鑠金，絕不能讓自己的頻率跟著起舞，降落到相同的卑鄙意識裡，那會翻攪出大量的負面能量來消磨與蒙蔽心性。人的胸懷要廣闊，纔能常常自覺幸福，肩頭纔能擔得起重任。

原文

書來，及純甫事，懇懇不一而足，足知朋友忠愛之至。世衰俗降，友朋中雖平日最所愛敬者，亦多改頭換面，持兩端之說，以希俗取容，意思殊為衰颯可憫。若吾兄真可謂信道之篤而執德之弘矣，何幸何幸！僕在留都，與純甫住密邇，或一月一見，或間月不一見，輒有所規切，皆發於誠愛懇惻，中心未嘗懷纖毫較計。純甫或有所疏外，此心直可質諸鬼神。其後純甫轉官北上，始覺其有恝然者。尋亦痛自悔責，以為吾人相與，

豈宜有如此芥蒂，卻有墮入世間較計坑陷中，亦成何等胸次！當下冰消霧釋矣。（出自《王陽明全集・文錄一》卷四）

26 殺人要割咽喉

陽明先生說：「後來人家不斷把純甫說敝人的事情傳遞過來，甚至有為我感覺很憤怒，他們的措辭嚴厲，臉色都大變了。敝人都懷著不起舞的意念，深知不能掉落至精神的陷阱，這更是不能忍住一日而忘記純甫。因為平日深愛他到達極點，情感深厚，自然如此流露。十天內再有個素日相知的人從北京來，很詳細的傳達純甫說敝人的事情。敝人私自懷疑有些輕浮淺薄的人，很希望我們心學同志（吾黨）發生嫌隙，利用誤會去見縫插針，鼓弄是非，胡編故事，虛構大量本來沒有的內容，那些未必出自於純甫的嘴巴。敝人並不是矯揉造作要替純甫說話，這實在是顧念著往日深厚的情誼，不忍拿這些謠言去猜疑。敝人平日厚愛純甫，都出自於道情，本不是私情；縱然純甫今天輕薄敝人，當同樣不是私情。既然敝人未嘗私厚純甫，純甫同樣沒有私薄敝人，那我們心裡還有什麼東西無法容納呢？往往看見世俗朋友容易生出嫌隙，都會覺得他們因為有利益在外面苟合，並不是關於自性的拿捏有契合，因此當利益不合就會翻臉，私自曾經嘆息憐憫。自認為我們心學同志數人，縱使散居於敵國或仇家裡，斷然都不至於如此。沒想到今天還會聽見這些真假相參的議論，對此只有自省與自責。」

這還是出自〈與黃宗賢〉這封在癸酉年發出的第五封信。陽明先生的思維就正如他的書法，都是千折百轉，同一行字裡往往醞釀著好幾層的語意，文言文轉出白話文，常需要很詳細轉出真實的義理，不能簡單直譯。這封信裡既表示已經知悉純甫在詆毀他的事情；還表示他覺得有人在挑撥心學同志的團結；既覺得很愛純甫，對此只有自省與自責是否做得尚不圓滿；還有告誡黃宗賢不要再去擴大同志的間隙，雖然他前面表示他很喜慰宗賢的忠實與愛護。如果你知道陽明先生思維的複雜性，順著這複雜的思路去領會，就能瞭解陽明先生從修身到治國，甚至只是寫這封信，全都是在做同一件事情，那就是會透過轉來轉去來呈現其無比的銳利，直指並解決議題的要害點。

因此，他文末會說：「敝人這陣子跟朋友論學，只有去說『立誠』兩字。殺人要在咽喉上給一劍斃命，我們做學問，只有從心髓最細微的點做工夫，自然能因篤實而放出光輝。雖然私欲剛開始萌芽，我們就立即注意對治，真好像是把雪塊放到炙熱的火爐前，瞬間就融化，充盈天下的本體就被樹立了。」這段話，真有如寶劍出鞘的寒光四射，讓人不寒而慄！殺人要割咽喉，救人要立誠意，如果不拿出最赤裸的誠意來面對生命，只是就抽象概念或表面現象去談，那都是在浪費彼此的時間與精神。陽明先生講話直接插進心髓最精微的點，如同將軍殺人那般俐落的救人，我們現在論心學，同樣應該如此攤開來檢視，毫不隱瞞或保留，直講生命最根本的處境。

原文

其後人言屢屢而至，至有為我憤辭厲色者。僕皆惟以前意處之，實是未忍一日而忘純甫。蓋平日相愛之極，情之所鍾，自如此也。旬日間復有相知自北京來，備傳純甫所論。僕竊疑有浮薄之徒，幸吾黨間隙，鼓弄交構，增飾其間，未必盡出於純甫之口。僕非矯為此說，實是故人情厚，不忍以此相疑耳。僕平日之厚純甫，本非私厚；縱純甫今日薄我，當亦非私薄。然則僕未嘗厚純甫，純甫未嘗薄僕也，亦何所容心於其間哉！往往見世俗朋友易生嫌隙，以為彼蓋苟合於外，而非有性分之契，是以如此，私竊歎憫。自謂吾黨數人，縱使散處敵國仇家，當亦斷不至是。不謂今日亦有此等議論，此亦惟宜自反自責而已。……僕近時與朋友論學，惟說「立誠」二字。殺人須就咽喉上著刀，吾人為學當從心髓入微處用力，自然篤實光輝。雖私欲之萌，真是洪爐點雪，天下之大本立矣。（出自《王陽明全集．文錄一》卷四）

27 不能馳騁於獸性

陽明先生說：「如果人喜歡標舉榮華，拿些表面的東西來裝飾點綴生命，就最糟糕的現象來比喻，舉凡平日自稱的學問思辯這類東西，都能成為長久驕傲於世人，讓自己的過錯被掩蓋住的資糧，自認為能進於高明光大的意境，而不知道已經陷溺在對人凶狠殘暴，講話古怪乖戾，很妒忌他人而行事陰險的狀態，這實在是很令人悲哀！從這陣子毀謗敝人的事件來看，更能發現我們這些同儕往日論學都出於這種狀態，自是都陷溺在狠戾險嫉裡。誠意是聖學真傳，可惜已經被湮埋淪落很久很久了。自己往日看見這個觀念，還顯得恍惚，沒有踏實把握。這些時候，敝人沒有什麼進展，唯獨在這點還看得比較特別清晰，真正是痛快，再沒有疑惑了。」

這還是出自〈與黃宗賢〉這封在癸酉年發出的信。

太多人喜歡拿些古人的言語，或洋人的觀念，就在咬文嚼字，不斷敷衍與鋪陳這些說法，講得越艱澀越高興，目的卻不在於澄清真實，而是要藉由操縱或編織這些說法，來「證實」自己已經是如何的高明光大，並跟人炫耀自己的學識，或用來打擊自己預設（或對自己有威脅）的敵人，這樣的人，實體的空間就是那些象牙塔裡的學者，他們往往在各種學術探索裡顯露出犬儒的臉色，批評全部被他們看見的人與事，好像其他人的言語或觀念都犯大錯，只有「像他們自己」那樣的狀態纔是正確；虛擬的空間就是那些網路自封的大師，他們很認真在網路跟人做文字鬥爭，永遠不服輸，好像他們的生命沒有任何需要自省或謙虛的角落，他們自認永遠都處於絕對真理的位置。這些人其實並不是在馳騁學問，而是藉由學問做工具，來馳騁他們最原始的征服欲望，那是種獸性。你花時間跟他們說話，如不是自取其辱，就是自討沒趣，浪費精神，卻不能領會任何有益的內容。

誠意不是道德，如果把誠意理解作道德，就會誤認誠意是種「外加的規矩」，誠意只是兩個狀態：意即「帶著自性去意識」與「如實的對待生命」，這其實是很細微的差異，或者說，這是同一個狀態的前後階序，意識自性只是種意願，當你發出這個意念，這意念的存在本身就能打開自性，接著你就用這意念去檢視生命，包括自己與他人的生命，不加隱瞞或隱藏，這不加隱瞞或隱藏，並不見得是指對人言語的不加隱瞞或隱藏，這還是外加的名相，儘管意念不可能沒有任何名相（這是儒家與道家的最根本歧異），但，這名相首先要具有內在性，意即你透過言語給出的觀念，在意識深層編織出有關於生命的意義脈絡，能展開編織的機制就是自性，其能精確掌握生命處在如何的階段。

馳騁於獸性，卻自認高明光大，這是在著魔。謙虛固然是種美德，然而，面對人人都在馳騁自我意識的時空，我們當然不能馳騁於獸性，卻同樣不能只靠美德而活，因為人人都在用自我意識去爭與搶，社會已經沒有包容與禮讓的共識，這就是末法時期的特徵，我們得要有更深沉的內在來幫忙我們頂天立地，面對這種內在而謙虛，靠著這種內在而獲得面對困難的能量，那就是去意識自性，並如實檢視生命裡的每個環節。

原文

若就標末妝綴比擬，凡平日所謂學問思辯者，適足以為長傲遂非之資，自以為進於高明光大，而不知陷於狠戾險嫉，亦誠可哀也已！以近事觀之，曾見得吾儕往時所論，自是向裡。此蓋聖學的傳，惜乎淪落湮埋已久；往時見得，猶自恍惚，僕近來無所進，只於此處看較分曉，直是痛快，無復可疑。（出自《王陽明全集．文錄一》卷四）

28 拜師學習的要義

陽明先生說：「要向比我早覺醒的人學習，既然已經承認他比我早覺醒，就要尊重他的地位，跟他拜師，就應當專心致志，只有他說的話纔聽，如果他的觀念與我不合，不可就把他的話棄置，必須跟隨著他的脈絡去思考，如果思考不能獲得解答，還要再跟他請益釐清，務求徹底瞭解他全面的意思，不敢動輒滋生對這位先覺者的質疑與困惑。因此《禮記》說：『只有老師嚴格其門徑，大道纔能被尊重，大道被尊重，然後人民纔能知道要尊敬學習這件事情。』假如沒有尊崇老師的地位，對他的教育懷抱著篤實信仰的心情，則必然有輕忽怠慢，把學習這件事情看得太過容易的意念，這會使得他的言語我們未曾嚴謹傾聽，那猶如未曾聽進去；聽進去卻不嚴謹思考，那猶如未曾思考，如此雖然自稱跟他拜師，猶如未曾跟他拜師一般。」

這出自〈示弟立志說〉，陽明先生寫給其弟王守文有關立志的一封信。

如果沒有給出觀念，使得世界因此而存在，那宇宙對我們人類來說，根本不能意識到其存在。因此，能給出觀念的人，讓我們透過意識，能安身在這宇宙內，這就是我們的先覺者。宇宙的源頭就是本體，然而，宇宙本體不會自稱其本體，只有觀念能讓本體被洞見，能幫忙我們洞見本體的觀念，就是世界本體，透過世界本體，我們與宇宙本體扣應。就儒家的義理來說，這世界本體得要由人擔任，觀念纔會因此現身，我們如要學習能洞見宇宙本體的觀念，就得要去認世界本體，這就是古時候拜師會如此重要的根本原因。

理性知識的觀念，自己或許能讀書獲得；靈性知識的觀念，如果沒有良師的細緻指引，那就難免會被各種觀念的黑洞給捲失，終身迷路在宇宙裡。有關於宇宙本體的觀念，會含有大量的冥契經驗，冥契經驗這個橋梁，溝通著天與人這兩個主體（與受體），能讓天與人相互契合的內在脈絡，就是世界本體給出的靈性知識。誰能擔任世界本體？這個問題不應該問自稱是世界本體的人，而應該問在尋覓宇宙本體的人，如果你想與宇宙本體相見，你就應該承認能幫忙你相見的宗主，當你承認「他是我的宗主」，你就應該篤實去信仰他的教育，按著他給出的指示去學習掌握觀念。這種信仰的過程並不是如同傻子般不聞不問，正好相反，你應該要攤開來檢視生命，把自己的各種狀態細緻與他對論究竟。

自我與自性是個既矛盾且相容的兩個機制。人如果沒有自我意識，那大概就無法行住坐臥了，人如果只有自我意識，那大概就無法去復見自性本體了。但，行住坐臥裡，依舊有著自性本體的作能，陽明先生強調「事上磨練」，就是在強調這個作能。自我意識讓人能確認自己肉身的存在，自性本體卻能讓人因瞭解世界的存在，而瞭解宇宙的存在。沒有肉身，我們無法體察萬有，但，侷限在肉身，我們無法與萬有合一。在靜坐裡，最常發生的困境就在於人每當「發現」自我意識不見了（那同樣意味著肉身不見了），人就會驚慌失措，立即想要「拉」回來自我的存在感。你就能看出要讓人泯滅自我，這是如何困難的一件事情。這同樣使得悟道這件事情跟著變得極其困難，因為自我感不願意消失，自性本體就被架空，無法如實存在。

由於當前人的自我意識受著物質的擁有而不斷被強化，致使最徹底的悟道變得幾乎沒有機會，相當大量的新世紀覺知者開始轉而強調帶著自我意識的解脫法，意即不要任何良師，靠著廣讀某些靈性知識的書籍來自救自度。首先，靈性書籍的作者，還是來自於先覺，全然的自救自度只是自我的想像；再者，不認任何先覺做自己的靈性導師，結果往往是任著自我意識的喜怒哀樂去學習，如把自己的喜怒哀樂就當作「良知」，那就是陽明後學王艮引來的弊端，誤把自我當自性，這真該被稱作「認賊作父」了，這只能帶來暫時性的喜樂感，並把喜樂感當作解脫，卻因為同時間還有哀怒感會伴生，因此人就會活在喜怒無常的情緒狀態裡。當你發覺自己處於喜怒無常的情緒狀態，你還會不會認為「這就是解脫」，答案應該不問自明了。

原文

夫所謂正諸先覺者，既以其人為先覺而師之矣，則當專心致志，惟先覺之為聽。言有不合，不得棄置，必從而思之；思之不得，又從而辯之；務求了釋，不敢輒生疑惑。故《記》曰：「師嚴，然後道尊；道尊，然後民知敬學。」苟無尊崇篤信之心，則必有輕忽慢易之意。言之而聽之不審，猶不聽也；聽之而思之不慎，猶不思也；是則雖曰師之，猶不師也。（出自《王陽明全集・文錄四》卷七）

29 性愛很正常

陽明先生說：「聖人的學問，就是心學。學問的目的，只在敏於窮盡自己的心靈而已。堯、舜與禹相互傳授這樣的口訣：『人心惟危，道心惟微，惟精惟一，允執厥中。』道心的意思，就是指跟隨著本體，而沒有絲毫人的欲望參雜在裡面，沒有聲音，沒有氣味，能存在於最細微的角落，能彰顯在最顯赫的位置，這都是誠意的源頭，意即誠意就是在回歸本體。人心如果參雜著人欲，那就變得很危險了，這是虛偽矯情的開端。看見孩子掉落到井裡，立刻生出救援的意念，這就是在跟隨著本體。如果救起孩子，還要跟他的父母討賞，或者在鄉里邀得眾人的稱讚，這就是參雜著人欲的心靈。肚子飢餓就去吃，嘴巴口渴就去喝，這就是在跟隨著本體。如果想要窮盡品嘗人間的美味，滿足於口腹的欲望，這就是參雜著人欲的心靈。惟一的意思，就是生命統合在道心裡。惟精的意思，就是指憂慮道心無法統合，期間還是參雜著有人欲的心靈，因此特別強調要深至精髓裡。大道的運轉無不來自本體，生命統合在道心裡，就能跟著本體生生不息，這就是『允執厥中』的意思。」

這段話出自〈重修山陰縣學記〉。我們要瞭解，世間的道德，並不是本體，而是隨時間與風俗不斷在更替其標準的價值觀。人不能按著道德去行事，這或許能讓你成為某時某刻的好人，卻很可能在更換價值觀，你的付出變得毫無意義。譬如當國共兩黨重新和解，曾經為保衛各自黨派的價值而在內戰裡犧牲的戰士，他們各自為他們有侷限性的信仰而莊嚴犧牲，然而，他們的犧牲到底在成全什麼有意義的事情？這類的問題該如何定位，發生在全人類社會各個角落裡。人要按著本體來行事，按著本體行事就不是拘泥於某時某刻的價值觀，而是關注在對個體與全體生命的成全，只要能成全生命的維生與再生，那就是符合於本體的意旨，讓生命變得扭曲，不再有創生性，不論其如何符合當日的價值觀，都違背本體的意旨，譬如基於強烈擴張自己的國家利益，而不惜傷害其他人類的國家利益，這既是在扭曲他人的生命，同樣更扭曲自己的生命，你只要看見那些經歷過戰爭摧殘的人的扭曲心理，就能體會何謂違背本體，然而，這樣說並不是指本體只負責創生，不負責殺生，常常殺生就是基於護生的慈悲，譬如人食雜食（包括動物與植物），其演化的本意既是在維護身內的宇宙，更是在維護身外的宇宙，生態的平衡正來自於生死相續做基底的生生不息。

如何是參雜著人欲的心靈？譬如說性的慾望，這正是生命能不斷開展的根本動能，對性的壓抑並不符合本體的意旨，要藉由壓抑性的慾望來獲得解脫，那更是無關於本體的解脫。因此，有性的慾望再正常不過了，這與傳統稱作的人欲無關，或者說，這並不是有問題的人欲，只有當你馳騁性的欲望，釀就對他人生命的傷害，不論是心理或生理的傷害，那纔是有問題的人欲。否則，性的開展，來自於人與人情感的相互悅納與交融，那內裡有愛，這正呈現本體的至善，這就是「性愛」會被世人如此稱呼的原因。性愛很正常，人往往基於對性的莫名恐懼，因此設立各種倫理規範來限制性，卻使得人因此活在沒有愛的狀態裡，只維持表面的工整得體，致使性格變得很扭曲，這真不啻於敗德。然而，倫理規範並不是本質的關注，我們既無需懷抱著敵意，更無需緊咬著教條，我們只應該放在根本的命題，那就是因為有性，使得生命的能量因此而匯合與再生，這就是愛的傳遞；不能因為有性，使得生命的能量因此而乾枯與停滯，這就是沒有愛，把他人純粹當作生理抒發的對象。

沉溺於性或束縛於性，都會使得生命常呈現覓不得苦，不再有盎然的生機，最明顯的徵狀就是兩眼無神。人不應該承受性的折磨，不論是沉溺或束縛，這都會讓人終身頹廢失志。你釐清某個公認的覺知者這輩子對待性的態度，就能瞭解他的心性臻至如何的程度，如果這個覺知者此生耽溺於性或束縛於性，他講的思想都會釀就聆聽者的災難，因為這不符合本體的生生不息，不論他被世人交相稱讚意境如何的高邁，心性有深度涵養的人，都不會是個性無能的假活人，或是個性飢渴的真禽獸。性的開展，就是在順應自然，我們要善於調伏，那就是該發則發，該止則止，這發與止的機制，首先不來自於外在的倫理，而得來自於本體的感通，就本體的脈絡來說，能使人與人相互悅納與交融，這樣的性關係就符合禮，人與人只要不能相互悅納與交融，卻發生性關係，那種交互牴觸的撞擊能量，釀就對自己與他人生命的傷害，就是失禮。因此，愛的有無，就是禮的有無。符合本體的脈絡，跟著設立規範，纔能產生無礙與無害的倫理。

因為我們還有愛，請記住：「先有本體，再有倫理。」

原文

夫聖人之學，心學也。學以求盡其心而已。堯、舜、禹之相授受曰：「人心惟危，道心惟微，惟精惟一，允執厥中。」道心者，率性之謂，而未雜於人。無聲無臭，至微而顯，誠之源也。人心，則雜於人而危矣，偽之端矣。見孺子之入井而惻隱，率性之道也；從而內交於其父母焉，要譽於鄉黨焉，則人心矣。饑而食，渴而飲，率性之道也；從而極滋味之美焉，恣口腹之饕焉，則人心矣。惟一者，一於道心也。惟精者，慮道心之不一，而或二之以人心也。道無不中，一於道心而不息，是謂「允執厥中」矣。（出自《王陽明全集．文錄四》卷七）

30 乾坤由我在

陽明先生說：「潡人這陣子卻見得良知兩字越來越真實講到要害點，既簡單又容易。早晚都在與吾黨同志講習良知，只是在發揮這兩字的內容，再沒有其他義理好講。只因為這兩字的精神每個人的心底都有，即使是最愚蠢或最低賤的人，只要提起良知，就能引發他的反省與自覺。如果說到良知的極限，即使是聖人處於天地間，都不能沒有遺憾，因此說這兩個字，世人經歷累世裡的各種劫難，都不能窮盡良知的深意。世間的儒者尚對於良知有質疑，認為良知的內容不能窮盡大道的旨趣，這只是他們未嘗真實看見過良知。這陣子有位鄉大夫邀請潡人去講學，他問潡人說：『除了良知，還有什麼要講？』潡人回答說：『除了良知，還有什麼要講！』」

這是嘉靖五年（西元一五二六年，歲在丙戌）寫給鄒守益的第三封信。

有人問潡人：「先生說：『我們得要有更深沉的內在來幫忙我們頂天立地，面對這種內在而謙虛，靠著這種內在而獲得面對困難的能量，那就是去意識自性，並如實檢視生命裡的每個環節。』請問這段話該怎麼理解？」各位不要誤認自己處在平面的宇宙裡，宇宙本身是個各種象限無盡交錯的面體，不只空間可被跨越，時間可被跨越，只要緊握住良知這個自性，那就同時握住宇宙的內核，全部面體都在此交會，世界更由這裡產生，或者應該反過來說，因為緊握住良知，使得世界因此被鋪陳開來，宇宙裡的各種象限因此能被人認識。意識自性，就只是去觀想它的存在，這只是個事實，你現在不過就是去還原這個事實，這個還原，能讓你往外觀或往內觀，這個內外的區隔，只是就你身體的角度來說，其實本來無內無外，意即觀外能得內，或觀內能得外，你探索身內的宇宙，就能瞭解身外的宇宙，反過來說同樣如此，更細緻來說，身體的每個穴位，尤其是任督這兩脈的循環系統，既能反映你身體健康良窳，還能直通你的前後累世因果，更能對應於宇宙各種不同的象限。

因此，陽明先生在〈長生〉詩說：「乾坤由我在，安用他求為？千聖皆過影，良知乃吾師。」就是指出良知內蘊著宇宙全部的乾坤變化，人不需要再往外尋覓能幫自己解除生命困惑的東西，這裡的「我」是指「我身內的自性」，而不是指「我身內的自我」，自性無思緒，自我有思緒。要將思緒停止，就佛教來說，這只是末那識，不能幫忙人意識自性。意識自性就是去意識阿賴耶識或阿摩羅識，前者是順應自我染著的自性，後者是沒有自我染著的自性，這是自然發展的階序。意識自性的第一課就是「大信良知」，當你相信良知的存在，你就不會起煩惱去解析何謂良知，你的觀想本身就能意識著良知的存在，這點毫無祕密可言，只是個事實。關於「千聖皆過影」，這意指往日的聖人他們說的言語，如果人自身沒有領悟自性，其觀念猶如光景；關於「良知乃吾師」，其首先強調大信良知要如莊嚴對待實體的師父（就儒家來說就是夫子），不能把良知給虛擬化，誤認良知沒有實質訴諸的對象，反而被人給輕忽或兒撫了。在盤古心學的盡性第三課給出的工夫裡，會藉由觀想你的夫子，來讓良知實體化，順此開啟良知的能量。

原文

某近來卻見得良知兩字日益真切簡易。朝夕與朋輩講習，只是發揮此兩字不出。緣此兩字，人人所自有，故雖至愚下品，一提便省覺。若致其極，雖聖人天地不能無憾，故說此兩字窮劫不能盡。世儒尚有致疑於此，謂未足以盡道者，只是未嘗實見得耳。近有鄉大夫請某講學者云：「除卻良知，還有什麼說得？」某答云：「除卻良知，還有甚麼說得！」（出自《王陽明全集．文錄三》卷六）

31 活著不要浪費時間

陽明先生說：「在前一封信裡，敝人說當前的儒生都在拿空洞的文章來相互炫耀與誆騙，這不過是感嘆儒生都在沉醉於文章的修辭，雕琢文字來欺世盜名，即使是賢能善知的人都不能避免。」他還說：「在學脈斷絕與大道淪喪的時刻，如果有興起意願，向慕於心學的人，都可做我們的同志，不需要錙銖計較，希望他人的生命狀態都能盡合於我們對心性的標準，拿這樣的態度來待人比較適當。但，對我們自己來說，有關於學問的開端與天命的大立這根本問題，則不容有絲毫的差錯。大道只有一個，固然仁者見仁，智者見智，佛陀說佛陀的觀念，老子說老子的觀念，百姓每天在實踐卻不知道的觀念，都是同一個大道，哪裡有二？」

這是嘉靖五年（西元一五二六年，歲在丙戌）寫給鄒守益的第四封信。

顯然，陽明先生對待人有兩種態度：其一，只要願意來學心學的人，都是我們的同志，這是就廣開心學大門的角度來立言，盡可能點化有生命困惑的人，不要標舉心學的授受名目來限制人我；其二，有志於做心學菁英的人，則要極其嚴謹的刻苦學習，對於根本問題不容含混，要能釐清與樹立傳承給自己的學問門徑，纔能再把領會的內容傳承給後繼者。而且，心學就是心學，當我們說心學出自於儒家，只是在指出有一門學問肯面對現實，並活出理想，它應該把人類既有的思想融貫消化，給出最圓滿的說法，本來就不該有佛陀或老子各自的心學，同樣不該有士大夫或老百姓兩種差異的心學，更不該有西洋或中國的心學。人只要願意去真實釐清生命實境，復見自性，就是活在心學裡。

現在的儒者，普遍面臨這兩個困境：首先，他們緊咬著傳統，認為要復古纔是真儒，任何觀念只要與古人不合，他們就會徵引自己讀來的古文來打擊這個觀念，說其不屬於儒家，這使得「何謂儒家」被復古人士把持住詮釋權，毫無由傳統裡蛻變與創新的空間；再者，由於時空背景的大異，這些復古人士自身的行止本來就與當前的社會環境嚴重脫節，生命已然產生各種困惑與盲點不說，當社會對他們的泥古作風感覺不耐，正好拿他們的表現來當話柄，更加「證實」儒家的食古不化，導致儒家的形象被徹底標籤化，不知不覺推往陳舊保守的光譜裡，對世人毫無啟發性與實踐性。

任何古人的經典，都來自於當時的活人他生命真實的領會，如果我們自身沒有生命真實的領會，緊咬著古人的經典來說事，只是在抱殘守缺而已，否則，經典傳世的本意，只是「還人一個活潑自在的生命智慧」而已，如果人能徹底張開活潑自在的生命智慧，那他的任何言語，都是經典。常見網路來論學的人只想表現出高明慧黠的樣子，故意張貼他人的文字，給出些與自己生命無關痛癢的觀點，就是不肯坦然拿出生命實境與人對話，面對這種「人暗我明」的不公平關係，乍看起來誠意說話的敝人就顯得太過於天真，然而，真實的情況則是說，人不願意與人攤開來認識自己，藉此內觀心性，那我們何需繼續放言高論什麼心學呢？當我們無法誠意待己與待人，彼此的相會就在浪費時間，心學就無法在他生命裡產生任何意義。

因此，對於喜歡上網論學的人，敝人常會告誡他：「活著不要浪費時間。」

原文

前書「虛文相誑」之說，獨以慨夫後儒之沒溺詞章，雕鏤文字以希世盜名，雖賢知有所不免，而其流毒之深，非得根器力量如吾謙之者，莫能挽而回之也！……學絕道喪之餘，苟有興起嚮慕於是學者，皆可以為同志，不必銖稱寸度而求其盡合於此，以之待人可也。若在我之所以為造端立命者，則不容有毫髮之或爽矣。道一而已，仁者見之謂之仁，知者見之謂之知。釋氏之所以為釋，老氏之所以為老，百姓日用而不知，皆是道也，寧有二乎？（出自《王陽明全集．文錄三》卷六）

32 人淨是痴狂於鬼怪

陽明先生說：「古今學術的真實與虛偽或邪惡與中正，其差別就像是類玉的石頭和美麗的玉石般，沒有細緻的觀察很難區隔出來，然而有人終身被石頭眩惑而不能辨識，正是因為大道無二，但，其不斷在變化運轉，充塞在宇宙裡，無處不在，不斷在各種現象的內外縱橫顛倒，不論從哪個角度推演，都能通曉其源頭，卻反而使得常人被困惑住。世間的儒者，各自就其一孔的偏見，當作寶貝，而再用比擬或類比的手法，引經據典去論證，由於文字流暢通順，使他們自信沒有任何錯誤，文字條理細膩，使他們自覺觀點頗能自圓其說，他們被自己的文字矇騙，還跟著欺瞞他人，終身沉醉在假象裡而不知道覺悟。然而，差別的起點或許只有毫釐，發展後的正確與錯誤卻會相距千里，除非有誠意想做聖人的志向，而能從事這精一的學問，否則不可能知曉人心性受病的源頭，而能在幽微的角落裡伏奸懲惡，闡發神聖的能量。」

這還是嘉靖五年（西元一五二六年，歲在丙戌）寫給鄒守益的第四封信。

陽明先生面對這些充滿著偏見的儒者，對他們對儒學的耽誤深有感慨。其實，這些人應該是披著羊皮的狼，當日儒家是顯學，他們就披著儒家的外衣，拿孔孟的思想來說事，來掠奪資源，爭取對人頤指氣使的權柄，現在儒家已經沒落，他們就披著科學的外衣，拿客觀的帽子來說事，來掠奪資源，爭取對人頤指氣使的權柄，至於說幫忙他人這種溫柔敦厚的想法，他們想都沒有想過，他們正忙著鬥爭別人都自顧不暇，怎麼可能幫忙他人呢？更不要說知曉幫忙他人的背後，需要有心性的能量做支撐了。

當前的時空，世人面對心性，有兩大困境：

其一，世人不瞭解心性，或競相拿對神通的想像來理解心性，使得他們如果想學習心性，就會去乞靈於能提供保佑或改變夭壽窮通的宗教，這種思路背後還是不脫個人利害的考量，並不曾真實去對治心性的盲點，反而要你禮敬的神靈來幫你解決你的欲望。而世人同樣因為不瞭解心性，更能輕易就相信自己是個好人，理應獲得你認真禮敬的神靈的眷顧，讓你在物質層面持續沒有任何缺損，如果偶爾生命不順，就會怨天尤人，這其實都是濃厚的自我意識，如果還能通靈，那只能與陰神交通，彼此做條件交換。

其二，世人不瞭解心性，或不肯踏實做工夫來改變人生，使得他們沒有機會瞭解有這樣一條路的存在：人如果肯承認探索心靈的自性有其特有的脈絡，與自我的脈絡不盡相同，肯細膩去認識心性的脈絡，這包括具備闡釋心性的完整觀念，接著對照自己實質的生命處境，就能逐漸去彌合這兩者的差異，終至於使得自性與自我無二，意即自性即是你的自我，那你就會覓出改變人生最踏實的辦法，這辦法不是對神通有任何綺想或嚮往，老實做人處事，卻自有神通在裡面，因為當人的意念純粹，跟你有關的外在環境，都會做出相應的調整與轉化。

前者是各種訴諸鬼怪的宗教大盛的背景，後者是訴諸實踐的心學產生的能量。我們應該化解世人對訴諸鬼怪的宗教的痴狂，帶著心性的觀念引發生命的蛻變。否則，人淨是痴狂於鬼怪，死後難免同樣變作鬼怪。當鬼怪橫行於陰陽兩地，聖人無蹤，這就使得世界失序。當前的儒者不知道端正意念會產生巨大的效應，誤認復興儒家只是在復興極其古老的禮儀與道德，而不知道禮儀與道德的內裡該由心性來導引，如果沒有首先復興心性，那復興禮儀與道德根本毫無意義。復興心性不是要人常做眾人習慣的好人，更不是常做眾人喜歡的善事，就能使人心性晶瑩光潔，那何嘗不是種見識的偏頗或媚俗的上癮呢？這就正如南朝梁武帝在全國各地蓋寺廟，菩提達摩卻指出其毫無功德的往事。認識心性的第一件工作，就是需要「正思維」，人不再習慣於質疑，而是不帶成見的感知，感知你能感知的全部變化，並悟取變化會帶給人生命如何的啟發，當人的意識如此纖細（或者說敏感），就能不斷在生命交會的瞬間閃開細微的災禍，或化解巨大的苦難。

心學是個實學，不要誤認內聖的學問不能開出外王，內聖就是外王。

原文

今古學術之誠偽邪正，何啻碔砆美玉！然有眩惑終身而不能辯者，正以此道之無二，而其變動不拘，充塞無間，縱橫顛倒，皆可推之而通。世之儒者，各就其一偏之見，而又飾之以比擬仿像之功，文之以章句假借之訓，其為習熟既足以自信，而條目又足以自安，此其所以誑己誑人，終身沒溺而不悟焉耳！然其毫釐之差，而乃致千里之謬。非誠有求為聖人之志而從事於惟精惟一之學者，莫能得其受病之源而發其神奸之所由伏也。

（出自《王陽明全集·文錄三》卷六）

33 重新估量世間的價值

陽明先生說：「像敝人如此的不肖，曾經同樣陷溺在浮華的學問裡好幾年，自欺且欺人，傲慢的覺得自己是個菁英，悵然鄙視群倫，幸賴上天的靈性眷顧，偶然領悟出良知的學問，這纔終於悔悟過去在做的事情，都是在包藏禍機，在外面盡做著虛偽的事情，卻把自己搞得精疲神竭，不知道什麼是究竟。十餘年來，雖然感覺很痛苦，奮勉想要刮除積聚在生命裡的毒瘤，沒想到還是時常發病。幸好良知就在我的懷想裡，敝人尚能操作其要領，譬如船獲得舵，雖然在驚風巨浪裡承受著各種顛沛，尚且還能免於傾覆的災難。像我這樣受舊日習慣侵蝕的人，雖然已經悔悟與覺悟，而且有克治的工夫，面對改革生命都還得面臨如此大的困難，更何況正沉溺在裡面，卻不悔悟與覺悟，病毒侵蝕日益加深的人，什麼時候是他們生命的盡頭呢？」

這還是嘉靖五年（西元一五二六年，歲在丙戌）寫給鄒守益的第四封信。

陽明先生的誠意實在很驚人，他大膽揭露自己驕傲的積習，並說奮勉想要刮除這毒瘤，卻還會時常發病。你如果能瞭解，在明朝考上進士的人，就已經被整個社會視作國家的棟梁，比現在的博士還要顯貴，更不要說能做官管理百姓的事，俗話說「官大學問大」，當官是被眾人捧在手上，言語奉為圭臬，你要能充滿著自覺，知道自己的限制，不隨名望與權柄起舞，那真是不簡單。不要說做官了，現在的時空裡，只要有一天被人視作是上師或上人，你就不知不覺開始有身段，在眾人期待的目光裡，你不敢吐露自己真實的喜怒哀樂，更不可能承認自己有什麼盲點。陽明先生的偉大，正在於他在字裡行間，就輕鬆承認自己是個人。

讀書人最忌諱就是驕傲，然而，驕傲卻總會在讀書人的心裡作祟，因為他很容易因為書本的暗示活在想像裡，自我不斷膨脹，讓讀書人忘記自己要做個人，並且要把他人當個人，這就是只讀書不經歷世事釀就的問題。讀書人喜歡談抽象的觀念，過去是孔曰孟云，現在是各種出自片面統計的學說與理論，假偏概全，卻忽略生命對良知最真實的領會。良知不是社會習慣，如果你因為違反社會習慣而不安，那並不是違反良知，會讓你不安的內容，只是其背後隱含著社會懲罰，你害怕被社會懲罰而感覺不安，這種感覺並不是出自根本的「自性情素」，只是種「自我情緒」而已，因為你想保護既有的利益，這利益不外就是身體的利益，還有身體自認與宣稱擁有，且能回饋給身體感官的物質利益。

良知首先出於感性，感性的意思就是指對本體的感知，感知的主體在自性本體，感知的對象在宇宙本體，然而，這只是就身體內與身體外強做出的區隔，其實只是本體自己在感知自己，然而就由這樣的循環自知，你這個身體成為這感知的橋梁，你的意識因此跟著不斷蛻變，來適應這感知，最終使得自性全然覆蓋自我，兩者融合無二。社會習慣的產生，或來自於人深沉的恐懼或焦慮，從而釀就出某種不言說的共識，或來自於當日對感性良知的領會，從而產生對現實的規範，這得要細緻釐清，前者是人類集體的自我情緒，固然不應該輕易屈從，後者會隨著時空條件的變異，使得規範已經離開人當前對感性良知的領會，這時候就要重新估量舊規範，制訂新規範，纔是在回歸本體。

感性良知給出的規範，其可被理解的脈絡與內容，就是理性良知。理性良知是感性良知面對現實的變現，其最普遍的共識就會變成規範，甚至是細節最明確的法律，然而，聖人存在的意蘊，就是要對理性良知在現實的變異保持靈敏，提醒整個社會能不斷因應時空背景的變化，而精確給出理性良知。如果規範或法律已經離開理性良知，卻依舊在作為秩序管理人，那就會釀就整個社會的失調，各種光怪離奇的社會問題層出不窮的滋生。理性良知基於對社會各種複雜的環境與相應該有的道德條件的理解，要給出能讓世人安居樂業的價值標準，因此，我們需要有聖人，更需要有人願意來做聖人，來做聖人不是來接受有光環的桂冠，而是認真來重新估量世間的價值，給出相應於當日社會需要的價值觀。

原文

若某之不肖，蓋亦嘗陷溺於其間者幾年，倀倀然既自以為是矣。賴天之靈，偶有悟於良知之學，然後悔其向之所為者，固包藏禍機，作偽於外，而心勞日拙者也。十餘年來，雖痛自洗剔創艾，而病根深痼，萌櫱時生。所幸良知在我，操得其要，譬猶舟之得舵，雖驚風巨浪顛沛不無，尚猶得免於傾覆者也。夫舊習之溺人，雖已覺悔悟，而其克

治之功，尚且其難若此，又況溺而不悟，日益以深者，亦將何所抵極乎！（出自《王陽明全集·文錄三》卷六）

34 沒有人不能被感化

貴州省黔西縣東部的靈博山，有座象祠，主要在祭祀舜的弟弟象，這座祠堂在陽明先生被放逐的時候就已存在，經歷無數的浩劫磨難，至今依舊屹立在那裡。苗人各族長年都住在山腳，他們曾經把象祠重新翻新，並請當日正在落難的陽明先生寫篇記來紀念，這就是正德三年（西元一五〇八年，歲在戊辰）他寫的〈象祠記〉。陽明先生在這篇記裡說，他先是很奇怪苗人會祭祀象，因為在象來看，做兒子不應當孝順，做弟弟驕傲很正常，唐朝很排斥這種有問題的價值觀，因此曾經毀掉這種祠堂，這種觀念在當日的明朝同樣不能接受，象為何卻會被苗人祭祀呢？

這或許是因為愛屋及烏的心理，基於對舜這樣的聖人的喜歡，而跟著祭祀舜的弟弟象，然而，果真如此，應該要主祀舜而不是象啊？陽明先生想，或許是舜的德性極度的高潔，深至人心底，使得其恩澤後人感念至今，而象的不仁，或許只是剛開始的時候，後來則可能已被舜感化，因為《書經》記錄說連舜的父親瞽瞍都被舜感化成為慈父，象被感化應該是很可能的事情。陽明先生還有個證據，因為舜後來封象管理國事，如果按照聖人周公的標準，他的兩個弟弟管叔與蔡叔作亂，都被周公懲罰，可見象已經被感化，舜纔會讓他安居其位。

陽明先生說：「我因此更加相信人性的至善，天下真沒有不可感化的人。過去唐朝人會毀掉象祠，只是著重於象剛開始的態度；現在苗人還會願意設立象祠，這是就象最終的表現來說。因此，我寫這篇記，希望能跟世間表白，使大家知道不善的人，即使如象，都還是能改變；君子涵養德性，其最高的意境，就是使象這樣不仁的人，都能被感化。」

這篇文章寫在陽明先生三十七歲的時候，雖然，此刻是他極度痛苦的時刻，然而，對照他後來面對政治與軍事的腥風血雨，整個家族都可能因此覆滅，目前只是個稚嫩的年輕人，受著身體與精神的折磨而已。正德十三年（西元一五一八年），他正做南贛汀漳巡撫，奉命打擊流竄在這些地區的山賊，掃蕩完橫水與桶崗的山賊後，他出具告示，要浰頭地區的山賊自動出來投降，他保證視他們為良民，給他們改過自新的機會，結果池仲容為首九十四名各級頭目來降，他卻因覺得他們已經是叛亂的慣犯，對話裡毫無悔改的誠意，索性在大中祥符宮內宴請這些山賊，在他們酩酊大醉的時刻，派軍士進去把他們全部殺盡。這九十四名頭目，難道真不能被感化嗎？如果不能被感化，那陽明先生年輕時說的話就有缺陷了，如果絕對能被感化，那陽明先生就不應該殺掉這些人。

沒有人不能被感化，這陽明先生年輕時說的話語，顯然要經過人生的考驗。敝人如此想：陽明先生寫〈象祠記〉的時候，會表示相信人性的至善，並認為天下真沒有不可感化的人，他雖然尚未有更精確的闡釋，不過這應該是指人人都有自性的角度來立言，只是有的人自性會被蒙蔽，然而不是沒有撥雲見日的機會；陽明先生後來處置大中祥符宮的事件，則是就軍事的角度來立言，官軍與山賊，就是敵對的零和關係，《孫子兵法．始計》說：「兵者，詭道也。」只有用盡各種謀略，全面消滅山賊對百姓的擾亂，纔能儘速恢復社會的安寧，擒賊先擒王，因此，陽明先生只把各級頭目殺掉，他對世人的感化，主要放在平亂後在該地區興辦書院或社學，而不是在戰爭的時刻同情敵人，那是對百姓的殘忍。

陽明先生不得已殺掉這些頭目，事後痛苦的暈眩與嘔吐，整天不吃東西，這就是執掌國家大任的人的兩難，雖然在全知的視野裡，我們得明白宇宙本體會藉由成全生死相續（意即殺生來求生），來完就生生不息的整體發展，全部生命都無法掙脫這個環節，不過，人就是人，儘管自知在為眾人的利益而殺生，這是大無畏的道情，陽明先生對此還是深感痛苦，因為他有著對人的私情，他只是不讓私情陷害道情。我們只有誠意剖白這些內裡，纔能瞭解生命要通過考驗，這是如何的艱難。引申來看，平日，母親要照顧孩子的營養，常要在廚房殺雞宰羊煮魚給孩子吃，這正是基於同樣的道情。

敝人相信心性，不相信涵養心性有階級、性別與年齡的差異，差異只在於人有沒有立志涵養心性，立志不是嘴巴說說而已，要有大無畏的堅毅態度，要涵養就絕不反悔退縮，更絕不能見異思遷，動輒受新奇消息的吸引，就貿然改變態度，如果不知堅持到底，那就很難領會心性。絕大多數浮沉於世的人，都無法避免這個積習，使得涵養心性對他們來說很難。世間誠然沒有不可感化的人，然而，人如果不可被感化，那必然來自於他自覺圓滿，沒有任何改變的需要，否則曾經極惡的人，其向善的熱忱會格外強烈，因為他發現自己罪孽深重，深感不堪，就會堅毅做出相反的奮勉，就這個角度來說，設立象祠就很有意義了，它讓自覺曾經罪大惡極的人來到這裡，都能興起尚有機會重新做人的渴望，這是個能呼喚極惡的能量轉為至善的能量的道場。

原文

吾於是益有以信人性之善，天下無不可化之人也。然則唐人之毀之也，據象之始也；今之諸夷之奉之也，承象之終也。斯義也，吾將以表於世，使知人之不善，雖若象焉，猶可以改；而君子之修德，及其至也，雖若象之不仁，而猶可以化之也。（出自《王陽明全集．外集五》卷二十三）

35 共同練存在

陽明先生說：「自從程朱這些大儒過世，而『夫子』與『同志』的大道就跟著滅亡。《六經》被訓詁搞得四分五裂，把經典給支離，雜蕪散漫的解釋，讓人不知不覺玩弄著文章詞藻，只想通過科舉，聖學幾乎要停止流傳了。有志者每想到這件事情，就希望能重新振作儒家，然而總是在徘徊嘆息，反覆猶疑而無法落實，最後鬆弛到學問都廢弛了，其原因還是在不立志向，尤其不講夫子與同志的大道。如果有一人想要闡發大道，有兩人跟著在輔佐成事，再接著就會有更多人來襄贊共行道業，即使要成就的事情很難，要真能不成就，同樣很罕見。反過來說，如果有一人想要成就任何事，只要有兩人跟著在打擊破壞，再接著就會招引更多人來傷害他奮鬥的熱忱，縱使他想成就的事情其實很簡單，卻往往很難做到終點。因此，有志者都會希望能有夫子與同志。沒有夫子與同志的幫忙，這通常是他沒有發這個願，立這個志的緣故。」

這是正德二年（西元一五〇七年，歲在丁卯）他寫給蔡希顏、朱守忠與徐曰仁這三位弟子的信，題目是〈別三子序〉。

這裡說「夫子與同志的大道」，就是傳統在說的「師友之道」，然而如果白話文只翻譯「老師」與「朋友」，會讓人毫無感覺，因為現在的時空裡，老師與朋友的意義已太過於浮濫，上個課就稱作老師，講個話就稱作朋友，相別離的時候連揮手說再見都不肯，再見面卻恍如隔世的陌生人，這根本無法讓人產生齋莊中正的敬意，而只是在應酬交際，更使得深刻的情感無法給出，因為你潛意識裡就會覺得難免會受傷害，而不願意深交。要真能實踐傳統的「師友之道」，只有重新給出嶄新的名稱，讓人深刻意識住這個內容的特殊性與嚴肅性，否則就無法使他們相信大道已獲得傳承。

夫子與弟子，同志與同志，他們用這個名目存在於社會，他們藉由這樣共生的存在，來聯合行道，並彰顯世間的道情。他們或許共同在社會做實事，然而，他們即使什麼都不做，就只是用這個名目，認真的涵養心性，練存在，他們這樣的存在，都會對世間產生強烈的震撼！因為世人早就公認儒家已經滅絕，卻萬萬無法想到有人還會重新撐起儒家的大纛，而且，這個儒家不講束縛心性的教條，他們只是共同練存在，這種清新的面貌，很難不讓人尋思：儒家思想是否果真能重新在人間恢復？不讓世人有教條的疑懼，而認真回應世人心靈的需要，這樣奇特的儒家，其夫子與弟子，同志與同志，共生實踐的學問，就稱作心學。

原文

自程、朱諸大儒沒而師友之道遂亡。《六經》分裂於訓詁，支離無蔓於辭章業舉之習，聖學幾於息矣。有志之士思起而興之，然卒徘徊咨嗟，逡巡而不振；因弛然自廢者，亦志之弗立，弗講於師友之道也。夫一人為之，二人從而翼之，已而翼之者益眾焉，雖有難為之事，其弗成者鮮矣。一人為之，二人從而危之，已而危之者益眾焉，雖有易成之功，其克濟者亦鮮矣。故凡有志之士，必求助於師友。無師友之助者，志之弗立弗求者也。（出自《王陽明全集・文錄四》卷七）

36 真正的夫子

陽明先生在〈別三子序〉說：「自從敝人開始知道學習，就在天下尋覓夫子，不幸卻沒有發現能教誨我的人；在天下尋覓同志，同樣很難發現能與我共同闡發大道的人。眼前只有兩三人，願意做我的同志，整個局面很是寂寥。私自反省，難道這是我的志向沒有確立嗎？今年內，敝人又獲得蔡希顏、朱守忠與徐曰仁三人。其中曰仁還是敝人的妹婿。希顏的深刻沉潛，守忠的明白靈敏，曰仁的溫良恭謹，都有敝人不能臻至的優點。三位先生，只因為敝人年紀稍長，就視敝人為學問的先輩，敝人同樣坦然而不推辭，這並不是敝人的學問更好，而只是因為敝人想藉由三位先生對敝人的尊崇來作證，證實夫子與弟子，同志與同志，這種共同行道的古風依舊存在，因此姑且忘記敝人其實沒有什麼能量。三位先生則同樣想假借敝人的名義來保存夫子與同志的古風，而不去指陳有任何不適當。」

這裡講的「夫子」，原文稱作「師」，但在現在一般人對「老師」的認識裡，翻譯不出其真正的內涵。這篇序裡可看出陽明先生的謙虛，還可看出他的大膽承當。要成就道業，如果一直畏畏縮縮，不能把自己相信的觀念明確實踐開來，那就不要怨怪這士風與世風不振，各種人間魔怪在橫行擾亂精神。陽明先生在寫這篇序的時候，還沒有做什麼大事，他就只是標舉夫子與弟子暨同志與同志的名目，就已經引來世人的震撼與驚恐，要不覺得他好做人師，要不覺得他標新立異，其實，陽明先生果真好做人師與標新立異嗎？這就是他的天命，如果他不大膽承當，把自己相信的思想，藉由獨特的名目彰顯開來，難道他要一輩子鬱鬱寡歡，承受著對他精神有傷害的思想的持續擠壓，順著世間的潛規則做個順服體制的下士到死，這樣就能獲得世人的交口稱讚？如果他活著不是想獲得交口稱讚，而是希望能善盡肉身，傳播他相信的大道，他已徹底相信他如不承當，就無人能講出他領會的深意，那他就只能邁往不落俗套的路，因此，他只能重開夫子與弟子暨同志與同志的名目，讓對心學有嚮往的人，能有個安身立命的主軸。

這裡觸摸到與生命主權有關的問題。認識心性，不能帶著濃厚的自我意識，雖然行住坐臥不可能沒有自我的機制，然而，濃厚的自我意識，會使得復見自性變得幾乎不可能。因此，認夫子，就是交出生命的主權，表示願意擱置自我意識，使得主體意識轉為受體意識，那就是讓自性重現於生命裡。認夫子的意義如此重大，常人會不會想問說：「如果我得擱置自我意識來認夫子，那夫子是不是正因有著濃厚的自我意識，纔會想要我來認？」這個問題很不錯。弟子交出生命的主權，變作受體，纔能識得自性，夫子何嘗不是交出生命的主權，變作受體，纔能識得自性？夫子是傳道者，要把自己生命的主權交給宇宙本體，纔能與本體相應，做得世界本體，給出大道的奧義，這個夫子到底是不是「真正的夫子」，其檢視的機制在天人交感，只要夫子活得不究竟，尚有主體意識，那自然會使得宇宙本體無法與他徹底契合，而釀就出他個人的災難。

其實，即使他就是真正的夫子，他願意大膽承當的剎那，就已經招來各種生死交關的艱難考驗。從水平軸與垂直軸來觀察，歷來有很多出生死忘患難的儒者擔任夫子，譬如周公、孔子、董子、文中子、周子與陽明子，這些每五百餘年來不世出的大覺知者擔任垂直軸的夫子，其間則有各有體大思精的豪傑擔任水平軸的夫子，這些人從現在的說法是思想家，從傳統的說法就是聖賢，他們藉由私人講學來傳播聖學的光芒，使得儒家思想長期星火不滅。當夫子哪裡是這麼容易的事情？這不是榮耀，而是對人間的大慈悲與大誠意使然，他要用他的肉身，大無畏過著風雨交加的人生，來直接證實宇宙本體的存在。因此，我們應該徹底相信本體（這包括「宇宙，世界，自性」的三合一），其自會幫我們過濾出夫子，我們不需要憂慮誰是真正的夫子，我們該憂慮自己能不能交出生命的主權，做個大無畏的弟子，給自己機會與本體合一，讓人與人建立密合無間的信賴關係，藉由開展智慧於人間世，深深品嘗心性的至福滋味，陽明先生培養出的弟子如王龍溪、錢緒山、歐陽南野、鄒東廓與陳明水這些陽明後學，都是先做個大無畏的弟子，接著成為望重士林的心學龍象。

原文

自予始知學，即求師於天下，而莫予誨也；求友於天下，而與予者寡矣；又求同志之士，二三子之外，邈乎其寥寥也。殆予之志有未立邪？蓋自近年而又得蔡希顏、朱守忠於山陰之白洋，得徐曰仁於餘姚之馬堰。曰仁，予妹婿也。希顏之深潛，守忠之明敏，曰仁之溫恭，皆予所不逮。三子者，徒以一日之長視予以先輩，予亦居之而弗辭。非能有加也，姑欲假三子者而為之證，遂忘其非有也。而三子者，亦姑欲假予而存師友之餼羊，不謂其不可也。（出自《王陽明全集・文錄四》卷七）

37 講良知來殺良知

陽明先生說：「我們這些同志今天的講學，只是想要在人間闡發出個怪異的學說嗎？還是想要講出個大家都能接受的學說嗎？還是想要講出心性至善的層面來自認勝過世人嗎？還是要講出心性至善的層面來養活自己嗎？都不對！敝人觀察，知行合一的學問，我們這些同志只是用嘴巴說說而已，何嘗有知行合一！推測尋覓問題的根源，還是來自於敝人，我的罪孽尤其深重！因為敝人平日就在馳騁於口舌的講解，而沒有體驗在生命裡，名聲早已大過於實質，舉止無法配合言論，根本沒有先懷想良知，卻要去說過去的人還沒有窮盡致良知的學說。這就好像是貧窮的人嘴巴說自己有大量黃金，事到臨頭卻要跟人家乞討賞碗飯那般的滑稽。各位同志都對敝人太過於相信與相愛，喜歡敝人的言論，卻因此疏忽敝人的毛病，纔釀就今天這種對良知紛擾的議論，這都是我這不肖人士的罪過！」

這是在嘉靖元年（西元一五二二年，歲在壬午）寫給陸原靜的第二封信。

良知需要內觀覺察，不能拿來張口就說，好像要講出個什麼學說，來爭取在人間的榮華富貴。順應良知，固然能讓人的生命變得通順，然而發念的起點，卻不能有絲毫的人欲在牽絆。關於陽明先生講「知行合一」，世人長期都扭曲原意，誤認這是說「知識」與「行事」要能結合，或者就是俗話說「說到要做到」，還跟著產生各種怪異的說法，譬如議論「『知』與『行』到底誰先誰後」，而有「知先於行」或「行先於知」這兩大主張，其實全然不是這回事。「知行合一」的重點在「合一」，而不在現象裡的知識與行事。這「合一」就是「冥契於本體」的意思，意即只有首先冥契於本體，人纔能產生知識，纔能付諸行事，與本體脫節的知識與行事，都會醞釀災禍，出自於本體的知識與行事，纔能在與天地人事交感的狀態裡，動靜舉止無不順意而自然，因為你的「意」已經不再是主體意識，而是受體意識，你對萬有的理解，或做什麼事情，都不是來自於個人的成見，而是來自於對本體的冥契。在冥契於本體裡，知識與行事都是同一個源頭內，在不同層面的發散。

陽明先生希望停止其弟子對良知的無謂議論，因此自承是「探索良知的始作俑者」，他並不是質疑良知不能被探索，然而，良知確實不能在尚未有嚴謹的涵養前，藉由言論來探索，不論是講話或寫字，只要不肯冥契於本體，都無法澄清良知。現在的人間，自認已是大師，每天在講台或網路傳播自認的良知教的人，是否應該藉由認識我們心學宗師的慚愧告白，來稍微自省：我真的有踏實涵養與把握良知嗎？如果我們只是藉由理性的邏輯鋪陳，想要講出個有關良知的模型或架構，來證實自己是個講良知的大師，那恐怕正是良知的罪人！陽明先生深怕他的弟子喜歡議論良知而不冥契良知，因此鄭重跟大家道歉，希望大家能回歸良知的主軸，我們這些還活著的人，更應該有這個自覺，不能再重蹈覆轍。良知不是不能議論，然而，首先要來自於冥契，沒有感性把握良知，只有理性議論良知，那只怕會「講良知來殺良知」，意即講出個假良知，來害死並掩埋掉真良知！這是絕對錯誤的路徑。

原文

吾儕今日之講學，將求異其說於人邪？亦求同其學於人邪？將求以善而勝人邪？亦求以善而養人邪？知行合一之學，吾儕但口說耳，何嘗知行合一邪？推尋所自，則如不肖者為罪尤重。蓋在平時徒以口舌講解，而未嘗體諸其身，名浮於實，行不掩言，己未嘗實致其知，而謂昔人致知之說未有盡。如貧子之說金，乃未免從人乞食。諸君病於相信相愛之過，好而不知其惡，遂乃共成今日紛紛之議，皆不肖之罪也。（出自《王陽明全集．文錄二》卷五）

38 無著落裡，有存在

陽明先生說：「雖然，我們常見過去有些君子，大有舉世不認同他，認為他的觀念與實踐已發生錯誤，他卻絕不回頭，甚至明知千百世而後都不會認同，卻依舊不回頭，堅持自己相信的事情，他的本衷只是希望能發現真相，善做對的事情罷了，豈能因為暫時的毀譽而動搖他的心念呢？但，反觀我自己，對於良知尚沒有把握到其深意的盡頭，能夸古人的例證來自我安慰，因此認為他人的批評全都是錯誤嗎？程頤與朱熹在活著的時候，尚不免於被世人詆毀，受盡排斥，甚至被政府驅逐，況且我們同志沒有真正落實良知，現在遭到世人的詆毀，受盡排斥，甚至被政府驅逐，這真正是應當發生的事情啊！世人受積習的蒙蔽，因此對於敝人的學說不容易理解，這正如諸君剛開始聽見鄙說的時候，期間難道沒有嘲笑與詆毀的聲音嗎？時間久了，逐漸釋然，終於領悟致良知的正確性，甚至反而被激發出過當的言論，需要被收攝。安知現在各種詆毀我們的能量，不正會轉出來日深刻相信我們的能量？」

這段話還是出自〈與陸原靜〉的第二封信。這裡可看出陽明先生的廓然大度。他只想認真反省自己：是否沒有認真懷想與領會良知，卻一直在跟人講良知？他不在意那些詆毀自己的人，因為即使是他的弟子，剛開始聽聞他的學說，都難免有無法相信，而產生詆毀的言論，然而，他引領的門徑卻逐漸在他們心底發酵，使得這些弟子逐漸歸來，安知現在正詆毀陽明先生的人，不會是來日最認真傳播心學的人？陽明先生不需要責人，只需要責己，他只應該把心學的能量越磨越光亮，讓自己能呈現良知的完整面貌，而不應該批評他人不肯相信心學。

敝人這幾年來，外事並無著落，尚能慶幸者，只有因為發願推廣心學，使得父母與妻兒身體安康，我們活在簡單而幸福的生活裡。或許這正是本體的眷顧，使得敝人有幸能遠離顛倒夢想，就只是練存在。今年內，就已經三度遇大難而僥倖不死，如今還能安靜地引筆就思，闡發心學奧義，我已別無幻念。勉強擔當夫子的名義，只是希望能給願意認識心性的同志有條涵養的路徑，完全洞知做夫子的人要承受各種磨難，正好敝人的生命驚濤駭浪不斷，權充做夫子，想來反正對個人險境無差，還能善假機緣幫忙他人，心裡反而釋然與安然。我這一生的天命，就是要在中國重新推廣心學，進而使全球跟著瞭解心學，這是毫無疑問的重任，當然，如果人還有自我，不免會自問推廣心學究竟圖著什麼？我不圖推廣心學能給我帶來什麼榮華富貴，我只希望人間有個國度還願意做「中國」，她能成為名符其實的道國，振衰起敝，重整世界秩序，其實質內容，就是人人因為洞察心性而深覺幸福，套上再平淡不過的成語，那就是我希望有心學的環境，都能處在「國泰民安」的狀態裡。

原文

雖然，昔之君子，蓋有舉世非之而不顧，千百世非之而不顧者，亦求其是而已矣。豈以一時毀譽而動其心邪！惟其在我者有未盡，則亦安可遂以人言為盡非？伊川、晦庵之在當時，尚不免於詆毀斥逐，況在吾輩行有所未至，則夫人之詆毀斥逐，正其宜耳。凡今爭辯學術之士，亦必有志於學者也，未可以其異己而遂有所疏外。是非之心，人皆有之，彼其但蔽於積習，故於吾說卒未易解。就如諸君初聞鄙說時，其間寧無非笑詆毀之者？久而釋然以悟，甚至反有激為過當之論者矣。又安知今日相詆之力，不為異時相信之深者乎！（出自《王陽明全集・文錄二》卷五）

39 誠意是萬教公法

明孝宗弘治十六年（西元一五〇三年，歲在癸亥），浙江有位佟姓太守，由於他治理的地區大旱，兩度請人誠懇來跟陽明先生詢問如何跟上天祈雨？陽明先生回答說：「孔子說：『敝人已經跟上天祈禱很久的時間了。』大抵來說，有德者的祈禱，並不在於對神乞靈祝願的時候，而在於日常生活操持的奮勉。」他還說：「古時候發生旱災，主事者會漸減飲食，撤掉音樂，重審獄案，減輕稅收，整理祭祀，查問民生，把旱災的發生當作自己的罪過，立即開庫賑濟需要幫忙的人，替百姓跟山川社稷普遍請告，因此纔會有叩天求雨的祭典，還會書寫省察引咎自責的祭文，再做禱告，請上天能給自己改過的機會。」他還說：「從來沒有寫符咒引符水就能獲得雨水的事情，這只有後世某些方術家或許偶爾能辦到，然而，重點是他們都有極度高潔未受汙染的情操，特立獨行，堅忍不拔的心念，縱然他們的舉止不盡然合於涵養生命的中道，然而還是有異於尋常人的精神能量，因此或能引來雨水。」

這段話出自〈答佟太守求雨〉。這裡有兩個角度值得探索：

首先，某些方術家能引來雨水，這是因為他們已經處於通靈的階段，這種通靈是很廣義的通靈，重點不在於他們信仰什麼神或什麼教，而是他們全身的孔竅都已經打開，經絡都已經暢通，能內觀而得外觀，使得內外宇宙融合如一，這使得他們能書寫符咒，引符水，就能呼風喚雨。然而，這些儀軌只是個外相，程度稍微低者，固然需要藉由符咒，跟曾經對該符咒做過創發與加持的神人聯繫，來開啟貫通天人的能量，程度稍微高者，即使不書寫符咒，引符水，他們只要純粹自己的意識，稍經發念，就能與神人溝通，由其神性的能量幫忙，引來各種天文與地理的異象，陽明先生強調他們要有「極度高潔未受汙染的情操」，正就是這個意思。誠意作為一門工夫，可說是「萬教公法」。

再者，陽明先生說他們不盡然合於涵養生命的「中道」，這「中」是指心性的洞見。當我們稱呼「儒家」的時候，重點不是種名相的執著，而是精神光譜裡不偏於任何極端而立足於人間的涵養路徑。已經具有聖人能量的儒者，不需要再耗費精神跟神人溝通（儘管他同樣能與神人溝通），他只要讓自己「就只是存在」，每天認真在日常生活裡踏實奮勉，做好自己生命裡的承擔，就能使肉身蛻變出精微的光體，他存在於哪裡，哪裡就獲得福報，他不需要再跟誰祈禱，他只要面向自己的心性，就能直接扣應住宇宙本體的創生，而與其相生，給出對應的世界的存在。因此，如果他是個主事者，遇到旱災，只應該認真去管理他本來就應該管理的事情，仔細檢查自己是否尚有疏漏，挖空自我，最後，當他再因應受苦眾生的需要，公開跟上天禱告，那他的願望就會立刻應現。

你只要查閱陸九淵先生寫的文章（這包括〈石灣禱雨文〉、〈謝雨文〉、〈荊門禱雨文〉、〈望壇謝雨文〉、〈東山禱雨文〉、〈東山刑鵝禱雨文〉與〈上泉龍潭取水禱雨文〉這七篇文章），當會發現他曾經三度求雨，再三度跟山川神祇謝雨，陸九淵先生的意境究竟處於通靈的階段還是光體的階段？通靈的階段屬於賢人，光體的階段屬於聖人，他的意境倒不是這裡討論的重點，重點在於這些真實的文獻能幫我們印證：誠意自能天人交感，或甚至天人無二。

原文

孔子云：「丘之禱久矣。」蓋君子之禱不在於對越祈祝之際，而在於日用操存之先。……古者歲旱，則為之主者減膳撤樂，省獄薄賦，修祀典，問疾苦，引咎賑乏，為民遍請於山川社稷，故有叩天求雨之祭，有省咎自責之文，有歸誠請改之禱……未聞有所謂書符咒水而可以得雨者也。唯後世方術之士或時有之。然彼皆有高潔不汙之操，特立堅忍之心。雖其所為不必合於中道，而亦有以異於尋常，是以或能致此。（出自《王陽明全集・外集三》卷二十一）

40 不斷刺激感官

陽明先生說：「自從俗儒的學說橫行，學者只從事於嘴巴與耳朵的講習，不再知道有往內觀察身體，克制自己積習的大道。現在如果有人知道這個弊端，想要反身克己，卻還是扭揑於嘴巴與耳朵的聽講，這應該是精神正被某種慣性給牽制與束縛住，纔會無法進展。人會有惡念，正就來自於累積的習氣，人會有善念，正就來自於根本的自性，根本的自性會被習氣給淹沒，這是因為不願意立志的緣故。因此，只要學者被積習牽引與束縛，則只有嚴厲的懲罰其積習，將其導引到志向內，時間一長，這志向就逐漸建立了。志向建立，習氣就逐漸消褪。學習的根本在立志，能立志，學問就已經能預示將對精神有過半的效應。這是守仁這陣子最新獲得的領會，希望你不要輕易就浪擲不理。」

這是陽明先生寫給克彰太叔的信，日期不詳，這封信是陽明先生胤子王正億（他其實是嫡傳的獨子，原先過繼的長子王正憲則是個受盡寵愛的紈絝子弟）從書櫃裡發現的墨寶，裡面的字跡光亮，宛如剛寫好，正億將這封信與其他同時發現的三封信裝訂成冊，請陽明先生的弟子錢德洪作跋，並收錄到文集內。王克彰是陽明先生的族叔，他聽講的時候跟陽明先生行弟子禮，退回私人廳室，則與陽明先生行家人禮。

敝人寫這些有關於智慧的涵養紀錄，每寫完就放到心學論壇網站給人閱讀，有幾人閱讀過後能謹慎去面對自己的心念，認真做回覆？又有幾人閱讀過後就當作清風輕撫般沒事一樣，浪擲不理，離開心學相關網路後，就繼續沉淪在自己的積習裡？每個正在讀字的你，應該自己問自己。自從神州易幟而降，有人就在寶島台灣提倡要復興儒學，這種聲音從來沒有一天停止，已經復興快要七十年了，儒學卻從來沒有復興的景象，這是什麼原因呢？癥結就在學者只會用嘴巴與耳朵聽講儒學，他們從來沒有想把整個生命都投注到儒學復興的志業裡。就講最簡單的層面：生病的時候，如果你就只想去西醫的醫院請醫生開個化學藥片，吞服就認為完事，而對中醫有排斥心理，不願意做根本調養，這種粗魯對待身體反映出其人粗鈍的精神，要說他有什麼大能量能復興儒學，我們打自心底就無法相信，充其量這些學者只能寫些不要人家閱讀的論文，用艱澀而抽離生命的觀念，去折磨還願意被他折磨的學生，每個月能順便領個薪資養家餬口，如此而已。

把「志」這個字拆開來看，就是「士」與「心」，立志的本質，只有做個有心性的士人，如果沒有這樣的志向，立志要做大官或發大財，或做各行各業，這都只是種事業，都不是真正的立志。陽明先生這裡講到有關於涵養心性的重點：修行的本質，只是在「修意念」，惡念來自於習氣，善念來自於自性，善於調伏自己的意念，並不是要沒有意念（那是空性的解脫），而是要常懷至善的意念（那是自性的覺知）。人自稱有至善的意念很容易，畢竟只要自性未泯，總能有片刻的善念，然而要全然活在善念裡，這就需要立志，決斷此生只有無時無刻不活在涵養心性裡，人生纔不會失焦，更不會活得毫無意義。

工商業社會裡，上班族常會感覺空虛與孤獨，因而發生各種光怪陸離的事情，這正就是因為他的生命已經失焦，他並不喜歡這個工作，卻無法不工作，因為他除了賺錢，再不知人生還有什麼意義。這背後就是沒有涵養心性的意識，每天縱容著習氣累積出的效應。現在的人因為從童年起，就被父母嬌生慣養著，每天茶來伸手飯來張口，物質不只沒有困窘，甚至常處於過剩與浪費的狀態。這樣的人，你要他能嚴厲改正積習，那無異於要他的老命，他們要能去涵養心性，那真無異於天方夜譚了。這就是新世紀思潮裡的心靈導師奧修（Osho），會設計各種靜心遊戲來給人玩的原因。

精神浮躁的人著實很難涵養心性，要先化開他們面對生命的焦慮，只能來「做遊戲」，末法時空裡，面對自我意識濃厚的人，確實偶爾不能不拿輕鬆的手法來引人認識心性，然而，認識心性與涵養心性還是有細微的差異，我們不能捨本逐末，忘記正法，那就是真要深刻的涵養心性，絕對不能不嚴謹的做工夫，而不是只有做遊戲。因此，敝人並不反對遊戲治療，然而，這得要與自性的涵養綿密結合，讓人知道其根本目的在化開自我與澄清自性，如此本意纔不會扭曲。目前面對精神的治療機制常有個特徵，就是「永遠治不好」，卻能「不斷刺激感官」，來讓人感覺很快樂，有種精神被解放的喜悅感，而不知不覺服膺於該系統內蘊的商業收費機制裡，這點值得世人注意。

原文

自俗儒之說行，學者惟事口耳講習，不復知有反身克己之道。今欲反身克己，而猶狃於口耳講誦之事，固宜其有所牽縛而弗能進矣。夫惡念者，習氣也；善念者，本性也；本性為習氣所汩者，由於志之不立也。故凡學者為習所移，氣所勝，則惟務痛懲其志。久則志亦漸立。志立而習氣漸消。學本於立志，志立而學問之功已過半矣。此守仁邇來所新得者，願毋輕擲。（出自《王陽明全集．續編一》卷二十六）

41 陽明先生的心學家風

陽明先生在過世前，正出征在外，過繼的長子王正憲想要出去考科舉，陽明先生寫信跟他說：「你的本領尚未具備，你的願望恐怕要成為虛幻的願望。雖然，對於你這陣子的學業是否有進展，我並不知道，然而你要度量自己的真實狀態，我不會阻止你去考科舉，更不會勉強你不去考科舉。我的弟子錢德洪與王畿，還有其他能對你直言與諒察的高明人士，你都應該常常親自向他們請益，只要能規勸你的過失，訓勉你邁往德性與大義，你都應該如魚得水，不能須臾離開他們，這樣你如果不如人，就不會太令人擔憂。我平生講學，只是在講『致良知』這三個字。仁，就是人心。良知是能展現真誠、深愛、惻隱與坦白的機制，它同時可理解為仁這個本體。人如果沒有這真誠、深愛、惻隱與坦白的心靈，就沒有良知可去『致』了。關於這點，應該猛然醒悟，家裡面各種事情，我沒有時間詳細跟你叮囑，你如果能恭敬牢記我的訓誡，我就不需要很繁瑣去細論了。」這段話出自〈寄正憲男手墨二卷〉這封信。

陽明先生晚年，就對於備受家人嬌生慣養的正憲極度憂慮，深覺他狂妄自大，不能謙虛待人，日後絕對會生出事端，因此對他的指責特別嚴厲。陽明先生的指責顯然沒有被正憲聽進去耳朵裡，他對於心學毫不在意，根本不聽錢德洪與王畿的話，果真在陽明先生過世後，正憲先是因為同屬陽明先生的後裔，在陽明先生過世尚且被人構陷的時候，被迫到處流亡，當他尚能獲得世襲陽明先生錦衣衛百戶的保障，就立刻自立門徑，既要這個福利（能獲得政府的贍養），卻同時聲稱與陽明先生劃清界限，更不惜打擊他的幼弟正億（陽明先生真正的孩子），讓正億幾度無法自保，直到嘉靖十一年（西元一五三二年），陽明先生的弟子王臣擔任浙江僉事，挾著政治的權柄，插手制止這禍起蕭牆的家難，事情纔被解決，然而等到這時候，政府已經完全停封與停恤陽明先生的後裔，大家都只能做尋常百姓家了。

錢德洪與王畿，則在王正億最危難的時刻，幫忙徵得同屬陽明先生的弟子黃綰的同意，娶他的女兒，藉此讓正億能被正在做官的黃綰撫養，不至於受人欺凌。直至隆慶元年（西元一五六七年），陽明再傳弟子徐階上書，請恢復陽明先生的爵位與恤典，剛登位的皇帝明穆宗是個英明的君主，他同意替陽明先生平反，正億纔終於獲得能做陽明先生直系血脈該有的榮譽，這個榮譽不只是繼承陽明先生的爵位，還包括作為陽明先生的兒子，這個名聲在當日心學大盛的時空，很受著世人的情感眷戀。王正億的兒子王承勛負責監督漕運二十年，同樣顯貴於世，備受推崇，他的兩個兒子王先進與王先達本來都想爭取世襲爵位，卻雙雙落空，最後卻因兩廣總督王業浩的支持（他同樣是陽明先生的後裔），改由王承勛弟弟的兒子王先通繼承新建伯的爵位，這過程很曲折複雜，然而，由後來的發展倒推回看因果，顯見大位由誰繼承，內裡自有天意在布局。

崇禎十三年（西元一六四〇年），闖王李自成已經打到北京，前軍都督王先通負責堅守齊化門，都城被打破，他下城與人巷戰，最後被闖軍抓住，他大罵賊寇，被割掉舌頭，還是含著血噴賊寇，最後被剖開心臟殺害。南明時期福王讓他的兒子王業泰繼承爵位，王業泰感激流淚，請讓他能服喪報國，在唐王隆武二年（清世祖順治三年，西元一六四六年）因留都危急，他共奔國難，卻被清軍逮捕到軍中，清朝原本希望能繼續授與他爵位，他哭泣說自己累世受國恩，大義使然，不能改變節操，因此被成全殺害。明朝滅亡，繼承陽明先生爵位的後裔，經歷四傳，至此斷絕香火。清朝時期的後人，則因為國脈與家脈已兩斷，心學衰微，再無法傳承任何家風。

雖然在萬曆年間，由於心學大盛，陽明先生的後裔裡，位居三品而上官銜者有六人，實在可說是顯貴至極，這固然可說是陽明先生有大德於世的福蔭，然而，我們如仔細檢視陽明先生的後人生平，他們都往往處於險境叢生的亂局裡，過著禍福相倚的人生，新建伯這個爵位，既是個沉重的榮譽，更是個風暴的中心，王業泰最後能義不帝清，這應該是替了結這個爵位畫上完美的休止符，完就陽明先生該有的心學家風。討論這個議題，重點不在彰顯陽明先生的後裔，後人關注心學，很自然會跟著想問：傳播心學的人，會有福報嗎？顯然，通過前面的討論，這個問題，已經不是簡單的有沒有能回答了。

如果你是個俗人，很自然只會關注著陽明後裔，如果你是個士人，很自然還會關注陽明後學。其實，陽明後裔傳承著陽明先生的肉體血脈，陽明後學則傳承著陽明先生的精神命脈，瞭解這兩脈的發展，對於瞭解心學都很有意義。陽明先生的大命，要拿大難來獲取，有志做他的後裔與後學，則都繼承這種特徵，甚至這已化作心學的特徵，那就是只有經歷過徹底的摧毀，纔能全然的蛻變，只有通過大死，纔能大生。人不應該只問做事是否有福報，而該問做事是否有正道，即使做著正確無誤的事情，都要承擔做事自然會滋生的各種抵抗與阻撓，世間從來就沒有享受不盡的福報，然而，如果後來會有福報，那得要終身堅持傳播正道，經歷各種挫折與打擊，絕不退縮，纔能獲得這世上對你該有的承認，然而，這種承認卻不見得是榮華富貴，而是公允的評價。

不論是做陽明後裔，或陽明後學，都是個要付出全部生命的偉大旅程。

原文

汝本領未備，恐成虛願。汝近來學業所進吾不知，汝自量度而行，吾不阻汝，亦不強汝也。德洪、汝中及諸直諒高明，凡肯勉汝以德義，規汝以過失者，汝宜時時親就。汝若能如魚之於水，不能須臾而離，則不及人不為憂矣。吾平生講學，只是「致良知」三字。仁，人心也；良知之誠愛惻怛處，便是仁，無誠愛惻怛之心，亦無良知可致矣。汝於此處，宜加猛省。家中凡事不暇一一細及，汝果能敬守訓戒，吾亦不必一一細及也。

（出自，《王陽明全集．續編一》卷二十六）

42 自性無法被頂禮

上回關於那篇〈佟太守求雨〉，還有些話意猶未盡。面對佟太守向他請教求雨的辦法，陽明先生最後回答：「閣下平日在操持存養的事情，假如誠然自信無愧於神明，面對重大事情能不斷反省與警惕自己的行為，親自率領下屬來跟上天表達您誠懇的願望，雖然是天意讓人間發生大旱，然而這冥冥中還是自有定數，只要認真經營人事，十天內，就當會有效應出現。敝人雖然不肖，跟普通百姓沒有什麼區別，如果誠然有能讓天下雨的辦法，怎麼會忍心坐視人民受苦而恬然不知道眷顧呢？現在還要閣下來探望敝人，敝人難道沒有正常人惻隱的心靈嗎？這一兩日內，敝人將會在南鎮禱告，來幫忙成全閣下的誠意。只要閣下全心全意替百姓跟上天乞請，不要被邪說迷惑，不要圖著眼前的名聲，天道雖然遙遠，然而人的至誠不能震撼天意，這是從來沒有的事情！」

陽明先生為何知道十天內就會有效應出現？這就是冥契經驗，無法言說。

冥契經驗不是去特意求來，而是朝向著本體踏實做工夫，自然會產生的感應或神通。感應或神通本不是什麼離奇的生命經驗，只要不再執著於生死，超越肉身的需要，使得自性開啟與擴張，與本體緊緊結合無間，就會不斷領會著這些靈性的消息，從而翻轉現實。自性並不是畢竟空（梵語 atyanta-sunyata），自性是宇宙本體投射到人生命底層的存在，或可說是宇宙本體的化身，然而，它不在外，無法被神格化，因此無法被頂禮，它只能靠著人內觀而自知，人如果沒有首先意識著自性本體，那他就不能意識著任何存在，如果再做任何面向外在的朝聖，都是在虛應故事。頂禮就本質來說屬於實踐工夫，頂禮的目的端在與本體合一，如果能立即致良知，意即做出這意識的觀念工夫，給出對自性的念想，那自性即出，本身即是不二，無需再與誰合一。自性即出，那意味著人在自性內給出任何念想，外在的環境會立刻相應出你念想的物質，這當然包括跟上天求雨了。處在這樣的精神狀態裡，重點不是在跟哪個對象求雨，重點在於當自性開啟，那就是如同「自己跟自己」求雨，自性本體的意識萌發剎那，宇宙本體就會蓄積因緣，相應出該有的雨。

自性本體只會存在於「為他人著想」的意識裡。常見人在廟裡求籤，他很誠意跟某個神禱告，請某個神能保佑他事業順利，或財源滾滾，或感情有著落……，他如果很誠意去禱告，擲杯總能獲得一正一反的聖杯，或因此抽得上籤，這表示神的應許，然而，後來的發展卻不見得是如此，這是什麼原因呢？這並不是神在欺騙他，而是他的自我意識太強，牽引著他的擲杯或抽籤跟著呈現出自我意識的願望，但，外在客觀條件的發展卻不見得能隨著他的主觀意志而轉，纔會跟著心想事不成。因此，人不要對「誠意」有「太過簡單」的成見，你誠的意究竟是自我的意，還是自性的意，你得要仔細釐清，自性的誠意不能有絲毫個人的願望，只有人願意替他人或整個眾生設想的時刻，自性纔能浮現。你看某些算命奇準的先生，他們能一語道破他人的命，這就是因為他們已經不再有自己，他們的身體甘願做宇宙本體微露天機的橋梁，個人的意識被放掉，宇宙的意識就能進來。

原文

夫以執事平日之所操存，苟誠無愧於神明，而又臨事省惕，躬帥僚屬致懇乞誠，雖天道亢旱，亦自有數；使人事良修，旬日之內，自宜有應。僕雖不肖，無以自別於凡民，使可以誠有致雨之術，亦安忍坐視民患而恬不知顧，乃勞執事之僕，僕豈無人之心者耶？一二日內，僕亦將禱於南鎮，以助執事之誠。執事其但為民悉心以請，毋惑於邪說，毋急於近名，天道雖遠，至誠而不動者，未之有也！（出自《王陽明全集・外集三》卷二十一）

43 公開私生活

陽明先生在〈答儲柴墟〉這封信裡跟儲柴墟說：「您的僕人過來的時候，正趕上敝人要處理紛紜的人事，沒有時間詳細詢問你這陣子的情況，等到他已經離開後，敝人卻感覺很過意不去。您給敝人看您寫的〈劉生墓誌〉，這實在是篇仔細鋪陳你們友誼的文字，內容結構很縝密，唯獨在講到他父親娶側室的過程這件事情上，您寫的內容很不忠厚，尚未刻在石頭上，敝人覺得刪去這段比較好。孩子對於父親的過錯，過度激烈的規諫，不能被當作典範，藉由揭發他父親的陰私，來稱許孩子的優點，這並不適合被取法。您對此應該要有更仔細的思考。」

我們前面已經講過，誠意發出對某件事情的個人欲望，這來自於自我的誠意，並不是真實的誠意。然而，有人會因此認為，心學講的誠意，就是把各種私生活的細節全部攤開來講，這樣就能展現誠意了。其實同樣不是如此。誠意就是澄清你的全部意念，這澄清，本無關於跟他人告白與否，誠意首先是自己要去梳理的工作，無關於他人的知曉。當然，沒有掛礙去檢視自己意識到的私生活，這當然有益於澄清意念，然而，在完就這第一義後，是否要去跟他人解釋自己在觀察的全部意念，本來就有各種複雜的考量，在實務層面來說則幾乎不可能，且不說意念有著千絲萬縷，關係的親疏與時間的配置，都使得帶有檢視內在性質的交談，其深度自然有差異。

當然，大覺知者其私人生活的層面就會顯得越公開化，這來自於他公共生活的層面相對來說比例較重，各種私人生活常順其自然就被自己或他人放在公共領域裡讓人瞭解，這能讓他人更加瞭解他在講授的觀念。敝人會帶著道團的同志共同在網路寫日記，就是希望透過公開檢視自己的私生活，來鍛鍊同志的心性，培養心學的菁英。其實，私生活的公開並不是問題，因為即使公開，我們都要瞭解：文字並不是真實本身，訴說的內容不可能包羅全部現象裡的事實，更何況心學涵養者還有大量精神的認知要梳理。公開私生活的要點在於人有沒有愛，如果沒有愛做基點，那討論這些私生活，都會顯得乾澀與尷尬；如果有愛做基點，那任何奇怪的現象背後都有可被瞭解的脈絡。我們應該自問是否帶著愛來書寫，讀者更應該自問是否帶著愛來閱讀，只有帶著深沉的善意去認識生命，而不是帶著窺探隱私的惡念，如此瞭解他人的私生活，纔能對心性有滋補，否則只是在蹉跎光陰與浪費生命而已。

陽明先生對儲柴墟的指責，並不是指他公開去講人家父親娶側室的事情，而是他沒有帶著對劉父的愛去瞭解事情的始末，卻驟然寫到劉生的墓誌銘去，縱然好像在褒獎劉生，其實卻在損毀劉父，這樣的做法乍看好像很老實，卻沒有真來自於自性的誠意，因為自性的誠意不會帶來任何傷害，不論是對自己或他人。陽明先生希望儲柴墟能踏實澄清自己的全部意念，而不是去評論他人的長短，這樣纔是在涵養心性。我們不應該挾著自我的誠意，去講論自己與他人的生活瑣事，藉此來評比高低，畢竟生命不應該被拿來跟誰比賽，不論是拿誰跟孔子或佛陀比，都毫無意義。誰做的事情大或誰吃的素食久，都無法證實誰的心性比較高，因為心性各有其該成就的脈絡，孔子只能跟孔子比，佛陀只能跟佛陀比，同樣你只能跟你自己比。

原文

盛价來，適人事紛紜，不及細詢比來事；既還，卻殊怏怏。承示〈劉生墓誌〉，此實友義所關，文亦縝密；獨敘乃父側室事頗傷忠厚，未刻石，刪去之為佳。子於父過，諫而過激，不可以為幾；稱子之美，而發其父之陰私，不可以為訓。宜更詳之！（出自《王陽明全集．外集三》卷二十一）

44 人生不要如意

陽明先生在〈答儲柴墟〉說：「你在信裡說與人交際深感困難，這點著實受困於你的私意。君子與任何人的交往，只需要關注大義，情誼的厚薄輕重，都與私人的想法無關，這是最簡單能實踐的標準。世人的心靈，總是參雜著各種複雜的計較與考量，名譽與利益的得失都在精確的籌劃裡，自己困惑於其間，還要拿各種想當然爾的大道理來說服自己並誇耀於人，因此他處理得越周密，計較得越詳盡，反而其實踐就更顯得左支右絀，困難重重。只要是大賢人，就應該被我們認真當作老師，只要賢能稍低，就應該被我們當作朋友，這就是天理自然發展的規則，與世態炎涼無關，不需要有其他思考。」

心學有心術的層面，心術就是在人間應對進退的計較與考量，然而，心術是最末端的心學，如果沒有心性，那心術就是在白費計量，機關算盡，最終反而耽誤自家性命。有種比心術更高邁的能量，需要人去凝聚，那就是心性，當人活在心性裡，面對困局的時候，他甚至只要稍微發出意念，外在的情境就會自己跟著被化開，困局會自己解開。這時候他哪裡還需要花精神於心術？心術的操作在人，心性的操作在天。操作在天，並不是說人不需要花任何精神，一般人的確需要花大量精神，那就是擱置自我意識，擱置那種總是想要操控的欲望，深恐不能操控全局，事情就會失控，不再如我的意。其實，人生不要如意，尤其不要老在如自我的意，反而能獲得更通徹的領會。這並不是要人隨波逐流，而是要把持住心性的洞曉，堅毅活在這洞曉裡，安然等待困局的翻轉。

有人可能會誤認，這種把持，就是要天天高喊著「主與我同在」，本體就在你的肉身內，你不需要仰天吶喊！太大聲，只會震破你自己的耳膜。你要通過仔細反省，確認自己過著俯仰無愧的人生，如果覺得人事交雜，使得心性不能持續維持皎潔，就要認真做工夫，不要被事情牽引，失去焦點，搞到最後已混淆自己到底在幹什麼，你要瞭解：人生只有一個目標：活在本體裡，過著與本體共同創生萬有的人生。離開這個目標，那就會如槁木死灰，整天渾渾噩噩，不知道活著有什麼意義。前面說過，自性不能被頂禮，然而，你要通過自性本體的交映，來與宇宙本體合一，這時候，工夫就是個讓這「兩個本體」（這只是權且的說法）交映的橋梁，這工夫自然包括朝向本體的頂禮。由於宇宙本體本質沒有任何形象（上帝並不是按照自己的樣子創生出人，人就是人，上帝沒有任何樣子），因此，人只能通過對世界本體的頂禮，來與宇宙本體交映，這世界本體就是宇宙本體的具象化，頂禮就是在「三合一」（宇宙本體與世界本體的合一，世界本體與自性本體的合一，自性本體與宇宙本體的合一），那剎那，就是永恆。

原文

喻及交際之難，此殆謬於私意。君子與人，惟義所在，厚薄輕重，己無所私焉，此所以為簡易之道。世人之心，雜於計較，毀譽得喪交於中，而眩其當然之則，是以處之愈周，計之愈悉，而行之愈難。夫大賢吾師，次賢吾友，此天理自然之則，豈以是為炎涼之嫌哉？（出自《王陽明全集·外集三》卷二十一）

45 寧可沒出息

陽明先生在〈答儲柴墟〉裡說：「說到朋友會相互稱作朋友，這是因為『道』與『德』的關係。天下至大就只有『道』，天下至貴就只有『德』。道德的存有，年齡與地位都不能干預影響，這樣的朋友就像是我們的情誼。任何人如果沒有『道』與『德』，卻只有顯貴與高壽，那就只是有顯貴與高壽而已，不能就跟著誤認他們有『道』與『德』。然而，這樣的人，與他們見面的機會自然比較希罕，不是有事情來臨，需要應酬，否則根本不需要花時間見面。這樣的人，想要與敝人交遊，最好能隨俗持著候立學生的名義來看敝人，如此則敝人就隨俗，按照候立學生的名義來對待他。這就是俗話會說：『人做某件事情如果不能成全大義，卻同樣無害於大義，那就從俗沒有關係。』」

如果人要靠應酬交際纔能成就事情，那他會成就出的事情，大概就只是需要靠應酬交際來利益交換的事情。人這一生，最低限度是什麼事情都沒有成就，然而，你是個充滿喜樂的人，你緊緊與自性合一，內在的精神富饒，卻過著平實而簡單的生活。這樣就已經很需要大能量了。絕大多數的人，這一生想要安靜活著，卻總是有「樹欲靜而風不止」的顛沛流離感，他或許能交換出大量的利益，卻往往想跟家人溫馨吃頓飯都不可能，大家各自過各自的生活，偶爾難得坐在一起吃頓飯，都會因為情感的疏離而話不投機，彼此都覺得很勉強。會跟你共同吃飯的人，卻總是想跟你交換利益的人，你的人生徹底活在虛情假意的應酬裡，這還不夠悲哀嗎？與其這樣，還真不如就只是個「沒出息」，卻充滿喜樂的人，這樣的人還能去愛人，還有人願意去愛他。

人不應該消耗精神去應酬，因為人能活著真是個奇蹟，很不簡單，怎麼還能把這僅有的精神拿去跟人虛情假意呢？人如果有大本事，就靠著真情實意去與人交往，去凝聚做事情的本錢，去推展各種能量的匯合與發散，如果不能做著真情實意的事情，那就不如不做任何事情。這就是敝人提倡的「誠意」。常有些老奸巨猾的中年人，會嘲諷敝人沒有什麼社會歷練，太過於理想化，敝人撰寫本文時已經三十七歲，正就是陽明先生在龍場悟道的時間點，看過世人的尖酸刻薄尚不能說是巨量，但，僅有的生命經驗，已經夠讓敝人決志此生寧可貧困潦倒，什麼事都無法成就，都不要靠應酬維生！絕大多數的人，拿年齡與地位來做決斷一個人成熟與否的標準，這種社會化的衡量，使得他們會看見的上師，大概就是目前高齡九十二歲的台塑集團的經營天神王永慶了，哪裡會有絲毫心性的意蘊？

人，寧可沒出息，不要浪費時間於應酬。自大學時候起，就不斷看見學生要拿父母辛苦賺來給的零花錢，去請老師客，美其名稱作「謝師宴」，這固然不能說不是種「尊重老師」的意念使然，然而，這裡面有沒有應酬的心態？如果那些老師不能主宰你的成績的生死，你還會想請老師客，或者，你願意請老師客，卻不會在背後去跟人說他的壞話，那你就真的是誠心誠意在尊重這個老師的學問了。念大學就開始學習應酬，出社會還能免於不應酬？應酬，應酬，應酬到最後，你就只是個俗人，只能活在靠人際關係來幫你打通關節，內裡卻因為對心性的摧殘與壓制，而使得人格變得很扭曲，自己都瞧不起自己，這難道不是更沒出息？人的出息，不能靠世人的眼光來論斷，如果你要靠世人覺得你有出息，你纔相信自己有出息，那你就是真正的沒有出息了，因為這種榮耀瞬息萬變，而你的心性跟著蒙蔽與浮沉，無法自作主宰，生命就會自覺很卑微。

原文

夫友也者，以道也、以德也。天下莫大於道，莫貴於德。道德之所在，齒與位不得而於焉，僕與某之謂矣。彼其無道與德，而徒有其貴與齒也，則亦貴齒之而已。然若此者，與之見亦寡矣，非以事相臨不往見也。若此者與凡交遊之隨俗以侍生而來者，亦隨俗而侍生之。所謂「事之無害於義者，從俗可也」。（出自《王陽明全集・外集三》卷二十一）

46 什麼都聽不見

陽明先生在〈答儲柴墟〉裡說：「您發現敝人這件事情：對待有意願學習心性的後進青年過來，其中資質甚高而有才華的人，敝人往往會用對待後輩的禮節與他們相處；其中資質平庸而人格卑瑣的人，敝人反而拿對待賓客的禮節與他們相處，因此懷疑敝人別有心思。敝人的做法其實就是在呈現大道了，哪裡還會有其他特殊的態度？後進青年過來，他的才華願意拿出來學習於心學的道理，我安能不用心學的道理來嚴肅對待他？如果資質平庸而人格卑瑣，不過就是世俗裡一般的應對交接來對待，這就如同對待鄉下人而已，他們要的就是那種極其表面的尊重。」陽明先生還說：「孔子用對待大夫的禮節對待陽貨，用對待弟子的禮節對待顏回與子貢，你難道能說孔子對待顏回與子貢不如對待陽貨有禮嗎？夫子與弟子暨同志與同志的大道荒廢已久，後進的青年裡，有些特別聰明通達的人，很知曉要求道，卻往往誤認先輩對待自己不誠意，不能瞭解先輩教育的心意，卻希望先輩能抬高自己的身價，用虛禮相待，來取悅後進青年，藉此博取對待國士的美譽，這正是病情深重了，因此夫子與弟子暨同志與同志的大道日益淪喪泯滅，沒有辦法恢復。」

人與人用什麼樣的禮節相待，就能呈現出什麼樣的情感與關係。如果不用弟子對待夫子的禮節來禮敬先輩，那人就無法跟這位先輩學習任何深刻的道理，因為他們彼此沒有給出關係，更無法付出對應的情感，道情無由發生。因此，中國過去素稱禮儀隆重的國度，這隆重的禮儀，其實是在給出人與人隆重的情感與關係，倫理就是在禮儀的應對進退裡被成全與實踐。如果輕視禮，那全部的關係都被扁平化，用極其輕鬆隨意的態度來對待彼此，人與人難免關係就會輕易破裂，因為他們並沒有累積出深厚的情誼。你看現在的婚姻已經改成登記制，只要到法院做個公證，就立即生效，一般人的「婚禮」則已經沒有舉行隆重的禮儀，而轉型為慶祝型態的舞會或宴會，大家都在吃吃喝喝兼打打鬧鬧，這種輕鬆隨意的美國風格，最終的效應就是動輒不愉快就簽字離婚。對待婚姻尚且如此隨意，那還能談要去領會什麼心性的道理呢？夫妻果真如現在認知的那種平行關係的朋友，只要意見稍有不合，就會橋歸橋，路歸路，誤認彼此不相往來就能落得清靜。回過來說，人沒有自居於弟子，用對待夫子的禮節來慎重跟先輩請益心性，那心性的能量無法給出，即使給出都無法被吸納，因為人不肯謙虛，就什麼都聽不見。

我們生活的亂世，其實是我們自己釀就的效應，不應該怨天尤人。我們人人表面都會批評美國文化那種扁平的關係釀就人與人情感的虛無化，然而，我們每天都在縱容這種積習在交互感染，使得人因為無法與他人建立穩固的情感與關係，而滋生精神的焦慮與痛苦。但，我們卻沒有美國人那種喜歡與習慣探望心理醫生的嗜好，焦慮與痛苦往肚子裡吞的結果，累積到某種程度，就會引爆出各種嚴重的社會問題。因此，不要老去質問政局讓社會如何的不治，要先去質問自己讓社會如何的不治，只有失禮纔會讓社會失序，否則，貧困有貧困的日子，富貴有富貴的日子，貧困與富貴都不是社會滋生問題的癥結，只有教養的消失，纔會使社會滋生問題。禮儀就是在給出空間，讓人與人能相互給出尊重與包容，相互留個餘地，人就更有空間去善待自己與他人。禮儀表現出的尊卑位置，不應該只問年齡與地位，而不問心性能量的高低，這很容易滋生虛假的教條主義，產生對生命的壓制與扭曲，而不是在做工夫涵養本體。

原文

吾兄又以僕於後進之來，其質美而才者，多以先後輩相處；其庸下者，反待以客禮，疑僕別有一道。是道也，奚有於別？凡後進之來，其才者皆有意於斯道者也，吾安得不以斯道處之？其庸下者，不過世俗泛然一接，吾亦世俗泛然待之，如鄉人而已。……孔子待陽貨以大夫，待回、賜以弟子，謂待回、賜不若陽貨，可乎？師友道廢久，後進之中，有聰明特達者，頗知求道，往往又為先輩待之不誠，不諒其心而務假以虛禮，以取悅於後進，干待士之譽，此正所謂病於夏畦者也，以是師友之道日益淪沒，無由復明。

（出自《王陽明全集．外集三》卷二十一）

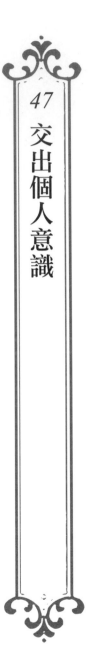

47 交出個人意識

陽明先生在〈答儲柴墟〉裡說：「敝人常覺得如果世上有周敦頤而降暨程顥與程頤這些君子，如我自然會甘願做個弟子，服侍夫子，這是我的大幸。再者，如果還有周程這些大儒的大弟子在傳播教化，我都能獲得私淑他們的機會。不幸這世上沒有這些人的存在，有志的士人，他悵然的生命，該往哪裡獲得學習與實踐的機會呢？關於這點，如何能沒有憂慮呢？如果憂慮卻不督責自己就來落實聖學，或督責自己卻不請求他人能輔佐自己，或請求他人能輔佐自己，卻不拿誠意相待，終究會完全沒有任何成就。敝人現在對待後進青年，並不是敢拿師道來自處，而是希望能覓得特別聰明豁達的人，跟他講明心學的奧義，藉此來輔佐自己。他如果自認是個心性的後進人士，希望我能指正他，雖然不跟我拜師，我還是希望能落實先輩與後輩相待的禮數。」

聖學不可能靠書寫學術論文來闡發，因為按照西洋規格與框架的學術論文，扼殺住生命的深沉與活潑，無法讓探索本體的聖學獲得澄清，本體首先就是要相信，接著纔能鋪陳出探索，人的思維裡質疑這相信，就已經在離開聖學。那，聖學能不能靠著網際網路的文字交流來闡發呢？這就要看人自身的態度了。如果人願意帶著收攝的精神來與人論學，藉由實際的修練，來印證與釐清觀念問題，那無遠弗屆的網路確實比作繭自縛的學術更能闡發聖學。然而，網路不會自外於真實的社會，真實的社會裡，就是有人自己受被預設住的理性框架的綑綁，接著現身於網路，拿這種被綑綁住的觀念來論學，這其實倒無所謂，最多只是對他人沒有產生什麼影響而已，比較麻煩的現象則是有些人在真實的社會裡很失意，就把不滿抒發在網路上，他們隱藏真實身分，動輒放話，來跟人講些耍狠的言語，他們書寫出來的文章，沒有學理根據，卻由於淺白易懂，極具煽情效應，對於其他網民的心理很容易產生影響。這些人如果還自稱是儒家，那就很容易給稍微懂得反思的人「儒家不過如此」的印象了。

敝人覺得，陽明先生前面這段話，很適合於網路論學裡人與人的關係。傳統的拜師是個很慎重的禮儀，這如果沒有日久天長的道情在醞釀，很容易流於「頭拜心不拜」的表象，有些糊塗人士，往往會想依附於上師，誤認磕頭過後，就有神性加持，從此長年的積習都獲得開脫與解消，卻沒有真正謙卑下來，看清並改革自己的積習。我們要知道，神性不會因為人的磕頭而出現，卻會因為人的謙卑而出現，自我濃厚的人，他做什麼都帶有目的性，卻不論如何都搆不著神性。網路的出現，徹底打破政治與地理疆域的封鎖，使得本來幾乎沒有機會見面的人，能獲得論學的機會。然而，學習心學，如果沒有意識到認識心性事實就有先進與後進的差異，不知道開放胸懷，全面諦聽先輩的看法，只想抱著「姑且一聽」的態度，你來我往的各抒己見，那確實還是不如不要相見，因為他們在做根本不會有效果的對談。不要盡受著「平等」的假性思維的影響，誤認平等觀是貫通生命的萬靈藥，個人與宇宙本體的關係就不平等，宇宙本體創生出人，人能意識，就來自於宇宙有意識，個人的意識不可能與宇宙的意識並立，只有消解掉個人的意識，纔能獲得宇宙的意識。

然而，這裡有兩層觀念的誤區：首先，宇宙本體給出人意識，果真如此，那不論人如何的意識，都不可能掙脫於宇宙本體外，哪裡還會有自我意識這種狀態？這是個錯誤且粗糙的看法。宇宙本體給出人有意識的機制，這是給人機會，去回溯至意識的母體，然而，絕大多數的人，卻意在子體獨大，思維的目標不再是對母體的回溯，而是讓自己這個意識能不斷擴張，創生出能回饋肉體的東西，這是種具有「內銷」的實質意義的自娛狀態，自己對自己的異化，來提供感官快樂，早已與視萬物為同體的無量大愛脫節。

再者，交出個人意識，個人就不再有意識，那豈不是呈現白痴與無能的狀態，如何能在社會裡謀生？交出個人意識，並不是指個人不再有意識，而是指不再拿自我與宇宙本體對立與對抗。不再有自我意識，不再執著於個體，就會滋生出自性意識，這意識內的本體，會通過觀念的間架，與宇宙本體相應展開創生，宇宙本體創生宇宙萬有，世界本體創生世界萬有，世界即是宇宙，宇宙即是世界。世界本體給出觀念的間架，使得自性本體因此獲得開展，這完全不是要讓人變得白痴且無能，而是要讓人的心靈被打開，純樸的自性獲得蛻變的機會。

由真實的義理義來探索儒家與道家的差異（而不是名相的爭論），在於道家抽掉世界本體這一層，自性不要創生出世界的存在，直接回歸至宇宙本體內，化作宇宙的存在，因此會有《老子》的嬰兒意識，嬰兒意識就是沒有任何意識（因此會稱許無知），不只沒有自我意識，包括自性都不再意識，只有宇宙本體的全盤牽引，人的存在義已經不存在，因為本不該有「人」，只有宇宙的存在。因此，真正的道家只能是老子，那五千字已經全部講完（而且本來不該講一字），再復言語，就不可能是真正的道家，而得要夾雜其他的意識，譬如莊子的「逍遙」與「坐忘」，其實得夾雜著自我與自性兩種意識來雙攝融通，他寫的文字反映出的文學才情越高，越能反映出他縱然在積極打破世界的存在（雖然他的打破，還是在樹立某種極具個人風格且無法模仿的世界的存在，這就是雙攝融通），其實同樣不能回歸宇宙的存在，他的自樂在人間，尤其在己身，能否反映出宇宙本體，已不在他全生命的關注內。

原文

僕常以為世有周、程諸君子，則吾固得而執弟子之役，乃大幸矣，其次有周、程之高弟焉，吾猶得而私淑也。不幸世又無是人，有志之士，倀倀其將焉求乎？然則何能無憂也？憂之而不以責之己，責之己而不以求輔於人，求輔於人而待之不以誠，終亦必無所成而已耳。凡僕於今之後進，非敢以師道自處也，將求其聰明特達者與之講明，因以自輔也。彼自以後進求正於我，雖不師事，我固有先後輩之道焉。（出自《王陽明全集．外集三》卷二十一）

48 願打與願挨的關係

陽明先生在〈答儲柴墟〉裡說：「程頤閉著眼睛靜坐，楊時與游酢侍立在門外，不敢離去，這就是體現出他們重視大道的精神。今天世上習慣於輕鬆與放肆，害怕檢點與修飾，不再知道有這件事情。幸好還有一兩個後進略微知道求道這件事情，因此心性尚有恢復清朗的契機；假如不誠心直接面向著大道來闡發，而只是昏庸在諂媚世俗，苟且過日子，敝人誠然為他們感覺沉痛與惋惜！《傳》曰：『師嚴然後道尊，道尊然後民知敬學。』人必然要先有嚴肅與害怕的感覺，然後再跟他說話，他纔會謹慎的傾聽你的意思，再把學問交給他，他纔會嚴肅的承接。做這件事情的時候，都是希望能洞見大道，循著義理去落實，並沒有任何私人的情緒在裡面。」

內文「師嚴然後道尊，道尊然後民知敬學」這段話出自於《禮記．學記》，而不是出自於《左傳》。我們現在因為有網路能隨時考察經典文獻的出處，陽明先生只是在書信裡憑記憶徵引，因此會有這個手誤。

在《禮記．學記》裡，前面還有這段話：「凡學之道，嚴師為難。」意思是說學習需要卻最難者，就是獲得嚴格的老師來教育你。因為一般人往往都是憑著些許的知識，圖著薄利來做老師，對待學生並沒有什麼偉大的理想，自然沒有什麼嚴格的要求，更何況彼此並沒有什麼直接的利害或血緣關係，何苦自討沒趣，要嚴格督責你的學問呢？然而，正因如此，老師不把學問當生命來傳授，學生自然不會從裡面滋生有關於生命的強烈感受。

老師如果相信他傳授的內容裡有大道，他自然得嚴肅去傳遞他承受的內容，否則就是對這門學問不敬，由於知識現在已經世俗化，知識的傳授者普遍被稱作老師，這使得「老師」這兩字，已經無法表達我們這層意思，嚴肅在承接這門學問的人，同樣不能只稱作「學生」，這就是在白話文裡需要再給出「夫子」與「弟子」這樣的詞彙，纔能表露心性的深意。

如果真正落實古風，參與書院教育的師生，如果弟子還能被夫子嚴格教育，應該要帶著感恩的心情來受教，自覺這是人生的大幸，因為夫子還願意嚴格督責他，這既表示他尚堪造就，更表示他自知需要被嚴格督責，纔能被琢磨成大器，這本來就是「願打與願挨」的雙子關係。如果夫子講話只是很客氣且溫和，那既表示師生關係尚有距離，且他並不願意承接嚴格的琢磨，因此我們都保持安全的位置。徵諸歷史，被夫子嚴格鍾鍊的弟子，其心性成長的幅度最劇烈，只是被夫子說些寬慰言語的弟子，其往往活在心性失焦的狀態裡，浮沉於人事，有著強烈的情緒起伏。

然而，現在的人深受西洋個人主義意識型態的影響，教育到底要怎麼說或怎麼做呢？現在的人，都喜歡寬言慰語，說些不痛不癢的加油話，很怕被人嚴格的指責或教導，這種畏懼的心理，使得他們只能聽聞大道，而不能實踐大道，只知道如何改變會比較好，然而卻無法做任何改變，因為他的積習正在牢牢控制住自己。因此，如果在書院裡，聽見夫子的言語越發的溫柔和緩，弟子應該要感覺越發的難過，因為你要知道自己的積習深重，而你並不想改變，因此我們就慢慢來，偶爾來點安慰劑，直到你自覺為止，這同樣是中醫的「急症緩治」了。

嚴師，只有弟子願意侍立，候著嚴師，纔會有嚴師的出現。否則，這是個充滿陌生人的社會，沒有哪個大覺知者會沒事去覓個弟子來嚴厲錘打，在極度重視個人隱私與權益的時空裡，這種做法只會滋生無謂的社會新聞。雙子教育只能落實在熟人的環境裡，彼此真誠相交，相互視作道脈裡的家人，願意攤開來檢視生命。因此，只有人對心性有著深刻的渴望與尋覓，纔會出現相應而生的夫子，你確認他不再有個人習慣沾染的情緒，你相信他就是你的師父，會稱作師父，就意味著你們的關係已經有著道脈在承接，你懷著學習智慧的情感視其如父，沒有承接道脈的人，想要認識心性，那很難免夾帶著自我意識，這輩子無法有究竟的洞見，因為你沒有心性的出身，沒有進去，就無法現身。

原文

伊川瞑目而坐，游、楊侍立不敢去，重道也。今世習於曠肆，憚於檢飾，不復知有此事。幸而有一二後進略知求道為事，是有復明之機；又不誠心直道與之發明，而徒闇然媚世，苟且阿俗，僕誠痛之惜之！《傳》曰：「師嚴然後道尊，道尊然後民知敬學。」

夫人必有所嚴憚，然後言之，而聽之也審；施之，而承之也肅。凡若此者，皆求以明道，皆循理而行，非有容私於其間也。（出自《王陽明全集·外集三》卷二十一）

49 神州到處有先知

陽明先生在〈答儲柴墟〉裡說：「伊尹曰：『天生出這些人，就是要使先知來覺醒後知，使先覺啟發後覺。我就是上天派給人民的先知先覺，我不來做啟發人民的事情，還要由誰來做？』因此大覺知者去啟發小覺知者，小覺知者去啟發無覺知者。如果已經確實大知大覺了，那就開始去啟發整個天下，這不是再好不過的事情嗎？然而，卻往往受限於各種條件而無法被世人承認。甚至，因為人自認是小知小覺的狀態，而全然不敢去啟發他人，則最終包括自己僅有的覺知都跟著消褪了。有本體的人難道就應該這樣嗎？有本體的人，自己想要樹立德性，就通過讓他人樹立德性來落實；自己想要貫通生命，就通過讓他人貫通生命來落實。敝人平素這樣看事情：自己即使有分寸的明白，都不要妄自菲薄，而應該拿這分寸的明白去傳播給他人，小知小覺的人越來越大量，他們不吝於相互啟發，就更容易澄清大道，累積起來，就能期望發生大知大覺了。」

現在，由於整個中國快速崛起，神州到處是先知，都在傳播著自己相信是原創的見解或主張。這固然產生各種混亂的觀念，在交相影響著世人，然而，同樣未嘗不是種機會，使得真相更可能獲得釐清，因為大家都在關注著真相，大家內在的自性，自然會透過這百花競放，產生過濾的機制，因此我們根本無需憂慮。心性的真相不是靠辯駁能澄清，只能靠實際的修證來澄清，彼此的討論，如果沒有修證的經驗，那對話就只是在畫餅充飢，無法解決問題。但，我們不需要憂慮各種畫餅充飢的現象，只要有人參加過畫餅的競賽卻發現不能飽食，他自然會想來尋覓真正讓自己吃飽的辦法，這就是小知小覺同樣能幫忙澄清大道。

大知大覺的人，不見得需要隨人起舞，跟著他人「澎風」去數說著自己是如何的大知大覺。我們要知道，大知大覺很容易受限於環境的限制，使得真相不容易被世人知曉，這正是真相的最大特徵。如果真相真能被普世盡知，那還有因果業能這回事嗎？絕大多數的人，受困於自身的業能，產生侷促狹隘的角度，只能看見這個角度裡能看見的視野，人真要擴張視野，這哪裡是簡單的事情？沒有飽經患難裡不忘做工夫的經驗，就不能脫殼蛻變，產生更宏觀的角度與視野。因此，大知大覺的人，要能寬然去看待各種小知小覺的人與事，他們的不圓滿，有其因果業能，然而，這並不妨礙大知大覺該有的做法與行徑，各行其事，乍看好像彼此不相干，只要小知小覺踏至盡頭，其侷促與狹隘的角度，已然綑綁住自性，無法看見更寬廣的視野，他的自性自然會催喚他繼續蛻變，這時候他就會與大知大覺相見了，即使這是隔世的相見，都值得我們等候，畢竟覺知本沒有時間。

覺知本沒有時間，時間的概念，會妨礙覺知。因為時間由人設計，而不是宇宙本體最根本的狀態，宇宙本體的創生，沒有時間性，沒有時間性的創生，這該如何被理解？人的創生，會有起點，會有終點，有時間的秩序。然而，本體創生的真實狀態，卻不是由這裡至那裡，因此沒有時間的秩序。宇宙本體的創生會呈現「永恆的無限擴張」，這擴張的狀態沒有時間，而是在呈現永恆，即使有人偶爾意識到時間，那都不是宇宙本體的真實義，而是自己肉體給出的自我作主軸，產生的座標意識。譬如說靜坐，靜坐本沒有要靜坐多久這個概念，深度的靜坐內，就會呈現永恆的無限擴張，你的自性，能讓你往無盡自我的過去世觀看，能往無盡自我的未來世觀看，能跨出自我外，往無量時間的前後與無量空間的左右觀看，或跨往各種他體的自我內，看盡其存有的成住衰滅，最後，還能回歸永恆的光點觀看，最後再沒有觀看，只有光點自己的存在，然而這光點卻呈現出生生不息狀，無盡吐露著和煦清澈的朗照，內蘊著無窮生命的起點與終點，其成住衰滅都在這朗照內無時空的完就，這，就是在創生。

原文

伊尹曰：「天之生斯民也，使先知覺後知，使先覺覺後覺。予天民之先覺也，非予覺之而誰也？」是故大知覺於小知，小知覺於無知；大覺覺於小覺，小覺覺於無覺。夫已大知大覺矣，而後以覺於天下，不亦善乎？然而未能也，遂自以小知小覺而不敢以覺於人，則終亦莫之覺矣。仁者固如是乎？夫仁者，己欲立而立人，己欲達而達人。僕之意以為，己有分寸之知，即欲同此分寸之知於人；己有分寸之覺，即欲同此分寸之覺於人。人之小知小覺者益眾，則其相與為知覺也益易且明，如是而後大知大覺可期也。

（出自《王陽明全集．外集三》卷二十一）

50 寶珠照玻璃

陽明先生在〈答儲柴墟〉裡說：「敝人面對當今學習心性的後進，尚不敢自居於小知小覺的人。這就像是受凍且飢餓的人，知道耕田植桑能豐衣足食，同時偶爾聽聞插秧與種桑的辦法，想要練習看看，因此告訴其他受凍且挨餓的人，使大家共同來做，何需嫌棄自己尚未瞭解這門手藝，就不告訴其他同樣需要的人呢？雖然，君子先認真涵養自己，纔能去督責他人，敝人大概還沒有徹底涵養自己，難道就能開始去督責他人嗎？我如果還會說話，只是特別針對有意想跟敝人學習的人罷了。」

這是〈答儲柴墟〉的最後一段文字。這整篇文章寫於明武宗正德七年（西元一五一二年，歲在壬申），文章被其甚不起眼的題目給遮蓋住內蘊的深意與光芒，其實這篇文章的意義如同韓愈的〈師說〉，屬於陽明先生攤開來，不再顧忌官學的壓制，全面在中央（北京與南京）傳播心學的階段，這年按照《同志考》，光是來受業而有紀錄的知名弟子，就有二十名。

其實，生命本來就是物因類聚，不要誤認我們都長得像人，就直覺我們都很能溝通與瞭解。人的差異性很細膩，甚至心性的領會越深，其身體與精神的組合與發展就越發的細微，你不可能讓全部人都滿意你，你只能跟頻率相投的人對話，與他們保持相當程度的溝通與瞭解，這樣就已經能架構出完整的社會關係網絡。因此，人跟人是什麼樣的關係，就應該架構在你是什麼樣的角度來領會心性，接著就會排布出相應的各種關係。

前面曾經指出，「心」是指廣大無礙的內在領域，「性」是指這內在領域存在的本體，「自性」則是對這內在的本體更精確的指稱。自性雖然是本體，然而既然投射至人身，就不可能完全不受自我的影響。自我催喚出人格，人格會跟著自我意識而發展出各種樣態，其中有種人格能讓自我如玻璃般潔白無隱，而讓自性灌注進來，這稱作德性人格。自性的灌注，意味著人要做工夫，來讓自性如寶珠般晶瑩光亮，就能穿透自我，放射出能量。因此，自我與自性的和解共生，就是讓無法沒有的自我給玻璃化，而讓無法沒有的自性給寶珠化，寶珠照玻璃，就能醞釀出德性人格。

原文

僕於今之後進，尚不敢以小知小覺自處。譬之凍餒之人，知耕桑之可以足衣食，而又偶聞藝禾樹桑之法，將試為之，百遂以告其凡凍餒者，使之共為之也，亦何嫌於己之未嘗樹藝，而遂不可以告之乎？雖然，君子有諸己而後求諸人，僕蓋未嘗有諸己也，而可以求諸人乎？夫亦謂其有意於僕而來者耳。（出自《王陽明全集．外集三》卷二十一）

51 真理並不是真知

陽明先生說：「心靈內有良知，這就是神聖的狀態。聖人的學問，只有去把握住這良知而已。自然就能把握住的人，就是聖人；勉強纔能把握住的人，就是賢人；自己障蔽住的人，就是愚昧或不肖的人。愚昧或不肖的人，雖然他們的良知被遮掩到極點，然而反過來看，他們的良知何嘗不存在？如果他們願意去把握，那就跟聖人無異了。這就是說，良知是聖愚都共同具備，人人都能做堯舜，就是這個原因。因此在『致良知』外，就沒有學問了。自從孔孟過世後，這門學問失傳幾千年。仰賴上天給出的靈性，敝人偶然重新看見，誠然是千古來莫大的暢快！百世而降，等待聖人再現，都不會有任何疑惑。每回拿這觀念啟發同志，大家無不躍然感覺很喜悅，這可證實大家都對良知有同感。偶爾有聽見敝人言論而感覺疑惑的人，他們都是習慣於支離的知識已經太久了，先橫著不信的心理意識，纔會有這種結果。」

這出自〈書魏師孟卷〉，寫於明世宗嘉靖四年（西元一五二五年）。

其實，致良知就是個「信」，能信就能見，不信不能見，先要起個懷疑的態度來驗證良知有沒有，這就是採取錯誤的辦法，自然無法洞見良知。世間不同的辦法能獲得不同的東西，懷疑能獲得科學，相信能獲得心學；懷疑能獲得西醫，相信能獲得中醫；懷疑能獲得理性，相信能獲得感性……，這只是不同的思考路徑能獲得的不同果實，本沒有什麼好同意或不同意，只要如實去按著不同層面的需要對應即可，相信的位階要高於懷疑，相信是根本，懷疑是技術，懷疑旨在成全相信，現在只因懷疑在成全的相信是「真理」這個假設，真理並不是真知，而世人已完全不知道「有真人，而後有真知」這種會游離的真理，纔會釀就對「與真理不相應」的「相信」的敵意。

其實，聖人並不是「銅像」，我們不應該把聖人的概念給固體化，你有片刻感應著良知，你就是片刻的聖人，你每天都感應著良知，你就是每天的聖人。這是種實質的精神狀態，不是種榮譽職銜，人要做聖人，那就是去致良知，懷想並把握住良知，那就邁往聖人的精神意識了。因此，陽明先生主張的致良知，使得做聖人重新成為實質的路徑，而不是種「理想的標竿」，當聖人被架空做標竿，那就沒有任何人能做聖人了。而且，我們要知道，實踐美德的人，並不是聖人，而只是個符合當日社會標準的好人，充其量或可稱作君子，如果實踐美德的人，他落實美德的背後有著良知的覺醒，這纔能被視作聖人。良知是自性的異詞，自性是純然的感性良知，這良知面對著社會的價值，會發展出理性良知，符合理性良知的表現可稱作美德，然而，人最忌諱莫過於只知道實踐世人公認的美德，卻沒有良知的覺醒，那就會釀就教條的枷鎖。

原文

心之良知是謂聖。聖人之學，惟是致此良知而已。自然而致之者，聖人也；勉然而致之者，賢人也；自蔽自昧而不肯致之者，愚不肖者也。愚不肖者，雖其蔽昧之極，良知又未嘗不存也。苟能致之，即與聖人無異矣。此良知所以為聖愚之同具，而人皆可以為堯舜者，以此也。是故致良知之外無學矣。自孔孟既沒，此學失傳幾千百年。賴天之靈，偶復有見，誠千古之一快，百世以俟聖人而不惑者也。每以啟夫同志，無不躍然以喜者，此亦可以驗夫良知之同然矣。間有聽之而疑者，則是支離之習沒溺既久，先橫不信之心而然。（出自《王陽明全集．文錄五》卷八）

52 寶珠蛻變出舍利子

陽明先生在〈大學古本序〉裡說：「《大學》的要領，就只是誠意而已。能誠意的效應，就只是正確的認識世界而已。誠意的極點，就是止於至善的神境。臻至止於至善的神境，背後的理則，不過就只是去感應良知而已。我們說『正心』，不過是指恢復自性本體；我們說『修身』，不過是指彰顯本體的發用。掌握住本體，就自己的角度來說，就稱作彰顯德性；就他人的角度來說，就稱作親善待人；掌握住本體，推擴至整個天地間，對實相的認識就會很完備了。因此，關於至善的神境，不需往外尋覓，就藏在我們心靈內的自性本體。本體會使人產生靈知，只要自性本體發用後，自我有任何不善的意念，自性本體都會立即明白。」

我們涵養心性的人，不應該誤認每天去做「自我譴責」就是在反省。我們固然要對自我意識如何的發酵與發作看得徹底，然而，卻不是用責備的語意，誤認只要不斷數落自己，自我就能被趕跑了。我們要懷抱這樣的意識：對於什麼是濃厚的自我意識，要有警覺性，不停止的觀看每個意念的起落，只要發現其出於狹隘的肉體需要機制，就要知道這是自我意識。

自我意識是否得要嚴密克治？這要有些區隔。如果是出自於最基本維持生理的需要，那不應該克治，而應該餵養。如果餵養已經超過最基本維持生理的需要，而與他人的存在與幸福發生關聯，那就應該保持警覺，不要因為餵養自己，而影響他人的存在與幸福。人要維持運作，不可能沒有自我，然而，人應該把自我給玻璃化，讓他能維持肉體運作，卻不會受肉體障蔽，而能映顯出自性的能量，這就是無礙於自性的自我意識。

練習就只是存在，這件事情還要有著警覺在。如果你就只是存在，其存在卻是在消磨精神，你根本無意識自己的存在，淨只是吃喝拉撒睡，餵養著感官刺激，這種存在就失去存在感，那如同不存在。有些只顧著吃喝拉撒睡的人，並不是有濃厚的自我意識，他甚至是自我在崩解的人，他只有維生系統的運作，這已然退化至動物意識。目前有越來越大量的年輕人，生命毫無目標與意義，年紀已經很大一把，卻每天窩在家裡給父母養，沒事就在盯著電視看，或不斷打電動玩具，我們常看見新聞報導這類的年輕人搞到最後精神失常或甚至暴斃死亡，那都是自我意識崩解與退化後的效應。

有些人長年無法停止大量的抽菸或喝酒，他其實處於精神焦慮的狀態，常常會呈現極度自卑與極度自大交替出來的情緒起伏。人的細胞會有細胞記憶，當他習慣於抽菸或喝酒，細胞就會依賴這種感覺，無法不抽菸或不喝酒，否則會引發極大的痛苦。抽菸或喝酒上癮的人，通常沒有意識過本體，精神沒有皈依，纔會依賴於物質。然而，這樣的人偏有著強烈的我見與我慢，意即自我意識濃厚，外人不能頂撞他，否則就會引發他強烈反彈出來的敵意，他很能說理，卻不能見體，甚至自己被自己說的理綑綁住，誤認這就是見體，由於精神沒有皈依，精神就被物質長期消磨，這樣的人往往最後會抑鬱不得志而終。

本體會產生靈知，這靈知不是靠詞彙推演出來的知識，而是感應本體面對現象映生出來的觀念。人類具有里程碑意義的偉大發現，都不是推演出來的知識，而是靈知。這靈知或可稱作天啟，然而，套用這種詞彙，很容易讓人誤認是在頭頂上的上帝給你的恩典，頭頂上有沒有上帝？這問題並不是我們的焦點，我們只想指出，本體不在外面，即使在外面，沒有首先在裡面，意即在你的心裡，那在外面的本體如同不存在。自性本體與宇宙本體的交映，就會迸發出靈知，這全然的交映需要做工夫纔能被導正，你的肉體有沒有在配合這個導正，譬如是否讓自我玻璃化，就會影響如同太陽的宇宙本體能否照進自性本體的寶珠內，讓寶珠匯聚光能，再經由玻璃投射至身內與身外，由於有著如玻璃的自我，折射出的光能反而會更大。就修身而言，這一生最根本重要的事情，就是在養出寶珠，寶珠就是團神聖的光體與光能，其在人肉身寂滅，就會蛻變出舍利子。

原文

《大學》之要，誠意而已矣。誠意之功，格物而已矣。誠意之極，止至善而已矣。止至善之則，致知而已矣。正心，復其體也；修身，著其用也。以言乎己，謂之明德；以言乎人，謂之親民；以言乎天地之間，則備矣。是故至善也者，心之本體也。動而後有不善，而本體之知，未嘗不知也。（出自《王陽明全集．文錄四》卷七）

53 聖人不是人

陽明先生在〈寄諸弟〉裡說：「人都說人不是堯舜，安能無過？這同樣是相沿成習的說法，不能真正知道堯舜的生命。堯舜的生命如果永遠不會覺得自己有任何過錯，那就不能做個聖人了。我們看見堯舜互相傳授的言語：『人心惟危，道心惟微，惟精惟一，允執厥中。』他們自認為人的心靈要常思考過錯，這就表示他們的心靈跟常人相同。只有兢兢業業，專注於凝聚合一，纔能活在本體裡而免除過錯。古時候的聖賢時常自覺有過錯而能改正，因此能不再有過錯，並不是他們心靈果真與常人不同。如果有人能懷著戒慎的心情，不去看不該看的東西；懷著恐懼的態度，不去聽不該聽的事情，這就是人能自覺過錯發生的效應。我這陣子實在看見這個角度值得深刻著墨，但是被平日的積習浸染，長年的毛病在身，克治老是不果決，因此深感痛苦，要跟幾位弟弟預先說，不要像我這樣來日被積習浸染，要再克治就很困難了。」

敝人最感奇怪者，莫過於細細閱讀陽明先生的文字，往往都讀到他很誠懇在跟人家訴說自己內在的問題，坦承自己面對心性的盲點，然而，為何民國時期而降的新儒家大師，他們自認在承襲陽明心學，愛拿各種艱深的詞彙來解釋儒學，總帶著強烈的知識與人格的傲慢，動輒要去狠批他人的不完滿，卻沒有學會陽明先生無隱的自省，時常檢討自己，觀看自身心性的盲點呢？他們難道不曾意識到，這種跋扈專斷的作風，把任性當作自性，馳騁於狂妄的壞脾氣，其實影響到後來的儒者，不論來自於南海或北海，都不知不覺誤認想要傳承中華文化，就要先傳承那種不可一世的蠻橫霸道，纔是在「大膽承當」？他們終身沒有讓儒家大盛於世，難道只能怨嘆世風，而不應該有絲毫羞愧？當我們花精神去狠批他人的時刻，真覺得自己能符合自己預設的標準，完全不會覺得言行不一？

陽明先生曾經在大熱天裡講學，有弟子省曾與王畿侍立在前，陽明先生看見他們流著滿身汗，就拿扇子給他們說：「你們用個扇子搧風。」他們卻搖手回答說：「不敢。」陽明先生則覺得很奇怪，說：「聖人的學問不應該這樣把自己綑綁起來受苦，不要裝出個道學家的模樣。」然而，敝人看見整個社會對聖人有兩極化的扭曲認識：其一，一般人把聖人視作與己無關的怪物，只要自己做些不乾不淨的事情，就會常跟人笑著解釋說：「我不是聖人。」藉此來把自己的行徑合理化，這表示他們認為聖人是毫無人性的人；其二，某些人卻反過來，同意聖人就應該毫無人性，並把自己就當作是聖人這種怪物，每天裝出個自認的聖人樣子，挾著自認的理直，對人毫不保留的辱罵，卻從來不能反觀自己已經扭曲的樣子，在這種人眼裡，聖人就像他們這樣，絕不會有任何過錯。

這兩種對聖人「極端的想像」，都使得聖人不是人，人不可能做聖人，如果還有人會去做聖人，那他就是不想做人。陽明先生早就指出，聖人跟我們一樣，都會有失察的時候，差異點並不是犯錯與否，而是聖人會認錯，聖人更會改過，聖人會跟人坦誠探索自己的盲點，並有意願不斷修正自己的盲點，當人展現如此旺盛無隱的內察精神，他當然是聖人。反過來說，只會指著他人嚴厲數落，卻不能公開認錯，這人只是想做被他扭曲的聖人，其實卻不是聖人。我們要覓出真正在教人做聖人的學問，卻絕對不要把裝模作樣的假聖人講的話當作聖學，這會讓我們低估聖學的能量，更會使得成聖無路。

原文

人皆曰人非堯舜，安能無過？此亦相沿之說，未足以知堯舜之心。若堯舜之心而自以為無過，即非所以為聖人矣。其相授受之言曰：「人心惟危，道心惟微，惟精惟一，允執厥中。」彼其自以為人心之惟危也，則其心亦與人同耳。危即過也，惟其兢兢業業，嘗加「精一」之功，是以能「允執厥中」而免於過。古之聖賢時時自見己過而改之，是以能無過，非其心與果與人異也。「戒慎不睹，恐懼不聞」者，時時自見己過之功。吾近來實見此學有用力處，但為平日習染深痼，克治欠勇，故切切預為弟輩言之。毋使亦如吾之習染即深，而後克治之難也。（出自《王陽明全集．文錄一》卷四）

54 心學就是意識學

陽明先生說：「快樂就是心靈的本體。仁人的心靈，把整個天地萬物都視作一體，愉快的相互融合，本來沒有任何間隔。你來信說：『人的生理運作，本來通暢和順，本來沒有任何不快樂，但被外在環境的氣息浸染，物欲攪和了本來通暢和順的能量，這就開始有間斷的不快樂。』你說的很對！我們人時常學習，要學習的內容，就是希望能恢復這個心靈內的本體。保持喜悅，則本體就逐漸恢復了。有同志能相聚能量，就更會讓本體的通暢和順，在彼此間周流不斷。本體的通暢和順，本來就是如此，並沒有因為人而有增減，就最根本來說，即使沒有同志過來，整個天下沒有人知道我，那快樂都不會有任何減損。你來信說快樂不會間斷，就是這個意思。聖人只是沒有停止於擴充最強烈的誠意，他做的工夫就是要時常學習恢復本體，這學習的要領，就是謹慎面對獨立的意識，這就是致良知。良知就是那快樂的本體。」

這是嘉靖三年（西元一五二四年，歲在甲申）陽明先生寫〈與黃勉之〉的第二封信。「樂是心之本體」這段話還出於《傳習錄．下卷》第九十二條，不過改由弟子發問，可見這是陽明先生講學常說的觀念。

這裡「獨立的意識」很費人猜測，就常人的眼光來看，意識當然是獨立自存，哪裡會有不獨立的意識？然而，且不說萬物一體，每個人的自性本體都與宇宙本體聯繫無間，不可能有自外於宇宙本體的自性本體，那自然就不會有獨立的意識了。再就自我意識的角度來看，雖然知識分子常會高喊與標舉著「獨立思考」這個概念，這意味著要有不受他人左右的主體判斷，殊不知這個主體內蘊的自我意識，其萌芽來自於二元對立的意識型態，本身就已經不是獨立出現的產品，而受著特重物質的工業文明的生活型態的豢養，使得人已經習慣於有著濃厚的自我意識，甚至深怕自我感消失不見，他生命的主體性就跟著失落了。在這種意識型態裡，人們往往沒有發現，正就如同人覺得開賓士車纔是有品味，品味被物質擁有與否來左右，當稍微有錢的人都能開賓士車，其獨一無二的性質就不存在了，因此人人都有自我意識的時候，這反證其意識根本不是獨立的意識，這只是某種人類文明階段呈現的集體徵候。

陽明先生在〈答人問良知二首〉說：「良知即是獨知時，此知之外更無知。」這獨立的意識顯然別有其指。「意識」其實是心靈的具象指稱，這意識可被壓縮至極個人的狀態裡，可被擴張至全宇宙的狀態裡，獨立的意識是指人的意識不應該受限於物質的存在，不應該讓物質的條件與衡量牽制住意識，這會使意識變得沉重呆滯，而不能自如蛻變，因此，「獨知」就是不受物質束縛的意識，意即淨空的意識，不受物質束縛，並不是說不能有任何關於物質的思索（如此就是二元對立），而是說保持意識的獨立性，讓意識純粹停留於精神的本相裡，纔不會使意識變作自我意識，而能自然轉往自性意識，因為意識自性就是在意識創生的源頭，這是純粹的精神。自性意識的意識，其主體已經由人轉往天，變作受體的意識，因此不適合再稱作自性意識，而就是自性本體。當意識沒有物質的攪和，就能保持精細，而不會流於粗鈍，就能常感快樂。或者反過來說，人每天都常感快樂，這就反映出他意識的清澈，這就是本體的自然流露。

就這個角度來說，心學就是意識學，心學的涵養，其首要工夫就在觀念本身的蛻變，只要意識獲得梳理與導正，人的心靈就能獲得廣大無礙的擴張，而能與整個宇宙感應與交流，這剎那，人的意識與天的意識被打通在一起，使得人架構出的世界能與宇宙完整彌合，至此「意識就是存在」，不再有間隙。這就是陽明先生為何如此重視「致良知」的根本原因，他很具體指出，致良知就是保持獨立不受物質蒙蔽的意識，讓這意識引出自性本體，而轉化意識的存在，使得人不再有人的意識，而就是人天合一。

原文

樂是心之本體。仁人之心，以天地萬物為一體，欣合和暢，厚無間隔。來書謂「人之生理，本自和暢，本無不樂，但為客氣物慾攪此和暢之氣，始有間斷不樂」是也。時習者，求復此心之本體也。悅則本體漸復矣。朋來則本體之欣合和暢，充周無間。本體之欣合和暢，本來如是，初未嘗有所增也。就使無朋來而天下莫我知焉，亦未嘗有所減也。來書云「無間斷」意思亦是。聖人亦只是至誠無息而已，其工夫只是時習。時習之

要，只是謹獨。謹獨即是致良知。良知即是樂之本體。（出自《王陽明全集·文錄二》卷五）

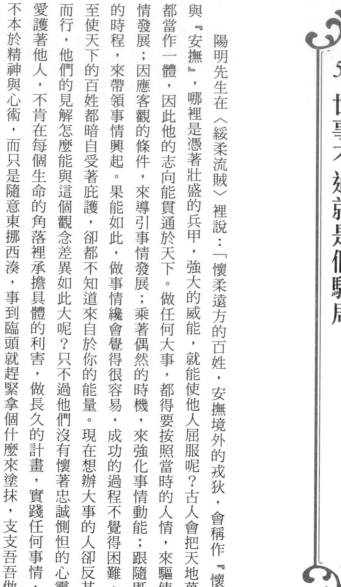

55 世事不過就是個騙局

陽明先生在〈綏柔流賊〉裡說：「懷柔遠方的百姓，安撫境外的戎狄，會稱作『懷柔』與『安撫』，哪裡是憑著壯盛的兵甲，強大的威能，就能使他人屈服呢？古人會把天地萬物都當作一體，因此他的志向能貫通於天下。做任何大事，都得要按照當時的人情，來驅使事情發展；因應客觀的條件，來導引事情發展；乘著偶然的時機，來強化事情動能；跟隨既定的時程，來帶領事情興起。果能如此，做事情纔會覺得很容易，成功的過程不覺得困難，甚至使天下的百姓都暗自受著庇護，卻都不知道來自於你的能量。現在想辦大事的人卻反其道而行，他們的見解怎麼能與這個觀念差異如此大呢？只不過他們沒有懷著忠誠惻怛的心靈去愛護著他人，不肯在每個生命的角落裡承擔具體的利害，做長久的計畫，實踐任何事情，都不本於精神與心術，而只是隨意東挪西湊，事到臨頭就趕緊拿個什麼來塗抹，支支吾吾做著表面文章，僥倖希望自己的身體沒有受到絲毫影響，這就是現在的人最普遍的通病了。」

一般研究陽明心學的人，不大會去閱讀他剿滅流寇書寫的公文，因為他們覺得這與「哲學」內容無關。然而，豈有哪種「中國哲學」，無關於當事者實質的生命經驗？或者，豈有哪個被視作「中國哲學家」的人，他實質的生命經驗，不會影響他的哲學思路？如果有人具體的生活顛三倒四，整日瘋癲任性，沒有善做克己的工夫，更不能善待家人，使家人的精神受盡折磨，這種人還要聲稱他的學問如何的博大精深，不斷對外吹捧自己的內聖外王，如果你無法從他的言語裡獲知真相，那就請你去問他的家人！如果他的父親或母親，妻子或孩子，首先都不能相信他在講的學問，他還要你去相信他的學問，這種人就只是個騙子！不論他是在學校騙你，還是在網路騙你！

或許，有人會說，世事不過就是個騙局，誰騙誰或誰被騙，本來就是兩廂情願的事情，沒有什麼對錯。然而，中國哲學與思想的根基就是生命實踐，沒有把全部生命付諸實踐，他再怎麼會講，都不宜稱作中國哲學或中國思想，而是種西化的觀念產品，僅只能議論抽象問題，卻不能面對真實處境。現在全中國喜歡議論思想的人，不論你自封歸類於哪種門派，都應該自問：說到底，我講的觀念，是不是「中國型態的哲學或思想」，而不只是「中國地區的哲學或思想」？如果根本不能實踐於生活，沒有使自己精神受益，尤其沒有使與自己關係最深的人受益（在他們眼裡，每天都看見最真實的你），你就不是中國型態的哲學或思想，你就應該收拾起那一貫跋扈囂張的嘴臉，不要再去騙人了。

愛人不是口號，只有先讓與你關係最深的人感恩著你的愛，你纔能確認你真是在愛著自己，你的愛沒有問題，而不是在自苦，還跟著折磨「家人」。因此，不要忽略陽明先生真正在外王的時刻寫的文字，這些文字或許不直接談心性，背後都反映著陽明先生最真實的心性。尤其這篇文章前後都在跟他的部屬談公事，他卻轉過來講，「懷柔」與「安撫」不是靠對他人的壓制，而得要懷著忠誠惻怛的心靈去愛護著他人，肯在每個生命的角落裡承擔具體的利害，從他的眼睛裡，儒家常說的外王早已發生轉化，這轉化使得外王不再只是政治領域的規劃，而首先來自於帶著真情，在每個生活角落裡關愛他人，這既是「即內聖即外王」，更是「最根本的外王」。否則再嚴密的政治規劃，都只是枉談！

原文

夫柔遠人而撫戎狄，謂之柔與撫者，豈專恃兵甲之盛，威力之強而已乎？古之人能以天地萬物為一體，故能通天下之志。凡舉大事，必須其情而使之，因其勢而導之，乘其機而動之，及其時而興之；是以為之但見其易，而成之不見其難，此天下之民所以陰受其庇，而莫知其功之所自也。今皆反之，豈所見若是其相遠乎？亦由無忠誠惻怛之心以愛其民；不肯身任地方利害為久遠之圖；凡所施為，不本於精神心術，而惟事補輳掇拾，支吾粉飾於其外，以苟幸吾身之無事，此蓋今時之通弊也。（出自《王陽明全集．別錄十》卷十八）

56 狼人，或狼人的孩子

陽明先生在〈綏柔流賊〉裡說：「本院僅有很粗疏的才能，而且常在生病，精神與能量都不充沛，不能親自管理很細節的事情。然而，本院依舊對於地方的事情深感憂慮，懷著希望建立長治久安的念頭，這種篤實的真情著實無法克制，因此不知不覺跟大家講這麼多瑣碎的話語。希望各官能體察敝人的心意，不要厭惡說得太多，而要仔細解讀內在的義理；不要隨意批評這些看法太過於迂腐遙遠，而能再三仔細思考。務必竭盡各自的忠誠，篤實的實踐，同心協德，共同挽救現在如此艱難的危局。」

從這裡可看出，即使已經擔任高官，滿懷誠意而想勵精圖治的陽明先生，依舊會被人說是個迂腐不瞭解實情的人，在他們眼裡，實情就是應酬交際，就是你貪我貪，就是東搶西要，就是說人閒話不嘴軟，傷人生命不手短，生活於精神底層的人（這往往不見得是社會階層），他們眼裡就只有「現實」，而且這現實已經被他們狹隘的觀念設定過，那就是「飢寒」與「搶掠」的往復循環，如果要免於飢寒，人就要敢於搶掠，如果人不敢搶掠，那就甘於飢寒，而且要甘於被敢於搶掠的人瞧不起！誰叫你沒本事來跟我搶掠。

這種「狼的國度」，早已籠罩著全中國。使得我們只有兩種人，要不就是無視於仁義道德，然後大膽搶掠；要不就是滿口於仁義道德，然後大膽搶掠。前者傷害人，毫不在意他人的心靈；後者傷害人，還要他人的心靈懂得感激。尤其可惡莫過於後者，因為這裡面往往還有聲稱是儒家的狼人。他們只是在大膽演出，東批西罵來博取版面，做個姿態來贏得世人的關注，卻毫不在意大量生活於精神底層的人正處於飢寒交困的局面，他們誠然不敢搶掠，然而，他們渴望解決飢寒，卻沒想到這些狼人正在餵給他們「黑心食品」，要讓他們速死來獲得幸福！

不要嫌誠意的人講話很迂腐，當你這樣隨著俗人言語起舞的時候，你要憂慮可能會錯過真正出自於生命實感的學問。陽明先生深怕他的部屬把他的話語當作虛言，因此再三叮嚀，懇望他們不要覺得這些觀念並不實際。如果當如此誠意的聖人，都憂慮著當日的世人很可能會輕忽他的話語，我們身處在這個時空裡，還能寄望誰能跟我們說真話？或者，會跟我們說真話的人，我們根本不在意他，他的話語太過於平淡，我們聽不進去，因為我們就生活在狼的國度裡，我們要不就當狼人，或當狼人的孩子，這樣纔能避免被吃的宿命？

原文

本院疏才多病，精力不足，不能躬親細務；獨其憂患地方，欲為建立久安長治一念，真切自不能已，是以不覺其言之叨叨。各官務體此意，毋厭其多言，而必務為紬繹；

毋謂其迂遠，而必再與精思；務竭其忠誠，務行其切實，同心協德，共濟時艱。（出自《王陽明全集·別錄十》卷十八）

57 有血性的家人

陽明先生晚年的重要弟子錢德洪，曾經因為陽明先生的兒子正億無意間在家裡書櫃中獲得陽明先生遺留的四封家書，特意請他寫幾行字紀念。在〈上海日翁書〉這封信的後面，錢德洪講了三個故事，都是由曾經擔任陽明先生的幕僚龍光那裡輾轉聽來：

第一，在寧王朱宸濠叛亂的時刻，陽明先生本來奉派去福建省平亂，人都已經帶著妻兒來到豐城，結果聽說江西省的主事官員全都被逮捕，寧王派來的士兵即將趕過來追殺他，立即脫掉官服，變裝準備乘著漁船潛回吉安聚兵抗變，然而，看見他的太太與長子正憲都在大船上，他心有顧忌，這時候，諸夫人手裡拿劍，跟陽明先生說聲再見，然後說：「相公快點離開，不要替我們母子擔憂。假如有緊急的事情，我就拿這把劍來自衛抗敵！」這纔讓陽明先生果決離開。

第二，陽明先生潛回吉安後，即將對外張貼布告發兵舉事，命令士兵把木材堆滿公署，並告誡守衛說：「我就在公署裡面。如果前面的軍報不利，寧王的軍隊殺進來，就立刻舉火把公署燒了，不要留我活著。」當時他的弟子鄒守益在中軍負責，聽見陽明先生做出這番宣言，立即帶他的太太同來吉安見陽明先生，發誓要跟陽明先生共禦國難。

第三，陽明先生寫信跟父親王華報平安後，就立刻回江西省救難。當日情況相當危急，寧王的軍隊準備出兵攻打哪裡都還不知道，各種真假消息都很混亂在傳布，有人勸告住在浙江餘姚老家的陽明先生父親王華，能帶領整個家族離開家鄉，去外地隱居避難。王華回答說：「我的兒子正帶著孤軍要去解決皇上的危難，我是國家的舊臣，如果先離開，這樣會辜負百姓的厚望！」因此反而去跟餘姚縣令商量守城的策略，在城牆周圍布滿防線。

錢德洪在陽明先生〈上海日翁書〉的文章後面手跋，感慨表示：「吾師在面對君臣、父子與夫婦這三個課題，他們一家人的第一反應都是如此慷慨激昂，至今被世人感念他們的忠義凜然，這封信正億是在破碎不起眼的紙堆裡獲得，閱讀後眼淚都掉下來了，好像生命活在那個時刻裡，早晚都會不斷攤開這封書信，很嚴肅認真的對待，如同親眼與父親相見。嘉靖三十一年（歲在壬子，西元一五五二年），海盜偷襲黃巖，全城都被大火焚燒得精光，當時正億人正在京師北雍讀書，他的太太黃氏在驚嚇中倉皇奔亡，根本沒有時間攜帶任何其他的東西，唯獨只有抱著陽明先生的神位與圖像逃難，這封信同樣跟著倖免於難。真是令人感嘆哪！這是正億平日的孝情累積，或許更是吾師的精誠與他們感通，讓他們夫妻都能脫離患難，而這封正億最珍惜的墨寶，神明顯然有在護持哪！後世子孫承接著這段往事，捧讀這封信的時候，能知道它不尋常的重量嗎？」

在這裡，我們能看見聖人的家風。不論是太太的剛烈，父親的大義，與兒子媳婦的孝順，都能看出陽明先生的精神，如何深刻把這一家人濃厚的情感緊緊聯繫在一起，即使正億根本沒有機會見到父親幾面，即使他的妻子黃氏從來不曾見過公公，他們都能對父親有如此深刻的情感，那固然是同樣經歷過大難纔會培養出的惜福，更是陽明先生的能量對他們的牽引。誰說親情裡不能有道情？只要有覺悟者的存在，他就能帶領著家人，過著有道情的家庭生活。尤其你能看出，因為正億表露出那種對父親濃得化不開的情感，他的妻子黃氏纔會不顧性命的危險，就是要保護陽明先生的神位、圖像與書信逃難，錢德洪已經指出：這究竟是誰在保護誰呢？陽明先生的精神與能量當然不只影響著家人，他的弟子鄒守益都會在最危險的時刻，不惜帶著太太來共禦國難，顯然他的太太同樣不願讓丈夫一人犧牲，而寧可兩人共死於國難，這裡面的感人故事，縱使今天已經隱沒了，我們都能看出陽明先生如何在感召相信他的人！而且，由這裡能看出，聖人的家人，顯然已經更跨出血緣，而由心性重組出家人。鄒守益帶著這樣的信念，纔會慷慨來跟他的夫子共患難。雙子情感至此，纔是有血性的真師生。

在心學的印記裡，他們都是有血性的家人。

原文

吾師於君臣、父子、夫婦之間，一家感遇若此，至今人傳忠義凜凜。是書正億得於故紙堆中，讀之愴然，如身值其時。晨夕展卷，如侍對親顏。嘉靖壬子，海夷寇黃嚴，全城煨燼。時正億游北雍，內子黃哀惶奔亡，不攜他物，而獨抱木主圖像以行，是卷亦幸無恙。噫！豈正億平時孝感所積，抑吾師精誠感通，先時身離患難，而一墨之遺，神明

有以護之耶？後世子孫受而讀之，其知所重也哉！（出自《王陽明全集・續編一》卷二十六）

58 老實纔能攀高峰

陽明先生曾經寫信給徐愛說：「你年紀尚輕，科舉沒有考上，這件事情不需要太覺得遺憾，只應該涵養德性，累積學問，來日獲得大成。考上科舉只是很尋常的事情，誠然不是敝人對你的期望。敝人的父親寧可捨棄眾人的評論，而選擇你來做女婿，實在有些更深刻的觀點在世俗的眼光外，你更應該奮勉，不要辜負他的看重！不要覺得隱微的角落可欺人，就放鬆誠意，不要覺得可仰賴聰明，就懈怠失志，養心的要領，在於善察義理，為學的要領，在於態度專精。不要被世間的風俗習慣搖晃了意志，不要被物質欲望引誘了精神，師法古聖賢，這是你應該掌握的態度，千萬不要覺得這些話很迂闊！」

這封信稱作〈與徐仲仁〉，寫作的時間不可考，同樣是正億意外覓得的家書。錢德洪知道徐愛娶妻的內情，因此在最後面附加按語說：「海日翁（陽明先生父親的號）替女兒擇偶的時候，大家都說曰仁（徐愛的字）聰明的程度不及於他的叔叔，然而，海日翁偏捨棄他的叔叔而把女兒嫁給曰仁。後來曰仁的叔叔果然因為精神放蕩而人生徹底失敗，曰仁最後卻成為『師門的大儒』，真令人感嘆哪！人不應該仰賴聰明，而要相信積累學問的重要，萬不可輕忽這件事情。」

誠然，徐愛後來還是考上進士，然而，這只是在當時狹隘的人生出路裡，讀書人不得不經歷的折磨與考驗，當他通過這關的前與後，他生命的重點都還是放在認真跟著陽明先生學習，認真傳播心學，增加進士這個資歷，只是更便利於他傳播心學，如此而已。徐愛的心底只有這件事情，這是他的忠厚與篤實，這使得他的聰明程度或許不如其他人，卻最終能證得如顏淵般的歷史位置，成為傳播陽明心學最早期的大儒。這件事情或許對於只在意世俗名利的人毫無意義，然而，對於自知不能靠聰明苟且偷生的人來說，這就是他想節省有限的時間與精神，把能量集中拿來做最有意義的事情。

其實，每個人的時間與精神都很有限，差異只是人是否有自覺而已！

這世上太多人只是依靠耍弄他的聰明而活，不斷僥倖過關，來讓自己繼續過著舒服愉快的日子。然而，這些人其實枉生為人，他們並不曉得生命會存在最根本的意義，在於證得究竟，他們只知道現在自己就活著，肉體還能運作，就要趕快及時行樂，不要老的時候遺憾。然而，他們只會遺憾肉體沒玩得盡興，卻不遺憾精神沒有臻至高峰經驗，這就是被狹隘的視野給侷限，因為他們並不知道，肉體與精神並不是兩條平行線，兩者不斷在交會與重疊，精神低落的人，他的肉體根本不可能徹底盡興，甚至往往會因為低落的精神頻率，而招引肉體的加速腐化，或釀就人生的重大變故，使得他無法不斷馳騁於肉體的盡興。精神具有高峰經驗的人，並不會因此就失去肉體的喜悅，只是其神經牽引出來的喜悅具有整合性，不再只是個別感官的刺激，而是精神獲得大成就後，帶給肉體的飽和感。

原文

別後日聽捷音，繼得鄉錄，知秋戰未利。吾子年方英妙，此亦未足深憾，惟宜修德積學，以求大成。尋常一第，固非僕之所望也。家君捨眾論而擇子，所以擇子者，實有在於眾論之外，子宜勉之！勿謂隱微可欺而有放心，勿謂聰明可恃而有怠志；養心莫善於義理，為學莫要於精專；毋為習俗所移，毋為物誘所引；求古聖賢而師法之，切莫以斯言為迂闊也。（出自《王陽明全集・續編一》卷二十六）

59 只有宇宙在意識

陽明先生在〈祭劉仁徵主事〉文裡曾經思索過這個問題：「古人說『仁者壽』，我敢說這話在欺騙我嗎？我的朋友劉仁徵，他這一生行盡善事，最後卻遭遇病災的降臨，罹患瘴癘而亡，對於他的英年早隕，我私自難免深感疑惑。」

他接著寫說：「死亡這件事情，任何人都無法避免。名聲這件事情，人同樣不可有任何期待心理。雖然人還能學習的時間很短暫，富貴榮枯則有各種樣態的變化，最終都會歸於盡頭。君子會說：『早上聽見大道的內容，黃昏就死亡，這已經沒有遺憾了。』這是把生死視作白天與晚上般瞬間。活著有什麼好喜悅？死亡有什麼好悲哀？想到這裡，任何不符合道義的東西，如果想給自己，人還會競相奔趨去拿嗎？如果有人想要『擁有』什麼東西，眷戀而不能捨棄，沉湎於其間，不出三四年，或八九年，最長一二十年，就全都化作塵埃，散作沙泥了。但，君子曾經把握住的大道，卻依舊存在，並更加光輝。」

沒有人能避免死亡，死亡的早晚，如果沒有深度的涵養心性，同樣很難掌握。然而，《孟子．盡心》說：「夭壽不二，修身以俟之，所以立命也。」如何能把英年早隕與壽比南山看作同一件事情呢？那就是生命活出根本的意義，這根本的意義不是由自我來定義，而是改變意識的結構，使得自己活著不是淨圖著要讓身體感覺舒服，而能覓出超越於身體的目標，這目標不再是解決身體的問題，而是要解決意識的問題，人的意識如何能獲得徹底安頓，使得意識不再需要靠身體來顯現其存在，這就表示意識已經產生蛻變。

人的意識通常藉由身體在做事情產生的效應，反饋在意識內，從而意識到意識本身的存在，這種意識就稱作果報意識，這種意識某些動物或植物都具備其意識機制，或者有些人往往同樣停留在這個意識內；如果能通過舉止，進而意識到意識上端那主宰意識的存在，這種意識就稱作自我意識；一般人通常終身就停留在自我意識了，然而，自我意識的出現，要來自於物我兩斷，意即物是物，我是我，兩者不容混淆，如果還能進而發現物體與自我的區隔，只是來自於自我意識的作能，物我背後有著容攝與孕育兩者的共同意識，這種意識就稱作自性意識，這種共同意識就稱作宇宙意識。其實，自性意識就是宇宙意識在人意識內的變現，自性已經超越於人個體的意識，它不再有自己，不具有主體性，因此不再能去意識，這就是「不知而知」。

能意識到自性在意識，其實是宇宙意識給出來的假合現象，就假合現象來說，當然還是有自性意識，就根本性質來說，那就只有宇宙在意識。宇宙意識與自性意識，就是宇宙本體與自性本體，這兩者有著唯一的差異，那就是宇宙本體是個主體，自性本體則是個受體，或者說，宇宙本體是起點，自性本體是終點，他們兩者是同一條脈絡的首尾。當自我願意放棄自己的意識，那就是讓宇宙意識作用在人身，給出假合的自性意識，來牽引著個人動靜舉止。自我繳械，這就在成全自性，當人依著自性來動靜舉止，那個人的長命或短命，就根本不重要了，宇宙意識不過就是在藉著你的身體來呈現其目標，目標被實踐，個人當然會獲得廣大的名聲，然而，這只是宇宙本體的意志，個人不應該懷抱著自我去期待其發生，因為即使獲得廣大的名聲，那與自我無關。

原文

嗚呼！仁者必壽，吾敢謂斯言之予欺乎？作善而降殃，吾竊於君而有疑乎？……死也者，人之所不免。名也者，人之所不可期。雖修短枯榮，變態萬狀，而終必歸於一盡。君子亦曰：「朝聞道，夕死可矣。」視若夜旦。其生也，奚以喜？其死也，奚以悲乎？其視不義之物，若將浼己，又肯從而奔趨之乎？而彼認為己有，變而弗能捨，因以沉酗於其間者，近不出三四年，或八九年，遠及一二十年，固已化為塵埃，蕩為沙泥矣。而君子之獨存者，乃彌久而益輝。（出自《王陽明全集．續編三》卷二十八）

60 社會不可能改革

陽明先生在〈與蕭子雍〉說：「人如果錯誤的狂妄，不瞭解實情，而做迂腐空疏的議論，會遭遇到很多人的批評，這是很自然而應該的事情。敝人難免有這個問題，每回都要知己為敝人憂慮在心頭，忿忿不平，這只是增加敝人的驚悚與羞愧而已。敝人是遭遇各種磨難而沒有死掉的人，這個肉身已經不是自己的肉身，況且在肉身外面的毀譽得失，不論是哪種評價，敝人焉敢去附和？各種磨難引發的哀痛到極點，精神稍微恢復的時刻，希望能與幾個朋友喘息於荒涼的森林或草野間，只不要被政府無端的殺害與羞辱就是大幸，更不再有什麼回顧與眷念了。但，這陣子心學的教化已經大行於世，並沒有辜負敝人平時的祝禱與願望，已經聽過心學的人，不憂慮其觀念不清澄，反而憂慮其過於詳查；已經受教心學的人，不憂慮其判斷不精確，反而憂慮其過於嚴格。如果說到尊崇德性喜愛大義，過濾濁流闡發清音，來猛然改變這時空的陋習，我與古時候有志於心性的人，實在可說是毫無差別了。」

首先，政府是因人民而存在，不是人民因政府而存在，其優先序位我們得要徹底認清，否則就很可能給貪婪的人取得政治的位置，拿其政治的位置權柄來做殘害異己的工具，因為冷漠的緣故。陽明先生沒有在中央做大官，京城的風向由他人掌控，他們隨時都可置陽明先生於死地，因此，他希望能喘息於荒涼的森林或草野間，實在是希望能避開這種無意義的政治風暴，在森林草野間講學與修養，闡發心學，則是他這一輩子無法割捨的大願。然而，在心學已經盛行於社會的時刻，有人開始跟他反映，心學太過於銳利，那種詳查會讓人痛苦不堪；心學太過於較真，那種嚴格會讓人很難承受。然而，他們的反映，究竟是出自於想改變生命的呼籲，還是出自於不想改變生命的呼籲呢？

人如果沒有來到既有處境的盡頭，通常不會願意改變自己認知與運作這個世界的模組，因為他早已習慣這個模組帶給自己的便利，既然尚能與這個世界溝通，即使只是很片面的溝通，反正只要自己的生活秩序還能獲得供給與維持，他就不會願意割捨這個模組，僅僅只因知道有個更好的模組的存在。人的這種心態，其實是這個社會很難根本改革的癥結。這包括太多聲稱要改革他人心靈的人，其實自己都安於某種慣性的模組，他們不願意改變，卻會聲稱要帶給社會更美好的未來，其結果就只是嫻熟操作有關於社會的公平正義的槓桿遊戲，他們拿各種制度層面的改革，來當作心靈改革，其背後就是把抽象觀念套在人的生活裡，誤認只要這些抽象觀念落實在制度層面，去餵養與平衡人的生物願望，人的心靈就能跟著復歸平靜，但，結果卻往往完全相反，正因人的心靈不安，因此那些抽象觀念就變成空洞的口號，永遠不斷被人拿來說嘴，卻總是沒有創造出如那些抽象觀念架構設想出的完美社會。

其實，人的心靈不願意改革，社會要獲得改革，如何可能？在破敗與貪婪的精神狀態裡，制度的設計只是種表面工夫，破敗與貪婪的精神狀態則會無孔不鑽，換一個首腦只是換一個名字，他們都忙於外事，不曾關注內在正受著名相習染醞釀出的腐化，不能嚴格錘鍊生命，由此詳查精神運轉的肌理，卻不斷高聲呼籲社會要如何改變。其實，社會根本不能改變，他們的潛意識裡早已經知道了，他們只是不能說破這個事實，因為這個事實，早在他們自我意念萌發的當頭，就已經與他們不究竟的奮勉攪拌在一起了。

社會不可能改革，如果人認識這個世界背後的心靈不能改革，社會改革只是心靈不改革的口實，再由於社會改革的無效，就會有空間讓後面的野心家能繼續去聲稱社會改革，在這種循環裡，心靈不改革，竟轉作消費社會改革的動能，心靈越不改革，就越能去聲稱社會要改革。當前批評內聖存在的意義的人，大抵就在這個位階裡，他們嘲諷說有志於內聖的人，如明末那些學問家只能「平日束手談心性，臨危一死報君王」，卻不知道果真有這種如詩裡描寫的人存在，他們對心性的認識恐怕大有問題，錯把自我當自性，致使其自認的「心性」無法供給出外王的能量，雖然其自我意識願意「一死報君王」，這種「德性」比起當前世人慣於自保的自我意識，依舊是種極度高邁的精神狀態。但，這種不究竟的內聖，其本質依舊是心靈不能改革，畢竟只有自我意識纔會豢養出對社會的冷漠，這與野心家聲稱的社會改革，正好合拍來危害社會。

原文

繆妄迂疏，多招物議，乃其宜然。每勞知己為之憂念不平，徒增悚赧耳。荼毒未死之人，此身已非己有，況其外之毀譽得喪，又敢與之乎？哀痛稍蘇時，與希淵一二友喘息於荒榛叢草間，惴惴焉惟免於戮辱是幸，他更無復願矣。近惟教化大行，已不負平時祝望。知者不慮其不明，而慮其過察；果者不慮其無斷，而慮其過嚴。若大尊德樂義，激濁揚清，以不變陋習，吾與昔人，可無間然矣。（出自《王陽明全集·續編二》卷二十七）

61 兩種「致良知」

陽明先生在〈與陸清伯書〉內說：「常常收到你的來信，看見清伯認真省察譴責自己，這是真實誠懇到家了，這就是清伯本然的良知。凡人做出不善的事情，雖然有時悖理亂常臻至於極點，然而他本心的良知，同樣沒有不自知。但，他不能推擴其本然的良知，因此對於現象無法精確認知，對於意念無法回歸純粹，而最終變作個小人。因此我們說『致知』，只是在懷想本然的良知而已。」

敝人在書院教育面對受業，會傳授一門工夫，就是要大家每天寫日記，讓大家透過這種檢視的過程，恢復自性，並由自性的角度來觀看自己的生活，拿《大學》的角度來說，這就是在「格物」，其收效就是「致知」。陽明先生拿「致良知」來概括全部省察的歷程，甚至把《大學》的八條目全都說是「致良知」，這是至簡的工夫路徑，卻同時使得語意的實指會有些含混。陽明先生常會把「致知」說是「致良知」，然而，細細檢查他的內容，其「致知」通常有兩段相關而不重複的內容，首先，這是作為懷想自性本體的工夫，懷想本身就能掌握其存在，這的確是「致良知」，然而不是《大學》講的「致知」，這是「即本體即工夫」；再者，按照《大學》給出「物格而後知至」的次第，在「格物」後獲得的「致知」，這個「致知」陽明先生同樣會說就是「致良知」，然而這已經不是簡單的懷想，而是在懷想前，要先端正自己的意識，釐清那懷想的機制究竟是自我還是自性（這纔是陽明先生會說「致良知」的實際意思），這其實是在「格物」，物格而後知至，這後來的「致知」就是指自性給出的靈知（Gnostic Knowledge），意即產生精確認識本體的「世界的存在」。

因此，第一個「致良知」，適合於自性未受汙染的人，「懷想即有」，純粹就是冥契經驗，這是個觀念工夫直接引發的天人交感；第二個「致良知」，適合於自性尚未泯滅的人，「釐清即有」，正確導引知識開展，這是觀念工夫間接除障的天人交感，這兩者都是頓悟，然而路徑稍有不同。沒有理性知識習染的人，直接活在冥契經驗裡，已有理性知識習染的人，則要洗淨自我對自性的蒙蔽。或許有些人就處在半明半暗的精神狀態裡，兩種致良知都需要拿來交互做工夫，纔能不斷活在本體裡。

原文

屢得書，見清伯所以省愆罪己之意，可謂真切懇到矣。即此便是清伯本然之良知。凡人之為不善者，雖至於逆理亂常之極，其本心之良知，亦未有不自知者。但不能致其本然之良知，是以物有不格，意有不誠，而卒入於小人之歸。故凡致知者，致其本然之良知而已。（出自《王陽明全集·續編二》卷二十七）

62 不要愛說話

這是陽明先生相贈給弟子王堯卿的序。

他說：「終南王堯卿擔任三個月的諫官，因為生病，因此離職而去，有十餘位朋友臨別相贈他期勉的言語，他還是懇乞我能寫些話給他。這已經太超過了！我們心學的同志，問題正在於多言！言語不斷增加，而行徑卻更加荒疏，我已經很久希望自己不要再說話了。自從學術無法彰明，世上的君子都把名當作實，大凡現在所謂的『務實』，其尋覓的重點都是希望能獲得名聲，對於這點，我們能不保持覺察嗎？」他還說：「堯卿的行徑，眾人都認為很清高了；堯卿的才華，眾人都認為很美好了；堯卿的學問，眾人都認為很淵博了，然而，堯卿能不保持覺察嗎？自己沾沾自喜於某個節操，並不能因此就臻至全德的意境；希望能免於鄉里父老的責備，並不能就自認已經可謂是聖賢。人會能量浮躁，就是因為立志不精確；人會粗心大意，就是因為工夫做不深；人會往外誇耀，就來自於意識日趨於簡化與鄙陋。說到這裡就已經夠了，我很厭惡自己的言語太多了。」

這裡有個觀念很精確：人總是在把「務虛」當作「務實」，誤認某些極其表面的東西拿到手，纔會感覺心安，譬如說，覺得每個月要賺某個數字的錢，女人纔會願意嫁給我。誠然，世上絕對會有這種類型的女人，然而，娶到這樣的女人，難道不是在自討苦吃嗎？她會因為你的錢而嫁給你，就有可能因為你的錢而嫌棄你，因為她在意你的錢，而你已經變成金錢的奴隸，你會活在深怕沒錢的幽暗恐慌裡，並不會因為娶到這樣的女人而常感平安。再譬如說，人會想做好事，因為做好事會獲得大家的稱讚，你喜歡被人稱作是好人的感覺，因此你很願意做善事，如果你做善事卻可能不被人稱讚，甚至會被人誤會，你就完全不會想再做善事了，結果你到底是想做善事，還是想做被人稱讚的好人呢？這兩個問題的答案，大家回答的時候，都會做出「正確」的回答，然而我們實踐的時候，都會做出相反的舉措，我們都因為有錢來壯膽，纔覺得女人會看得起我，因此我們更要認真去賺錢，並且，我們做某件善事的時候，其實是因為我們喜歡被人稱讚，只要做善事卻可能被誤會，我們就心灰意冷，不會想再承擔了。

這就是在「務虛」而不「務實」。

當前世人最嚴重的務虛，莫過於太依賴言語的效能，或用言語來鋪陳生澀難解的詞彙；或用言語來隨意自誇如何有辦法；或用言語來輕易批評他人的不對；或用言語來不假思索就做出某個許諾……，我們越是把言語操作得誇張，就越是顯現語言的無效與無能，因為我們自己都做不到自己在說的東西，不論是生澀難解的詞彙我們自己都搞不懂；或我們其實沒有太多鑽漏洞與搞人際關係的機會；或我們往往正做著我們會高聲批評他人的醜事，卻依舊掩不住自己的嘴巴，愛聊那些損人的八卦；或我們很快速就承諾要幫什麼忙，結果卻虎頭蛇尾，沒有慎始慎終，或甚至自己說完就忘記了。這類情事，使得我們每天都好像很忙，尤其很忙著在跟人說話，乍看好像都很會交際，卻很難把言語變作任何事實，結果根本在浪費時間與生命，並增加他人對我們的不信任。

如果我們有這種毛病，我們就應該自覺，不要愛說話，沉默去體會自己已有感知的事實，讓這個事實藉由我們的手呈現，而不是藉由我們的口破滅。人如果真實活著，就不需要拿言語來張牙舞爪，故意表現自己如何的不凡。

原文

終南王堯卿為諫官三月，以病致其事而去，交遊之贈言者以十數，而猶乞言於予。甚哉，吾黨之多言也！夫言日茂而行益荒，吾欲無言也久矣。自學術之不明，世之君子以名為實。凡今之所謂務乎其實，皆其務乎其名者也，可無察乎！堯卿之行，人皆以為高矣；才，人皆以為美矣；學，人皆以為博矣。是可以無察乎！自喜於一節者，不足與進於全德之地；求免於鄉人者，不可以語於聖賢之途。氣浮者，其志不確；心粗者，其造不深；外誇者，其中日陋。已矣，吾惡夫言之多也！（出自《王陽明全集・文錄四》卷七）

63 虧德損善的效應

陽明先生說：「君子要學習的學問，或學習做君子的學問，就稱作心學。心靈的內在有著自性本體做機制；自性本體則能直通宇宙的存在。聖人的心靈很純粹，全都洋溢著天理，因此不再需要學習。還沒到這個意境的人，則他的心靈無法不染而自己存在，自性就會泯滅，而失去跟宇宙的存在的聯繫。因此就得要學習如何存養他的心靈。學習如何存養他的心靈，需要怎麼做呢？只要不斷探索自己的心靈，那，探索的目的是什麼呢？就只是要不斷把握住自己的心靈。」

這是他在〈謹齋說〉裡的文字。

首先，做君子，就只是做個立身處事能端正的人，這端正不是指如何符合當時空的道德標準，而是指觀念的清澈。我們常聽見有人說要「積德行善」，纔能給自己累積福報，這積德行善是積著什麼樣的德，行著什麼樣的善呢？很多人誤認只是要言行舉止符合當時空的道德標準，並盡可能去幫忙人，這就是在積德行善了。有時按著當時空的道德去立身處事，只是在做個符合人設的標準的好人，卻不見得能積德行善，甚至反而是在做個鄉愿，越幫忙人，越使得他人掉到生命的陷阱裡無法自拔，這就是在虧德損善了。

譬如說，心靈視野尚未開展的父母，常會覺得對孩子最好的照顧，就是不斷鼓勵他讀書，他們讀書的概念很狹隘，尤其是指讀學校的課本，他們會去花費大量的精神，給孩子安排最好的公立學校或貴族學校，深怕孩子的人生因此輸在「起跑點」上，每天在孩子放學後，接著再幫他們安排最昂貴或最嚴格的補習班，或去補習才藝，或去加強課業，深怕孩子沒有全神貫注於學習，而只是愛玩樂，等到他們終於回到家裡了，父母想說孩子已經念一天書了，應該能放鬆放鬆心情，因此就讓他們看電視節目或打電動玩具，直到應該上床睡覺為止。幾乎絕大多數的華人都相信，這就是盡責的父母了。你覺得呢？

當孩子人生最精華的時間，都消耗在與父母隔離在不同的空間裡，只是在做機械性的演練與背誦，並沒有被教導如何開拓心靈的視野，而不論其學習的具體內容是什麼，背後都有極其強烈的現實目的，那就是要贏過他人，取得出人頭地的機會，最終的結果，都是在養成孩子變作一個目光只有自我，對他人只有競爭與蔑視的潛在意識，只要在表面感覺自己已經「出人頭地」了，這輩子就不會想要再去讀任何書。當孩子人生最重要的階段並沒有跟父母相處，父母的生命經驗並沒有傳承給孩子，他們即使共同生活在同一個屋簷裡，絕大多數的時間都是拿來各看各的電視節目，或者就是父母看電視節目，而讓孩子打電動玩具，他們的心靈並沒有交流，更沒有共同往內在耕耘，他們僅有的能量，全都消耗在與自己真實生命處境無關的娛樂裡了，請問他們名為家人，能有濃厚的家人意識，共同去承擔與開拓生命嗎？

當然不能。

因此，當父母自認有盡到做父母的責任，花大筆的金錢投資在孩子的課業，即使最好的結果是孩子果真贏過他人，成為社會拔尖的菁英，這些長大的孩子最後的願望，就是出國留學或出外就業，自己有自己的生活，完全沒有想跟父母住在一起，大家各管各的事情，當父母臨老沒有人照顧，孩子最多只是每個月匯點錢過去，就自認已經在贍養，父母則要品嘗家人再不能團聚的滋味，只要其中一人死掉，就完全呈現孤立無援的狀態了。這些父母這一生果真有「積德行善」嗎？恐怕並沒有。他們這一生只是在培養自私自利的孩子，他們把孩子與自己的生命都推往無可自拔的困境裡，臨老當然要承受虧德損善的效應。

原文

君子之學，心學也。心，性也；性，天也。聖人之心純乎天理，故無事於學。下是，則心有不存而汩其性，喪其天矣，故必學以存其心。學以存其心者，何求哉？求諸其心而已矣。求諸其心何為哉？謹守其心而已矣。（出自《王陽明全集．文錄四》卷七）

64 給人幸福的觀念

前面徵引過陽明先生在〈謹齋說〉裡的文字，裡面說心學是「君子之學」。當個君子同樣要在生活裡做學問，陽明先生說：「廣博的學習，審慎的發問，綿密的思考，清明的分辨與專注的實踐，這都是嚴謹把握住心靈的效益。」做學問同樣不能沒有心靈。常人想到君子，就會直接聯想是個「積德行善」的人，然而，對於什麼是積德行善，敝人則提出反思，我們常誤認就是做著世俗標準裡好人做的好事，然而，有些被一般人公認的好事，其實卻在傷害人的心靈而毫無自覺，結果根本正在虧德損善，卻覺得在積德行善，直至負面效應終於浮現，人纔會深陷在懊惱與悔恨裡無可挽救。因此，如何有智慧去領會「德」與「善」的真意，這點實在很重要。

當然，在人家最需要幫忙的時刻，及時提供援手，這是在積德行善。然而，我們要知道，如果我們不瞭解何謂「德」與「善」，我們其實不可能真正去幫忙任何人。只有正確認識本體（不論是宇宙本體或自性本體），並活在本體裡，纔有可能累積德性，並給出善行，因為其舉止的主體不在自我身上，而在本體的牽引。因此，積德行善首先要與本體緊密結合，否則讓愚昧綑綁住精神的人，他不論做什麼人家稱讚的好事，那件事情就僅是人家稱讚的好事而已，因為他會做「好事」，其根源的心理在於希望獲得「好報」，這種粗鈍意識給出的希望，使得他並不瞭解：如果做「好事」的主宰就是本體，與他個人的自我無關，本體何需要再去給他個人任何「好報」呢？

但，反過來說，當你活在本體裡，你的肉身就會獲得各種福報，這本不需要去添加任何期待或渴望，只要與本體合一，就自然會發生，並不是本體的特意施為使然。譬如說，發憤行道的人，他從事於「天德」的開展，他就會有「天命」，不會輕易死於意外，而會很自然長期保持身體正常運作如宜，他的家人則同受眷顧與福蔭，直至道業獲得圓滿為止。我們要瞭解，只要處在相對性的概念裡，就是有漏的「德」與「善」，這種積德行善都不可能獲得無漏的「好報」，意即對任何人的幫忙，其幫忙的意義只要處於相對象限，這就是說只要更換角度，善報與惡報的意義就會完全置換彼此的位置，這種好報不如先不急著做，而應該回過頭來省察自己的發念。

因為，念頭的起點，就如種子，會往各種細微的現象裡發芽。無漏的積德行善，首先要端正意念，喚出心性的觀念給世人，讓世人知道同樣要做工夫來涵養本體，纔能活在正確的觀念裡。這種觀念的給出，並導引世人回來內觀與落實，纔是在積德行善。這意念的端正就是陽明先生講的「致良知」，只要自覺要端正，就能恢復自性清澈，這時候積德行善的真實意義，就是「給人幸福的觀念」，讓人因活在本體裡，而深感生命很幸福，如果你知道生命最難過的原因就是苦難的折磨，那你就能領會：世上再沒有任何事情，比給人幸福的觀念來得更根本了，如果你能幫人瞭解活在本體裡的幸福，並教他活在本體裡的辦法，那既是在「外王」，更同時在「內聖」，因為後者就是「積德」，這使得自己不斷確認與本體合一；前者就是「行善」，這是實踐本體無漏的根本至善。積德行善，就是在心靈裡培育覺知的種子，並散播覺知的種子給他人。

想要積德行善嗎？那，就與我們做伙傳播心學！

原文

博學也，審問也，慎思也，明辨也，篤行也，皆謹守其心之功也。（出自《王陽明全集．文錄四》卷七）

65 打開心靈的象限

陽明先生在〈謹齋說〉裡說：「嚴謹把握住自己心靈的人，會在沒有聲音裡，卻常聽見聲音；會在沒有形體裡，卻常看見形體。他傾注著耳朵去聽，唯恐或許是自己聽錯了；他關注著眼睛去聽，唯恐或許是自己眼花了。因此，至微的頻率都會呈現在他耳底，至隱的角落都會呈現在他眼前，善惡萌發的起點，絲毫都逃不過他的眼睛與耳朵，這正是因為他能嚴謹把握住自己心靈的緣故。只要嚴謹把握住心靈，心靈的存在就會很清晰，這時候人的觀察就自然會更加精確，那並不是他去繁瑣觀察很多事情，他只是觀察一件事情，那就是心靈。」

心靈自有其象限，那就是世界的存在，人只有嚴謹把握住心靈，象限纔會特別為你開門。當心靈的象限打開，人會看見物質的象限裡看不見的形體，聽見物質的象限裡聽不見的聲音，那並不是因為它們不存在於物質的象限內，而是因為你的身體從屬於某個物質的象限，其既給你在該物質的象限內的自由，使你能伸展身體，過著該身體會有的人生；這樣的存在狀態，同樣給你在該物質的象限內的限制，使你不能看見與聽見超越於你的物質象限而存在的形體與聲音。但，當人的心靈象限被打開，就能穿越該物質的象限的束縛，跨進不同物質的象限，使得不從屬於你的物質的象限的形體與聲音都因此「現身」，其實，這並不是它們本來並不存在，而是你已經打開自己心靈的視野。

至微的頻率與至隱的角落，只是相對於你的物質的象限來說，當你跨越既有的物質的象限，不只隱微的聲音與形體都會被放大，即使不存在於這個物質的象限的聲音與形體都會因此存在，譬如過世的親人，會因為你心靈視野的純粹化（尤其是懷想），而看見他的形體，或聽見他的聲音，常人會說這就是「見鬼」了，這其實是靈性知識貧瘠的看法。這有三種可能：其一，看見或聽見親人在過去時空的形體或聲音；其二，看見或聽見親人在現在置身的時空的形體或聲音（但，不是原來在你們共有的物質象限裡的身體）；其三，由於你們深深眷戀著彼此，你們的意識在相同的既有時空裡相見。

這種超越感官的能耐，並不需要去培養，其實，這根本不可能被培養。偶爾有人會因為既有身體的能量低落，因此其意識跨越到不同的物質的象限去，這誠然是種病態人格，因為他並沒有安置好既有的身體，對其徹底負責，有些時候某些人甚至會善用自己的病態人格，來從中牟取利益。因為心靈的視野打開，而使得身體的能量高張，甚至其意識跨越到不同的物質的象限去，這就是神聖人格，他不會執著於他世的經驗，而會對此世徹底負責，因為他只是在藉著這個身體去鍛鍊自性意識，使其活在廣大無礙的心靈象限裡，他只是在觀察自己的心靈，並沒有去做其他任何不相干的事情。

原文

謹守其心者，無聲之中而常若聞焉，無形之中而常若睹焉。故傾耳而聽之，惟恐其或繆也；注目而視之，惟恐其或逸也。是故至微而顯，至隱而見，善惡之萌而纖毫莫遁，由其能謹也。謹則存，存則明；明則其察之也精，其存之也一。（出自《王陽明全集‧文錄四》卷七）

66 心學善惡六觀法

陽明先生說：「如果愚昧，卻不知道自己的愚昧；如果犯錯，卻不知道自己的犯錯，這就是沒有嚴謹把握住心靈的緣故。因此，嚴謹把握住心靈，就要在善念萌芽的時候，如同看見美食想要趕快吃飽般，趕緊認真吃；或如同抱著剛出生的嬰兒，仔細踏在春天即將化開的冰上，唯恐冰層碎裂，人掉落到水裡；或如同捧著有萬金價值的璧玉，卻站在極高的懸崖盡頭，唯恐這璧玉稍不閃神就掉下去，再不能拿回來。反過來說，嚴謹把握住心靈，就要在不善的念頭萌芽的時候，如同發現毒酒被投放到美味的羹湯裡；或如同老虎與猛蛇橫集在山洞盤纏，人會想盡辦法要避開牠們；或如同盜賊侵犯到你家裡在欺負你，你基於自衛，只有拚死命抵抗來覓得活路。古時候的君子會凝聚大道，成就出盛德，從來沒有不是這樣做！即使是堯、舜與文王這些偉大的聖人，尚且還會兢兢業業，更何況我們這些尚在學習的人呢！後來講學問的人，捨棄掉心靈卻去外求，因此支離決裂，把學問講得越難，卻離開心靈越遠，我真是感覺很悲哀！」

這還是出自於〈謹齋說〉。這「謹齋」兩字，同樣就是「嚴謹把握住心靈」。

陽明先生在這裡使用大量的意象，讓很多畫面在我們腦海裡流過，來讓我們感覺如何呵護善念的萌芽與如何躲開惡念的萌芽，這其實完全適合於冥想。希望能便利於世人的記憶，敝人整合出「善念三觀」：觀吃美食獲飽餐，觀抱嬰兒踏春冰，觀捧璧玉站懸崖。再整合出「惡念三觀」：觀毒酒投羹湯，觀虎蛇盤山洞，觀盜賊侵內室。我們在冥想的時候，先展開惡念三觀，再展開善念三觀，如實依序操作這「心學善惡六觀」的觀念工夫，認真演練六回，意即腦海出現三十六幅畫面，每幅畫面都認真觀想六十秒鐘（如能穩住畫面，或可跟著數息來強固情境），把握住觀想過程裡自己的心緒反應，這樣長期練習，就能架構出心靈的存在感，嚴謹把握住心靈於不墜。

在這個民生凋敝，資本主義生活面臨轉型，人普遍感覺惶惑不安的時刻，既有的物質象限受著極大的震盪，我們更應該張開心靈的視野，徹底瞭解宇宙存在的實相，從而釐清自己的生命在宇宙中的位置。張開心靈的視野，就要先確認心靈的存在，古人認為心靈就是心臟，後人認為心靈就是大腦，其實都不對，都只是把局部視作全部。心靈，就身體來說，就在把全部的感官與其機制都凝聚在一點裡蛻變出的了然，然而，當全部的感官與其機制都凝聚無間，其能量就已經跨出身體，打開出整幅的象限，這時候，心靈不在身內，不在身外，但，你能感知著心靈的存在，因為你就在心靈的象限裡。

原文

昧焉而弗知，過焉而弗覺，弗之謹也已。故謹守其心，於其善之萌焉，若食之充飽也；若抱赤子而履春冰，惟恐其或陷也；若捧萬金之璧而臨千仞之崖，惟恐其或墜也；其不善之萌焉，若鴆毒之投於羹也，若虎蛇橫集而思所以避之也，若盜賊之侵陵而思所以勝之也。古之君子所以凝至道而成盛德，未有不由於斯者。雖堯、舜、文王之聖，然且兢兢業業，而況於學者乎！後之言學者，捨心而外求，是以支離決裂，愈難而愈遠，吾甚悲焉！（出自《王陽明全集．文錄四》卷七）

67 良知會給出愛的能量

陽明先生說：「良知就像是整個家裡的主人翁，私欲就像是蠻橫的奴僕或強悍的奴婢。主人翁生重病，躺在床上，奴婢就膽敢擅作主張，作威作福，這樣整個家就大亂了，根本無法齊家。如果主人翁願意服藥治病，漸漸痊癒恢復正常，整個家能被檢點約束，那奴婢就跟著漸漸聽從指揮。只要沉重的病情脫離身體，能起床管理家事，有誰敢不受約束呢？良知昏沉迷惘，各種欲望就會亂竄橫行；良知精鍊清澈，各種欲望就被消解化除，道理就是如此簡單。」

這段文字出自於《王陽明全集．補錄》卷三十二。

曾經有個人，他感覺活著很孤單，整日都想著要交個女朋友來作伴。然而，他是個極度欠缺自信的人，看起來總是愁眉苦臉，絲毫沒有快樂的氣息，不要說女生看見不會喜歡他，他自己都不喜歡自己，卻對瑣事太過於敏感，動輒就會被人家無意的言語給刺痛，然後難過個好幾天。有人勸告他，他應該振作起來，徹底洗刷積習，譬如不要太晚睡，沉醉於打電動玩具，這是在封鎖與麻痺心靈，他應該覓出人生奮鬥的目標，經營與累積自己的專長，只有讓自己先喜歡自己，纔會有女生接著可能會喜歡他。他已經聽過無數回了，卻總是寧願活在自怨自艾裡，沉淪於負面的情緒無法自拔，他不是不願意改變，然而他欠缺徹底改變的積極鬥志，使得他常常聲稱要改變，卻無法真正要改變。

你覺得，這樣的人，會有女生出現來可憐他，並幫忙他改變困境嗎？積極與消極不能並存，良知與私欲是死敵的關係，有你無我，彼此間存在著零和的鬥爭。人有欲望，這是很正常的生理反應，然而，如果個人的欲望沒有任何超越於個人的意義，那這個欲望就很難有機會獲得實踐，因為他人無法認同。譬如說，想交女朋友，這是個欲望，如果自己沒有深厚的涵養，就不容易吸引能量相互對應的女生過來，反而容易滋生孽緣；如果沒有擅長的技能，就不容易產生自信，讓女生對你信服；如果不能過著自律的生活，就不容易保持豐沛的精神，讓女生產生安全感。最要命的是說，如果自己都不相信自己，那如何讓他人會願意接納你呢？因為人家並不會覺得認識你，對自己的生命有任何裨益。這是現在充滿憤怒卻無能實踐的年輕人常見的問題，他們不懂愛，卻亟需要愛，他們如果能領會，人有著良知，就會充滿著愛，他們會發現探索這門心靈的學問，其實很能實際滋補於生活，因為良知會給出愛的能量，他們會因此接納自己，並讓愛的能量，在人與人的心田相互流通孳息。

原文

先生曰：「良知猶主人翁，私欲猶豪奴悍婢。主人翁沉痾在床，奴婢便敢擅作威福，家不可以言齊矣。若主人翁服藥治病，漸漸痊可，略知檢束，奴婢亦自漸聽指揮。及沉痾脫體，起來擺布，誰敢有不受約束者哉？良知昏迷，眾欲亂行；良知精明，眾欲消化，亦猶是也。」（出自《王陽明全集・補錄》卷三十二）

68 教人做聖人

陽明先生說：「明道先生曾經說過：『寧可學做聖人而做不到，不要因為有某件善事或擅長而成名。』這是有志於做聖人，卻不能真正獲得聖人的學問，則可如此說。觀看今天敝人講良知的學說，這真是聖學的真傳，由這個路徑去學做聖人，沒有做不到的事情。唯恐我們同志尚有想靠某件善事或某樣擅長而成名的念頭在作祟，不肯專心致志於良知而已。」

這出自於嘉靖六年（西元一五二七年）寫的〈記安福諸同志〉這封信。

常見世人對儒家有這樣的誤會：儒者一生學做聖人，卻無法做聖人，更不敢自稱是聖人。如果「聖人」是種榮譽頭銜，那儒者誠然不應該妄稱，如果「聖人」是種指人臻至於神聖的意境，那如果人已經領會這種意境，卻不願意誠實跟他人說自己「已經領會」（悟道），這就是「心裡有鬼」，對於自己的領會有著保留，顯然他確實還沒有徹底悟道。

如果不敢做聖人，卻想要靠某件善事或某樣擅長來成名，請問這會成就出什麼樣的善事，或出自於什麼樣的擅長呢？華人遇到人家讚美總會習慣性的「表示謙讓」，然而，心底卻強烈渴望著因為幫忙他人或展現專業而獲得美名，這使得華人總是在檯面上風平浪靜，私底卻競爭得異常激烈，成者為王敗者為寇，贏家通吃，輸家根本沒有任何位置。這樣的社會其實現實到極其冷血的程度，卻總會給贏家虛假的道德冠冕。這會讓人與人彼此拉陷在惡質的自我意識裡，藉由相互殘殺來奪取自我的生存空間，卻完全沒有機會領會神聖的意境。

因此，陽明先生大膽承當，直接表示良知是聖學的真傳，由致良知這個路徑去學做聖人，沒有做不到的事情。那，陽明先生有沒有做到？如果陽明先生自己沒有臻至聖人的意境，那他如何能已經領會良知，如果不曾領會，那又如何去教人「致良知」呢？自己已經領會，卻不敢誠意跟他人說自己已經領會的內容，那這是在耽誤世人，讓聖學繼續蒙塵。

如果我們對於如何做聖人這件事情顯得如此扭捏不安，自己都不敢承當，那我們該如何對世人推廣聖學？更重要的事情：聖學的重點就是教人做聖人，這是生命涵養的領域，現在常見有志推廣儒學的先生，受西洋學術領域的影響，把儒學架構在自己闡發的一套解釋系統裡，當作某種如社會學或心理學般的公共學門，或者使用類同那種西洋學術領域的詞彙來論學，來討論出某些「議題」，來讓儒學看來具有客觀的性質，能「對事不對人」的思考抽象概念。敝人並不會全然反對這種型態的奮勉，不過請不要忽略聖學的本意，那就是教人做聖人。

原文

明道有云：「寧學聖人而不至，不以一善而成名。」此為有志聖人而未能真得聖人之學者，則可如此說。若今日所講良知之說，乃真是聖學之的傳，但從此學聖人，卻無有

不至者。惟恐吾儕尚有一善成名之意，未肯專心致志於此耳。（出自《王陽明全集·文錄三》卷六）

69 洪爐點雪的冥想

前面曾經引陽明先生在〈與黃宗賢〉的第五封信說：「敝人這陣子跟朋友論學，只有去說『立誠』兩字。殺人要在咽喉上給一劍斃命，我們做學問，只有從心髓最細微的點做工夫，自然能因篤實而放出光輝。雖然私欲剛開始萌芽，我們就立即注意對治，真好像是把雪塊放到炙熱的火爐前，瞬間就融化，充盈天下的本體就被樹立了。」這段話其實充滿著畫面，很適合於冥想。當我們有些私人欲望不能獲得滿足的時候，我們的自我意識會自己爆發，讓我們順序經歷這些感覺：不安，焦慮，難受，痛苦，憤怒，最後是沮喪。然而，我們其實有其他更好能面對這種負面感覺的辦法，那就是透過冥想，來「洪爐點雪」。

在冥想裡，你想像自己單手握著一團雪塊，或雙手捧著一團雪塊，放在正燒得豔紅的大火爐上，放上去的剎那，雪塊就瞬間融化，汩汩掉落到火爐裡，消失。這就是陽明先生說的「點」，不再是點火，而是「點雪」。你在冥想裡，不斷把你的私欲揉一揉，攪和進雪塊裡，擺到火爐上，讓其不斷瞬間融化，雪塊融化，你的私欲就融化，如此反覆操作，你的私欲終會消失，這是因為私欲雖然是生理現象，其本質還是來自於意識，尤其是自我意識在主控，你只有藉由意識轉化，纔能克治私欲對生命的拉陷。

這火爐就是本體。想像著大火爐，就能照耀與驅離生命裡的黑暗。更細緻來說，這火爐是自性本體。如果你的冥想能更精細，你就可想像在火爐下面堆放著大捆交疊的柴火，柴火正猛烈的燃燒，使得火爐發燙變紅，這柴火就是宇宙本體，宇宙本體給出能量，讓火爐這個容器能處在高溫狀態裡，火爐需要柴火的能量不斷強化，如同自性本體需要宇宙本體的不斷灌注。點燃柴火的人是你自己，如果你自己不願意柴火燃燒，那火爐就不會發燙變紅，因此，生命的蛻變本質得要自救。然而，誰給出這全幅的畫面？那就是世界本體，如果沒有世界本體給出這整個情境，全部的冥想畫面就不曾發生，因此，你得順應這全部畫面來做觀念工夫，私欲纔能被克治。

原文

僕近時與朋友論學，惟說「立誠」二字。殺人須就咽喉上著刀，吾人為學當從心髓入微處用力，自然篤實光輝。雖私欲之萌，真是洪爐點雪，天下之大本立矣。（出自《王陽明全集．文錄一》卷四）

70 讓生命慷慨互賴

陽明先生說：「某愚昧不自量，對心學不再流傳，深感沉痛，而私自立志去闡發這門學問。自己知道資質笨拙且氣血衰弱，常期望能獲得天下的豪傑，來相互扶持與砥礪，或許能使得道業終於有成就。因此，每回聽聞海內有哪位特別高明豁達，講忠信，對於實踐道業有著堅強果決的態度的人，就會很高興與傾慕，對他充滿著關注，很歡喜看見他心性的開展，那種親密不啻於骨肉的親情。」

這是嘉靖六年（西元一五二七年）陽明先生寫的〈與鄭啟範侍御〉這封信。

相信心學的人，會在骨肉的親情外，再發現人間最親密的關係，那就是同志的道情。由於教養的疏忽，骨肉的親情常得要面臨「同居不同心」的處境，意即大家同住在一個屋簷裡，卻各過各的生活，完全不溝通內在的感受，並共同經營與生命有關的志業，這使得他們只要稍有其他的吸引與召喚，就會輕易別離，各奔東西。如果人能瞭解，人生的重點就是覓得同志，不論是讓同志變成親人，或把親人變成同志，只要與你關係最親密的人，不是能與你共同往內在的心性探索與實踐的同志，你們的關係就是極其脆弱的關係，就會因為各種外在因素的牽引，而驀然撕裂。因此，經營有同志意蘊的親密關係，這是何其重要哪！

同志，意味著他們除了各自的生命外，還有個共同的生命，這個生命就是心學的生命。他們因共同催吐與供養心學的生命，情感彼此緊緊連結，這連結的元素不是任何肉身的眷戀，而是對道情的珍視。他們知道，他們有個共同的對象，那就是本體。本體把他們聯繫在一起，這萬物一體的事實，就全然體現在他們親密無間的情感裡，本體的開展，這是他們念茲在茲的工作，本體的開展落實到最具體的名相裡，那就是心學的散播。因此，他們維繫彼此情感的辦法，就是共同不斷去散播心學，讓世人能更加瞭解心學呈現的樣貌。

基於這個認知，想要完整活在心學裡的人，就不能漠視生命實踐。如果沒有生命實踐，而只是閱讀與心學有關的文本，或自己做著與涵養心性有關的工夫，完全不拿心學來跟他人接觸，尤其不藉由身體對外付出實踐，來讓他人很具體瞭解心學，那他就不能說瞭解心學，因為他根本沒有與人發展出道情，人沒有與人共同催吐與供養心學的生命，情感因此緊緊相依，不能因為孕育心學的獨立而讓生命慷慨互賴，他如何能跟人說得心學半字？這種自了漢，絕不可能瞭解本體開展的脈絡，尤其不可能瞭解他的內在自性會如何開展，他只有每天心緒不寧，擺不平自我的情緒起伏。

原文

某愚不自量，痛此學之不講，而竊有志於發明之。自以劣弱，思得天下之豪傑相與扶持砥礪，庶幾其能有成，故每聞海內之高明特達，忠信而剛毅者，即欣慕愛樂，不啻骨肉之親。（出自《王陽明全集‧外集三》卷二十一）

71 腦結石擠出來砸人

陽明先生說：「我們學習先儒的學問，每個人獲得的領會有深有淺，因此發出來的言論不可能沒有差異。學者只應當在心底反思，不需要苟且附會前人，特意說我們的見解相同，更不需要故意製造觀點的歧異，重點在於思考脈絡是否正確無誤而已。現在我們學習的人，面對先儒的學說如果有不盡相合的狀態，不妨誠意去反思，觀看自己的思考是否尚有缺漏，如果反思後覺得還是跟先儒的想法不同，這其實並不見得是很嚴重的問題，但不應該因此而擅加非議詆毀他人，如此就罪過甚大了。我們心學同志中往往好像都有這個毛病，因此敝人特別針對這點來說。程明道先生說：『如果有個人很賢能，我們就應該去學習他正確的表現，不需要去議論他不正確的表現。』這段話最能用來警示自己。我們見賢思齊，見人不賢就拿來反省自己是否同樣如此，這樣就不至於責備他人過甚，而能更嚴格面對自己。」

這是明武宗正德九年（西元一五一四年）寫的〈書石川卷〉。

當前儒學的發展誠然蔚為風潮，常見很多儒者自認創發嶄新的學說，能徹底化解中西學說的歧異，然而，充其量卻常只是在玩文字概念的遊戲，發明新詞彙，換個角度來解釋，卻講解得極其艱澀，好像只有如此纔能顯得其學問的博大精深，這使得儒學的發展反而有被扼殺的光景。最令人憂慮的問題，莫過於這些儒者常基於自身雄性賀爾蒙的發酵，都好做學問的爭鬥，個個自認在堅持真理，因此不得不把「對手」批評得毫無價值，纔能彰顯自己論點的正確性，他們都相信西諺有云：「真理越辯越明。」他們得忙於打擊自認有誤的儒家觀點，好像儒家的觀點只能有一種，異於自己的思想就不應該妄稱儒家。這使得儒學好像存在著某種被壟斷的發言權，只有某些人能自稱是真儒，其餘人士自然就都是偽儒了。

這極其狹隘的權威心態，使得儒學變成思想鬥爭的平台與工具，人卻不曾認真檢視自己想跟人鬥爭的心態，其實正是需要對治的積習，本來無關儒家不儒家。如果拿儒家做幌子，卻馳騁著想與人爭論口舌正誤的想法，動輒就激烈批評他人的觀念如何荒謬，這只是反映自己心底的焦慮而已。心底有焦慮的人，就不可能闡釋出任何持平的觀念。知識分子最普遍的問題，就在於動輒拿有限的知識去批評他人觀念的漏洞，自己其實並不見得有更周密的創見，卻表現得好像只有把他人殺得體無完膚，纔能證實自己是訓練精良的知識戰士，享有玩弄知識最完整的樂趣。這種充滿緊繃感的念頭，會使得他們的思想其實早已在意識裡凝結阻塞，僵硬如石頭，他們卻會拚命把這些腦結石擠出來砸人，然後跟著覺得自己的腦袋被清空的感覺很舒服，他們其實把自己的快樂，架構在對他人的折磨裡，卻因為沒有治本，腦袋還要繼續不斷結石。

人生最困難的事情，莫過於如果人不能解決社會問題，最起碼不要製造社會問題，更不要不斷製造社會問題，卻還要自詡是在解決社會問題。執著於真理，並自認握有真理，這正是作繭自縛且在殘害他人的意念，這種負面的意念長期都在破壞人認識心性的高度與深度。不同的真人，當會看見不同的真理，因為真理會隨著真人的觀察而做出相應的變化，人如果能首先做個真人，就不再會執著於被自己觀看出來的真理，因為這真理具有暫時性，往內繼續開拓生命的視野都尚且覺得不夠，怎麼還會有時間去執著於暫時被自己觀看出來的真理，並拿這個真理的論點去批評他人觀念的短長？反過來說，如果淨只是在批評他人觀念的短長，人的精神通常就無法專注於內省，因為他正受制於自己意識給出批評伴生著的情緒裡，儘管他好像是在批評他人，他同樣會被這個批評的頻率反過來影響，沒有辦法獲得徹底的安寧。

原文

先儒之學得有淺深，則其為言亦不能無同異。學者惟當反之於心，不必苟求其同，亦不必故求其異，要在於是而已。今學者於先儒之說苟有未合，不妨致思。思之而終有不同，固亦未為甚害，但不當因此而遂加非毀，則其為罪大矣。同志中往往似有此病，故特及之。程先生云：「賢且學他是處，未須論他不是處。」此言最可以自警。見賢思齊焉，見不賢而內自省，則不至於責人已甚，而自治嚴矣。（出自《王陽明全集·文錄五》卷八）

72 真理不如真情

陽明先生說：「喜歡議論他人觀念的短長，懷著想爭勝的心態，這同樣是現在學者的大病。現在學者那種面對大道的態度，如同管中窺天，很難有什麼見解，卻自認很滿足很正確，懷著驕傲的態度面對人，毫不懷疑自己有任何問題。跟人談論問題的時候，不管人家是否已完整申論自己的觀點，而先懷著輕蔑與忽視的態度，動輒質疑與嘲諷，那種鄙夷的聲音與臉色，早已在拒人於千里外。他們從來都不知道，有道者從旁來觀看，不免要為他們嘆息與汗顏，覺得這樣會羞愧得無法容身，然而他們卻悍然不顧，完全沒有省察與自覺，這實在是很悲哀了。」

這還是出自於〈書石川卷〉。

曾經有個自認偉大的學者，懷著知識的傲慢，動輒要強調自己在講真理，不斷跟人做觀念的批鬥，每個跟他論過學的人，幾乎沒有不被辱罵得體無完膚，這樣的學者，不論他講的話如何有道理，人家都不可能接受他的見解，因為人家都已經被他全面否定掉了，其觀點自身已毫無蛻變的空間，何需再做什麼改變呢？然而，這位自認偉大的學者，真的有如此偉大嗎？不，偉大只是他自認擁有真理的幻象。相信有真理的人，幾乎沒有人不會養成驕傲自大的精神意識，因為他自認在做「如同」或「取替」上帝纔能做的事情，那會使他不自覺相信自己即使不是上帝，都會是個超拔於眾生的偉人。

強調「理」的人，很難不會流於性格的專斷與跋扈，因為他相信真理超越於全部的人，而他正在議論真理，人家只要不同意於他的意見，他很容易就會覺得這是在對真理的否認，因此他反駁的能量就會很強，因為他覺得竟然有人膽敢不承認真理，世上有這種不相信真理的人，簡直是「不可理喻」，因此他會拿各種難聽的詞彙，來表示他的鄙夷，並希望他人能「幡然悔改」。然而，問題可能不在他人，而是他已經深受真理的毒素浸染，釀就封閉與強悍的心態，咬死整個世界就是由真理架構，不曉得真理只是種自圓其說的幻象。這會使得越理性的人，活得越孤獨，他不敢輕易跟人談心靈的話題，因為他的理性早已把他的情感捆住，只要他的情感有流露的空間，就會猛烈如山洪爆發，瞬間沖潰他的理性。

這就是為何越強調真理的人，他的私人生活越混亂的原因。

我們應該要強調「情」，不講真情，只講真理，這會使得人變得枯燥，枯燥的人只會擠出來蒼白的思想，不論他如何振振有辭，自認如何偉大，都無法掩飾眾生無法因為他的觀念而獲益的事實。只要是生命，就有情，順著情來養生，生命纔能獲得滋長，用理來壓制情，不但不能服人，包括說服自己都很難。人如果誠意面對自己，就不會想拿真理去壓制人，因為那首先得要壓制住自己的真情，這種藉由自殘來害人的手法，只會激發反效應，最終只能活在孤芳自賞裡。如果能細察生命的脈絡，就會發現每個生命都活得很不容易，誰有資格去瞧不起誰？我們應該溫柔撫慰生命的苦，讓生命因為真情而獲得滋潤化育，人如果懷著這種意念，就會首先善待自己，接著善待他人。

原文

議論好勝，亦是今時學者大病。今學者於道，如管中窺天，少有所見，即自足自是，傲然居之不疑。與人言論，不待其辭之終而已先懷輕忽非笑之意，訑訑之聲音顏色，拒人於千里之外。不知有道者從旁視之，方為之疏息汗顏，若無所容；而彼悍然不顧，略無省覺，斯亦可哀也已！（出自《王陽明全集．文錄五》卷八）

73 愛就是本體的發作

陽明先生說：「聖人的大道如同坦蕩的大路，雖然有的人已經跛腳，但，只要不停止去行進，從來沒有不會到達終點的事情。世上的君子私自誤認聖人異於常人，要能到達如聖人的目標實在很遙遠，要能獲得如聖人的成效實在很困難，他們認為自己的程度或意境實在太過於膚淺，哪裡有可能變成聖人呢？當他們聽見聖人的大道極其簡易，就會認為這怎麼有可能會是自己想像中聖人的大道？因此，他們就去尋覓艱深的論理，在脈絡恍惚的詞彙裡探索，沉溺於支離破碎的解釋，喜歡虛幻拔高的說法，競相覺得只有不可達到的聖人的大道，那纔是聖人的大道，而各自甘於慣性養出的氣質去理解，逐漸淪於汙穢的濁流。每個人跟隨各自的氣質去理解聖人的大道，看見有人想放棄自己的氣質，改行這極其簡易的聖人的大道，就會競相噗嗤訕笑，說他是狂妄荒誕不知自量。啊！這種弊端哪裡是短時間釀就的後果呢！」

這出自於〈別梁日孚序〉，寫於明武宗正德十三年（西元一五一八年）。

語言文字本來是觀念的第二義，第一義的觀念本質無關於語言文字，而是精神能量的收攝、整合與釋放。這三種運作背後的機制，就是自性本體。語言文字架構出的知識，誠然能幫忙我們瞭解觀念，然而，其得要在涵養自性裡展開，這時獲得知識不再是讓人思維變得支離破碎的工具，而是藉由語言文字給出的觀念，做著觀念工夫，或稱作知識瑜珈。「觀念」在這裡的本意是指「觀想本體而獲得意念」，這行字得用文字鋪陳解釋，但，如果沒有文字，我們難道就不知道本體的存在？有這種想法，只是受限於文明高度發展給出的框架，考古普遍得知，新石器時期的原始人，尚未發明文字，卻已經有用獸骨來製作出祭祀的對象，顯見他們已有崇敬神明的精神意識，這包括造物神與祖先神，相信祂們有能量會影響自己，這就是初級階段的本體觀。

當然，現在文明已經高度發展，我們更要善用其資源，來幫忙我們開展出高階的本體觀，這時候藉由語言文字的釐清，來幫忙觀念的精細化，就是很自然的狀態。但，如果沒有本體的「信仰」，而只有本體的「假設」，開展出來的語言文字會指向完全不同的路，如果只把本體當作假設，而拿語言文字來展開論證，這種論證通常要使用嚴謹的邏輯語法，然而，即使證成本體的存在，都不能等於本體的存在，因為你無法藉由語言文字實質領會著本體。有關於本體的存在首先需要信仰，你得「相信且仰望」本體，雖然這不見得能立刻使你活在本體裡，卻能使你知道自己要操作著工夫，來朝向本體，終至於與本體合一。

當前的社會很排拒信仰，這是受著工具理性主義的影響，誤認信仰會干擾理性的運作。然而，人是否能完全沒有信仰？孩子如果不信仰父母，他在嬰兒的階段就根本不可能長大。由這個角度，更拉高視野來看，人如果對愛沒有信仰，那人類各種深層的社會關係都將無法建立。愛就是本體的發作。如果只知道愛，卻不知道愛的源頭，那同樣會帶來對愛的茫然，甚至會進而否認掉愛的意義。無神論的國度，拿階級鬥爭當作人類歷史演變的原因，會使得人民最終只信仰自己，只想爭取自己的利益，偏偏這卻是最糟糕的信仰，或者說是對信仰的誤用，因為人與人沒有愛的橋梁，整個社會就是個不斷鬥爭的煉獄。大陸開始發展市場經濟後，各種黑心食品不斷殘害國人的健康，甚至外銷到他國去殘害他國人民，這背後癥結的因素，就是對良知沒有信仰。如果想改善這個社會問題，強化人的道德意識有沒有用？如果只講道德規範，卻不講本體，意即不講道德規範這種理性良知背後指引的感性良知，那會使得人只把道德規範當作教條，而不能打自心底產生敬意，這還是因為對本體沒有信仰。

原文

聖人之道若大路，雖有跛鱉，行而不已，未有不至。而世之君子顧以為聖人之異於人，若彼其甚遠也，其為功亦必若彼其甚難也；而淺易若此，豈其可及乎！則從而求之艱深恍惚，溺於支離，鶩於虛高，率以為聖人之道必不可至，而甘於其質之所便，日以淪於污下。有從而求之者，競相嗤訕，曰狂誕不自量者也。嗚呼！其弊也亦豈一朝一夕之故哉！（出自《王陽明全集．文錄四》卷七）

74 生活瑣事裡留神

陽明先生說：「孟子說：『在長者的後面徐行，這稱作弟，在長者的前面疾行，這稱作不弟。』徐行這件事情，難道是人不能做到的對待？不過就是不去做罷了。世人不知道譴責自己為何不去做，反而歸咎於這件事情不能做，這只是不願意反省而已。」

這還是出自於〈別梁日孚序〉。

這段話是出自於世人對於做聖人這件事情的質疑，陽明先生則指出，做聖人其實只是在日常生活瑣事裡留神，譬如能徐行於長者的後面，就是在成聖，這麼簡單的事情卻辦不到，那只是不想去做而已。我們當前的社會，普遍瀰漫著美國輕浮隨便的風俗，人與人相互對待都很輕率卻自認很輕鬆，覺得人只要有禮，就是在施加壓迫感，或者很虛偽，這種扭曲的心態，那誠然無法去談如何恢復聖學，因為人的確對於成聖這件事情沒有絲毫熱望。

常見網路有些儒者，不斷跟人誇誇其談自己講的儒學如何發前人未發，只要人家稍有不同的意見，就拿文字拳腳相加，帶著暴烈的情緒回應，絲毫不講溫柔敦厚的禮數，他們相信「不是同志，就是敵人」這種武斷的偏見，因此只要對話就如同鬥爭，就得要爭個你死我活，其個人偏執的性格就盡情展現，這其實不是在成聖，而是在著魔，固然可吸引網路流氓的高聲附和或交互謾罵，卻都只是鬆散的群聚效應，不能給人明確能行的觀念指引，帶人踏實做工夫。

敝人帶整個道團眾同志在心學網寫日記，這件事情很平淡，卻很真實。我們每天都在藉由自己的反省，來傳播心學，不需要跟人家爭個什麼短長，我們就拿曝曬自己真實的存在，來反省自己如何落實心學，並告知世人如何落實心學，這件事情很簡單，去做與不做卻就是有差異，我們不需要跟任何人的自我意識做劍拔弩張的對話，我們只需要化解自己的自我意識，來共同彰顯自性，這既是在凝聚彼此的道情，更是在面向人間聯合行道。

成聖，就在這不間斷的奮勉裡……

原文

孟子云：「徐行後長者謂之弟，疾行先長者謂之不弟。」夫徐行者，豈人所不能哉？所不為也。世之人不知咎其不為，而歸咎其不能，其亦不思而已矣。（出自《王陽明全集・文錄四》卷七）

75 再見！梁日孚

在〈別梁日孚序〉裡，記錄一個很感人的故事。陽明先生曾經讓進士梁日孚為他而「瘋狂」。梁日孚本來考上進士，攜家帶眷要去京師等候做官，結果船經過江西，知道陽明先生在這裡，梁日孚景仰盛名已久，就特地過來見陽明先生。首度講話，講一會兒就告辭；第二天再來，交談過了中午纔告辭；第三天再來，竟然就講到太陽下山後還不忍離去。第四天，梁日孚竟然就在那裡租屋，來請求跟陽明先生拜師了。

同船的每個人都強行勸他北上，百般說解，梁日孚都笑著不答應。每個人都沒有不覺得這是個笑話，並覺得他實在很怪異。他最親密的朋友跟他說：「你還有萬里路，纔能到京師，已經帶著僮僕、乾糧、盤纏與行李，還準備船隻，更攜帶家眷，全部準備一年纔開始上路，現在離開不到幾百里就停止，這要不是因為覺得有大苦，那肯定就是有大樂了？你能告訴我是哪個原因？」日孚笑著回答：「我現在既有大苦，同樣有大樂，只不過不容易告訴您。您見過病得發狂，喪失心智的人嗎？當他昏沉狂亂的時刻，即使讓他赴湯蹈火，披荊斬棘，他都莫不異常高興，確信不疑自己做得很正確。等遇見良醫，澆上清冷的藥水，再開給一副清醒精神的藥劑，這纔開始甦醒回來。告訴他往日的行為，他又開始害怕，覺得過去怎會這麼苦？告訴他來日應該要過的人生，他接著再異常高興，恨自己怎麼不早點遇見這個良醫？然而，那些瘋狂卻不再恢復的人，反而要狂笑大罵，認為他已改變正常的生活。現在我與您的情況，正與這個故事沒有什麼不同。」

租屋沒多久，陽明先生因為軍旅的調度，不得不離開兩個月，他想說梁日孚應該已經離開了。沒想到回來後，赫然發現梁日孚還住在這裡等著他，他已經把行李與盤纏都寄放在旅社，把家眷送回家鄉，活得淡泊而快樂，就像是終身要安住在這裡。考察他的學業，感覺他每天都有明顯的進展，陽明先生因為有梁日孚的存在，更加嘆服聖人的學問只要不自暴自棄，就不會有達不到的狀況。他覺得梁日孚能由流俗的積習裡超拔出來，實在是孟子說的「豪傑之士」了。

再待在陽明先生那裡超過三個月，梁日孚的母親差人過來說：「請你姑且北上去京師，先完畢我對你的願望，然後再隨著你的願望。」瞭解梁日孚的人，都跟著拿他母親的話來勸說他。梁日孚請見陽明先生，說：「我梁日孚如何能一天離開夫子！果真如此，那我就是繼續再奔往熱湯烈火，受荊棘的折磨了！」陽明先生跟他說：「真是如此嗎？你覺得聖人的大道真有固定的形體嗎？大道能被時空限制住嗎？世上絕沒有已經醒來的人，還會奔往熱湯烈火，受荊棘的折磨。你務必要讓心靈獲得清醒，不要只恐懼著湯火荊棘！」梁日孚思考了良久，終於說：「梁日孚越來越貼靠著聖人的大道了。聖人的大道，要往心底尋覓，因此不被外在任何事情阻礙；從天理中生發，因此不會停滯於物質表層的有無。這大道根植於自性，精神能隨時開展，因此不受時空的限制。如果已能領會這點，哪裡不是學習的場域？何需僅只是現在強待在夫子您這裡。梁日孚將暫時辭別夫子北上，繼續未完成的因緣，如果有任何疑惑，再趕緊回來跟夫子您求教指正。」陽明先生莞爾笑說：「你已經很貼靠著聖人的大道了！你已經很貼靠著聖人的大道了！」

這是篇很感人的文字。梁日孚雖然暫且離開他的夫子，他卻沒有一天離開。梁日孚暫時奉母命北上做官，完成整個家族對他的期望，但，他後來成為著名的心學弟子，數度出現於陽明先生的語錄與年譜裡，他終其一生都奮勉活在心學裡，不斷跟陽明先生保持問學，真不再受困於人間的湯火與荊棘，完成對自己的期望。其實，由於古今交通工具的差異，人與人的情感相待因此變得很不一樣，過去因為來往很不便利，人與人無法常相左右，因此片言的教育，會終身不忘，珍惜書信來往論學的情意，往往收到師長來信後，會焚香禮敬，捧讀再三。現在交通與網路過度便利，人與人的情意反而變得淡漠，對待師長的態度顯得輕忽怠慢，其結果卻是再三叮嚀的話語，都聽如未聽。因此，人面對大道的距離，哪裡是時空相隔的長短能衡量？其源頭只是在誠意。

原文

進士梁日孚擕家謁選於京，過贛，停舟見予。始與之語，移時而別。明日又來，與之語，日昃而別。又明日又來，日入而未忍去。又明日則假館而請受業焉。同舟之人強之北者開譬百端，日孚皆笑而不應。莫不囂且異。其最親愛者曰：「子有萬里之行，戒僮僕，聚資斧，具舟楫，又挈其家室，經營閱歲而始就道。行未數百里而中止，此不有大苦，必有大樂者乎？子亦可以語我乎？」日孚笑曰：「吾今則有大苦，亦誠有大樂者，然未易以語子也。子見病狂喪心者乎？方其昏逸躓亂，赴湯火，蹈荊棘，莫不恬然自信，以為是也。比遇良醫，沃之以清泠之漿，而投之以神明之劑，始蘇然以醒。告之以其向之所為，又始駭然發苦；示之以其所從歸之途，又始欣然以喜，且恨遇斯人之晚也。彼病狂不復者反從而哂唁之，以為是變其常。今吾與子之事，亦何以異於此矣！」居無何，予以軍旅之役出，而遠日孚者且兩月；謂日孚既去矣。及旋，而日孚居然以待！既以委其資斧於逆旅，歸其家室於故鄉，泊然而樂，若將終身焉。扣其學，日有所明而月有所異矣。然後益歎聖人之學，非夫自暴自棄，未有不可由之而至。而日孚出於流俗，殆孟子所謂「豪傑之士」者矣。復留余三月，其母使人來謂曰：「姑北行，以畢吾願，然後從爾所好。」知日孚者亦交以是勸。日孚請曰：「焯焉能一日而去夫子！將復赴湯火，蹈荊棘矣！」予曰：「其然哉？子以聖人之道為有方體乎？為可拘之以時，限之以地乎？世未有即醒之人而復赴湯火，蹈荊棘者。子務醒其心，毋徒湯火荊棘之為懼！」日孚良久曰：「焯近之矣。聖人之道，求之於心，故不滯於事；出之以理，故不泥於物；根之以性，故不拘以時；動之以神，故不限以地。苟知此矣，焉往而非學也！奚必恆於夫子之門乎？焯請暫辭而北，疑而復求正。」予莞爾而笑曰：「近之矣！近之矣！」（出自《王陽明全集·文錄四》卷七）

76 有誠身，沒法身

陽明先生在〈書王天宇卷〉裡說：「君子做學問，就是要能讓整個身體都洋溢著誠意，只有把身體變成『誠身』，纔能與外物精確對應。獲得真知的人，正就是建立誠意的效應。譬如種樹，要首先護理好樹根，這就如同涵養生命，要首先培養好誠意。翻土與灌溉，則是在格物與致知。後來說格物致知的人，或許與這種說法不同，他們不重視大樹要首先護理好樹根，卻只是在翻土與灌溉，耗費極大的精神與勞動，卻不知道最終會成就出什麼樣子。因此見聞日益廣博，而心靈卻日益逐於外；見識日益廣博，而虛偽卻日益在累增，涉獵的範圍越廣，考察與研究的內容越詳細，對於錯誤的掩飾就越深，對人的影響就越壞。這種弊端顯而易見，但，拘泥於這種看法的人卻依舊沒有絲毫覺察，這是為什麼呢？現在的君子或許懷疑敝人的言論是禪宗，或許懷疑敝人是在標新立異，然而敝人不敢苟且躲避這些說法，因為這會向內對不起自己，向外對不起他人。」

佛教有「法身」的說法，這是指自己「真正的生命」，尤其是指本自具足、無始無終、不生不滅與不去不來，尤其是能生萬法，絕不會斷滅的這念心。這念心能見聞知覺，世界全部的變化都呈現在這念心底，不同於累世在輪迴的報身，法身不受肉體的限制，其就是自性的呈現。然而，陽明先生在這裡指出，呈現自性，並不是不受肉體的限制，而是人要善用肉體，使肉體能幫忙涵養與擴張自性，這與佛教說的法身略有差異，因此他會特別拿「誠身」來指稱，意即人要讓自己全部生命都洋溢著誠意，就能使肉體呈現出自性。如果肉體能與心靈隔開，那肉體外就有法身，如果肉體不能與心靈隔開，那肉體內就有誠身，誠身跟著肉體而獲得開啟與茁壯，應用在人世的各種角色的舉止裡，救度著人的苦難，因此誠身就會有化身，但，肉體腐化自性就回歸於宇宙本體，這就是「天人合一」，因此誠身除此世外再無報身的存在。

佛身有肉身與法身，只有捨肉身纔能成就法身，這種能捨帶來的成就，使其報身能產生圓滿無量的正報，法身更能變出利益眾生的化身。聖身就是誠身，不能捨棄肉身來成就，這種不捨帶來的成就，使其除此世外不再有報身，誠身即能做無量示範的報身，誠身即能作為利益眾生的化身。佛身的重點在世外成就；聖身的重點在世內成就，由於這層歧異，因此儒家有誠身，沒法身，且誠身自身就蘊含著報身與化身，儒學與佛學都講自性，差異點只在佛學的自性是空，儒學的自性是情，尤其心學講的自性就在身內，就如護理好樹根，自然能長出大樹，全生命去誠意，自然能獲得本體，因此，誠身就是有情身，這與禪宗有著極其細微的差異，各自順其脈絡來成就。

原文

君子之學以誠身。格物致知者，立誠之功也。譬之植焉，誠，其根也；格致，其培壅而灌溉之者也。後之言格致者，或異於是矣。不以植根而徒培壅焉、灌溉焉，敝精勞力而不知其終何所成矣。是故聞日博而心日外，識益廣而偽益增，涉獵考究之愈詳而所以緣飾其奸者愈深以甚。是其為弊亦既可睹矣，顧猶泥其說而莫之察也，獨何歟？今之君子或疑予言之為禪矣，或疑予言之求異矣，然吾不敢苟避其說，而內以誣於己，外以誣於人也。（出自《王陽明全集．文錄五》卷八）

77

主考官的真心話

陽明先生三十三歲的時候，山東監察御使陸偁聘請他來主考山東的鄉試，考中鄉試者就稱作舉人。針對這個考試，他特別寫一篇〈山東鄉試錄序〉，來昭告全部的考生，他說：「山東是孔子的故鄉，實在是敝人平日很希望來探望的地點，現在能盡情觀看被稱作賢人志士的文章，並且考校他們的程度，這難道不是平生一大幸事嗎？雖然，敝人私自同樣有大恐懼。敝人被委任來考校大家，就是希望能覓得英傑，如果做這件事情有不盡心，那就是不忠，已經盡心了，卻沒有獲得真正的英傑，那就是無明。如果是有關不忠的責任，我只要知道善於盡心就能補強了；如果是有關於無明的罪孽，這是智慧的問題，我最終有什麼辦法呢？」

如何解決這個問題呢？他說：「雖然如此，敝人對各位將來應考的士人同樣有話要說。如果有英傑而不被錄取，這誠然是主管考校的人失察的罪孽。主考官用自己相信的正確觀點來尋覓英傑，並錄取英傑，而各位士人裡如果沒有英傑來應許主管考校的人的尋覓，藉此不負主考官與自己的智慧，這同樣是各位來應考的士人的恥辱啊！」他還說：「作為孔子的鄉親，如果智慧不如過去的英傑，而且還不會覺得恥辱，更不知道期許自己做個英傑，那就是自暴自棄，就應該被稱作『不肖』。不肖與無明的對比落差，該是如何的遙遠啊？主管考校的人與各位來應考的士人，對於錄取英傑這件事情都共同有責任。真令人感嘆哪！主管考校的人的責任，自今不能沒有恐懼，卻實在不能再做些什麼事情，就各位來應考的士人的責任來說，如果不願意聽見敝人的勸告，都還有勉勵自己的空間，然而敝人卻恐懼你們在劃地自限了。各位士人何不勉勵自己說，不要讓主管考校的人最後不免有無明的罪孽。如此纔無愧於這個科舉，更無愧於孔子的鄉人了。」

這裡展現出心學氣息的坦誠。陽明先生帶著反省，很實在跟大家說，如果只是不盡忠職守於事情，那只要盡忠職守就能解決了；如果已經盡忠職守，卻依舊遺漏英傑而沒有錄取，那就是主考官的見識有問題了，但，這點偏偏主考官卻沒有辦法補強，因為他只能指出自己相信的正確觀點，並用這種角度來選拔英傑。解決這個問題的辦法，就只有請各位英傑理解主考官的智慧有限，不要掉落到他見識裡的死角去，偏要跟個盲點作對，而能姑且用主考官能理解的角度，來馳騁並顯現自己正就是主考官應該要錄取的英傑。這種說法並不是要來應考的士人去做個巴結主考官的應聲筒，探知主考官既然主張心學，就跟著寫心學的內容，不！而是要大家瞭解主考官不論如何會反省，都有無法避開的盲點，大家如果已經瞭解這個事實了，就不要自己駕著大船去撞山，而要用願意跟主考官對話的態度，使用主考官尚能理解的角度，來講自己相信的正確觀點，如果你真是個有智慧的英傑，就不會不能承受如此簡單而短暫的微調，來讓自己脫穎而出，這樣即使主考官有觀念的瓶頸，你都不會被他的瓶頸給影響，反正只要高中了，你就更有讓自己的智慧獲得發揮的機會了。

主考官的真心話，其實在教大家如何靈活運用心學，來展現生命的變通性。

原文

夫子之鄉，固其平日所願一至焉者；而乃得以盡觀其所謂賢士者之文而考校之，豈非平生之大幸歟！雖然，亦竊有大懼焉。夫委重於考校，將以求才也。求才而心有不盡，是不忠也；心之盡矣，而真才之弗得，是弗明也。不忠之責，吾知盡吾心爾矣；不明之罪，吾終且奈何哉！……雖然，某於諸士亦願有言者。夫有其人而弗取，是誠司考校者不明之罪矣。司考校者以是求之，以是取之，而諸士之中苟無其人焉以應其求，以不負其所取，是亦諸士者之恥也。……夫為夫子之鄉人，苟未能如昔人焉，而不恥不若，又不知所以自勉，是自暴自棄也，其名曰不肖。夫不肖之與不明，其相去何遠乎，然則司考校者之與諸士，亦均有責焉耳矣。嗟夫！司考校者之責，自今不能以無懼，而不可以有為矣。若夫諸士之責，其不聽者猶可以自勉，而又懼其或以自畫也。諸士無亦曰吾其勖哉，無使司考校者終不免於不明也。斯無愧於是舉，無愧於夫子之鄉人也矣。（出自《王陽明全集．外集四》卷二十二）

78 根本不需要戴眼鏡

陽明先生主考山東的鄉試，他在《禮記》出一道題目〈心好之身必安之君好之民必欲之〉裡寫說：「往內有感，必然往外就會有應，上面有感，必然下面就會有應。國君與人民，如同心靈與身體，雖然在內外與上下的實質層面有不同，然而感應的道理何嘗有差異呢？過去按照聖人的意思，會說人民要把國君當作心靈，君王要把人民當作身體，身體必然要跟隨著心靈，如此人民必然要跟隨著國君。心靈要安住於內在，身體則要安住於外在，內外如果顛倒，那身體與心靈就會失序。」

現在的人普遍相信論理，不相信感應，大家會覺得論理比較精確，感應的內容則很模糊，無法被量化估計。然而這是種迷思。你難道需要事先估計好自己心靈的意念如何作用到身體的某個器官，要通過什麼樣的傳輸神經，纔會接著確認自己能發動什麼意念來指揮身體嗎？不！你心靈的意念發出，身體就跟著運作了，你並不需要藉由完美的論證來確認這件事情，你能立刻確認這種連結的存在，並不斷運作這個事實，這就是感應。

我們如果保持心靈的澄澈，全部外在的現象都能立即獲得解答，這種解答不是既有知識系統推演的結果，而是感應。感應並不是站在既有知識的對立面，正好相反，感應只是知識的源頭，人對天有感應，纔會接著發出解釋其感應的語言，這種語言只要禁得起他人的重複操作，或者，只要有第二人，能順著其語言給出的感應辨法來認識天，這種語言就成為知識。人能不能不透過知識而直接感應？當然能！知識只是給不能感應的人某種認識天的工具，就像是人如果眼睛不好，就只有透過戴眼鏡來看東西一樣，眼鏡能不斷暫時解決眼睛看不清的問題，卻不可能讓眼睛復原。

如果有人不管世人是否有近視，只不斷跟大家呼籲戴眼鏡的重要性，卻不跟世人說首先應該保護好自己眼睛的健康，你當然會覺得這很荒唐。然而，按照同樣的脈絡來觀察，世人普遍不在意自己是否有保護好感應的本能，卻只想趕緊補充知識，讓自己的頭腦塞滿各種人家感應出的觀點。這就是塞滿知識的學者，常無法由自己內在滋生出智慧，因為他整天忙著捨本逐末。自己眷戀於捨本逐末就罷了，還常要挾持其知識來輕慢他人，誤認他人沒有戴眼鏡就是沒有氣質，無法看清宇宙的本來面目，他沒有意識到如果眼睛正常的人，根本不需要戴眼鏡，就已經看清全部的景觀了。

生活在現在的民主社會裡，人通常對於政治的最高領袖已經沒有如「國君」般的敬意，自然不會覺得自己與領袖有著如身體與心靈般的關係，這是因為他們不再有內在的聯繫，政治的領袖只被當作統治的工具，人民隨時可用選票把他丟棄或更換，如果領袖要免除被丟棄或更換的處境，他反而應該把人民當作心靈，把自己當作供心靈驅策的身體。這種譬喻的易位暫時不能詳論，不過，不論誰是心靈與誰是身體，如果負責心靈的人，只是想著如何過著優渥的物質生活，卻沒有關注於內在精神的涵養與充實，那他的身體難道不會跟著馳騁於聲色犬馬，盡可能去滿足於這心靈的需要？當然會！這，就是社會失序的起因，因為如果我們相信人民纔是心靈，我們低落的公民素質，卻使得大家只會想著如何不斷攫取龐大的經濟利益，絲毫不顧惜往內在養德，這時候配合我們的身體，意即領袖，當然就只會去做讓心靈高興的事情了。如果還要去責怪領袖的無能與失智，難道不是正在罵我們自己嗎？

如果我們相信民主，那，外王，就得由每個人的內聖開始做起……

原文

內感而外必應，上感而下必應。夫君之於民，猶心之於身也；雖其內外上下之不同，而感應之理何嘗有異乎？昔聖人之意，謂夫民以君為心也，君以民為體也，體而必從夫心，則民亦必從夫君矣。彼其心具於內，而體具於外，內外之異勢，若不相蒙矣。（出自《王陽明全集．外集四》卷二十二）

79 吃喝玩樂數不盡

陽明先生在〈惜陰說〉裡說：「天道的運作，任何時刻都不會停止；我們心靈內的良知，其運作同樣在任何時刻都不會停止。良知正就是天道，而不能說良知『同樣是』天道，如果這麼說，那良知就會與天道有區隔。我們知曉良知的運作沒有任何時刻會停止，就會知曉要珍惜光陰了；知曉珍惜光陰的話，就能知曉『致良知』了。孔子看著河川說：『過去的事情，就如同這流水一般消失了。流水晝夜不停的奔流，從不會為人回頭。』這就是孔子深恐學習有遺漏，而會發憤忘食的原因了。堯舜兢兢業業的奮鬥，成湯每天不斷更新自己，周文王每天保持自己精神的純粹，周公會由深夜工作到黎明的到來，知曉珍惜光陰帶來的效應，哪裡只有大禹那『三過家門而不入』的往事呢？子思說：『不應該看見的東西，就應該戒慎恐懼，不要去看；不應該聽見的東西，就應該戒慎恐懼，不要去聽。』能把細微隱藏住的生命角落看得清晰，這就能開展德性了。然而，卻常聽見有人會這樣說：『公雞啼叫後就起床，念茲在茲就是圖謀著自己的利益。』性情凶狠的人去圖謀不善的事情，同樣唯恐每天拿得不夠，然而小人同樣可說是知曉珍惜光陰嗎？」

當然不能。

然而，人該如何釐清：自己很認真在做的事情，到底是真的在珍惜光陰，還是如同小人，在圖謀不善的事情呢？果真是大奸大惡的事情，一般純良的人當然不會去做，然而，絕大多數的人，處身在資本主義的社會裡，都不免覺得自己每天不知道在忙什麼，淨是不得不做著毫無意義的事情，只因為要賺幾個錢，這是在珍惜光陰，還是在浪費時間，尤其是浪費生命呢？

那就要看，你賺這個錢，對於人生有沒有重要性了。如果你的賺錢，只是來自於自己與家人生存的供給，能維持各種民生花費於不墜，儘管這個賺錢就已經消耗掉你絕大多數的時間，使你再沒有時間做其他有意義的事情，那都是值得尊重的辛苦奔忙。比較嚴重的問題是說，有些人的奔忙，早已超過供給生存的需要，而是個人自我滿足感的驅使，這往往需要龐大的物質支援，諸如豪華的別墅、名貴的轎車、飯店的美食與高貴的衣服……，更重要者，還有想獲得提供這些物質支援背後相應的名器，諸如什麼董事長或總經理的美名，這時候，你消耗絕大多數的時間在與人爭奪，卻犧牲掉生命裡很核心的價值，尤其是個人精神的涵養與家人團聚的機會，這就絕對是在浪費時間了。

你應該有這種「回歸底線」的想法：我這個必死的肉身，該怎麼活，纔能不枉費自己有幸得人身？很多人都只想著吃喝玩樂，把這個世界裡全部光怪離奇的東西都碰一碰，這纔覺得人活得真是過癮。然而，就佛教的眼光來看，這種不究竟的態度，會使你有好幾輩子的時間去吃喝玩樂，你何苦急著這一生做完？更不要說來到不同的時空裡，繼續會有不同脈絡

（或截然不同）的吃喝玩樂在等著人，吃喝玩樂數不盡，你根本不可能做完。如果你發覺做這些都很沒意思，都只是在浪費時間，浪費自己有幸得人身，那你就會開始面向精神領域，藉由超拔自己的意識，來獲得最根本的喜樂，這種喜樂的獲得並不需要棄絕人世，甚至更應該在生活裡落實自己精神的領會，那纔真是在珍惜光陰與生命。

原文

嗚呼！天道之運，無一息之或停；吾心良知之運，亦無一息之或停。良知即天道，謂之「亦」，則猶二之矣。知良知之運無一息之或停者，則知惜陰矣；知惜陰者，則知致其良知矣。「子在川上曰：逝者如斯夫！不捨晝夜。」此其所以學如不及，至於發憤忘食也。堯舜兢兢業業，成湯日新又新，文王純亦不已，周公坐以待旦，惜陰之功，寧獨大禹為然？子思曰：「戒慎乎其所不睹，恐懼乎其所不聞，知微之顯，可以入德矣。」或曰：「雞鳴而起，孳孳為利。」兇人為不善，亦惟日不足，然則小人亦可謂之惜陰乎？（出自《王陽明全集・文錄四》卷七）

80
體會自己的生命密碼

劉毅齋有三個兒子。當毅齋開始去學校讀書的時候，他的大兒子出生了，他就起個名字，喚作「甫學」，表示剛開始學習；等到在自己家鄉中舉成為舉人，他的二兒子出生了，他就起個名字，喚作「甫登」，表示剛開始登第；再接著，他終於獲得從政的機會，三兒子出生了，他就起個名字，喚作「甫政」，表示剛開始從政。這三個兒子都逐漸長大成人，要行成人的冠禮了，毅齋已經有幸認識陽明先生，特地去請教先生說：「能否請先生給敝人的三個兒子都取個字？」陽明先生知道三個兒子的本名後，說：「君子做學問，只希望能完成對本體的把握，如果學習最終卻不能領會本體，那就不是在學習，因此就給甫學字『子成』，意即希望他學習要能善始善終；把握住本體，自然就會被人慧眼選拔出來，在社會實踐，這是個逐漸成長的過程，而且越往上，就越要懂得謙卑，因此就給甫登字『子漸』，意即希望他的實踐能不要太急躁；有幸在社會實踐，最後就會開始參與政治，政治就是要來『端正』世風，從來沒有自己的立身不端正，卻能去端正他人的事情，因此就給甫政字『子正』，意即希望他能恢復政治的根本意義。」劉毅齋聽見這段話，立刻起身拜謝陽明先生說：「承蒙您如此深刻的教導，這哪裡只是在勸勉我的兒子啊！」

這出自於〈劉氏三子字說〉這篇文章。

名不正，則言不順。現在的人，對傳統有著很扭曲的迷信，取名字的時候，只相信筆畫與背後的五行，不相信名字本身的意義，他們把取名字的大權交到算命先生的手上，任由那些本身常沒有深厚文化素養的人，取個筆畫大吉大利卻毫無深意的名字，來編派自己一生的榮枯消長。人的名字誠然會相當程度影響人在這世間的禍福興衰，然而，這禍福興衰的關鍵因素當在人本身的作為釀就的因果，而不在名字。但，人的名字如果取得沒有深意，人就失去體會自己的生命密碼（意即天命）的關鍵機會，致使絕大多數的人，這一生只能做個俗人，只能在極其昏聵的意義裡展開自我的禍福興衰，意即沒有深意的名字，確實還是在影響一生的禍福興衰，那當是在不究竟的人生煉獄裡打滾，終身不得解脫。

劉毅齋知道他三個兒子此生的禍福興衰，不能交到算命先生的手上，而該由人類心靈的先知先覺，來幫他的兒子開啟天命，因此他會特別請陽明先生來給三個兒子取字，這就是他獨具慧眼，對孩子的照顧與提攜，他使得這三個兒子能因此而被覺醒的能量給「開光」，終身免於昏聵，不再浮沉於無謂的禍福興衰，而有機會去體會自己的生命密碼，活出究竟的天命。這名字不見得合於筆畫或五行，卻是根本的大吉大利，他們尋覓的目標，不再是個人的榮枯消長，而是肉身能否行道，能否彰顯大節大義於人間，如此恢弘的企圖展開的禍福與衰，哪裡還會是個人化的善惡業報，但，就最現實的角度來說，如此恢弘的企圖活出的天命，個人如何還會有凶惡的業報呢？

請不要怨懟社會的不治，該思考當你給孩子取名字的剎那，那背後的意念，究竟是在關注著孩子自我的禍福興衰，還是孩子自性該有的天命？當你把取名字的大權交給算命先生，你就已經屈就於筆畫與五行，孩子這一生過得昏聵與庸俗，沒有敏銳的心性，在表面的利害裡浮沉，集體釀就整個社會的昏聵與庸俗，沒有人知道自己的生命密碼，不能活出天命，這是大家共同在催喚出的業報。

原文

劉穀齋之子三人。當穀齋之始入學也，其孟生，名之曰甫學；始舉於鄉也，其仲生，名之曰甫登；始從政也，其季生，名之曰甫政。穀齋將冠其三子，而問其字於予。予曰：「君子之學也，以成其性；學而不至於成性，不可以為學；字甫學曰子成，要其終也。學成而登庸；登者必以漸，故登高必自卑；字甫登曰子漸，戒其驟也。登庸則漸以從政矣；政者，正也，未有己不正而能正人者；字甫政曰子正，反其本也。」穀齋起拜曰：「乾也既承教，豈獨以訓吾子！」（出自《王陽明全集．外集六》卷二十四）

81 天下同福的觀念

陽明先生說：「掌握住本體的人，把天地萬物都當作一體，全都包攬到自己的生命裡。因此會說：『自己希望能站立住腳跟，卻是通過幫忙世人站立住腳跟；自己希望能顯貴於人間，卻是通過幫忙世人顯貴於人間。』古時候的人，能看見他人的良善面，就當作看見自己的良善面那般的喜樂，看見他人的不良善面，就會如同自己的不良善面那般的難過，就像是自己掉落到溝渠裡一樣，急著想拯救他人，這就是本體的展現。現在看見他人的良善，就會妒忌他人會勝過自己；看見他人的不良善，就會冷眼表現出輕蔑的態度，覺得不能跟自己比較，這難道不是深陷在沒有本體的狀態裡，卻絲毫沒有自覺嗎？」

這出自〈書王嘉秀請益卷〉這篇文章。

比較，這是常人的習慣。通過比較，人因此知道自己站的位置與處的階段，比得過他人，就會覺得稍堪安慰，比不過他人，就會自己覺得很丟臉。其實，這一點都不快樂，甚至常常會很焦慮，但，常人就只會通過這些比較的視角來知道自己是誰，這樣的自己並不獨特，其得要通過物質占有與社會位置都強過他人，來換取自我認同。這就是在競爭。如果我們的社會不斷在強調競爭，那就不斷在製造人與人的對立，並通過激烈的爭奪來確立誰是贏家。這樣的社會完全沒有本體的意蘊，因為人與人的關係並不是一體，而會充滿撕裂感。充滿撕裂感的環境，就不會有愛在傳播，而只有仇恨在累積，人活在這樣的環境裡，很難不會滋生出心理的問題。

人與人甚至不應該只是通過合作來發展關係，因為那還是在做利益的交換，我們各自拿自己有的東西給彼此，來換取我們沒有卻很想要的東西，這雖然總比競爭與掠奪要好些，然而還是有著濃厚的自我意識在主導。天地萬物為一體，落實到人類社會裡，就是我們應該要發展出「天下同福」的觀念，意即整個天下只有「一個幸福」，只有當大家共同感覺著幸福，個人纔會感覺著幸福，幫忙他人獲得幸福，那就是在替自己獲得幸福，如果有任何人沒有獲得幸福，他那不幸福產生的頻率，就會震盪到你的生命，使你跟著感覺出不幸福。因此，每個人天然就對他人有責任，因為我們彼此都在相互影響對幸福的體會，不斷盡可能幫忙他人獲得幸福，自己就會感覺著幸福，幸福不該有彼此，這纔是最根本的幸福。

原文

仁者以天地萬物為一體，莫非己也，故曰：「己欲立而立人，己欲達而達人。」古之人所以能見人之善若己有之，見人之不善則惻然若己推而納諸溝中者，亦仁而已矣。今見善而妒其勝己，見不善而疾視輕蔑不復比數者，無乃自陷於不仁之甚而弗之覺者邪？

（出自《王陽明全集．文錄五》卷八）

82 人如果有成見

陽明先生說：「正確對待欲望，那就是善，人把握住天的常道，那就是在喜好美德，因此，凡是看見他人惡質的一面，必然是自己心底已經生出不善，纔會看得見。天上的瑞鳳與祥麟，人人都爭相趕快要看；地上的虎狼蛇蠍，看見的人都會拿刀刃去搏殺。那些虎狼蛇蠍，不見得有害人的意念，然而看見的人卻絕對會很厭惡，那是因為在他的心底，已經生出虎狼蛇蠍的樣貌了。現在我們看見他人惡質的一面，雖然這誠然是他某些時刻的表現，卻不見得在其他時刻全都有惡質的事實，難免不是我們自己的心底已經浮現惡質的樣貌？這點不能不自省。」

這還是出自於〈書王嘉秀請益卷〉。

人最危險的狀態，就是活在成見裡，甘願做成見的僕人，被成見蒙蔽住眼睛，卻受著成見的指使來動靜舉止。成見就像是有色眼鏡，戴著這副眼鏡，固然還能看清周遭的全部景象，然而這些景象全都已經被鏡片染色，如果我們不自知，還會真誤認景象果真是這種顏色。人為什麼會活在成見裡？成見的產生，最早會來自於往日對於某事件的強烈經驗，使他已經有個價值判斷，接著，這個價值判斷使他能很快速區隔出「善惡忠奸」，他能不再需要花精神去思考眼前的事實，而能直接做出新的判斷，這就是成見。

成見是最便宜且實惠的工具。人如果有成見，他想寫文章的時候，就不用再讀書或思考，更不需要再做什麼查證，只要按照成見給出的意識型態，就能寫出成百上千的文章，來馳騁自己的快意，這點你看某些充滿成見的報紙，就能知道如何帶著成見來輕鬆寫文章謾罵他人。人如果有成見卻大權在握，很容易就會有「順我者生」的想法，不能照著他的成見來行事的人，就是在與他搞對立的搗蛋鬼，他很自然就會想除掉這個人，來讓自己的感覺比較舒坦。因此，成見能使得這個世界變得極其簡單，人不再需要反省自己，更不再需要認識他人，只有觀點的對錯，這對錯率由自己成見來決斷，還可美其名說是在「對事不對人」。

成見能使人覺得自己不會有任何問題，只要有問題都是他人有問題，這種自我感覺良好的習慣只要養成，就很難更改，因為要更改成見，需要扭轉的不只是觀點而已，還包括整個心靈的運作型態都要蛻變，那會使人覺得很累，索性就保持這樣，不要再有任何變化。因此，人只要已經習慣於成見，就會變得很可怕，因為你的習慣會使你寧願傷害人的情感，都不願意改變成見。當我們活在這種狀態裡，我們即使不做官，都是個典型的官僚，講著各種如機械般理性的語言，而我們的臉孔會變得很猙獰，因為我們會很輕易去「懲罰」自己成見的敵人，那個「敵人」卻是活生生的人，他的感覺與需要都被我們漠視，我們只想徹底打擊他給我們帶來的「麻煩」！

人如果不想作孽，就不要活在成見裡，而要不斷保持警醒，面對人生，我們應該常反省自己的精神狀態是否有固著於某種被簡化卻很便利的論點，如果有，要很坦然去花時間不斷突破這種論點的束縛，來讓自己的精神能不斷更新，這就是「作新民」，人只有每天成為嶄新的人，纔能免於成見。

原文

夫可欲之謂善，人之秉彝，好是懿德，故凡見惡於人者，必其在己有未善也。瑞鳳祥麟，人爭快睹；虎狼蛇蠍，見者持挺刃而向之矣。夫虎狼蛇蠍，未必有害人之心，而見之必惡，為其有虎狼蛇蠍之形也。今之見惡於人者，雖其自取，未必盡惡，無亦在外者猶有惡之形歟？此不可以不自省也。（出自《王陽明全集．文錄五》卷八）

83

兩種自私自利的人

陽明先生說：「君子的學問，本是在替自己圖謀的學問。替自己圖謀那就必須要克治自己的盲點，如果能克治自己的盲點，那就沒有自己的執著了，沒有自己的執著，那就沒有自我了。世上的學者執著於自私自利的心靈，卻自己誤認這就是在替自己圖謀，做出來的事情，魯莽掉落到自我毀滅的處境裡，卻誤認這種毀滅就是沒有自我了，這種荒謬的見解我已經看得很多了。真令人感嘆哪！自認為有志於聖人的學問，卻墜落到末世裡的佛老，受著不正與偏僻的見解影響而沒有知覺，這實在是很悲哀啊！」

這還是出自於〈書王嘉秀請益卷〉。

我們要注意這點：陽明先生對佛陀與老子的看法，其實具有兩面性。他有時會採取批評的態度，有時會採取讚賞的態度，這都得要由文意裡去理解，不能一概而論。我們可效法那種全然自由的觀察，瞭解他真正想訴說的微言大義，卻不需要執著於批評本身，看見對名相的批評，就立即引發煩惱，想跟著決斷出自己是支持或反對的立場，採取捍衛或反擊的位置。

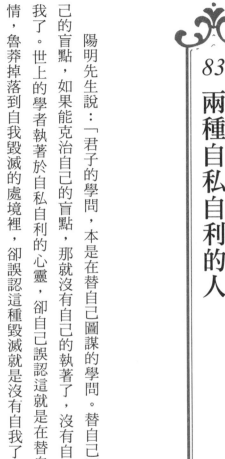

在這裡，陽明先生想指出，有兩種自私自利的人：第一，他的精神只有賺取自己的利益；第二，他的精神只有尋覓自己的解脫。前者深受物質欲望的蠱惑，受苦終身卻毫無知覺，敝人曾再三指出其引發的問題顯而易見，這裡暫且就不再費神多談了。後者的問題，在於他拋棄最親密的家人於不顧，只在意自己是否有證得某種究竟義理，不論那義理是否究竟，不論他終身是否能證得，更不論他證得後是否還會出來普度眾生，他此刻就是把自己眼前要盡的社會責任丟掉了，不再管父母妻兒或整個家族的需要，不再過問社會發展的良窳，只有他自己，尤其是他要獲得自己精神的幸福，這就是陽明先生指出的自私自利。

家人的成長與衰老，這是無法回頭的歷程，如果錯過，那就是錯過了。

精神的超拔不應該有名相的束縛，在敝人來看，不論是佛陀或老子，他們的書籍都應該閱讀，他們的思想都應該汲取與消化，這對於我們拓展心靈的象限絕對有裨益。然而，我們不應該離開這個社會，尤其不應該離開自己的親人，只因為我們相信有個究竟的義理。站在現實的因緣裡，談論思想纔有落實的場域，不能承擔社會的責任，成全與撫慰具體的生命，則再如何超拔的精神，其產生的義理都對人具有傷害性。自己的盲點，只有在現實的生活裡察覺，如果不活在現實的生活裡，那根本就不能克治盲點，因為人活在抽離現實的精美生活裡，無法感覺出自己有任何盲點。太多的修行人常不能承受現實的不如意，動輒就會發脾氣，那就是來自於他活在抽離現實的精美生活裡。

原文

君子之學，為己之學也。為己故必克己，克己則無己。無己者，無我也。世之學者執其自私自利之心，而自任以為為己；漭焉入於隳墮斷滅之中，而自任以為無我者，吾見亦多矣。嗚呼！自以為有志聖人之學，乃墮於末世佛、老邪僻之見而弗覺，亦可哀也夫！（出自《王陽明全集・文錄五》卷八）

84 誤認自己已經是聖賢

陽明先生說：「有一個字能讓人終身去實踐，那就是『恕』這個字了。堅持往恕道這個態度來實踐，覓得本體就不再有什麼距離了。『恕』這個字最該被學者緊緊把握住。這個字在我們這些讀書人身上，猶如對治疾病的良藥，尤其應該要常常認真服用。見賢思齊，看見他人不賢，就往自己生命反省，觀看自己是否有同樣的問題。人如果能看見他人不賢，就往自己生命反省，這就能謙虛實踐，而不會想要去動輒指責他人。這是遠離怨恨的辦法。」

讀書人最大的問題，就是熱愛批評而拙於內省。我們如果讀聖賢書，讀久了產生某些領會，常就會誤認自己已經是聖賢，很容易產生主客對立意識，不知道尊重他人不同於我們的領會，然後懷著「替聖賢平反」（或是「替自己平反」，兩者已經攪和在一起）的大義念頭，與他人做激烈的辯論，辯論本來不是不可理解，最嚴重的盲點在於：中國的讀書人總無法把「批評觀點」與「批評他人」做出精確的區隔，每回批評他人的觀點，就會不知不覺轉而去批評他人產生觀念背後的智能或人格，這就使得辯論最後總是變成情緒的對決，彼此相互謾罵對方的智能低落或人格卑鄙，無法理解自己的微言大義。

會因為論學而吵架的人，不論是他人先激起自己的憤怒，或自己覺得因堅持正義而不得不發火，都是無法區隔批評觀點與批評他人的差異，而且，人不能平情議論學問，就心性的角度來說，則是涵養本體的工夫做得不踏實，纔會有強烈的情緒起伏，因此，歸根究柢，還是自己的問題。這就是恕道的核心意義，恕道不只是寬諒他人，還包括瞭解不能寬諒他人的背後，有著自己狹隘的心量，這個問題不能克治，根本不具備做聖賢該有的氣度，不具備做聖賢該有的氣度，那怎可誤認自己就是聖賢，或者還大言不慚要去替聖賢平反呢？

其實，問題的癥結只是「批評觀點」這件事情不能脫離「批評他人」，這使得觀點根本沒有獲得澄清的機會，否則，並不是不能專門批評他人的智能與人格，如果你果真自覺的智能與人格已經超過他人的話。然而，即使如此，批評人家無法改變的智能，那是沒有慈悲的體現，他人的人格有盲點，我們只有用溫婉規勸的辦法，纔有可能被人家接受。如果要在公共領域去批評他人的智能與人格，那純粹只是想激起他人的憤怒，並證實自己的智能卓越或人格高尚，纔會如此強橫說話，然而，這種意念本身都是在殘害自己的心性，而不是在涵養自己的心性。這樣的人如果自稱是先知，我們只會覺得他在著魔。

原文

「有一言而可以終身行之者，其恕乎」，「強恕而行，求仁莫近焉」，「恕」之一言，最學者所喫緊。其在吾子，則猶封病之良藥，宜時時勤服之也。「見賢思齊焉，見不

賢而內自省。」夫能見不賢而內自省，則躬自厚而薄責於人矣，此遠怨之道也。（出自《王陽明全集・文錄五》卷八）

85 心底充滿著妒忌

陽明先生在〈答王亹庵中丞〉說：「現在這個時空裡，士大夫的相互來往，大抵都是虛假矯作，充滿著佯裝妄言，而真實的意思衰微薄弱，表面都很平和，心底則充滿著妒忌，夾藏著私意來敗壞公事，因此風俗日益險惡，而世間的大道越來越沉淪。」他後面還說：「敝人自覺對這個世間沒有什麼大用，只是反顧自己的良知，痛苦著聖學無法彰顯於人間，纔會使得人心陷溺至此，希望把握住先聖的遺訓，跟海內的同志共同講論並實踐心學，或許還能對後學稍有幫忙，不會有負自己生於聖明的王朝。然而人間受到的蔽惑已經很久了，人人都習慣接受其實有錯誤的說法，能虛心去傾聽正論的人實在很罕見。」

其實，當人自覺對這個社會不能有什麼貢獻，人纔會願意把自己僅有的能量貢獻給大道，而不再虛擲能量與蹉跎光陰。敝人往日常不知不覺自認是個才華洋溢的人，總希望能馳騁著自己的見識，在專業領域有發揮，做個有學術良知，且能承擔社會責任的學者。然而，幾經磨難，纔終於體會到這點：人這一生，能成就的事情很有限，如果只是想馳騁著才華，那世間通常很難會給你馳騁才華的機會，因為沒有才華的人常擁有權柄，他會憂慮你的才華對他帶來負面影響，他根本不願意給你任何馳騁的機會，寧可讓你坐而待斃。當敝人瞭解到人情事理的複雜面，難道就是要懷抱著璞玉空自嘆息嗎？

不！才華只是天給人的稟賦，有什麼好驕傲於人間呢？當自己驕傲於才華，那跟有人驕傲於財富，有什麼根本的差異呢？都只是自我意識在作祟而已。如果擁有才華的人喜歡蔑視擁有財富的人，那同樣是心底充滿著妒忌，並沒有誰比誰崇高。繼續引申來看，當你有財富卻不能花用，有才華卻不能發揮，那就如同沒有才華與財富一般，痛苦的感覺，只是來自於那自我意識無法獲得馳騁，不能透過給出，來擴大擁有，使得自我的感覺變得更加充實。既然如此，那不再馳騁自己的才華，能讓自我萎縮，這有什麼關係呢？大多數人只要自我萎縮，生命就枯萎了。敝人卻開始發現：自我萎縮，枯萎的只是某種占有的意識，如果不害怕這種萎縮，其實會生出新的生命來，這就是自性。

當我自覺對這個社會不能有什麼貢獻，我再不需要憂慮能否貢獻這個議題了，就只是自己每天認真做工夫，去粹煉心性，日子過得簡單而樸實，反而發現這個內聖給自己開出外王的大路，只不過那外王不再是榮耀自己，而是去榮耀他人，意即幫忙很多人因為洞見心性，恢復生命的尊嚴，在這條路上，有太多極有意義的事情值得去奮勉，有什麼好執著於自哀與自憐呢？人真正的問題，來自於不能活得有意義，沒有意義的人生，雖生猶死；有意義的人生，雖死猶生。當敝人不再對自身擁有什麼才華沾沾自喜，反而會滋生出比才華更豐沛的覺知能量，不斷噴發出來，催喚著敝人要持續奮勉，把這些領會貢獻出來，絕不能懷憂喪志，耽誤彰顯大道的進程，既然相信不是在為自己而活，而是在為眾生而活，那就要更認真去活，讓願意聆聽心性的聲音的人，都獲得榮耀！

原文

近世士夫之相與，類多虛文彌誑而實意衰薄，外和中妒，徇私敗公，是以風俗日惡而世道愈降。執事忠信高明，克勤小物，長才偉識，翹然海內之望。而自視焰然，遠念不遺，若古之君子；有而若無，以能問於不能者也。僕誠喜聞而樂道，自顧何德以承之？僕已無所可用於世，顧其心痛聖學之不明，是以人心陷溺至此，思守先聖之遺訓，與海內之同志者講求切劘之，庶亦少資於後學，不徒生於聖明之朝。然蔽惑既久，人是其非，其能虛心以相聽者鮮矣。（出自《王陽明全集・外集三》卷二十一）

86
給我一個支點

有個人名叫朱子禮，他擔任浙江省諸暨縣的縣令，他過來跟陽明先生請教如何管理政治，結果陽明先生只跟他論學，卻完全不討論政治議題。子禮聽過後雖然有些疑惑，不知道這是怎麼回事，但，他回去省察自己的生命，當發現自己在憤怒的時候，就立刻制止，卻反而能瞭解人民厭惡的事情是什麼；當發現自己有欲望的時候，就立刻制止，卻反而能瞭解人民喜好的事情是什麼；願意捨棄掉自己的利益的時候，卻反而能知道人民在意的利益；對自己驕傲的工作保持警惕，卻反而能知道人民忽略的事情；去除自己的愚蠢，卻反而能瞭解人民常見的問題；澄清自己的心性，卻反而能發現人民同樣有心性；僅僅三個月的時間，諸暨縣的政治就變得清澈無比。子禮很驚訝會有這種效益，不禁嘆服說：「我今天纔知道瞭解生命的學問，能幫忙管理政治啊！」

這出自於〈書朱子禮卷〉。

常見世人受到內聖與外王這兩個詞彙的迷惑，誤認這是兩件事情，並且覺得這兩件事情的側重點不同，其效益面同樣有異。這是個錯誤的看法。要正確理解這個問題，得先正確理解「知」與「行」的關係。陽明先生說的「知行合一」，並不是指人的「理解與實踐要相互一致」這種很表面化的看法，重點在「合一」，這個「一」（the One）就是整體（the Whole），意即回歸本體，「知」與「行」則都是回歸本體給出的呈現，當人與本體合一，即內聖即外王，內聖與外王或許會有觀念的先後，卻絕對沒有時間的先後，這就像是中醫的針灸一樣，當你氣血循環不良的時候，不論扎哪裡的穴位，由於身體是個整體，都能釀就氣血順暢的效應，因此，從事於政治的人，即使沒有直接在從事於政治革新，由於他的生命與他的工作是個整體，當他認真收攝自己的精神，就能釀就政治清澈的效應。

因此，不要誤認我們這些講心學的人，只是手無縛雞的能耐的書生，只會在那裡袖手說得痛快，無關社會宏旨。如果我們真能說得動這個社會裡的人都起而認真收攝自己的精神，我們就能改革這個社會，包括這個社會裡的政治，這就正如阿基米德（Archimedes）說：「給我一個支點，我就能撐起整個地球。」心性就是撐起整個社會的支點。不要怨怪這個社會裡的政治如何腐化，她再怎麼腐化，起點都來自於我們對心性的無知與無能，不願意覓出這個支點，當我們自己都不相信心性，都不願收攝自己的精神，為什麼還要去責怪政客如何的惡質呢？如果罵人比較省事，而責己比較困難，那我們這些願意被良知喚醒的人，寧可選擇比較困難的事情去奮勉，節省能量，不要消耗在比較簡單的事情裡，罵完就拍拍屁股完事，繼續過著昏沉的日子。

原文

子禮為諸暨宰，問政，陽明子與之言學而不及政。子禮退而省其身，懲己之忿，而因以得民之所惡也；窒己之欲，而因以得民之所好也；捨己之利，而因以得民之所趨也；惕己之易，而因以得民之所忽也；去己之蠹，而因以得民之所患也；明己之性，而因以得民之所同也；三月而政舉。歎曰：「吾乃今知學之可以為政也已！」（出自《王陽明全集．文錄五》卷八）

87 身外的麻煩事

昨天，我們說朱子禮向陽明先生請教如何管理政治，陽明先生卻只跟他討論學問。然而，再隔幾天，子禮想說既然陽明先生只跟自己討論學問，他就再專門過去探望陽明先生，跟先生請教學術議題，哪裡知道陽明先生只跟他說如何管理政治，卻絲毫不說任何學問。講了半晌，子禮覺得很納悶，有點想不通這是怎麼回事，回到自己家裡，翻來覆去的想著，白天在上班的時候，就開始認真管理政治，他平撫百姓厭惡的事情，卻發現自己不再有憤怒；他順從人民的願望，卻發現自己不再有欲望；他安頓人民的利益，卻發現自己能捨棄利益；他警惕人民忽略的事情，卻發現能覺察自己的驕傲；他拯救人民遭遇的患難，卻發現能去除自己的愚蠢；幫忙人民看見心性，卻發現能澄清自己的心性。結果一年的時間，不只諸暨縣的教化大為風行，包括自己的精神都獲得收攝與凝聚，子禮因此深感嘆服說：「我今天纔知道管理政治，能幫忙人釐清生命的學問啊！」

這還是出自於〈書朱子禮卷〉。

管理政治的人，在內心意識裡，不能只是在處理政治問題，而要意識到兩點：

第一，我是什麼樣的精神品質，就會反映在我如何處理政治問題。第二，我如何處理政治問題，都會影響我會有什麼樣的精神品質。這就是很直接的果報機制。如果我把政治問題當作身外的麻煩事，那些搞麻煩的人就會鬧得我雞犬不寧，不斷跟我作對，他們的問題都被我視作雞毛蒜皮的無聊事，我心裡渴望著清閒與安靜，卻一直無法獲得清閒與安靜，總是有做不完的事情，各種突發的變化，來困擾著我的精神；反過來說，如果我把政治問題當作我自己生命裡的考驗，那些搞麻煩的人就不是討厭鬼，他們是上天變現的大菩薩，要來考驗我的智慧能否通過歷練與深化。更何況，如果我把他們的痛苦當作自己的痛苦，就會把他們的事情當作自己的事情，當我只是在解決我自己的痛苦，我怎麼不會竭盡其能去想辦法化解困難？當我把這些困難化解，因為他們的事情是我自己的事情，我的精神就跟著豁然開朗了。

因此，有機會擔任政治工作的人，要對自己有幸從事於公職，懷著戒慎恐懼的態度，絲毫不能馬虎。因為你很可能有機會拯救人民於水火般的痛苦裡，卻同樣有可能把人民推往如水火般的痛苦裡，事情到底是在積德還是作孽，往往只是在那做出決策的瞬間。政治的腥風血雨從不間斷，史不絕書，能全身而退且含笑而終的人，只會把人民的事情當作自己的事情，他總是在各種變化球裡，帶著智慧尋覓人民的利益，他不會把困難當作阻攔，而會把困難當作心性不斷獲得粹煉的資糧。這樣的人從事於公職，就是在拿自己的生命實踐去教化人間。

陽明先生在過世的時候，弟子周積請問他的夫子還有什麼遺言，他含笑說：「此心光明，亦復何言？」顯然，他這一生把人民的事情當作自己的事情，在極其黑暗混亂的明朝政壇裡，他已經不只全身而退，而且用他的全部生命，證得心學不是個書呆子的學問，而是個最徹底的實學。

原文

他日，又見而問學，陽明子與之言政而不及學。子禮退而修其職，平民之所惡，而因以懲己之忿也；從民之所好，而因以窒己之欲也；順民之所趨，而因以捨己之利也；警民之所忽，而因以惕己之易也；拯民之所患，而因以去己之蠹也；復民之所同，而因以明己之性也；期年而化行。歎曰：「吾乃今知政之可以為學也已！」（出自《王陽明全集・文錄五》卷八）

88 未曾悟道的癥結

再隔幾天，子禮再去探望陽明先生，跟先生綜合請教從政與治學的背後不知有沒有什麼共同的要領？陽明先生回答說：「《大學》裡說的『明德』與『親民』，其實是同一件事情。古人或能往內探索與闡發德性，藉此獲得能量去善待他人；或能藉由善待他人，幫人解決他的需要，而往內探索與闡發德性。因此，往內探索與闡發德性，這是涵養生命最根本的態度與辦法；善待他人則是這種態度與辦法自然會產生的生命實踐，如何能掌握本體，感知本體的至善，這就是要領。」子禮回家後，藉由實踐尋覓何謂至善的學說，炯然看見良知的存在，很高興說：「我今天終於知道治學能幫忙從政，從政能幫忙治學，這兩種路徑都不外於良知。我真的相信，感知本體的至善，這就是要領！」

這還是出自於〈書朱子禮卷〉。

因此，不要再順應不知聖學的人的口吻，隨意漫說心學只有內聖沒有外王，或說任何其他儒家的學問只有內聖沒有外王，或只有外王沒有內聖，這在生命實踐的思想脈絡來看是完全不通的說法，根本是虛擬的假命題，這是受到西洋哲學裡身心二元論的影響，挪到儒學來編派出個觀點，就根本來看，內聖與外王只是同一件事情，正如人的精神不能與身體脫離，每個意念裡的精神，都會發展出相應的身體展現，任何人展現出的身體，背後都有與其相應的精神脈絡，即使是在政治領域，其背後的底蘊都是身體政治，意即如何的身體觀，就會發展出如何的政治觀與其政治實作，如何可能會有哪個儒學只有內聖沒有外王，或只有外王沒有內聖呢？沒有內聖，就沒有外王；沒有外王，就沒有內聖！

因此，如果你看見任何講儒學的人，他只會跟人講大道理，個人生活卻極其混亂失序，譬如每天喝得大醉，卻會跟人講節制慾望；每天在想著賺錢，卻會跟人講不要貪財；不斷想贏得美名，卻會跟人講名聲如浮雲；牢牢把持著權柄，卻會跟人講地位不重要……，他做不到的事情，要不就不要說，自己在家裡仔細反省與改正，如果說出來什麼主張，自己的舉止卻無法配合其道理，這樣的儒者，就沒有內聖，因為你根本沒有看見他在外王有任何實踐，他寫得個好文章，說得個好說法，不論如何在文字的領域裡指天畫地，都只是他「正在幻想」，幻想自己是個聖人，或者是個偉大的哲學家，如此而已，你如果還跟著他幻想，跟著捧他如何不世出，或學著他那般講話，那就不只是他很愚蠢，而是你更愚蠢了。

最會災梨禍棗甚至耽擱蒼生的人，莫過於講本體而不曾悟本體的人。這種類型的人，會寫一大堆講本體的文字，然而他卻未曾一日做工夫。如何檢視他講的本體是假貨呢？檢視的標準很簡單，只要閱讀起來呈現的觀念很糾纏，語意很模糊，卻東拉西扯各種他人的說法來給自己「壯膽」，不論措辭如何盛氣凌人，那就是他自己都還沒有明白，卻已經敢來說給他人聽，故意顯示自己很有學問，來藉此贏得他人的崇敬。這種精神著實在犯「本體障」，他正在自害與害人，卻終身不肯承認，還會責怪世人不瞭解自己的偉大。如果你或覺得這個標準還不很精確，那更簡單的標準，就是講本體的人，會尊重生命的尊嚴，不會因為講本體而跟他人鬧情緒，動輒寫文章跟人對罵，只要人會口不擇言，拙於克己而嚴於責人，毫不知提攜與拉拔每個生命該有的成長脈絡，那他講的話就不是出自於自性，未曾悟道的癥結，來自他尚未平撫自己的個性。

原文

他日，又見而問政與學之要。陽明子曰：「明德、親民，一也。古之人明明德以親其民，親民所以明其明德也。是故明明德，體也；親民，用也。而止至善，其要矣。」子禮退而求至善之說，炯然見其良知焉，曰：「吾乃今知學所以為政，而政所以為學，皆不外乎良知焉。信乎，止至善其要也矣！」（出自《王陽明全集．文錄五》卷八）

89 你是我的兄弟

在陽明先生平息朱宸濠的叛亂後，他的外王事業臻至頂點，在各種複雜的政治鬥爭裡，他開始領悟出「致良知」這門工夫，這同時是他內聖的高峰，可見外王與內聖的相互輔翼。正德十五年（西元一五二〇年），來鬧事的明武宗，這位荒唐愛玩的皇帝，終於願意離開南昌，回到他本來只該待著的北京，處於緊繃狀態的陽明先生，剛能稍微舒緩過精神，他沒閒下來，立刻運用他的權限，很有政治智慧的繼續去做能彰顯心學的大事，這件大事就是「褒崇陸氏子孫」。

在這篇同名的文章裡，陽明先生說：「根據撫州府金溪縣三十六都的儒生陸時慶相告，我得知宋朝的儒者陸象山先生兄弟，獲得孔孟的正傳，實在是吾道的一大宗派，然而他的學術被隱晦很久了，致使他的思想被湮沒，不再流傳，孔廟的殿堂裡尚缺配享的祭典，子孫都沒有享受過朝廷褒崇的恩澤，希望該縣官吏能按照各地照顧聖賢子孫的事例，免除陸氏嫡系子孫的全部差役，其間有聰明俊秀能來上學的孩子，報上他們的名單，呈交到提學官那裡，使他們來讀書，務必要彰顯政府對他們推崇尊重的大義，藉此扶起正學如此衰落的局面，按照這個指示，通知批准，辦理實施。」

其實，何需陸時慶這位沒有功名的儒生相告，陽明先生難道不知道陸九淵是孔孟的正傳嗎？但，正需要有這位陸氏子孫的陳情，陽明先生纔好發出公文。他在這篇公文裡，說「陸象山先生兄弟」，乍看有點奇怪，稱人家「先生」已經是種尊稱，怎會接著再稱人家「兄弟」，但，這正是陽明先生要表達的情感，這情感用白話文來完整表示，就是「陸象山先生，你是我的兄弟」，陽明先生為什麼要這樣說話呢？因為世上知音者稀，陸象山首先揭櫫體證本心的存在，使他對陸象山先生有著很深的情感，儘管彼此相隔三百三十三年，然而，他有著「先生做我前塵事，不肖受命後死人」的情感，對於這個情感最直接的回饋，就是能照顧陸象山先生的子孫，這是中國很古典的溫情態度。

其實，陸象山講的「心即理」，陽明先生大悟心學後，曾經大量使用這個詞彙來表達自己的意思，然而，在他五十歲後領悟的「致良知」這門工夫，與陸象山本來說的「心即理」，有著某個關鍵的差異。陸象山相信宇宙有個終極的天理在運作，然而，他覺得朱熹去在每個現象裡展開「格物」，藉此瞭解天理，這不是不對，而是太過於「支離」，他認為人只要回歸本心，由於本心內就具含著天理的全部內容，因此回歸本心就能瞭解天理，並與天理對映，這纔是「易簡工夫終久大」，正就是「心即理」的原始含意。然而，陽明先生後來只講「良知」，已有「良知是造化的精靈」的義理，意即由良知生出萬有，沒有良知就沒有萬有，天理不再是萬有的主體，良知纔是萬有的主體。

但，這微細的差異，並不妨礙陽明先生認為陸象山先生是他的「兄弟」，如果沒有象山先生從天理外開出本心，隱含著理學脈絡的其他可能性，那就不會有陽明先生直接由自性本體的角度出發來講良知了。面對著陸九淵先生的子孫的凋零衰落，他難道不會有「物傷其類」的悲嘆？因此，照顧陸象山先生的後裔，就如同在照顧自己兄弟的孩子般，他殷殷期待著他們的生活能過得好，能認真領會聖學，不負身上流著象山先生的精血。他首先提到象山先生的神靈尚未配享孔廟的事情，這替後來全國孔廟配享象山先生發出先聲。

原文

據撫州府金溪縣三十六都儒籍陸時慶告，看得宋儒陸象山先生兄弟，得孔孟之正傳，為吾道之宗派，學術久晦，致使湮而未顯，廟堂尚缺配享之典，子孫未沾褒崇之澤，仰該縣官吏陸氏嫡派子孫差役，查照各處聖賢子孫事例，俱與優免。其間有聰明俊秀堪以入學者，具名送提學官處選送學肄業。務加崇重之義，以扶正學之衰，俱依準繳。（出自《王陽明全集・別錄九》卷十七）

90 無上的榮譽

陽明先生的表弟言邦允，要去福建的蒼峽做官，他特地來請陽明先生寫個序給他做紀念與警惕。陽明先生就寫〈送聞人邦允序〉說：「我希望你能看重自己，不要因為自己不是經由科舉考上的官員，就自己看不起自己；我希望你能感覺光榮，不要因為官位卑微，就怠慢行事。不是科舉考上的官員，他人通常就會用很輕視的態度來對待他，自己就跟著因此看不起自己，這大有人在；官位卑微，他人通常就會用很怠慢的態度來對待他，自己就跟著因此看不起自己，這同樣大有人在。靠科舉出身的官員，那就像是他的護身衣，他往往依憑著這個護身衣來橫行使壞，希望能不斷靠乖張的做法來作升官的台階。居高位本來是要行道，卻猛然拿來牟利，這是在盜取公共資源，我們難道應該去做嗎？我說希望你能看重自己，其實是指有更良好與寶貴的資產，並不是要你虛浮與驕傲的意思。我說希望你能感覺光榮，其實是指你應該重視自己的職責，而不是獲得顯貴與榮耀的意思。如果你能有更良好與寶貴的資產，能重視自己的職責，他人的輕視與怠慢對你有什麼影響呢？好好去落實這件事情吧！我再沒有其他的話要跟你說了。」

這更良好與寶貴的資產是什麼呢？那就是大信心學，做個堂堂正正的人。

這世上的人，普遍因為學歷而受困，產生兩種扭曲的心態：

第一，他們因為沒有高貴的學歷，因此自己覺得很慚愧，好像什麼都不如人，因此瞧不起自己，抱持著這種矮人一截的心理，他們因此充滿著憤懣與憂鬱，總覺得這個社會對不起自己，人人都不給自己機會，纔會讓自己四面碰壁，或者，就會想拚命賺錢，相信有錢纔有權說話，纔能撫慰自己很不舒坦的感覺，一旦有幸能「白手起家」，就能取得看不起他人的資格了。

第二，他們因為有比較高的學歷，因此不免覺得很驕傲，不知不覺幻想自己已經是社會菁英，動輒指天畫地，隨意抒發自己未經實察的感想，總覺得世事就是這麼簡單，他人為何老是表現得如此愚蠢，其實，他們往往眼高手低，不肯踏實參與社會的變革，稍微遇到困難，就會立即彈跳到置身事外的安全位置，高聲指責他人的錯誤，自己則絕對沒有任何問題。

這兩種人，都有濃厚的自我意識，帶著很偏激的態度在面對生命。他們都是學歷至上的犧牲品，相信只有學歷纔能證實人存在的價值，此外人就沒有任何價值了。然而，由於這個想法本身就有問題，因此他們很容易就會陷溺在恐慌裡，沉淪在學歷帶給他們的不愉快心理，不論是沒有學歷被人歧視引發的自卑感，或者有學歷卻不能落實於社會的空洞感。他們都沒有看見事情本身，不相信人的存在有著無關學歷的核心意義，那就是發現良知，並活在良知裡來做人與做事，這件事情的榮譽，大過於獲得學歷的榮譽，然而，因為世人不知道要相信這件事情本身就具有無上的榮譽，大家都不相信活得堂堂正正是如何的平安，這使得大家都活在扭曲的心態裡，繼續搞著看不起自己或看不起他人的把戲。

原文

聞人言邦允者，陽明子之表弟也，將之官閩之蒼峽而請言。陽明子謂之曰：「重矣，勿以進非科第而自輕；榮矣，勿以官卑而自慢。夫進非科第，則人之待之也易以輕，從而自輕者有矣；官卑，則人之待之也易以慢，從而自慢者有矣。夫科第以致身，而恃以為暴，是厲階也；高位以行道，而遽以媒利，是盜資也，於吾何有哉？吾所謂重，吾有良貴焉耳，非矜與敖之謂也，吾所謂榮，吾職易舉焉耳，非顯與耀之謂也。夫以良貴為重，舉職為榮，則夫人之輕與慢之也，亦於吾何有哉！行矣，吾何言！」（出自《王陽明全集．外集四》卷二十二）

91 糊塗的哲學愛好者

陽明先生在〈大學古本序〉裡說：「《大學》全部的要義，只是誠意而已。會有誠意的效益，只是因為能精確格物而已。誠意發揮到極點，就是止於至善。止於至善依循的規則，就是在致良知。端正心靈，就是在恢復本體；進而涵養身體，就是本體在彰顯其作用。涵養這件事情，如果就對待自己的角度來說，就是在澄清德性；如果就對待他人的角度來說，就是在誠懇與人相親；如果就天地的角度來說，就是兼容並包展現的完滿。因此，當人能領會止於至善，這個領會本身就是來自心靈的本體。」

陽明先生的〈大學古本序〉寫於正德十三年（西元一五一八年），然而，這篇文章講的內容，後來在晚年的《大學問》裡獲得最完整的呈現，我們能早在〈大學古本序〉裡，就看見《大學問》再三指出的脈絡，那就是「本體生萬有」，人掌握住本體，就能領會生萬有的事實，並能反過來領會萬有環環相扣，都來自於本體，因此萬有彼此間有著深深的聯繫，這聯繫內裡有著深深的情。我們澄清德性，只是在澄清本體，我們對待他人，只是在實踐萬有來自於本體的事實，不要因人與人萌生自我意識的區隔，滋生嫌隙而疏離，那不只是在疏離他人，更是在疏離本體。

常見與人關係動輒呈現撕裂狀態的人，他常因自我意識而生出傲慢，他因為相信自己很完滿，不再需要他人，通過這種計算過的理性，因此會不在乎跟他人關係的撕裂。這種「不在乎」，就是自我意識，而他不只是在疏離他人，更是在疏離本體，因為本體生萬有，在那種無限包容的心量裡，如何能有任何嫌棄？人如果會有嫌棄任何一人的想法，他就要很憂慮自己是否正在疏離本體，這是個很簡單卻很難落實的觀念工夫。

我們這個社會上，有些善於思考的邊緣人，他通過思考，相信自己很完滿，這完滿的感覺竟然只是來自於自己會思考，他就因此嫌棄世人，動輒指責他人的不完滿，還誤認這是在「責善」。當他人不能像自己一樣，會講些很像在思考的語言，他就會覺得他人簡直不是個東西，活著不如死掉，因此表露輕蔑的態度，這樣的人很難跟任何人愉快的相處，他總是充滿著不滿，還有濃厚的自戀，你跟他有任何接觸，都難免要被他的傲慢傷害到心靈，因此很自然就會避開，然而，會讓人想避開的人，難道已經離開本體還不會很遠嗎？

本體生萬有，這不是什麼「唯心論」（Idealism），而是精神開展出各種存在的事實，這包括精神與物質。這個詞彙本意是指觀念論或理型主義，使用這個詞彙的人，那是受著西洋哲學的影響，然而，馬克思基於其鬥爭哲學的需要，把觀念論與其主張的物質論做對立比較，不懂深意的華人，再翻譯作「唯心論」與「唯物論」，並拿來解釋中國傳統思想，用政治來框限學術，這就搞出各種望文生義的曲解，最糟糕者莫過於認同唯心論與唯物論的對比，卻想掙脫這種對比，再接著講出大融合的「心物合一論」，誤認如此纔最能體現中國哲學的精義，實質則根本不能視作本質學說，而只能成立於第二義。

中國自有其獨立於觀念論與物質論外的本質學說，那就是心性論，心性論承認有本體，本體生萬有，這是精神生物質，精神生物質的同時間，精神再給每個物質相應的精神，這已是第二義，這纔是人家會說的「心物合一」，然而這個心物合一，根本不能拿來與唯心論或唯物論去對比，在沒有本體觀的西洋哲學裡，不可能有唯心論與唯物論外的「第三者」，過去被共產主義的哲學工作者強行詮釋作唯心論的中國思想（甚至還有區隔出主觀唯心論與客觀唯心論這種荒唐的二元對立說法），則往往都是有本體觀的心性論。至於那根本不存在的「心物合一論」，則只是糊塗的哲學愛好者基於圓滿的情感需要，給出耽誤自己與他人的陋見，這種「大團圓論」早在大陸爆發文化大革命的時候，台灣基於反共的需要，在蔣中正先生指示要復興中華文化的政治決策裡，強制高中學習《中國文化基本教材》，就已經藉由蔣公的文膽來幫蔣公說出這種陋見，現在則盛行於沒有哲學專業訓練的草根人士的文字裡，他們對中華文化的敬意值得喜慰，他們的陋見則讓人悲痛，我們如果對人間還有不忍，就要幫忙他們改變其不究竟的認知。

原文

《大學》之要，誠意而已矣。誠意之功，格物而已矣。誠意之極，止至善而已矣。止至善之則，致知而已矣。正心，復其體也；修身，著其用也。以言乎己，謂之明德；

以言乎人，謂之親民；以言乎天地之間，則備矣。是故至善也者，心之本體也。（出自《王陽明全集．文錄四》卷七）

92 心學認識論

陽明先生在〈大學古本序〉裡說：「自我意識的萌生後，就會有不善，然而自性本體的知，未嘗不會知道這個不善。人要誠意，就是去感知這不善的念頭如何萌生；外在的事物，則同樣是這誠意該去感知的對象。這樣內外路徑明確，就能回歸自性本體的知，每個意念的萌生都不會有不善。然而不是面對正確的事物去感知，那同樣無法獲得自性本體的知。因此，獲得自性本體的知，這是人能誠意的根本；正確面對事物，這使人能獲得自性本體的知的實質。事物被正確面對，就能致知與意誠，而能因此恢復人的自性本體，這就會稱作止於至善。」

這裡的翻譯已經是意譯而不是直譯，然而受限於古文的轉譯問題，觀念尚顯得模糊，敝人在這裡要再做解釋。首先，如果不知道自己的意識得要面對宇宙的存在，並給出相應的世界的存在，纔能正確認知存有本身，那人的存在就會出問題，輕則只是扭曲對宇宙的理解，重則自招災禍與毀滅。因此，知道要謹慎面對存有，要給出精確的世界的存在來對應著宇宙的存在，這就是在格物。再者，只是知道這格物的重要性，人的意識本身卻受限於自我意識，常產生不善的念頭，來阻撓給出精確的世界的存在，這時候人就要直接承認有本體，尤其只有回歸自性本體，纔能產生正確的知，這就是在致知。這個「承認」使得人能保持純粹性，來澄清自己的念頭，不再有任何思維的掛礙，這就是誠意。當念頭被澄清，就能看見廣大無盡的心靈的向度，然而人不能只是看見，還要仔細留神，不使意識做無根的飄盪，再復歸於自我意識的狀態裡，這就是在正心。當心靈的向度被廓然大公的留神，那就是內在的自性本體被結實把握住了。

柏克萊（George Berkeley）曾經說：「存在就是被感知。」（To exist is to be perceived.）在他的觀念裡，如果人沒有感知，那外在的對象就不曾存在，由於人人都能有感知，外在的對象就因此恆常存在。陽明先生的出世早於柏克萊，他有個「南鎮觀花」的故事，能證實這樣的想法。有一天，陽明先生偕弟子去南鎮遊玩，他們來到深山裡，有個弟子看見岩石裡長出一株樹，樹的枝頭上開滿著花，他看得出神，想起陽明先生平日的教育，不禁興起問陽明先生說：「您曾說天下沒有任何物質對象在人的心外，然而，就像是現在這株開滿花的樹，在深山裡頭自開自落，這跟我的心有什麼相關呢？」陽明先生回答：「你沒有看見這朵朵花前，這朵朵花與你的心同歸於寂靜，你來看這朵朵花後，這朵朵花的顏色與樣態頃刻間全都明白起來，這就表示，這朵朵花不在你的心外。」（《傳習錄．上卷》第七十五條）

宇宙的存在是實有的存在，這實有的存在來自於宇宙本體的給出，宇宙本體給每個人的生命安上自性本體，因此每個人都能藉由自性本體，看見宇宙本體給出的宇宙的存在。人如何理解自己的「看見」，這理解本身，就會給出相應的世界的存在。世界的存在是虛有的存在，只有這虛實的兩個存在合拍，完整的存在纔能現身。因此，你要說是人內在的意識的存在，釀就出外在的對象的存在，這當然能成立，如果沒有給出世界的存在，那就是因為人未曾看見，人沒有看見，那即使還有宇宙的存在，都因為沒有世界的存在，因此不存在，或者說，其存在具有不完整性，具有不完整性的存在，就是沒有現身的存在。

在這裡，主客對立的命題已經消失，因為人並不是靠著自己的主觀去確認出宇宙的存在，如果有絲毫的主觀，那就是自我意識，自我意識常藉由區隔，給出知識來辨識存在，然而，自我意識給出的存在，不會是世界的存在，因為其首先自外於宇宙本體，跟宇宙本體對立出的主體，其如何能給出世界的存在，來精確認識宇宙的存在？只有把自我給受體化，纔能讓自性本體藉由你這個身體來做工，這就是敝人曾指出的「寶珠照玻璃」，變成玻璃的自我，纔能精確反映自性本體的朗現光照，去給出世界的存在。然而，這同樣不是客觀，因為人不曾自外，人的自我就順應著宇宙本體給出的自性本體，這哪裡是人的個人意志在給出世界的存在？這是宇宙本體在給人認識本體自身的辦法。因此，心學的認識論，無關於主體如何認識客體，不再有主客對立的命題，而是「本體如何自己認識自己，且受體在這個過程裡如何增加對本體的認識」的命題，主體在天，不在人。但，如能精確給出世界的存在，其人，如神。

原文

動而後有不善，而本體之知，未嘗不知也。意者，其動也。物者，其事也。至其本體之知，而動無不善。然非即其事而格之，則亦無以致其知。故致知者，誠意之本也。格物者，致知之實也。物格則知致意誠，而有以復其本體，是之謂止至善。（出自《王陽明全集‧文錄四》卷七）

93 中華文化不能復興

陽明先生在〈大學古本序〉裡說：「聖人很憂懼人在外求，因此反覆申論往內探索的道理。大學舊本的消失，而聖人的意思就消失了。因此，人如果不奮勉於誠意，而只是在格物，這是在支離學問；人如果不從事於格物，而只是在誠意，這是在虛踏生命；人如果不著本於致知，而只是在格物與誠意，這是在顛倒妄想。這三者都遠離本體的至善。」

世上做學問的人很大量，然而，帶著誠意做學問的人很罕見，因為他們總覺得學問就是種「置身事外」的研究，自己不能有任何態度，每天躲在書齋或實驗室裡玩著乍看沒有任何態度的遊戲，其實，他們思考著還是透過這種遊戲，來取得更高的地位與更多的財富，因此，越冷血越有益。或者，有些反對在象牙塔做學問的人，索性就馳騁自己的個性，他們熱血沸騰的玩著競相表態的遊戲，把學問當作配合自己個性的武器，卻抬著「六經注我」的令箭，來掩飾自己渾身都長滿雞毛的事實，然而，他們的言行，卻完全顯示自己是個鬥雞。誠意首先是種內省，對自己正在做什麼充滿著自覺與謹慎，如果沒有這種內省的誠意，那做出來的學問就是支離破碎，無關於人生宏旨的玩意，不論沒有熱血或熱血過度，終究只是靠一隻手，寫著無關痛癢的文字，放在圖書館裡供人典藏，卻不會時常被人拿出來學習與落實。

世上自認有誠意的人很大量，然而，他們的誠意背後往往沒有能量，尤其沒有心靈的向度在支撐，這使得他們自認的誠意常是在做什麼都沒關係的爛好人，沒有觀點，沒有精神，尤其不來自於本體，因此態度隨風搖擺，自身則扶得東來西再倒，半夜醒來，常感不斷為人作嫁，卻無人體貼，不免痛苦不堪。這種自認有誠意的人，常是最可憐且最可惡的一群人，他們能隨著集體作惡，當然常隨著集體受害，群眾要殺人，他就跟著踹人一腳，他們會為「人民的敵人」（其實往往是某個領袖的政敵）而高喊口號，當然不知不覺就跟著在做著愚痴的行徑，這包括拋頭顱灑熱血，他們的本意只是要活著，卻往往會因此做出超越活著的意義，那就是傷害他人，並耽擱自己一生的精神。這種自認有誠意的人，不大在意什麼人類思想與文化的傳承，在這個資本主義的時空裡，他們現階段活著的意義，就是拚命賺錢，有空並會提醒孩子要活得現實點。

其實，人為什麼只承認有物質的向度，卻不肯承認有心靈的向度？中國人本是個重視內聖外王這個精神的一群人，我想請問廣大的承認自己是中國人的華人，或不承認自己是中國人的華人，為什麼你們眼裡只有物質的存在，你們即使會談思想與文化，都是物質掛帥的思想與文化，絲毫沒有心靈的意義蘊含在裡面？你們整日在各個專業領域裡跟人拚殺，或在不專業的網路空間裡跟人拚殺，都只是要掙得一片自己稱雄的天地，然而，你們的生命因此真覺得喜樂嗎？即使會想要復興中華文化的人，如果你們平日的表現，只是在跟人因觀念不同而對罵，或者只是強調中華文化在物質層面的復興，全部都只關注那看得見的向度，而不關注那看不見的向度，請問這就是中華文化的主軸，中華文化果能因此復興嗎？敝人藉由網路傳播心學已經二十年，普遍覺得國人對自身的心性沒有絲毫關注，當敝人發現大量強調復興中華文化的人，在網路裡呈現著無禮與失禮而沒有自覺，往往寫些隨意挑撥人與人情緒的話語，或基於貢高我慢動輒對人相應不理，平日則往往自稱是個儒者，在各種社交場合裡很強調禮儀（其實他們真正想強調的是自己的地位），我就感覺著中華文化不能復興，最起碼不能寄望於他們來復興。

原文

聖人懼人之求之於外也，而反覆其辭。舊本析而聖人之意亡矣。是故不務於誠意而徒以格物者，謂之支；不事於格物而徒以誠意者，謂之虛；不本於致知而徒以格物誠意者，謂之妄。支與虛與妄，其於至善也遠矣。（出自《王陽明全集．文錄四》卷七）

94 當政府成為大巢穴

陽明先生在正德十二年（西元一五一七年）五月預備徹底剿滅浰頭的盜賊，他事先寫一封〈告諭浰頭巢賊〉的文告給這股盜賊，希望他們能悔改。他首先回顧自己這陣子的做法，說：「本院巡撫這裡，專門就是要消弭盜賊，安頓百姓作為自己的職責。蒞任的開始，就聽說你們這些人長年流竄打劫鄉村，殺害無辜的善良百姓，被害的人民來這裡跟我控訴者，這個月來沒有一天停止。本來就計畫調派大軍來剿滅你們，後來去福建督導征討漳州的盜賊，想要等待回師的時候，再來掃蕩你們的巢穴。現在漳州的盜賊已經被平定，統計斬獲七千六百餘人，審問得知當時首先倡惡的盜賊不過四五十人，跟隨的同黨惡人最多不過四千餘人，其餘多半是一時被威脅參加，不覺臉色慘白，心裡覺得很哀痛。因此，我想到你們這些巢穴內，難道不會有被威脅而跟從的人嗎？況且，聽說你們裡面有很多大家子弟，其間還會有見識清晰，明白事情的本末，且相當知道義理的人。打從我來到這裡，未嘗派遣一人來撫諭你們，豈可立刻興師剪滅，果真如此，那就幾乎是不教而殺，異日我終究會有遺憾在心裡。因此現在特別派遣人來告諭你們，不要自認武裝強，更有武裝強的人，不要自認巢穴險，更有巢穴險的地，全都已經被我誅滅不存。你們難道沒有聽說嗎？」

這只是第一段，全文派人到盜賊的巢穴念完，估計可能要半小時左右，他們要認真聽完，想來要呆若木雞般的罰站好久。但，如果只是把文告交給盜賊，由他們自己閱讀，那敝人想這些沒有太深文化的盜賊，要能理清陽明先生這種千折百轉的思路，更可能要費神琢磨好一陣子，頭皮都要發麻了。話說回來，這篇文告與其說是給渠頭的盜賊看，不如說是陽明先生想讓自己的良知過得去，他不希望濫殺無辜，總希望巢穴裡有人幡然悔改，先偷溜離開，來跟政府軍投誠，如果真要兵戎相見，他希望會殺的人都是執意要繼續打家劫舍的地痞流氓，而不是因為無法踏實生活，不得不跟著造反的可憐人，然而，這要怎麼區隔呢？這就得問那些盜賊他們自己的良知了。

人會做什麼工作，一半由於意願，一半由於因緣，有時因緣激發意願，有時意願創生因緣。會去作惡的人，通常是因為個人的良知薄弱，稍微看見世事有某個漏洞，就激發出作惡的意願，如果此刻政治腐敗，沒有公共制裁的能量，就會讓作惡的意願如燎原的火焰，一發不可收拾。其實，意願就是種維生元，為善的意願就是正性維生元，作惡的意願就是負性維生元，它們都會在相應的環境裡滋生與發展，傳染給思維環境相應的人，使得有正性或負性意願的人，獲得付諸實踐的能量。因此，如何藉由公共的體制保護與擴張為善的意願，遏止與瓦解作惡的意願，讓其沒有滋生的環境，這有絕對的重要性。如果政府本身成為大巢穴，在合法的打家劫舍，並帶頭喊殺喊搶，壓制人民的安居樂業，那就是在鼓動作惡的意願，當這股意願獲得傳染的環境，社會就會因此大亂。

回顧大陸的文化大革命，其背後就來自於人性作惡的意願獲得滋生的機會，政府就變成作惡的巢穴，公共的機制不拿來保護與擴張為善的意願，反而帶頭喊殺喊搶，編派各種階級對立的假命題，藉由社會的紛擾，來讓某些政治領袖能火中取栗，獲得他想要的利益，這就是毫無責任感使然。然而，即使在聲稱自己是民主社會的台灣，藉由合法的選舉，同樣會選出作惡的人來做領袖，編派各種族群對立的假命題，鼓動整個社會的紛擾，來擴大個人的利益，讓台灣經歷如同文化大革命般的深淵。因此，問題的癥結並不單純只在於政治體制是否民主化，而在於政治權柄的行使，首先得要有為善的意願，如果我們不能讓為善的意願來主持導引著公共秩序，那不論我們採取什麼體制，都不過只是在假借名目來獲得個人利益，都會帶來災難，搞得全民都在互相打家劫舍。

因此，我們每個意願的起點，都應該自問：到底想為善，還是作惡。

原文

本院巡撫是方，專以弭盜安民為職。蒞任之始，即聞爾等積年流劫鄉村，殺害良善，民之被害來告者，月無虛日。本欲即調大兵剿除爾等，隨往福建督征漳寇，意待回軍之日剿蕩巢穴。後因漳寇即平，紀驗斬獲功次七千六百有餘，審知當時倡惡之賊不過四五十人，黨惡之徒不過四千餘眾，其餘多系一時被脅，不覺慘然興哀。因念爾等巢穴之內，亦豈無脅從之人。況聞爾等亦多大家子弟，其間固有識達事勢，頗知義理者。自吾至此，未嘗遣一人撫諭爾等，豈可遽爾興師剪滅；是亦近於不教而殺，異日吾終有憾於心。故今特遣人告諭爾等，勿自謂兵力之強，更有兵力強者，勿自謂巢穴之險，更有巢穴險者，今皆悉已誅滅無存。爾等豈不聞見？（出自《王陽明全集．別錄八》卷十六）

95 大慈悲的殺生

在〈告諭浰頭巢賊〉裡，陽明先生跟那群浰頭巢賊說：「人的情感裡，都會感覺出恥辱的事情，莫過於身上蒙受著盜賊的惡名；人的心靈裡，都會感覺出憤怒的事情，莫過於身上遭遇著劫掠的苦難。現在假使有人罵你們是盜賊，你們必然會很火大的發怒。但，你們豈可心裡討厭這個名稱，而身體正在實踐這個事實呢？再假如有人焚燒你們的房屋，搶劫你們的財產，掠奪你們的妻女，你們必然會被激發出強烈的憤怒，恨到骨子裡，寧可死去，都要報這個仇。現在你們卻這樣對待他人，他人難道不會被激發出強烈的怨恨嗎？」他還說：「你們當年會去做盜賊，這是『生人尋死路』，尚且想做就去做；現在如果希望能改變行為來從善，這是『死人求生路』，卻反而不敢棄暗投明，這是為什麼呢？如果你們肯有著如當年去做盜賊的凶狠精神，拚死出來想要改變行為來從善，我們官府豈有必要殺害你們的道理呢？這是因為你們太久浸染在惡毒的意念裡，已經習慣於殺人，心裡常多猜疑的緣故。哪裡會知道我這上人的心底，即使無故殺害一隻雞犬，尚且覺得不忍，更何況人命關天，如果輕易殺害你們，冥冥中斷然會有報應，讓子孫受著災禍，何苦必然要做這種事情呢？」

敝人曾經遇見自認很慈悲的宗教修行人，他對於陽明先生誅殺盜賊的往事很是不屑，認為這是沒有慈悲的表現。更常見已經習慣從「農民起義」的角度來解釋歷史的人，對於陽明先生這種撲滅農民起義的火苗的做法很是不滿，認為他延緩明朝要覆亡的命運，且在殘害無法安生苟活的農民。敝人要在這裡請問：如果時空更換在今日，有些人因為自認活不下去，因此「聚眾起義」，到處打家劫舍，掠奪財產，殺害手無寸鐵的無辜百姓，姦淫沒有辦法抵抗的婦女，身為政府的執法者，難道要基於慈悲，去縱容這些人的暴亂，或者只因為他們是沒有財產維生的人民（過去聲稱的無產階級），就要承認他們用武裝來剝奪他人性命與財物的合理性，等待他們來建立新政權，纔能自然而然結束殺虐？

不！任何有大慈悲的儒者，都不能坐視社會的動盪失序。如果社會的結構已經全盤崩解，救無可救，儒者或許要參加某個拯救亂世的中興能量，來全面更換新的局面，如果社會的結構尚未全盤崩解，儒者就應該扶持既有的政權，盡可能承擔責任，回轉狂瀾，消弭擾亂社會秩序的能量。因此，陽明先生的大慈悲，就在於他手握著重兵，在即將攻打山寨前，還書寫長篇的文告給這些盜賊，希望喚醒他們的良知，讓他們能瞭解「己所不欲，勿施於人」的道理，不要自己不喜歡被人稱作盜賊，事實卻在做著盜賊的事情。這就是他在面對自己的良知，想用誠意感化冥頑，避免「不教而殺」。他豈不知「因果報應」這件事情？然而，如果因為害怕殺生而招來個人或子孫的災禍，就因此拒絕承擔責任，對於廣大被傷害的百姓遭受的苦難坐視不理，卻變相縱容著盜賊更加猖獗肆虐，這不是慈悲，而是冷血，人因為冷血產生的縱容，使得惡毒的人能不斷釋放自己凶狠的能量，這是世間暴亂不止的癥結。

本體的特徵固然是創生，然而，本體的創生會展現出兩種型態：其一，因創生而創生，這是自因性的創生，創生本身沒有理由，創生就是本體自然的給出；其二，藉死亡來創生，這是他因性的創生，死亡是創生的源頭，因為有死亡，因此有創生。如果只看重自因性的創生，那會掩蓋住本體有關創生的全面內容，人不願意承認死亡的創生性，這會釀就出對各種議題的誤解。譬如說，因為人會死亡，因此有文化傳承這件事情，人對死亡的自覺，就使得傳承獲得發生的機會，人會奮勉在死前把自己領悟散播出去，由不同的人來接棒展開創生。再譬如說，人把植物或動物吃到肚子裡，食者與被食者因此融為一體，再給出新的能量，這就是植物或動物藉著死亡來幫忙人的創生。死亡使得創生獲得推展，生生不息的背後是靠著生死相續來做動能。陽明先生希望能感化盜賊，纔會想寫這篇文告，如果盜賊不能幡然悔改，他就只有拿出全副精神來剿滅「盜賊」（而不是人民），盜賊只有被消除殆盡，社會纔能恢復秩序，百姓纔能獲得安生，這是為維護環境的創生而殺生，這就符合本體創生的型態，即使個人或子孫有因果報應，奇難裡自有奇福，禍福共生本來就是很正常的事情，符合本體創生的脈絡，終會獲得本體的庇蔭，儒者釐清其義理，就會無愧承當。

原文

夫人情之所共恥者，莫過於身被為盜賊之名；人心之所共憤者，莫甚於身遭劫掠之苦。今使有人罵爾等為盜，爾必怫然而怒。爾等豈可心惡其名而身蹈其實？又使有人焚爾室廬，劫爾財貨，掠爾妻女，爾必懷恨切骨，寧死必報。爾等以是加人，人其有不怨者乎？人同此心，爾寧獨不知；乃必欲為此，其間想亦有不得已者，或是為官府所迫，或是為大戶所侵，一時錯起念頭，誤入其中，後遂不敢出。此等苦情，亦甚可憫。然亦皆由爾等悔悟不切。爾等當初去從賊時，乃是生人尋死路，尚且要去便去；今欲改行從善，乃是死人求生路，乃反不敢，何也？若爾等肯如當初去從賊時，拚死出來，求要改行從善，我官府豈有必要殺汝之理？爾等久習惡毒，忍於殺人，心多猜疑。豈知我上人之心，無故殺一雞犬，尚且不忍；況於人命關天，若輕易殺之，冥冥之中，斷有還報，殃禍及於子孫，何苦而必欲為此。（出自《王陽明全集・別錄八》卷十六）

96 心裡沒有鬼

在〈告諭浰頭巢賊〉裡，陽明先生講過一番很實在的話：「我每回替你們想你們的處境，動輒至於整夜不能安寢，無非希望能替你們尋覓到一條生路。只是因為你們冥頑不化，朝廷纔會不得已而興兵，這並不是我要殺你們，而實在是天要殺你們！現在，老實說我全無殺你們的想法，這只是在欺騙你們；老實說我必欲殺你們而後快，這又不是我的本心。你們現在雖然在做壞事，過去同樣是朝廷的孩子，譬如同一個父母生出十個孩子，其中八人為善，兩人背著父母做壞事，父母的心裡只有捨棄這兩個孩子，纔能讓其他八人獲得安生，本來都是父母的孩子，父母的心裡何故必欲偏殺那兩個孩子呢？實在是不得已的緣故。我面對你們，正就是這個態度。如果兩個孩子一旦悔惡遷善，哭號哀泣想回到父母懷抱，父母當然會疼惜憐憫而重新接納他們。這是為什麼呢？不忍殺自己的孩子，這正是父母的本心哪！如果能順著本心，這是如何喜樂慶幸的事情！我此刻面對你們，正就是這種心境。」

其實，人與人說話，如果真希望彼此能合作，與其擺出各種機詐的言語，毫無表情的鎮靜，來表現出自己的高段，不如就只是心平氣和的誠意講話，明白剖示彼此需要合作的事實脈絡，當這內在的事實脈絡獲得澄清，合作或不合作，就只是對是否想共同成事的評估與選擇。當然，人生極其複雜，有時讓對手全盤知道自己的脆弱與需要，反而會使自己毫無談判的空間，但，誠意講話這件事情，並不是如傻子般，鉅細靡遺的實話實說，畢竟誠意的重點首先在「面對自己」，而不是「面對他人」，只有先清空自己生命的雜質，滌除冗雜的意念，在很乾淨的精神裡，藉由語言給出對人與人關係的朗照，使得人因為講話而增加對生命處境的認識，這往往會使人的精神變得清新俐落，而讓人與人的信任感被強化，事情自然就進展得更順利。

陽明先生這裡的誠意講話，旨在讓這些盜賊知道自己的思慮流轉，這是在對他們的邀請，使他們不知不覺就來認識自己的心裡，因為瞭解了他思考這個問題的始末，而跟著強化對陽明先生的信任感，從而改變自己負嵎頑抗的態度。世上的大智慧者，往往都是攤開自己的生命內裡，邀請世人來共同探索，由於他攤開來檢視背後流露的誠意，使得他關注的問題，不知不覺會跟著成為世人共同關注的問題，他解決問題的辦法，就成為世人解決這類問題的典範，人類的文明則跟著這個典範而繼續蛻變。因此，誠意的人心裡沒有鬼，不會對自己的生命處境東躲西藏，生怕他人知曉，反而是把自己的問題擴大化，讓大家都知道自己的問題，大家會因為知道他在奮勉克服這個問題，而跟著對他的生命產生信任感，只要他不懈流露出這種克服問題的堅毅精神，他都會被視作豪傑，或甚至聖賢。

心裡沒有鬼，這個態度，說來容易做來難。世人受成見的蒙蔽，深怕自己被他人莫名傷害，因此講話總是遮掩來遮掩去，唯恐自己的態度太過於明確，立即被人咬住把柄來批鬥。

學者常會說中國是個公私界線模糊的社會，這點在藉由職位詐財來說確實很有點道理，但，就公共領域來看，現在處身於中國社會裡的人，幾乎不談自己的內在理路，不讓他人知悉自己的心靈需要，公與私被拉得很開，好像每個人都是善於工作的魔獸，活著的要義只有啃蝕與攫取工作獲得的利益，這就難免使得人與人相處總是各懷鬼胎，因為我們彼此唯一會有的關係就是利益衝突的關係，我們最妥當的位置就是彼此保持疏離，這會使得人活著很孤冷，人與人無法產生信任感，自然醞釀出各種難解的精神問題。

原文

我每為爾等思念及此，輒至於終夜不能安寢，亦無非欲為爾等尋一生路。惟是爾等冥頑不化，然後不得已而興兵，此則非我殺之，乃天殺之也。今謂我全無殺爾之心，亦是誑爾；若謂我必欲殺爾，又非吾之本心。爾等今雖從惡，其始同是朝廷赤子；譬如一父母同生十子，八人為善，二人背逆，要害八人；父母之心須除去二人，然後八人得以安生；均之為子，父母之心何故必欲偏殺二子，不得已也；吾於爾等，亦正如此。若此二子者一旦悔惡遷善，號泣投誠，為父母者亦必哀憫而收之。何者？不忍殺其子者，乃父母之本心也；今得遂其本心，何喜何幸如之；吾於爾等，亦正如此。（出自《王陽明全集．別錄八》卷十六）

97 不覺眼淚都流出來

在〈告諭浰頭巢賊〉裡，陽明先生最後說：「我豈喜歡殺掉你們啊！你們竭盡其能，就是要殺害我們善良的百姓，使得我們的百姓天寒沒有衣服穿，飢餓沒有食物吃，居住沒有房屋住，種田沒有水牛耕，父母都被殺害，妻子與孩子都被拆散，我想要使百姓避開你們，然而田產都被你們侵奪，已經再沒有避開的土地；我想要使百姓賄賂你們，然而家資都被你們擄掠，已經再沒有賄賂的錢財。假如請你們站在我的角度來幫我謀劃，同樣會告訴我只有殺盡你們纔能使事情結束。我現在特派人來撫諭你們，賞賜給你們牛酒銀兩布匹，贈給你們妻子，其餘人數眾多，不能全部告知，各給你們這篇曉諭。你們好自思量，我的言語已經無不盡，我的真心已經無不盡。如此誠意，而你們還是不聽，那就不是我辜負你們，而是你們辜負我，我就能無憾了。嗚呼！全部人都是我的同胞，你們都是我的孩子，我終不能撫卹你們，而要到不得不殺你們的情境，真是痛苦啊！真是痛苦啊！話講到這裡，不覺眼淚都流出來了。」

敝人讀這篇文章，不免會想：「這篇文告，究竟是寫給山賊看，還是陽明先生在寫給自己看？」當然，人最終只是在面對自己，尤其是在面對生命那本質終得由自己抉擇與承擔的處境。但，請問山賊會有幾人識字？即使識字，又有幾人能靜下來讀罷陽明先生的文告，認真思索生命的處境？陽明先生會不知道這件事情嗎？如果他早就明白，卻還要囉囉嗦嗦講這些同時訴諸情感與理性，並闡釋利害與利益的文字，那他其實只是在寫給自己看，而不是寫給山賊看了。但，這有什麼關係呢？最終，陽明先生只是在面對自己的良知，他要使自己的良知沒有絲毫愧疚感，因此，把該說的話全講個明白，聽不聽得進去，那就是山賊要自己去面對良知的問題了。

人做什麼事情，只要認真，都會發生效益，只是這個效益有時不在眼前，甚至不在生前，但，只要認真，尤其是認真在開啟智慧的門，都能對人間產生影響。陽明先生寫文告給山賊，山賊看不懂，或不想看，可能就隨便被哪個嘍囉丟到火堆裡燒了，然而被陽明先生的弟子放進文集裡，自會有他人來看，或許眼前不能改變山賊的人心，身後卻可能會改變人心的山賊。因此，只要是智慧的種子，碰到適合於這種智慧扎根的土壤，自然就會發芽開花。哪裡會有奮鬥無效這種事情呢？每回想到這裡，敝人就對闡發心學這件事情，更覺喜樂了。世上沉醉於昏沉的人占絕大多數，敝人有幸能把智慧的種子散播開來，讓聖學的真骨血，藉由網路，隨意灑落到人的心田裡，在頻率相應的人的生命裡扎根，來日，會在敝人完全預想不到的時間與空間裡，出現心學的長青松柏，不論敝人是否來得及與他相見，對此都深感幸福。

人如果有寬闊的時間感與空間感，對於任何事的得失都會覺得釋然。

原文

嗚呼！吾豈好殺爾等哉？爾等苦必欲害吾良民，使吾民寒無衣，饑無食，居無廬，耕無牛，父母死亡，妻子離散；吾欲使吾民避爾，則田業被爾等所侵奪，已無可避之地；欲使吾民賄爾，則家資為爾等所擄掠，已無可賄之財；就使爾等今為我謀，亦必須盡殺爾等而後可。吾今特遣人撫諭爾等，賜爾等牛酒銀兩布匹，與爾妻子，其餘人多不能通及，各與曉諭一道。爾等好自為謀，吾言已無不盡，吾心已無不盡。如此而爾等不聽，非我負爾，乃爾負我，我則可以無憾矣。嗚呼！民吾同胞，爾等皆吾赤子，吾終不能撫恤爾等而至於殺爾，痛哉痛哉！興言至此，不覺淚下。（出自《王陽明全集・別錄八》卷十六）

98 活在張狂裡

有個人名叫梁仲用，他見識高而志氣很豪壯，已經高中進士了，就銳意圖治，希望能承擔天下的事情。然而，有一天他開始反省，覺得自己立的志向實在太浮誇了，他自問自答說：「唉啊！我要談承擔天下，這實在還太早了。哪裡有自己都管不好的人，而能治理天下呢！」因此專注於涵養自己的學問，深思自己氣質的偏頗，而深覺自己往日的言語太過輕易，自知這實在是個毛病，因此給自己的書齋取個字：「默」，希望自己能先學會沉默。

他特地去見陽明先生，希望陽明先生能告訴他沉默的辦法。說來好笑，陽明先生自己反問自己，他覺得自己同樣是這個天下裡講話太多的人，哪裡能知道沉默的道理呢？然而，他根據自己的經驗，誠懇告訴梁仲用說：「氣息浮躁，就會愛說話；志向很輕，就會愛說話。氣息浮躁的人，只會想要在外面很顯耀；志向很輕的人，就會在心底很放縱。」他希望梁仲用能注意自己的氣息與志向。

這段話出自於〈梁仲用默齋說〉。

看見這個衰敗的時空裡，偶爾還有些知識分子的存在，不免感覺喜悅。他們對於國家的前景與社會的福祉慷慨陳詞，好像只要按照他們的辦法，國家與社會就能因此獲得大治，對於他們如此強烈的使命與自信，敝人深感佩服。敝人常不免反省，自己都管不好的人，能去談如何管理國家與社會呢？國家與社會的紛亂，很可能就來自於自己都管不好的人，正因為無法克制住自己的欲望，纔會想插手管理國家與社會，接著把國家與社會都搞得大亂，卻依然覺得這不是出自於自己的問題，繼續很坦然批評他人如何把國家與社會搞得大亂。因此，永遠都是他人有問題，自己則絕對沒有問題，如果不是他人有問題，那就是制度有問題，只要制度改變，就再不會有任何問題。但，你可曾見過只要制度訂得完善，就不再有任何問題的社會？從來沒有！因為人的心靈會繼續變異，來躲開制度的規範，只要他不想按著規範行事，他就會產生鑽漏洞的新辦法。

人人都不想管理自己，卻希望國家與社會變好，這個有關於變好的幻想，通常是人家要改變，自己則不需要改變。知識分子只是其中特別敢幻想的人，而且偶爾會把這個幻想付諸實踐，讓他人經歷各種被改革的痛苦，然而他自己卻總是能置身事外，不需要做改革。這就難怪國家與社會永遠都不能變好了，因為老是由不能改革自己的人，來改革國家與社會，當然這樣的人不只是知識分子，往往更會是面善心惡的政治投機分子，不斷訴諸各種美麗的幻想，來讓大家跟著他活在張狂裡。如果有一天，我們這個國家與社會不再有人一直在幻想改革，人人都願意學習沉默，不再張狂，首先認真來改革自己，尤其願意踏實涵養自己的心性，那國家與社會的變好，就不再只是個幻想了。

原文

仲用識高而氣豪，既舉進士，銳然有志天下之務。一旦責其志曰：「於呼！予乃太早。烏有己之弗治而能治人者！」於是專心為己之學，深思其氣質之偏，而病其言之易也，以「默」名庵，過予而請其方。予亦天下之多言人也，豈足以知默之道！然予嘗自驗之，氣浮則多言，志輕則多言。氣浮者耀於外，志輕者放其中。予請誦古之訓而仲用自取之。（出自《王陽明全集．文錄四》卷七）

99 悟道的滋味

陽明先生說：「沉默有四種虛偽：有疑惑卻不知道發問，已經被蒙蔽卻不知道澄清問題，保持安靜的樣子來自己欺騙自己，這就是沉默裡的愚昧；再者，故意不說話，來顯示自己的姿態很高，藉此來眩惑他人的眼睛，這是沉默裡的狡獪；害怕他人看出自己的缺點，把自己真實的狀態掩藏覆蓋起來，如果有過錯，都被導引成是他人的過錯，這就是沉默裡的誣陷；有著深不可測的陰沉情緒，外表看起來很忠厚，手段卻如深淵般毒辣，不斷設計出凶狠的陷阱，沉默變成他奸詐的裝飾，這就是沉默裡的賊寇。」

這出自於〈梁仲用默齋說〉。

中國人自童年起受教育，不論教育的內容為何，教育的目的總是在暗示著學生要懂得「沉默」，如果學生大膽起身發言，看法與老師相左，就會被老師視作來搞麻煩，要不就遭到老師的喝斥，要不就會在學期成績變得很難看。對老師而言，教育變成規範學生守規矩的教育，而不是引領學生善思考的教育，因此，學生表現沉默，就變成學習虛偽的過程，學生越在學校裡表現得沉默，往後就越會在學校外，對自己曾受的教育不屑一顧，因為表裡不一就是老師帶給他的印象，但，那令人印象深刻的沉默，則會不知不覺轉作自己人生掩藏真實態度的利器，他靠著這個辦法來維生，不斷跟人虛與委蛇，來爭取自己更實質的利益。

自從明朝覆滅後，心性就在中國社會裡銷聲匿跡，要不就是僵硬如鋼鐵的教條化道德；要不就是粗鄙如蠻荒的殘暴型鬥爭，面對各種問題，人常是先有答案，再接著尋覓理由，生命好像都是自生自滅，從不需要有學問的指引，沒有問題，自然更沒有論學這件事情。這就是大家再熟悉不過的沉默。面對性的問題，我們沉默；面對情的問題，我們沉默；面對工作的問題，我們沉默；面對親子的問題，我們沉默……，我們好像一群沒有問題的人，只要強撐硬挨，時間拉長，事情就自己過去了。然而，人生全部的問題，背後都是心性安頓的議題，因為沒有探索的習慣，因此我們的生命都變得極其粗鈍，習慣於麻木與無感，最常聽見大家會如此相互安慰：「想得那麼複雜幹嘛？及時行樂比較重要！」

因此，一世接著一世，我們不斷在人間過著重複的日子，在生老病死裡忙著吃喝拉撒睡，卻總是在刺激的享樂與噤聲的沉默裡交替，這就是我們能瞭解的「趨吉避凶」，但，我們從不曾意識到真實的沉默與喜樂。在真實的沉默裡，人能體會出無言本身的深意，有個極其遼闊的情境，只有沉默帶來的安靜能感知，那裡蘊含著智慧的無盡藏，你越是沉默，就越能獲得豐富的感知，當你感知自己快要貼靠著臨界點，即將觸摸智慧的剎那，你整個精神都會張開，全部毛細孔都洋溢著強烈的喜樂，你覺得生死在此際已經被超越，你頓感萬物一體，世間再沒有區隔與壁壘，再沒有任何虛假與掩飾，萬有都在本體給出的脈絡裡生生不息，而你就安然駐蹕在這裡，再不需要漂泊與尋覓，這，就是悟道的滋味！

因此，沉默是悟道的起點。

原文

夫默有四偽：疑而不知問，蔽而不知辯，冥然以自罔，謂之默之愚；以不言餂人者，謂之默之狡；慮人之覘其長短也，掩覆以為默，謂之默之誣；深為之情，厚為之貌，淵毒阱狠，自托於默以售其奸者，謂之默之賊。（出自《王陽明全集・文錄四》卷七）

100 行腳朝聖數千里

有個老人名叫林司訓，他年紀已經七十九歲，聽見心學的智慧，深受震撼，他很想謁見陽明先生，卻因為貧窮，沒有馬車幫忙，竟然在嘉靖五年（西元一五二六年），徒步行腳數千里，最終與陽明先生相見。陽明先生很憐憫他年紀已經如此大，竟然還是這麼貧窮，卻慚愧自己沒有什麼辦法幫他忙，因此寫一篇文章〈書林司訓卷〉，跟他說：「過去王道大行的時候，配給大家田地，制訂俸祿，士農工商的百姓都有安頓的制度。壯年人知道要講究孝悌忠信；老年人有衣服與金錢，能食肉來養生，不會背著沉重的東西走在路上，更不至於客死異鄉，因為來來往往的人都是朋友，有疾病會互相扶持。哪裡會有人在耄耋的年紀，還要為衣服與食物奔忙於路上呢？」

七十九歲的林司訓，即使在今天都已經是高壽，這麼大的年紀，通常只能在家養老，即使出門只在自己鄉里散步，恐怕都已多有不便，卻能不遠數千里行腳來謁見比自己年輕二十四歲的陽明先生，只因為他不想與神聖的因緣錯過，這是如何大的誠意啊？如果你知道藏人這一生都要匍匐跪拜來拉薩的布達拉宮朝聖，藉此表達他們最虔誠的禮敬，那林司訓行腳朝聖，同樣是他藉此表達對心學最虔誠的禮敬，他用自己的腳來體證心學，沒有馬車的幫忙，更能強化他領會的深度，因為他對心學的孺慕，都是靠自己的腳程來落實。記得孔子說：「朝聞道，夕死可矣。」這世間有幾人真覺得聽聞大道，即使死掉都不再覺得遺憾？更多人則是有各種再合理不過的藉口，來阻止自己聽聞大道，他們終身只能做個廢人，且心甘情願自己精神的殘廢。

林司訓這一生，可能毫無傲人的外在成就，甚至可說活得很卑微，但，他最終只領會一件事情，那就是做人要誠意。他用自己的行腳朝聖，來實踐這個領會，很可能他再行腳回家鄉後沒有多久，人就過世了，但，這輩子光只是憑著認真做好這一件事情，就足堪使他名垂青史了。這就是陽明先生會寫文章相贈的原因，他要讓世人知曉誠意的無價！陽明先生不會更不能給林司訓任何其餘的餽贈，這會汙染並質變林司訓的誠意，只有讓林司訓的故事流傳於後世，讓心學更加風行於人間，纔能回報林司訓對心學如此強烈的熱忱與嚮往。因此，敝人特別再書寫這篇文章，來記錄世間曾經有林司訓這個人，他沒做過什麼偉大的工作，他只是行腳朝聖數千里，來讓世人得知中華的子民裡，同樣有人面對儒家的心學，有著如同面對藏傳佛教那樣深的情意。

原文

林司訓年七十九矣，走數千里，謁予於越。予憫其既老且貧，愧無以為濟也。嗟乎！昔王道之大行也，分田制祿，四民皆有定制。壯者修其孝弟忠信；老者衣帛食肉，不負

戴於道路；死徒無出鄉；出入相友；疾病相撫持。烏有耄耋之年而猶走衣食於道路者乎！（出自《王陽明全集・文錄五》卷八）

101 怪人在作怪

陽明先生說：「周朝衰微，王道的跡象熄滅，開始有人民沒有財產過生活。然而那時聖學還很昌盛，士人即使窮困，都還會固守貧窮的節操；鄉里與族黨，都還會知道人與人要相互體恤的道義。等到後世，功利的學說日益風行，人不再知道明德與親民的真實意義。士人都喜歡文飾各種浮華的詞彙來掩飾自己的機詐，互相拿虛偽來規勸彼此，互相拿利益來傾軋彼此，外面穿著冠冕堂皇的華夏服飾，而內在的思慮卻如同禽獸，卻自認在從事於聖賢的學問。這種狀態而想要挽回夏商周那三個時期的純樸國風，這實在是很困難了。」

這出自於〈書林司訓卷〉。

到底什麼是功利的學說呢？只要由「自我」做思維的出發點，就會發展出功利的學說。或許有人會問：人只要開始思考，就有思考的主體，這主體就是自我，難道有不由自我做出發點的思維嗎？當然有！那就是由不自我的自我，展開不思維的思維，由虛己來悟真，這就是自性的體會。自我是當前時空的病徵，藉由對各種物質的擁有來凝聚出個幻想擁有的主體，並不是人真正的主體，當然，人其實不應該有主體意識，那會使得內在與外在產生區別意識，人應該產生「受體意識」，讓被視作外在的存有都內在化，都與意識的主體融合無間，這就能讓自性浮現，這就是「虛己」的意思，意即還是有個主體，然而這個主體卻是個無區別的受體。當人不再由自我做出發點，就不再有他人與自己的區隔，通過自性而領略本體在萬有的流行無礙，這就會是「明德」與「親民」的真實意義。

現在有很多有志的人士都起來提倡華夏服飾的復興，這是極好的奮勉，然而，我們應該反省，穿著華夏服飾，不應該存有「做個士人」的幻想，卻沒有做個士人的實質。過去只有通過科舉的人纔有資格穿著的服飾，現在則是想穿就穿，沒有人會在意這服飾背後是否符合真實的「資格」。然而，現在並沒有科舉，如何產生資格呢？那就是人要做真實的心性涵養，提高智慧與見識，產生能照撫自己與他人生命的能量，使得你穿著華夏服飾，立即讓人與華夏文化最精華的心性產生聯想，而不是給人「怪人在作怪」的感覺。這就像是神父要穿神父袍，法師要穿僧侶服，在實踐與提倡心性的士人，自然就需要穿華夏服飾，而且，提倡華夏服飾，不應該只停留在「服裝秀」或「辦活動」的層面，只在特別的時節或時段穿著，平日則穿他種服飾，這就會與生活脫節。最重要者，提倡華夏服飾的人，應該同時從事於提倡心性涵養的工作，尤其是應該講論與實踐心性，讓自己全生命都活在華夏氣象裡，這就像是神父要穿神父袍，法師要穿僧侶服，在實踐與講論心性的士人，自然就需要大量穿華夏服飾，而不是只有穿著這服飾的時候是士人，脫掉這服飾的時候則是禽獸，這禽獸的意思是指帶著濃厚的自我意識，活在他人與自己的對立感裡，不斷在做名位與利益的競爭與廝殺，卻還洋洋得意自己好像正在恢復聖學。

原文

周衰而王跡熄，民始有無恆產者。然其時聖學尚明，士雖貧困，猶有固窮之節；里閭族黨，猶知有相恤之義。逮其後世，功利之說日浸以盛，不復知有明德親民之實。士皆巧文博詞以飾詐，相規以偽，相軋以利，外冠裳而內禽獸，而猶或自以為從事於聖賢之學。如是而欲挽而復之三代，嗚呼其難哉！（出自《王陽明全集・文錄五》卷八）

102 悟後無六經

陽明先生說：「我對於人拿機詐，卻自認在復興聖學的事情，深感憂懼，揭開『知行合一』這個認知與實踐都冥契於本體的學說，來釐訂往日致知格物的荒謬解釋，希望能因此端正人心，熄滅邪說，藉此闡明先聖的學問，庶幾使得君子能聽見大道的要領，小人同樣能蒙受被照顧的恩澤。然而，心浮氣躁的人，都在各處喧譁，視我為狂亂自惑，甚至是個喪心病狂的人。我同樣不自知能量的不足，每天還往顛危的處境裡繼續擠兌，不圖自救，瀕臨死亡都不回頭。想起來，不是很悲哀嗎？」

這出自〈書林司訓卷〉。

翻譯這段文字的時候，敝人同樣有股涼意與淒冷襲上心田。

為什麼敝人想做事，總要挑最難的事情去做？人說「性格造就命運」，果真是如此嗎？從事於心學的闡發，委實並不是個人性格的抉擇，而是冥契本體後自然而然的使命。這件事情，並沒有誰強制要敝人去做，做這件事情，同樣沒有什麼現實的利益能召喚，甚至還有各種立即而明顯的傷害，候在那裡要敝人承受。譬如說，只要把文章放在網路上，尤其只要拿給大陸深受意識型態籠罩的同胞閱讀，就要面臨各種無情的辱罵或嘲諷，不斷打擊敝人想復興聖學的熱望，木石都有情，人對此何能無感？然而，我同樣不自知能量的不足，每天還往顛危的處境裡繼續擠兌，這是因為我不知道「趨吉避凶」的道理嗎？還是我有滿肚子的「不合時宜」，不知道順應著潮流與時尚，纔會把自己人生的路搞得如此狹窄？

每個人，只能活在自己全然相信的脈絡裡，人如背棄自己的全然相信，那將會面臨天地共誅，萬死都無法贖罪的處境。如果敝人只是個「憤青」，活在對現狀充滿著不滿，對傳統充滿著嚮往，因此只知道要主張「復古」來抵抗邪惡的資本主義，那，敝人應該會整日埋首於典籍，言必孔曰孟云，來讓自己活得更與現實脫節，而自滿不已。然而，這已經是二十年前的往事了。敝人對本體的領會，早已不是學究對經傳的注解能羈勒，悟後無六經，言語卻無不是再闢古今，這絕不是自我的張狂，而實在是白性的推展。再啟聖學，本無關於個人的勝負成敗，而來自於身負神聖能量的不得不發，果真因此蒙受世人的不解，相信異世自會有公允的評價。

因此，豈能有個人的悲哀？如還有情緒，那當是對於世人不能早日活在冥契本體裡，卻執著於本體給出的泡沫與殘渣，深感不忍與憐憫。心學是認出世間萬有的心學，本不是任何人能獨占。敝人只是再給出心學並認真澆灌的園丁。想要重振中華文化的有志者，當然需要瞭解我們過往聖賢的經典內吐露出的微言大義，然而，正就是這個「瞭解」二字，如果聖賢不曾大悟本體，他吐露出的經典豈能內含微言大義？如果聖賢已經大悟本體，而我們不曾大悟本體，又豈能瞭解聖賢吐露出的經典內含的微言大義？因此，想要重振中華文化的有志者，請在學習聖賢經典的同時間，從事於心學的涵養，給自己大悟本體的機會。

原文

吾為此懼，揭知行合一之說，訂致知格物之謬，思有以正人心，息邪說，以求明先聖之學，庶幾君子聞大道之要，小人蒙至治之澤。而嘵嘵者皆視以為狂惑喪心，詆笑訾怒。予亦不自知其力之不足，日擠於顛危；莫之救，以死而不顧也。不亦悲夫！（出自《王陽明全集．文錄五》卷八）

103 父親的遺言

潮州有個處士，名字喚作黃保，號坦夫，他年紀已經很大了，生個兒子喚作黃夢星，受父命來浙江跟陽明先生學習心學，浙江距離潮州數千里，夢星住在那裡問學數個月，往往動輒就跟陽明先生請假告歸探望父親，兩三個月後纔再回來。如此再三。黃夢星是個很本質溫和敦厚的善良人，人甚是孝順，然而天賦給他的身體就已經氣血纖弱，好像不是個能承擔大量勞動的狀態，陽明先生有些奇怪他為何不害怕道路如此險阻遙遠，還這樣勤苦於來來往往，因此跟他說：「我的弟子啊！你既然已經聽聞我的學說，如果因緣使然，應該就在居家養親即可，而在生活裡從事於心性印證，何必要來往跋涉到這種程度呢？」

黃夢星很緊張不安，跟陽明先生說：「弟子的父親生長於海濱，對於聖賢的道理很知道傾慕，卻苦於沒有門路進去探索。後來獲見我們同鄉的薛姓與楊姓兩位先生，終於得知夫子的學問，聽聞您的學說，深感快樂！他因此督責夢星說：『我已經衰老了，我不希望你去考科舉來求得什麼俸祿，你但能如同那些心學弟子，聽聞夫子的大道，我就算喝著稀粥飲著白水，死掉被丟棄到山溝深谷裡，都會覺得很滿足了。』夢星因此不遠數千里而來，跟隨夫子問學。每回歸省父親，跟父親請求停留三個月，藉此奉養父親飲食，父親都不允許；請求停留超過一個月，同樣不允許；居住在家沒有十天，父親就已經幫忙準備好資糧，告誡童僕，督促弟子開始出發。夢星哭泣跟父親請求，父親就會責備弟子說：『唉！你認為這樣就是在孝順我嗎？不能如黃鵠遠飛千里，而只希望做我羽翼裡的幼雛，只會使得我的心裡更苦悶。』」

因此，黃夢星再跟陽明先生坦白說：「積極來夫子的門內求學，這固然是出自夢星本心；然而，不能久留於父親的膝下，而這樣倏忽來來往往，這實在是弟子的父親的命令，弟子不敢違背使然。」陽明先生很感嘆說：「黃保作為父親，實在是大賢了！夢星作為孩子，實在是大孝了！深深期勉夢星，希望你最終能完成父親的志向，這樣纔不會對不起父親的願望！」沒有太久，處士黃保就過世了，家人派人來訃告，陽明先生感覺很是痛惜，想到世上竟然有這樣慧見的父親，還有如此孝順的孩子，他們的生命都只有證得心學這件乾淨俐落的事情，他深感驚奇，因此寫〈書黃夢星卷〉，遙祭處士黃保，來抒發自己的傷感，並做誠摯的哀悼。

其實，我們由黃夢星的名字「夢星」兩字，就知道處士黃保這一生的願望，就在於希望獲得夢境裡的那輪北極星，當他終於得見夫子，儘管自己已經衰老，豈能讓孩子再錯過聽聞至善的道理的機會？父親的遺言，就來自於他對孩子至深的愛，更來自於他希望孩子能幫他彌補自己錯過領會心學的遺憾，如果人的生命不拿自我意識為單位，那父親的遺憾，由孩子來圓滿，父子本一體，這同樣是在成就生命不斷在精進的旨趣。我們這一生如果只有活在自我意識裡，其實當會發現，人生最終能成就的事情，其實稀薄得可憐！如果生命的意義，當在成就你能成就的生命，那處士黃保成就孩子，就是在成就自己；陽明先生成就弟子，同樣是在成就自己。看見黃家父子如此發願在學心學，敝人驀然能瞭解在明朝的時空裡，為何心學能如此大盛於人間了。那裡面，當有無數資質平凡的人，在篤實做工夫的不凡故事。

原文

潮有處士黃翁保號坦夫者，其子夢星來越從予學。越去潮數千里，夢星居數月，輒一告歸省其父；去二三月輒復來。如是者屢屢。夢星性質溫然，善人也，而甚孝。然稟氣差弱，若不任於勞者。竊怪其乃不憚道途之阻遠，而勤苦無已也，因謂之曰：「生既聞吾說，可以家居養親而從事矣。奚必往來跋涉若是乎？」夢星跽而言曰：「吾父生長海濱，知慕聖賢之道，而無所從求入。既乃獲見吾鄉之薛、楊諸子者，得夫子之學，與聞其說而樂之，乃以責夢星曰：『吾衰矣，吾不希汝業舉以干祿。汝但能若數子者，一聞夫子之道焉，吾雖啜粥飲水，死填溝壑，無不足也矣。』夢星是以不遠數千里而來從。每歸省，求為三月之留以奉菽水，不許；求為逾月之留，亦不許。居未旬日，即已具資糧，戒童僕，促之啟行。夢星涕泣以請，則責之曰：『唉！兒女子欲以是為孝我乎？不能黃鵠千里，而思為翼下之雛，徒使吾心益自苦。』故亟游夫子之門者，固夢星之本心；然不能久留於親側，而倏往倏來，吾父之命，不敢違也，」予曰：「賢哉，處士

之為父！孝哉，夢星之為子也！勉之哉！卒成乃父之志，斯可矣。」（出自《王陽明全集．文錄五》卷八）

104

招搖撞騙的幌子

陽明先生說：「聖賢的學問，已經被人間放棄很久的時間了，常不啻當作如地上的渣滓般輕視。假如偶爾有人拿來討論，就會被眾人共同質疑與嘲笑，詆毀與駁斥，認為堅持這種觀念的人如同怪物。只有世上號稱賢能的士大夫，或許有人會拿出來講究其間的內容，然而要說考察他實際的立身與行己的事實，與他平日在家庭裡訓督期望於子孫的事情，未嘗不還是汲汲營營於功利的事情，所謂聖賢的學問，則不過就只是來幫忙他平常跟人談論有個高尚的話題，讓他披在外面，能粉飾自己好像很有文化，這樣的人常十個人裡，八九人都是如此。希望他能發出誠意，齊一志向，真正拿聖賢的學問來督教自己的孩子，如同處士黃保那樣，世間能得到幾人呢？」

這出自於〈書黃夢星卷〉。

這段話，陽明先生自己就感同身受。他的父親王華，考上狀元，自童年起，陽明先生就承受著來自於父親的龐大壓迫感，父親希望他能繼承衣缽，再考上進士來光耀門楣，陽明先生則從來就不喜歡讀死書，他的性格豪邁不羈，有時喜歡研究與演練兵法，有時則會通過思考發出乍看有些奇怪的言論，讓王華很是憂慮。王華幫他覓得優異的私塾老師，他卻常看著書靜坐凝思，十一歲的時候，他曾經問私塾老師說：「什麼是天下第一等事情？」老師說：「不過只有讀書登第這件事情罷了。」陽明先生則質疑說：「這恐怕不是第一等事情，或許讀書學做聖賢，纔會是第一等事情！」私塾老師告訴王華這件事情，王華聽見，就有些輕視笑出聲來：「你想做聖賢嗎？」

因此，質疑做聖賢這件事情的可能性，何止是芸芸眾生，或其他高不可攀的士大夫，包括陽明先生自己一輩子最愛的父親王華，這本朝的狀元郎，舉世公認最會讀聖賢書的人，都曾經給他無情的打擊。陽明先生晚年的時候，看見自己的孩子王正憲不認真學習，他屢屢嚴厲申責，罵他不可因為自己的聲望而跟著狂妄與幼稚，不做個老實人。然而，他並不希望正憲去考科舉，甚至，他曾經幾度阻止正憲有這種念頭與實踐，這並不是他對考科舉有什麼反感，而是正憲如果不先掌握住根本，考科舉不過是在繼續養壞心性，不幸考上則更是在危害社會，當他聽見正憲好像願意真誠學習的時候，他更滿懷希望，想把這孩子納進傳播心學的宗門裡，儘管最終這個願望沒有辦法成真，但，這反映出他首尾一貫的態度，並落實在人生裡。

如果這個社會裡還有人自稱看重儒家思想，然而他的看重只是看重於光宗耀祖這個層面，那他看重的不過只是傳統文化裡的虛名（尤其是面子），藉由期許與供養孩子不斷讀書，考上有名的大學，覓得高薪的工作，甚至能當官，來對外人炫耀自己的家族有著無盡的富貴。請問這是哪門子在看重儒家思想？這種看重，不過只是把不乾淨的生命狀態，依附在儒家的招牌裡來漂白，卻反而把何謂儒家搞得不乾不淨，卻會被有覺知的人摒棄，他們反而會不想與儒家這名相再有任何瓜葛了。放棄做聖賢的人，只會計較著世俗的利害，如果還聲稱自己最喜歡儒家，這簡直是在毀滅儒家，而不是在闡發儒家。當他們把自己的生命給玩完了，就會跟著把儒家陪葬，這就是當清末儒學不再有科舉的依靠，在五四時期就立即全面崩解，被讀書人踐踏如土苴的癥結，因為當世俗的利害已與儒家無關，而過去聲稱是儒家的人，只在意著世俗的利害，他們的言行舉止，就會讓後人（不論這後人在意世俗利害與否）都瞧不起儒家這名相。因此，我們寧可那些眷戀著富貴的人不要再拿儒家來說事，來增加自己的名聲，這樣儒家纔能恢復其涵養心性的本來面目，而不是個招搖撞騙的幌子。

原文

聖賢之學，其久見棄於世也，不啻如土苴。苟有言論及之，則眾共非笑詆斥，以為怪物。惟世之號稱賢士大夫者，乃始或有以之而相講究，然至考其立身行己之實，與其平日家庭之間所以訓督期望其子孫者，則又未嘗不汲汲焉惟功利之為務；而所謂聖賢之學者，則徒以資其談論、粉飾文具於其外，如是者常十而八九矣。求其誠心一志，實以聖賢之學督教其子，如處士者，可多得乎！（出自《王陽明全集‧文錄五》卷八）

105 沒有異性愛自己

有個弟子王一為，他由惠州肩負著行囊，風塵僕僕來跟陽明先生學習，居住數個月，都只是跟隨著眾人來謁見陽明先生，聽著先生說話，很是沉默，從來沒有任何特別的表示。陽明先生覺得他的精神狀態很奇異，注意看著他的臉色，發現他總是津津有味的樣子，心底充滿著喜悅感。直到有一天，眾人都離開了，王一為再獨自來到講堂前，跟陽明先生請教說：「致良知的訓勉，實在是千聖不傳的奧義，一為已經從夫子這裡領取了，現在想冒然再跟您請益，希望您能跟弟子再說些什麼，好嗎？」陽明先生回答：「身高千丈的樹木，起於地表如皮膚般微寸的萌芽。你認為那膚寸上面的成長再沒有意義嗎？如果沒有，那如何能長成千丈的樹木？你認為那膚寸上面的成長很有意義嗎？在膚寸的上面，你除了順應外，還能再替樹木做些什麼呢？」說完，就笑著看著他。一為聽完，立即跳起來說：「弟子聽聞最關鍵的教化了。」再隔三個月，王一為考慮不應讓老母長期在家裡失去自己奉養，跟陽明先生告歸省親，陽明先生就寫〈書王一為卷〉這篇文字贈給他紀念。

或許有人看到這裡，難免會覺得很疑惑：陽明先生到底跟他的弟子王一為說了什麼，會讓王一為覺得真正受教呢？那就是關於這「致良知」，如果王一為已經有領會，陽明先生還能再說什麼呢？真正把握住致良知，就如同樹木已經在地表萌芽，自然會繼續成長茁壯，哪裡還需要什麼多餘的言語呢？陽明先生在〈答人問良知二首〉裡說：「良知即是獨知時，此知之外更無知。誰人不有良知在，知得良知卻是誰。知得良知卻是誰？自家痛癢自家知。若將痛癢從人問，痛癢何須更問為？」如果弟子王一為真已經領會良知，那他如何還需要跟陽明先生再問良知在生命裡會引發的痛癢呢？自家痛癢自家知，關於這個「獨知」，王一為如果能領會，就應該順著這個脈絡去繼續領會，自然繼續引申與拓展，痛癢會微如絲毫般有著清晰的輪廓，不需再拿外在的話語（尤其是話語編織出的知識）去添加或減損什麼，這就是冥契經驗。

常見現在的年輕人，困惑於生命議題，尤其是感情，他們常覺得如果沒有異性愛自己，撫慰自己飢渴的身體，就會深感孤單苦悶，人生就再沒有任何意義了。然而，他們有一天總會發現，人與人即使聲稱相愛，都不見得能相互瞭解，因為人首先都不認識自己，都對自己心底的各種觸感相當陌生，又能如何讓他人來認識自己呢？他們如果把認識只停留於感官的探索，就永遠都不能解決孤單苦悶的問題，因為這個問題本質來自於精神，當人的精神沒有出路，不識良知，就會耽溺在個人化的愛恨情仇裡，不愛即恨，不恨即愛，在愛恨交替裡，情與仇早已錯亂，讓自己都搞不懂怎麼回事，有時恨死情人，見到面兩人卻不知不覺如野獸般立刻上床；有時愛死情人，卻寫封短信說生命已不再有任何眷戀，搞得自己跟他人都精神錯亂，藕斷絲連不已，這就是流行歌曲長年如此盛行的原因，因為活得不究竟的人如此大量。人如果能識得良知，就不會面臨如此錯亂的生命處境，他同樣需要經歷感情，因為這是人生不可不學的課題，然而，他不會在自殘裡跟著害人，而是在自重裡跟著愛人。生命的重量，來自於心底有良知做壓艙石，使得生命的大船因此能沉穩遠航。

緻人寫這些字，不是在喋喋不休玩著勸世良言的把戲，而是字字出自於真實的領會，緻人年輕的時候，曾經有著狂妄的自我，卻因感情的失落而痛不欲生，最終還能回神重新做人，珍惜生命的寶貴，稍微懂得如何愛人，只是因為終於產生冥契經驗，識得良知，知道世間竟有心學這門學問。

原文

王生一為自恵負笈來學，居數月，皆隨眾參謁，默然未嘗有所請。視其色，津津若有所喜然。一日，眾皆退，乃獨復入堂下而請曰：「致知之訓，千聖不傳之祕也，一為既領之矣。敢請益。」予曰：「千丈之木，起於膚寸之萌芽。子謂膚寸之外有所益歟，則何以至於千丈？子謂膚寸之外有所益歟，則膚寸之外，子將何以益之？」一為躍然起拜曰：「聞教矣。」又三月，思其母老於家，告歸省視，因書以與之。（出自《王陽明全集．文錄五》卷八）

106 自己思想的頭號囚犯

有個弟子名叫汪汝成，他針對「格物致知」、「博文約禮」、「博學篤行」與「一貫忠恕」這些議題，反覆跟陽明先生請益，陽明先生已經不只跟他針對相同的議題一論再論，甚至已經數十論了，都沒有說服他。汪汝成則聽見陽明先生的觀點，先是驚駭而拂袖離開，接著再回頭聽，剛開始有點疑惑，想著想著，接著就有很大的疑惑，陽明先生不厭其煩的解釋給他聽，他稍微釋然了，接著還稍微感受出歡喜，但，沒多久就又產生疑惑，最後，他跟著陽明先生去玉泉遊歷，連續幾個日夜跟陽明先生論學，他的疑惑終於很快冰釋，油然滋生出大歡喜，對於本體有著冥契。陽明先生說：「真不知過去是我的言語不能幫忙汝成去冥契本體？還是汝成的言語不能幫忙自己來與我冥契本體的狀態溝通？唉啊！汝成實在是不會隨意贊同於敝人，更不會隨意立異於敝人了。」汝成曾經想請陽明先生題字給他紀念，當時他尚有一大堆疑惑，後來已經釋然，陽明先生覺得自己已然大可無言了，因此索性直接記錄這段事情作紀念，這就是〈書汪汝成格物卷〉。

汪汝成讓陽明先生覺得「不苟同於予」與「亦非苟異於予」，可見得汪汝成並不是在刻意爭論，而想要認識真知，因此反覆從各種角度來跟陽明先生探討與釐清。在這段原文裡，陽明先生針對領悟本體的狀態，寫出「冥然以契」四個字。這就是為何敝人會使用「冥契」來描寫領悟本體的經驗，而不使用西洋哲學習慣的神祕經驗來說事，因為冥契本體並沒有絲毫神祕不可理解的狀態，而是有綿密的工夫能循序把握，更能被涵養心性的人公開討論，尤其心學家平日講學的議題，就是在談「工夫論」的內容。這段文字可顯示出，陽明先生是個態度極其開放的人，他不要他人盲目的附和，更不要他人挾私的立異，他只希望來與他論學的人，能議論真實的問題，不要有任何成見，彼此就性命論性命，反覆計較其底細究竟，目的旨在最終能冥契本體。

人最怕講話有「求勝的心態」。常見有人講話或寫字，總習慣在聽取他人的意見後，立即接著品評說「這是混扯」、「大錯特錯」或「根本不懂」做話頭，好像自己的意見纔是真理。人與人還需要說話，只是希望能彼此共同冥契於本體，重點根本不是誰的意見，更不是誰的正誤，當你擱置那主體的勝負意識，就會自然而然就真實論真實，使得生命因與本體冥契，而領會萬物一體的大喜悅。因此，喜歡論爭，並不斷尋覓論敵的人，他活在征服他人論點的喜悅裡，卻是自己思想的頭號囚犯。他的精神並沒有因為自己的思想而獲得解脫，反而被那種爭個勝負的鬥志給綁架，限制住思想掙脫主體意識，而能冥契於本體的機會。這種人充其量最高只是個「思想家」，而且是個不吝散播毒素的思想家，卻絕對不是個「開悟者」，他不論說什麼偉大的言論，都只是在自尋苦惱而已，在主體意識裡展開的辯論，都只是在浪費彼此的精神與時間，彼此無法獲得任何真知。這種人如果來講良知學，那會混淆良知的究竟，攪亂世人的視聽，耽誤眾生因為認識心學而冥契本體的機緣，然而，人生要撥雲見日，就得經歷魔障的考驗，心學能有這樣的魔障示現，那就表示心學大顯於世的日子已在眼前，我們涵養心性的士人，面對不論內境或外境的魔障，都要戒慎恐懼。

原文

予於汝成「格物致知」之說、「博文約禮」之說、「博學篤行」之說、「一貫忠恕」之說，蓋不獨一論再論，五六論、數十論不止矣。汝成於吾言，始而駭以拂，既而疑焉，又既而大疑焉，又既而稍釋焉，而稍喜焉，而又疑焉。最後與予游於玉泉，蓋論之連日夜，而始快然以釋，油然以喜，冥然以契。不知予言之非汝成也？不知汝成之言非予言也？於戲！若汝成，可謂不苟同於予，亦非苟異於予者矣。卷首汝成之請，蓋其時尚有疑於予；今既釋然，予可以無言也已。敘其所以而歸之。（出自《王陽明全集．文錄五》卷八）

107 開悟者的第一課

祁縣有個學生傅鳳，志在於養親，而苦於貧困。陽明先生的弟子徐愛在祁縣的時候，很憐憫他如此單純的志向，曾經周濟並教育他，使他因此認識心學。後來徐愛離開祁縣，傅鳳依依不捨，來京師直接謁見陽明先生，並跟隨陽明先生往南京。聽聞陽明先生的言論，他好像有警醒，就很想長年從事於心學的探索。然而，他對於父親的貧困與衰老很是痛苦，繼母生的弟弟又眼盲且愚昧，沒有辦法奉養父親，他因此記誦訓詁，學習文詞，希望能考上科舉，獲得政府俸祿的配給。他日夜不息的苦讀，更因此獲得急病，幾乎不可挽救。心學同門的士人百般設想各種計謀，希望能寬慰他的生命，要他不要如此自苦，卻都無法說服他，因此大家都去請陽明先生想辦法。

陽明先生聽見後說：「唉！傅鳳實在是很可憐的人。他出於孝養父親這如此誠意的志向，然而已陷溺於不孝而絲毫沒有自覺。他實在是很可憐的人啊！」同門把這段話轉告傅鳳，傅鳳聽見毛骨悚然，趕快過來問陽明先生說：「弟子家貧，父親已老，不去考科舉求做官，獲得政府的俸祿來養親，這會是孝順嗎？」陽明先生說：「這不會是孝順。但，請你反過來想，希望考科舉求做官，搞到自己生急病，最終喪失身體，這會是孝順嗎？」傅鳳說：「這不會是孝順。」陽明先生再問：「身體都喪失了，而希望讀書學作八股文，這樣想考科舉，即使考上，還有可能做官獲得俸祿嗎？」傅鳳說：「沒有辦法。」陽明先生說：「既然如此，你如何還有可能免於不孝？」傅鳳聽完，眼眶裡的淚就掉下來，甚感懊惱，再問陽明先生說：「傅鳳如何能免於不孝呢？」陽明先生說：「保護你的精神，不要斷絕你的生機；端正你的情感，不要羞辱你的父親；善盡你的職責，不要拿暫時的得失做憂慮；安頓你的天命，不要拿外物來創害本體。如此你就能免於不孝了。」傅鳳的父親聽見他生急病，趕快過來探視，因此想要攜他回家鄉養病。陽明先生很憐憫傅鳳的處境，更難過他得離開而不能留在這裡學習心學，因此寫〈與傅生鳳〉這篇文章，贈給他作紀念。

敝人推廣心學前十年來，不斷遇到有人很誠意想來跟隨敝人學習心學，卻更常發現，不論是弟子或學生，人常會基於世俗裡各種「合理」的理由，中斷跟敝人的學習，或放棄闡發心學的工作，只因為他自認有更緊急的事情要處理。其實，人最終不過就是死亡，在死亡前沒有領悟本體，還有比這更緊急的事情嗎？然而，他們聽不見這層最深刻的道理，他們只在意現實的利害，他們最常憂慮會沒有錢，因此不能活著，然而這只是種恐懼，世上從來沒有人就只是活著卻需要靠很多錢來供養，吃飽飯這件事情本來並不是困難，困難的重點在於人人都認同並習慣於資本主義那種高生產與高消費的生活，深怕「落伍」與「脫節」，這使得他們寧可做金錢與工作的奴僕，而不能放棄榮華，單純學習心學。

其實，學習心學，真會使人活在窮困與潦倒裡嗎？從來不會！活在本體裡，從來不會使人與現實脫節或落伍，相反地，人會因為冥契本體，而不斷在現實裡發生善良的因緣，並讓發願闡發本體的人產生庇蔭與眷顧的能量，使得人生因此過得平安與順利，這就是悟得自性莫大的效應。敝人常不免自問：世上還會有第二件事情，能比冥契本體來得更現實嗎？從來沒有！既然沒有，為什麼願意來領悟本體的人竟如此寂寥呢？這就是愚昧與智慧的差異了。世上最難辦的事情，莫過於使愚昧的人願意放棄愚昧，來認識圓融無礙的智慧，畢竟他的魔障不在外面，而在裡面。對於愚昧活在自苦裡無法掙脫的人，我們要懷著深深的同情與無限的耐性，等待他願意拋開愚昧，回神轉腦，踏實浸潤在心學的生命感裡，絕不因人本身的愚昧，而讓我們喪失對人的熱愛，這寬廣浩瀚的心量，就是開悟者散播教化的第一課。

原文

祁生傅鳳，志在養親而苦於貧。徐曰仁之為祁也，憫其志，嘗育而教之。及曰仁去祁，生乃來京師謁予，遂從予而南。聞予言，若有省，將從事於學。然痛其親之貧且老，其繼母弟又瞽而愚，無所資以為養，乃記誦訓詁，學文辭，冀以是於升斗之祿。日夜不息，遂以是得危疾，幾不可救。同門之士百計寬譬之，不能已，乃以質於予。予曰：「嘻！若生者亦誠可憐者也。生之志誠出於孝親，然已陷於不孝而不之覺矣。若生者亦誠可憐者也！」生聞之悚然，來問曰：「家貧親老，而不為祿仕，得為孝乎？」予曰：「不得為孝矣。欲求祿仕而至於成疾，以殞其軀，得為孝乎？」生曰：「不得為孝矣。」「殞其軀而欲讀書學文以求祿仕，祿仕可得乎？」生曰：「不可得祿仕矣。」

曰：「然則爾何以能免於不孝？」於是該然泣下，甚悔，且曰：「鳳何如而可以免於不孝？」予曰：「保爾精，毋絕爾生；正爾情，毋辱爾親；盡爾職，毋以得失為爾惕；安爾命，毋以外物戕爾性。斯可以免矣。」其父聞其疾危，來視，遂欲攜之同歸。予憐鳳之志而不能成也，哀鳳之貧而不能賑也，憫鳳之去而不能留也。臨別，書此遺之。（出自《王陽明全集．文錄五》卷八）

108 儒家的本懷

黃州朱守乾在陽明先生這裡學習好一陣子後，他想要回家，因此跟陽明先生「請學而歸」，意即希望陽明先生能寫什麼字，讓他離開後，終身攜帶這個觀念，放在生命裡學習，不因肉身離開而使得心靈失去宗主，陽明先生就寫「致良知」這三個字。他跟朱守乾說：「良知就是『是非之心，人皆有之』，不需要等待學習就已存在，不需要等待學習就能獲得。人誰沒有良知呢？只是不能進去罷了。從聖人到愚人，任何一個人的心靈，不論他的身體是否在四海外那般遙遠，自千古前或至萬世後，良知都存在於他們的生命裡，並沒有任何不同。因此，良知就是『天下之大本』。順隨著良知來動靜舉止，這就是『天下之達道』了。天地因為有良知，都各自獲得其位置；萬物因為有良知，都因此能生長化育，人不論處於富貴或貧賤，甚至遭遇各種患難，流落在夷狄那般困阨的處境，只要進去良知，都會無往而不自得。」

這是〈書朱守乾卷〉。

良知就是領會存在的機制。良知使得整個天地都開始有秩序，如果沒有良知來領會這宇宙的存在，從而給出世界的存在，那萬物就不能對你顯相而獲得存在，因為他們本來只有實質的存在，因為有你的良知，而獲得現象的存在，而且，在良知給出的當頭，這現象的存在意味著「內」與「外」的消融，共同展現出存在，因為你內在的認知與外在的實存獲得溝通與交感，這就是「格物」而「致知」的意思。更嚴格來說，這內在的認知並不是良知本身，而只是指你感應良知的意識機制，畢竟良知不在內，更不在外，卻能在內，更能在外，因此，內在的認知能充溢著良知，卻尚不是良知本身，良知能促發人的格物，這是良知在內，而往外發，從而使人獲得正確的觀念，當良知的間架穩住，有著正確的觀念，這纔能幫人洗滌自身各種雜亂的意念，意念澄澈，接著本心纔能獲得端正，這本心是專指人內在的心靈，其獲得認識宇宙的存在該有的意識象限，這就是「誠意」而「正心」的意思。

因此，良知誠然是「天下之大本」。

由學術殿堂到草莽民間，歡喜心學的人，都會大講良知學。然而，因為未能看破奧義，他們從未能說破人該如何「致良知」，好像致良知這個工夫早經預設就已經完成了。如果人踏實做過致良知的觀念工夫，那良知誠然已是完善圓融，如果未曾致得良知，卻長年在覓文摘字，動輒徵引佛典或儒經來壯聲色，大量解釋何謂良知學，那就是在著魔。致良知是本心的蛻變，換個詞彙來說，就是指自我換軌成自性，這換軌的發生，來自於意識的自願，我們稱作「根本願」，這根本願如何會發生呢？那就是每個人要自己問自己了。如果你希望自我換軌成自性，自然就會孕育出根本願，然而，孕育出根本願，只能帶來「原發的良知」，這只是第一階的致良知，其不能帶來「煥發的良知」，「原發的良知」來自於自性純然的開啟，「煥發的良知」來自於靈性觀念的間架，來引領自性的擴張，靈性觀念的給出，就需要世界本體（聖人）給出對宇宙的存在最精確的洞見，依循著這個洞見，自性本體因此茁壯，由內聖而外王的次第都因此圓滿，終至於自性本體能茁壯為世界本體（意即成聖），這第二階的致良知，就是儒家的本懷。

原文

黃州朱生守乾請學而歸，為書「致良知」三字。夫良知者，即所謂「是非之心，人皆有之」，不待學而有，不待慮而得者也。人孰無是良知乎？獨有不能致之耳。自聖人以至於愚人，自一人之心，以達於四海之遠，自千古之前以至於萬代之後，無有不同。是良知也者，是所謂「天下之大本」也。致是良知而行，則所謂「天下之達道」也，天地以位，萬物以育，將富貴貧賤，患難夷狄，無所入而弗自得也矣。（出自《王陽明全集．文錄五》卷八）

109 智慧沒有敵人

陽明先生在〈書中天閣勉諸生〉裡說：「承蒙各位的不棄，每回敝人回來，你們都聚集在這裡，認真跟敝人問學，這真是濃厚的情意。然而，你們不能待在這裡十天，這十天內，不過只會面三四回。一經道別後，動輒就在離群索居，不相見的情況，往往就是半年一載。然而這豈止是『一曝十寒』而已呢？如果還希望能在心性裡獲得昌盛與通順的領會，就更不可復得了。因此我深刻的期望諸君不要因為敝人的去留，作為聚散的依據。或五六日，或八九日，雖然有俗事在掛礙著，都還是要撥冗在這裡一會，務必要共組相互扶持、砥礪與琢磨的團體，使得你們能日漸對道德仁義深感親密，如此世俗的利害與榮華就跟著日漸疏離，這就是像是工作性質不同的工人共同居住在市集裡，彼此相互觀摩，就能共成更大的工業一般。各位相會的時候，尤其需要謙虛揖讓，相親相敬。」

人與人的相聚或離散，其實都出自於意願。如果有意願，即使相隔萬里，現在都能靠網路互通聞問；如果沒有意願，即使他人就住在你的隔壁，彼此都如同陌生人。然而，敝人常覺得，現在的人並不珍惜有機緣相見，常把無禮當作正常，就連網路裡某些在主張復興華夏衣冠的人，他們只是喜歡穿著華夏衣冠，卻習慣於失禮，跟人在網路的講話裡順應著流習，看見人寫字給自己，動輒不回應或不搭理，自己寫字則常沒有稱謂，沒有署名，沒有敬語，完全捨棄傳統文書的禮數不說，更沒有敦厚的度量，常喜歡保持匿名，藉此取得自認安全的位置，並能因此輕鬆隨意放話，這樣狹窄的心態，真能復興華夏嗎？當然，那些在網路裡常聲稱要復興儒學，其思維與行事卻充滿著流氓氣息的人，就更不用說了。

如果我們珍惜能在網路相會，那每個剎那或片刻，都是在涵養心性的機緣，並不見得只有在實體的空間相會，我們纔需要注意禮貌，禮貌是每個剎那或片刻，都應該不斷留神的工夫。復興華夏，並沒有只在我們辦活動的時候，纔需要認真復興，我們的每個舉手投足，一顰一笑，都能影響華夏的復興。如果我們能率先克治自己的積習，全面落實謙虛揖讓與相親相敬，那四海的內外，都會有我們的同志，華夏的復興，將沒有畛域的區隔，只要願意克己復禮，都是對德性念茲在茲的君子，這就是真正符合古典義理的「中國人」。

如果在網路上，有人還停留在紅衛兵搞鬥爭的落伍心態，惡意寫字批評或辱罵我們，我們要不要反擊？老實說，他們是受自我的憤怒綑綁的可憐人，我們做出反擊太過於容易，只不過是學習敵人馳騁於口舌的快意，卻沒有涵養心性的深意。我們更應該把惡意批評或辱罵我們的敵人，當作我們來真實涵養心性的知己，學習不憤怒，尤其不受其情緒的牽引，坦然面對自己的心性，繼續做著全然相信的事情，我們或者不需要回應，或者感謝他的批評，我們要超越自我的輸贏感，要用寬闊如宇宙的度量，持續對世人不懈的講學，來體現出心學的大無畏與大格局。其實，智慧沒有敵人，當我們不隨著他人的情緒而搖擺，我們如此清澈的存在，就已經在呈現心學涵養的厚實根基，這就很自然會讓自己無遮蔽的精神流露出洞見，有言與不言，都在對世人傳播心學的教化。

原文

承諸君之不鄙，每予來歸，咸集於此，以問學為事，甚盛意也。然不能旬日之留，而旬日之間，又不過三四會。一別之後，輒復離群索居，不相見者動經年歲。然則豈惟十日之寒而已乎？若是而求萌櫱之暢茂條達，不可得矣。故予切望諸君勿以予之去留為聚散。或五六日、八九日，雖有俗事相妨，亦須破冗一會於此。務在誘掖獎勸，砥礪切磋，使道德仁義之習日親日近，則世利紛華之染亦日遠日疏，所謂「相觀而善，百工居肆以成其事」者也。相會之時，尤須虛心遜志，相親相敬。（出自《王陽明全集·文錄五》卷八）

110 中天閣的星空

陽明先生在〈書中天閣勉諸生〉說：「大抵朋友間的交往，最好能謙虛相待為最好。或許有時議論未合，要領在於能從容涵養化育，用誠意相互感染，不得動氣求勝，滋長傲慢來成就錯誤。務必能默會本體，共同完成冥契，最終不需要言語，就能彼此相信。其或有人驕傲於自己的優點，攻擊他人的缺點，心粗氣浮，擺出虛矯的身段來沽名釣譽，故意辱罵他人卻自認正直，挾持著勝心來說話，做著憤世嫉俗的行徑，圖謀著敗壞群體紀律的意念，如此雖然每天在這裡學習與聽講，都沒有什麼裨益。諸君千萬要記掛在心底！」

中天閣，其實是個很狹窄的殿堂，內外都坐滿人的話，合理估計不過只能擠進百來人左右，然而，據說陽明先生因為父親王華過世，丁憂在家，講學於家門外龍泉山上的中天閣，時常環坐三百餘人，龍泉山是個很矮的土丘，三百餘人齊聚於中天閣，那可能真是要擠爆整座龍泉山了。敝人曾經拾級而上此山，眺望著山底街景，姚江汩汩淌流，懷想當日盛景，不禁有景色依舊卻氣象已改的感嘆！當年那三百餘人，有幾人不是在攀附風流，爭觀熱鬧，真正在這裡證得心性要旨，終身服膺心學呢？或許，能藉由聖人，得窺聖學面目，那已經在他們心底播灑覺悟的種子，即使翻轉三世再行發酵，都不嫌晚。

心學是個自我抑制的學問嗎？不！我們的星空在心底，不在天上。冥契自性，本不曾來自對自我的抑制，而是自然而然的轉化，這轉化的過程，會察覺出萬星環繞著太陽而公轉，意即自性會牽引著內在萬有來變化。有人說，對本體最好的譬喻就是月亮，他們會引陽明先生〈送蔡希顏三首〉詩裡的文字來作證說：「悟後六經無一字，靜餘孤月湛虛明。」然而，這是就夜悟的實景而論，當此際，本體在內不在外，這「六經無一字」就是指胸懷灑落而冥契本體（自性），人靜看月亮，月亮只是本體的光景。其實，月亮的光本來就只是在折射太陽的光，如果拿譬喻來說，那月亮當然只是太陽這個本體的光景，而不是本體自身，本體不同程度的直照固然能撫育人，本體間接的折射同樣能撫育人，光景是光體的作用能，但，如果沒有我們的自性，誰去仰望太陽或月亮，或看出它們如本體般存在或折射的深意呢？因此，星空本來都只是在心底，不在天上。

微笑著，敝人仰望中天閣的星空，竟是這般遼闊而燦爛！

原文

大抵朋友之交以相下為益。或議論未合，要在從容涵育，相感以誠，不得動氣求勝，長傲遂非。務在默而成之，不言而信。其或矜己之長，攻人之短，粗心浮氣，矯以沽名，訐以為直，扶勝心而行憤嫉，以圮族敗群為志，則雖日講時習於此，亦無益矣。諸君念之念之！（出自《王陽明全集・文錄五》卷八）

111 悟境的拔高來自苦難

明世宗嘉靖元年（西元一五二二年），陽明先生住在餘姚家裡，由於朱宸濠的亂事已被剿滅，京城裡有奸臣想陷害陽明先生與各軍將士，故意刪削他辛苦寫的記功冊，意圖竄改事實，製造內部失和，陽明先生因此上疏乞辭封爵，他說：「冊中記錄的事情，只是看得見的事蹟。敞人帳下的將士，或有人詐寫出兵檄文，來阻撓朱宸濠部隊的出征；或有人寫偽造信來做反間工作，藉此離散朱宸濠與其親信的關係；或有人冒險犯難奔忙於戰役裡，死掉就填埋在溝壑了；或有人含忠抱冤，被誣陷冤死獄中。有些事情，不是未曾親身見證的將士能知曉，不同的部領就不會經歷箇中細節，甚至有幽魂來不及告知就已消失的隱情，這都不是這本冊子裡能詳盡記錄的內容。現在面對這些尚且能看見的事蹟，都要被裁減削除，這將如何獎勵那些效忠慷慨就義的將士呢？」他堅決請辭，並報告說：「災殃莫大於驚擾上天的功績；罪過莫大於掩飾他人的善行；凶惡莫深於遮蔽部下的才能；羞辱莫重於忘記自己的錯誤。這四者全備，那禍事就要發生了。這就是臣不敢接受爵位的原因，不是因為故意辭讓來顯示謙虛並獲得榮耀，而只是希望能讓臣避禍罷了。」然而，他的上疏卻不被皇帝回答。

隔年，他的父親王華年已七十，生重病，即將死去。朝廷卻在這時候強行要封陽明先生還有往前三世（包括王華）都襲爵新建伯，使者帶著咨文已在門外，王華督促陽明先生與他幾個弟弟出來迎接，他說：「雖然消息來得如此倉促，儘管我的病已如此危急，然而我們怎麼能廢禮呢？」確認他的孩子都已經回禮，他就稍得喘息，隨即瞑目而過世。陽明先生告誡家人不要哭，先把新的冠冕服飾都準備齊全，整合喪禮內外要使用的各種器具，確認都沒有問題，這纔開始舉哀，他一哭就昏厥，病倒至無法起床。陽明先生的門人與子弟都來幫忙處理喪事，各自按著專長來辦事，事情都處理得井井有條。

世間的事情都是禍福相倚，最大的災難會伴隨著最大的榮華，最大的榮華同樣會伴隨著最大的災難。朱宸濠事件，能被陽明先生僅花四十三天就剿滅全部亂軍，這是個曠古未有的軍事奇蹟，然而，真正困難者，並不是剿滅朱宸濠叛亂，而是平亂後，朝內有奸臣拚命想陷害陽明先生，他們或指朱宸濠早與陽明先生有串通，陽明先生最終見他無法成事，這纔反過來出兵消滅他；或者，當明武宗來南京假裝「平亂」而行玩耍的事實，這些奸臣想故意不通報陽明先生，或讓陽明先生誤認這是假消息，卻跟皇帝說，如果命陽明先生來，他卻不過來，那就表示他想要謀反。最狠毒的計謀，則是這裡想要故意竄改將士功績，卻加封陽明先生，來打擊他在世人面前的威信。陽明先生會回鄉，其實正是想要避開全部的陰謀詭計，徹底置身事外，然而，政治總是如不散的陰魂般在纏著他，使他就連希望不要獲得任何獎賞（封爵），都不可能。大福往往伴隨著大禍，陽明先生獲封新建伯的當天，那最高的榮譽降臨，父親王華就過世了，其實，在他心底，何嘗不會希望拿這種虛幻的榮譽，來換取父親的長壽呢？

生命的艱難，就在於你常無法選擇加諸在身的處境，卻要不斷化解這處境帶來的難題，你不能躲開難題，卻能選擇帶著心性來不斷轉化，使得人在過程裡瞭解這全部的難題原來是個磨練與考驗，人能通過磨練與考驗，人的悟境就會不斷拔高。其實，悟境的拔高，正來自於你無法選擇的苦難，這就是陽明先生領會的心學。有幸能洞見與實踐這層道理，即或不能做得聖人，當不枉為人。陽明先生並不隱藏自己這一生的苦難，他大膽赤裸呈現給世人觀看自己的失意與得意，大禍與大福，不堪與不捨……，我們有幸認得先生，能對這個偉大的教育最深的感謝與回饋，就是大膽赤裸呈現自己的生命實感，藉此把這一生全部的精神，都活在心學裡。

原文

先生曰：「冊中所載，可見之功耳。若夫帳下之士，或詐為兵檄，以撓其進止；或偽書反間，以離其腹心；或犯難走役，而填於溝壑；或以忠抱冤，而構死獄中，有將士所不與知，部領所未嘗歷，幽魂所未及洩者，非冊中所能盡載。今於其可見之功，而又裁削之，何以勵效忠赴義之士耶！」乃上疏乞辭封爵，且謂：「殃莫大於叨天之功，罪莫大於掩人之善，惡莫深於襲下之能，辱莫重於忘己之恥：四者備而禍全。此臣之不敢受爵者，非以辭榮也，避禍焉爾已。」疏上，不報。

二月十二日己丑，海日翁年七十，疾且革。時朝廷推論征藩之功，進封翁及竹軒、槐裡公，俱為新建伯。是日，部咨適至，翁聞使者已在門，促先生及諸弟出迎，曰：「雖倉遽，烏可以廢禮？」問已成禮，然後瞑目而逝。先生戒家人勿哭，加新冕服拖紳，飭內外含襚諸具，始舉哀，一哭頓絕，病不能勝。門人子弟紀喪，因才任使。以仙居金克厚謹恪，使監廚。克厚出納品物惟謹，有不慎者追還之，內外井井。（出自《王陽明全集・年譜三》卷三十五）

112 至大至闊的人文精神

正就在陽明先生受封新建伯的爵位，而父親王華卻過世的悲痛裡，陽明先生病倒在床，然而，由四面八方而來跟他請益的同志卻越來越大量，陽明先生暫時無法起身回應他們，只好在自己家門外的牆壁貼出這個帖子說：「敝人學問著實很鄙陋，沒有什麼知識，且處在憂愁與疾病交替而奄奄一息的狀態裡，四面八方而來的同志，個個紆尊降貴想來跟我論學，敝人都不敢與大家相見，或偶而不得已相見，都不敢再有什麼論說，請大家各自回去探索孔孟的遺訓就好了。孔孟的遺訓，如同日月般光亮，只要支離學問的根本，主張把認知與實踐拆裂開來，就觀念來說這或許很能自圓其說，卻根本無法落實，這就會是異端的學說。有志於學習聖人的學問，離開孔孟的遺訓而往其他人探索，這是在捨棄如日月般的清明，卻希望獲得如螢火或燭光般微弱的光亮，這不是很荒謬的事情嗎？」

這是他在嘉靖元年（西元一五二二年）寫的〈壁帖〉。

心學包納各種具有歧異性的生命觀，並覺得這些路徑的歧異總會在某個轉捩點裡發生交會或融合，因此，對於各種價值迴異的生命觀，常會採取瞭解而不是批評的視域，來擴張交織出洞見的能量。然而，面對只重視認知，卻無視於實踐的觀點，心學很難與其融合或交會，畢竟心學側重於生命實感的全面開展，如果背離生命實感，只議論抽象的觀念，這種「天理」是抽離於人性而只有「物性」的天理，然而，正就是這種著重物性的主張，使得其天理無法內含徹底揭露全相的洞見，因為如果沒有「人」，根本就沒有「天」，更沒有天理可言，本質上，該是「人天不二」，並不是「天人不二」。

人纔是洞見的主體，如果沒有人，天根本就沒有任何「理」可說。「理」就是種被人詮釋出來的知識，因為人去感知天的變化，纔會給出有關於天的理知，否則本來什麼都沒有，不只沒有理，甚至沒有天。請想：如果沒有人的感知存在，天就只是混沌一片，渾淪不清，自開自落，因為人出現感知，這纔識得天運作的脈絡，這纔給出宇宙本質的存在相應的語言名相，被人理知出的「現象」這纔跟著產生。如果否認掉人自身的存在，沒有感知，哪裡還會有天的存在？這天即使實際存在，都不再會是人現在認知的這種存在型態，人的認知，徹底左右著天。由於人的認知具有如此根本的意義，人要什麼樣的天，人就得負起全然的責任，人有著越高的洞見，纔能發現越深的「天意」，這是天對於人的感知的示現，「人天不二」就在這示現裡獲得完善。

孔孟揭示的奧義，就是人作為生命的主體的闡發，只不過這個主體要能展開全新的改革，至大至闊的「人文精神」就會由這裡面獲得大開顯。這人文精神完全不是「無神論」或「有神論」這種粗疏的二元區隔，而是萬有都由人創，包括神都是人自性的顯靈，不論是外在的神或內在的神，因為人本身就是神，使得萬有都因此有靈，這就是外在的天理為何要往內在去尋覓的原因，因為萬法都來自於自性，見山是山，見海是海，整個宇宙的變化，都只在自性的乾坤領會。人是如此徹底的自由，但，不同的領會，會牽引出個人與群體不同的效應，有的效應能帶來國泰民安，有的效應能帶來天崩地裂，因此，面對迥然不同的效應，或會開拓出天堂，或會自掘出地獄；或會淪落為鬼怪，或會蛻變為上帝，人對此要做好評估與判斷，畢竟最終都是在自作自受，自家冷暖自家知，無法率由興念而發，這就是要涵養自性的原因。

原文

先生臥病，遠方同志日至，乃揭帖於壁曰：「某鄙劣無所知識，且在憂病奄奄中，故凡四方同志之辱臨者，皆不敢相見；或不得已而相見。亦不敢有所論說，各請歸而求諸孔、孟之訓可矣。夫孔、孟之訓，昭如日月，凡支離決裂，似是而非者，皆異說也。有志於聖人之學者，外孔、孟之訓而他求，是捨日月之明，而希光於螢爝之微也，不亦繆乎？」（出自《王陽明全集・文錄五》卷八，並共同參考《王陽明全集・年譜三》卷三十五）

113 本體無善不作

陽明先生妻子諸氏有個姪子諸陽伯，他再三來跟陽明先生請教學問，陽明先生因此跟他講格物致知的學說。他日，諸陽伯再請問說：「致知，就是致我們心靈的良知，這件事情已經聽聞您的教育了。然而，天下事物有無窮的道理，果真只有致良知就能窮盡嗎？抑或還有什麼需要在外面探索的道理嗎？」陽明先生在甲申年寫〈書諸陽伯卷〉，再告訴他說：「心靈的實體，就是自性，自性就是道理的源頭，天下哪裡還有心靈外面的自性？哪裡還有自性外面的道理呢？哪裡還有道理外面的心靈呢？在心靈外面去尋覓道理，這就是告子『義外』的學說。道理，不過就是心靈外顯的條理。這個道理，往雙親發出就是孝；往君主發出就是忠；往朋友發出就是信。能有千變萬化，到不能窮盡，卻莫不是來自於我們的心靈。」

因此，怎麼會有個儒學，自居於「心性儒學」的外面，再標舉出「制度儒學」的名相呢？這如同有人認同能存在沒有心性的制度般，令人費解且深感荒唐。如果儒學竟能區隔出二端，那只會有這個可能，就是「正端」與「異端」的歧異，這不是居於任何價值觀給出的評斷，而是在申論真實的內涵。儒學就是在討論為何與如何需要做人的學問，做人的學問如果不討論心靈，更不討論運作心靈內裡的自性，那這種學問發展出的制度，會是如何殘害心靈的制度？這種制度的學問如果還被稱作「制度儒學」，那就會是儒學發展的大不幸了。否則，即使是儒學在制度層面的落實，那背後都還是來自於人的心性領會，當然，我們得知曉：心性的高低，自然會影響制度呈現的樣態與良窳。

一般人常誤會陽明先生的致良知只是在指道德實感的啟蒙議題。其實，他開啟的良知範疇絕不只是指道德實感，而是開啟存在領域裡的唯識。這段話的原文寫說：「心之體，性也。」這表示心體即自性。全部客觀的境，都來自於無主觀與無客觀的自性，自性開啟到哪裡，境就呈現在哪裡。心靈其實不在人身內且不在人身外，心靈是個存在領域，這個存在領域或與宇宙不完全疊合，只有藉由自性來調整，給出與宇宙相應的世界，我們的生命纔能感覺出平安喜樂。為什麼自性給出的世界能與宇宙相應呢？因為自性作為本體，本就是宇宙本體的變相，只是其更是人能感知的本體，本體無善不作，人順著自性本體來感知，自然能給預設的外在精確的認知，從而產生出「現象」。

因此，現象是感知的效應，沒有感知，本沒有現象存在。

原文

妻任諸陽伯復請學，既告之以格物致知之說矣。他日，復請曰：「致知者，致吾心之良知也，是既聞教矣。然天下事物之理無窮，果惟致吾之良知而可盡乎？抑尚有所求於其外也乎？」復告之曰：「心之體，性也，性即理也。天下寧有心外之性？寧有性外之理乎？寧有理外之心乎？外心以求理，此告子『義外』之說也。理也者，心之條理也。是理也，發之於親則為孝，發之於君則為忠，發之於朋友則為信。千變萬化，至不可窮竭，而莫非發於吾之一心。」（出自《王陽明全集・文錄五》卷八）

114 生命無法自外於生命

陽明先生在〈書諸陽伯卷〉裡說：「拿端莊靜一當作養心，再拿學問思辯當作窮理，這是把心靈與道理解析為二者。如果按照敝人的說法，則端莊靜一這正就是在窮理，而學問思辯這正就是在養心，並不是說養心的時候沒有所謂道理，而窮理的時候沒有所謂心靈。這正就是古人的學問能知行並進，而合於本體如一的效應，後世的學問會解開知與行有先後關係，這就不免於支離的毛病了。」

即使是涵養本體的工夫，都有其循序漸進的次第，這次第內裡就有道理存在，按著這個脈絡來涵養，就能與本體冥契，這就是心學的工夫論。比較困難解釋的問題在於後者：窮理的時候如何能有心靈呢？受西洋哲學的影響，絕大多數自認理性的人覺得就事論事無關於個體的主觀，因此不可能有心靈的議題，因為這會產生全然主觀的論斷。因此，最基本的西洋認識論，就是把對象客體化，將其放置在個人主體外，藉由觀察這個客體，產生自認不受主觀影響的認識。然而，這是個極有問題的假設。全部被觀察的對象，當被觀察的同時刻，就已經在被觀察者影響了，這是因為觀察者的心靈，不但影響著他會觀察出的現象（這只是個人角度的議題），如果觀察者的心靈能量旺盛，更會影響著對象本身，使其展現出符合觀察者的心靈預設出的現象，在這裡，根本無幻更無真。最顯著的例證，莫過於生物學家珍古德（Dame Jane Goodall）長年觀察黑猩猩的生態，後來赫然發現黑猩猩其實在做著她期待牠們做出的反應，珍古德不禁發覺自己本身已經不是個純然客觀的觀察者，而是個參與者。

只要是生命，就無法自外，就無法選擇某個自認沒有任何主觀性的位置，因為早在你未曾選擇前，你就已經在參與改變。因此，熱忱的態度當然是改變，冷漠的態度同樣是在改變，承認並積極參與，固然會帶來改變，自認不曾參與，同樣已經在參與改變。全部的態度，都釀就相應的改變，因此，客觀只是種自認不曾參與的態度，然而，如果意識的內裡還有著隱藏的意識，卻不肯承認或覺察，那很可能纔是釀就觀察的對象會發生改變的癥結。因此，人要在意識的內外都不預設任何態度，這是何其困難的事情哪？如果我們承認這橫豎會發生的影響，承認生命無法自外於生命，我們可能就不再需要客觀的假包裝，讓知識變得虛假，行為變得矯情，而能慎選自己不得不參與改變的位置，使得改變會變得更圓融，不再具有衝突性。這種意識本身的盤整，會使得自我因為懂得內省自我，而產生自性，這內省的脈絡就是陽明先生說的窮理，這能使得知與行各自與彼此都不再具有緊張感與撕裂感，而能按著本體來感知與篤行，這就是陽明先生說的養心。

原文

故以端莊靜一為養心，而以學問思辯為窮理者，析心與理而為二矣。若吾之說，則端莊靜一亦所以窮理，而學問思辯亦所以養心，非謂養心之時無有所謂理，而窮理之時無有所謂心也。此古人之學所以知行並進而收合一之功，後世之學所以分知行為先後，而不免於支離之病者也。（出自《王陽明全集．文錄五》卷八）

115 細查天理的脈絡

陽明先生在〈博約說〉裡說：「外在的禮儀，直通著天理。天命給出的自性具體呈現在我們的心底，居於渾然全部能量的中樞，而其橫貫的條理與開出的節目全都森然存在，這就是天理。天理的條理就稱作禮儀。」

這世上各種文化與宗教，都有相應其脈絡的禮儀。禮儀的多樣化，顯現天理的複雜性。「天理」這個詞彙很容易給人單一獨斷的真理印象，其實，宇宙是各種不同空間向度與時間向度的組合，甚至還存在無空間而有時間的宇宙與無時間而有空間的宇宙（扁平的存在），宇宙本體是個光體，光體本身會轉化出各種不同的波流，就會蛻變出各種不同的本質存在型態。這在量子物理學的角度，會稱作「多重宇宙」（Multiverse）。由於「天」本身是無斷限的存在，各種不同的本質存在型態其背後就有不同的「理」，因緣和合於地球的本質存在型態只是其中的一種天理而已，而且，任一的本質存在型態還會變化出無限的「天相」，這些天相都有相應的主宰能量，或會稱作「神」，或會稱作「理」，某些天相將其能量光照在地球，就釀就出我們能理解的宗教或哲學。

因此，瞭解你是從什麼天相來顯化在人間，這對於人本身有重要性，瞭解你的天命，就意味著瞭解你的生與死。你能知道你從哪兒來，你就知道你往哪兒去，你的動靜舉止都將因此有相應的節奏與秩序。歸往不相應的天相，你的精神就會深感耗損，生命就會不自然的空轉與停滯，歸往相應的天相，你就會獲得直接貫通至身體肌理的能量，而能「致中和」，活在大喜悅與大祥和裡。引導這天相歸往的工作，就來自於世界本體，世界本體給出對宇宙本體的理解，這就會有各種不同的天相，因此，天相是世界本體與宇宙本體的和合。這裡的問題是說：我們過去認知的「天人合一」，就是在跟宇宙本體合一，還是在跟宇宙本體給出的本質存在型態合一？這個問題應該這樣回答：由於人體的結構只能適應單一本質存在型態（儘管其會蛻變出的不同天相），因此，這個問題並不存在，當人跟任何天相合一，由於天相的背後來自本質存在型態，那是宇宙本體的衍生，既是宇宙本體，又不是宇宙本體，然而，合一的重點並不在這義理的澄清，而在無區隔與無差異的交織相容。

天理的條理就是禮儀。然而，細查天理的脈絡，從而給出與該脈絡對應的禮，這真是需要大智慧纔能落實。我們不只應該瞭解與自己相應的天相，從而給出歸往天相該有的禮，更應該去瞭解這全部的條理，因此，瞭解整體（the Whole）纔能瞭解局部，從而知曉自己的天命在整體的視野裡會有的個別布局。

原文

夫禮也者，天理也。天命之性具於吾心，其渾然全體之中，而條理節目森然畢具，是故謂之天理。天理之條理謂之禮。（出自《王陽明全集·文錄四》卷七）

116 確認出存在

有個弟子玄默，他有志於學習心學的道理，卻同時還有寫詩詞文章的嗜好，陽明先生很不解這是什麼緣故。陽明先生覺得，就拿下棋這件雕蟲小技來說，不專心致志，就不可能把棋下好，更何況君子求道，能把專注的情感插出去，還有其他的嗜好嗎？孔子說：「言辭這件事情，只要通順，能讓人瞭解語意就好了。」世上學習詩詞文章的人，莫不拿這段話當作自己的格言，這就是古人不會只說「有德性的人必然就有言論」，卻不會不說「有言論的人不必然有德性」的緣故了。玄默來留都見陽明先生，特拿宣紙請陽明先生寫字相贈，陽明先生很想告誡玄默，就寫說：「德性，就如同大樹的根基，言論，就如同大樹的枝葉，根基不種植，卻只是在枝葉那裡忙著，敝人從來沒有見過大樹能生長起來的事情。我與玄默相別日久，朋友拿玄默寫的詩來給敝人看，敝人看見玄默的辭藻日益精進，這是因為玄默的根基很昌盛，自然枝葉就很繁茂的緣故嗎？關於這點，玄默還需要告訴敝人！」

這就是〈書玄默卷〉，寫於明武宗正德十年（西元一五一五年）。

認識陽明先生的言論，常要有靈活的角度，不能把先生寫的文字當作磚塊，拿來就砸往他指稱的事情。譬如這裡說詩詞文章的嗜好，這是弟子玄默的問題，卻不是詩詞文章本身的問題。弟子玄默顯然有專注於詩詞文章，而忽略心性涵養的弊端，這問題其實並不是寫詩詞文章，而是寫詩詞文章的時候，沒有帶著涵養心性的意識。因此，弟子玄默，並沒有真的把心學當作自己性命交關的大事，纔會有餘情去寫著風花雪月的詩詞文章，內裡卻看不出絲毫悟得良知的查照。心學或許會隨著時空背景的不同，而稍有名相與呈現的差異，譬如盤古心學就是由陽明心學蛻變而來，因應時空的不同，而有著觀念解釋與表現樣態的差異。然而，真正的心學，不論如何的變化（變易面），都有個不變的旨趣（不易面），那就是從來都「把天下事只視作一件事」，都是帶著心性去實踐於現象，在箇中更增益心性的領會，如此纔能「確認出存在」。

人如果不確認出存在，人其實活著就在耽擱精神。確認出存在，就是在把全部感知的本質，給出相應的認知，這由感知而認知的過程，就是《大學》在說的「格物致知」。通過格物致知，萬有就位，你的意識纔能不流於主觀，而能與萬有做精密的來往互應，這就是《大學》在說的「誠意正心」。至此，內外無別，全都交融一體。因此，哪裡有什麼外務繁雜，不得學習與落實心學這種事情？只有不願意奉心學為信仰，因此忙於應酬交際這種事情。如果願意學習與落實心學，每天緊緊把這件事情存養於胸臆，帶著這個態度去面對各種現象，那全部事情，都是「事上磨練」的課題，全部事情的完就，都在強化心性的領會。

原文

玄默志於道矣，而猶有詩文之好，何耶？弈，小技也，不專心致志則不得，況君子之求道，而可分情於他好乎？孔子曰：「辭達而已矣。」蓋世之為辭章者，莫不以是藉其口，亦獨不曰「有德者必有言，有言者不必有德」乎？德，猶根也；言，猶枝葉也。根之不植，而徒以枝葉為者，吾未見其能生也。予別玄默久，友朋得玄默所為詩者，見其辭藻日益以進。其在玄默，固所為根盛而枝葉茂者耶？玄默過留都，示予以斯卷，書此而遺之。玄默尚有以告我矣。（出自《王陽明全集．文錄五》卷八）

117 當東海老人遇見夫子

浙江海寧，有個老翁董澐，號蘿石，他已經六十八歲了，善於寫詩，聞名於江湖間。他跟鄉里喜歡寫詩的十餘人共組詩社，從早到晚寫詩吟唱，相互講究字句的工整，廢寢忘食，甚至連考科舉都不管了。他就這樣度過大半輩子，世間的俗人都訕笑他愚蠢，他都不管，認為這是天下最快樂的事情。明世宗嘉靖三年（西元一五二四年），董澐來會稽遊玩，聽聞陽明先生正在這裡的山中與弟子講學，立刻拿著楞杖，肩挑瓢子，戴著竹笠，捧著詩卷來謁見陽明先生。進門後，他就跟陽明先生長揖，由於年歲遠大於陽明先生，隨即就自坐於上座。陽明先生覺得他的氣貌不同於常人，而且年紀已經很大了，對他很是禮敬。接著得知他就是董蘿石，就與他接連談話一天一夜。董澐逐漸瞭解陽明先生的思想後，禮數就越來越謙恭，甚至不知不覺側坐於位子的邊緣。

這段文字，出於〈從吾道人記〉，寫於嘉靖四年（西元一五二五年）。

這段文字可得知，陽明先生絕不反對寫詩詞，如果有人能像董澐那樣，為寫詩詞竟然連科舉都不考了，這如此巨大的利益都能毅然割捨，陽明先生就會覺得其人很值得佩服。而且，你要知道，陽明先生與人相見，常第一眼就是觀看這人的相貌內裡反映出的氣息，弟子王畿曾在〈書休寧會約〉裡描寫一件他覺得很奇怪的事情：他曾經引見兩個年輕人來山中，與正在講學的陽明先生相見，一人看來資性警敏，跟他對話，無不能立刻領略話中的意思，陽明先生與他相見，卻顯得很輕慢，屢屢相問而不回答；一人平日做事超過於尋常，不顧世人的詆毀，甚至見惡於鄉黨，卻深感懊惱，很想悔改，他想要見陽明先生，陽明先生跟他講話，竟然整日都忘記疲倦，好像想把平生學問傳給這人一般。

弟子王畿請問陽明先生這是怎麼回事？陽明先生回答說：「前一人雖然資性警敏，然而有著世俗的心機與情緒，不肯捨棄，如果不讓他領略心學，他還有敗露這汙穢的真相，終至於悔改的時刻，但，現在就讓他領略心學，他的見解越來越豐富，越來越懂得取巧，避開不利於自己私意的說法，覆蓋隱藏得越來越密實，心學全部的圓融智慮，都會被他拿來增加自己包藏心機的辦法，而使得他越來越會機詐權變，這樣日後為惡將會不可收拾。」陽明先生再說：「後一人做事能不顧世人的詆毀，原本是個有大能量的人，只不過因為他狂妄的心識偶然發作，暫時還消褪停止不住，唯一的憂慮只是不能悔改。現在既然知道悔改，想過來見敝人，他能掉轉回頭，轉化自己的能量為善，這樣誠摯的願望，來日什麼事情辦不成？敝人因此很願意接見他。」弟子王畿記錄說，後來這兩人的發展，果然就如陽明先生的預知。

世上資性警敏卻心懷機詐的人，越聽聞智慧，就越懂得如何摘引古文，來替自己的機詐做高段的掩飾，致使最高的良知，常被用來尋覓自己最高的利益。這樣類型的人，敝人常見他們棲身於兩個角落：其一，棲身於學術殿堂，擅長於學術的交際應酬，成為頗負盛名的教授；其二，棲身於社會邊緣，擅長於網路的批評謾罵，成為頗負盛名的流氓。董澐自甘於江湖，既不想考科舉做大官，更不想流落草莽贏得薄倖名，他只是安安靜靜的認真寫詩詞，忘懷利益得失，大半輩子就這樣過去了，終於有機會看見陽明先生這樣大智慧者的出現，他由本來不知不覺自居於長輩（確實是如此），卻開始側坐於邊緣，因為這名出身於浙江海寧的東海老人終於遇見他的夫子，他知道掌握關鍵性的智慧的時刻來臨了，他怎能不謙虛恭敬，垂首諦聽聖學奧義呢？

這就是人平日能忘懷利益得失，最終纔能獲得的幸福！

原文

海寧董蘿石者，年六十有八矣，以能詩聞江湖間。與其鄉之業詩者十數輩為詩社，旦夕操紙吟鳴，相與求句字之工，至廢寢食，遺生業。時俗共非笑之，不顧，以為是天下之至樂矣。嘉靖甲申春，蘿石來游會稽，聞陽明子方與其徒講學山中，以杖肩其瓢笠詩捲來訪。入門，長揖上坐。陽明子異其氣貌，且年老矣，禮敬之。又詢知其為董蘿石也，與之語連日夜。蘿石辭彌謙，禮彌下，不覺其席之彌側也。（出自《王陽明全集・文錄四》卷七）

118 拒絕偶像崇拜

董澐見過陽明先生後，退出來，跟陽明先生的弟子何秦說：「我見過世間的儒者多半支離瑣屑，不斷在修飾邊幅，像個木偶的樣子，其他更糟糕者則是貪婪爭奪於富貴利慾的場合，我曾經不屑這些人的行為，自己想說世上豈真有所謂的聖賢的學問嗎？不過只是假托著大道的虛名，藉此來牟取私利而已。因此，我索性篤志於寫詩，而放浪自己於山水間。現在我聽聞夫子的良知學說，忽然如大睡後獲得清醒，然後知道我往日的作為，日夜消耗精神在從事的工作，其與世間營營於利祿的人，在清濁間的區隔幾乎連寸都沒有。真是幸運啊！我如果不是來到夫子的門下，如此就幾乎要虛度此生了。我將要北面敬拜夫子，而終身做弟子，怎麼能因為我已經年老，就不讓我拜師呢？」

這出自於〈從吾道人記〉。

這類的文字，我們在古時候的文獻很容易看見，卻很難在當前的時空看見。現在的人很不可能對誰頂禮，這不是單純文化差異或變異的問題，而是自我與自性的問題。由於我們受著物質資源的高度豢養，自我意識在個體獲得物質的同時被強烈確認，使得人真正是「自我感覺良好」，因此怎麼可能去對誰低頭？不只是老人不可能對誰低頭，孩童同樣不可能對誰低頭，我們的教育，從來就不會鼓勵誰對誰低頭，而是每個人都要抬頭，趾高氣昂，保護好自我的利益，動輒稍經點挫折，就會指責他人如何對不起自己，就會宣稱自己再不會原諒他人，這往往使得整個社會充滿著對立與衝突的情緒。

我們現在鞏固自我意識的說法裡，最重要者莫過於「拒絕偶像崇拜」這種聽來極其合理的見解。最早產生「拒絕偶像崇拜」這種說法的基督信仰，原本只是在指拒絕異教信仰，而其對耶穌本人，如果沒有那強烈的信仰做支撐，就局外人的角度來說，何嘗不是種偶像崇拜？但，我們暫且不去細論這個層面，我們應該對「偶像崇拜」這個觀念本身展開探索。只有自己的主體在依附他者的主體，且這兩者無法真正契合的時候，這纔有「偶像崇拜」的問題，而且這問題不只出現在古典的宗教信仰，還包括對手機的崇拜、對寵物的崇拜或對金錢的崇拜……，因為把生命的主權交給外在的對象，而這對象會對自己的人生釀就支配或主控的著魔狀態，這纔有某個偶像在被崇拜引來的問題。

然而，如果人不執著於主體，尤其不執著於自我意識，他希望生命能體現在情感的深度交融與洋溢裡，沒有哪個主體在崇拜哪個主體，而只有對本體的信仰，這時候，哪裡會有任何「偶像」在被崇拜呢？本體的信仰，由不同的角度來說，在天體現為無盡的宇宙本體，這是通常不言的本體；在人體現為具體的自性本體，這是慣常有感的本體。在這兩者間，還有給宇宙本體具體的名相，使得宇宙的存在因此有現象的存在，這整個存有都因此被給出明確的意義，其存有者或人或神，而稱作世界本體。當人帶著自性的意識而對某人或神發出強烈的信仰，這意味著其人或神就是他的世界本體，他不是在信仰某個異於自性的存在，而是自性與自性的自然交融，更精確來說，則是如同植物在趨往陽光般，低階自性在跟高階自性汲取能量，來補充與拔高這本來自性的位階。

因此，信仰是補充與拔高自性的過程，而且，這過程沒有欺瞞，沒有虛妄，沒有矯揉。或許有人會想問：董澐這個老人，願意對陽明先生低頭，這是在抬高陽明先生的自我意識嗎？不！陽明先生沒有自我意識，哪裡還有能被抬高的主體？對董澐來說，陽明先生就是董澐的世界本體，他讓董澐的自性獲得補充與拔高的機會，董澐的生命因此「見道」，他感覺這一生沒有白活，對宇宙的存在產生根本的領會，充滿著意義，董澐能不認真拜師，跟著陽明先生學習心學嗎？董澐曾經兩度懇請拜師，都被陽明先生不斷拒絕，但，陽明先生如果徹底拒絕他，完全不給他機會，這就是尚有自我意識，在意著世人早已習慣於「假情假意的謙虛」的社會評價，更是對自性的莫大殘忍了。

原文

退，謂陽明子之徒何生秦曰：「吾見世之儒者支離瑣屑，修飾邊幅，為偶人之狀；其下者貪饕爭奪於富貴利慾之場；而嘗不屑其所為，以為世豈真有所謂聖賢之學乎，直假道於是以求濟其私耳！故遂篤志於詩，而放浪於山水。今吾聞夫子良知之說，而忽若大寐之得醒，然後知吾向之所為，日夜弊精勞力者，其與世之營營利祿之徒，特清濁之分，而其間不能以寸也。幸哉！吾非至於夫子之門，則幾於虛此生矣。吾將北面夫子而終身焉，得無既老而有所不可乎？」（出自《王陽明全集・文錄四》卷七）

119 寶貴的明珠

當董澐積極表示想要拜師的熱忱，弟子秦起立即起身拜賀說：「先生的年紀或許很大了，然而，先生的志向何其雄壯啊！」他因此特意去跟陽明先生稟告。陽明先生聽見了，嘆息說：「有這樣的事情嗎？我從來沒有見過世間竟有這樣的老先生！雖然，他的年紀大於我，老師或朋友的意義其實沒有差異，假如我的言論能獲得他的信仰，又何需北面拜師如此慎重的禮節呢？」董澐聽見弟子秦起的回告，就說：「夫子難道認為我的誠意尚未獲得時間的累積？」他因此辭歸兩個月，拋棄自己的瓢子與頭笠，再持著一匹縑帛過來。他跟弟子秦起說：「這是我的老妻認真織的縑帛，我累積的誠意，就像是這絲絲累積出來的縑帛，夫子能准許我的拜師嗎？」弟子秦起再回去請示陽明先生。

陽明先生聽見弟子秦起的報告，嘆息說：「有這樣的事情嗎？我從來沒有見過這樣的老先生！現在的後生晚進，如果知道執筆書寫文詞，稍微熟悉考訂訓詁，就已經膨脹自大，不再知道有從師學問的事情。如果看見有人想從師問學，就會起鬨共同嘲笑他，指責辱罵他是個怪物。老先生能寫詩來教育後進，跟隨他論詩的人遍布江湖，已經是個先輩了。一旦聽聞我的言論，而拋棄自己數十年累積的成就如敝屣，希望北面屈禮拜師，這哪裡只是現在沒有看見，即使考察古時候的文獻記載，都很罕見！學做君子的學問，只是希望能變化氣質而已，氣質最難變的癥結，莫過於假裝客氣，卻不能屈己下人，甚至於自我欺騙，自認很厲害，藉此掩飾錯誤，滋長傲慢，最終淪落為凶頑鄙陋的人。」陽明先生最後還說：「沒有天下莫敵的勇敢，哪裡能做出如此精猛的舉措！董澐實在是我的老師，我哪裡有資格做董澐的老師呢？」

董澐聽見後，就很激情地說：「這真是太超過了！夫子再度拒絕我，我卻已經不能再等待了！」他就直接進去見陽明先生，接著強行要拜師，陽明先生想再三拒絕，卻毫無辦法，就只好接受他的拜師，但跟他相約就是在老師與朋友間的相互對待。董澐就此跟隨著陽明先生，在各種山水間遊歷與學習，他每天都覺得深有收穫，快樂得忘記回家。他鄉里的子弟與親友，還有平日共組詩社的同志，都在笑話他，或者寫詩給他，希望他能回頭，不斷跟他說：「你已經老了，為何要這樣自苦呢？」他總是笑著說：「我纔剛覺得很幸運能脫離苦海，這纔能憐憫往日的自苦，現在哪裡是苦呢？我現在如同鳥兒在振動羽毛，快樂地飛於雲霄上，如何再能自投羅網，關在牢籠裡呢？你們不要再管了，我將從吾所好！」他因此自號曰「從吾道人」。

這就是陽明先生寫的〈從吾道人記〉。

如果不曾被框架束縛，就不能領會心學內蘊的解放精神。如果不願自組嶄新的框架，就不能領會心學內蘊的收攝精神。董澐這一生，厭惡世俗的表裡不一，本來活在對虛假的框架的摒棄裡，他自甘於淡泊，寧願流浪，都不願意被侷限在世俗的支解見識裡。然而，當他遇見陽明先生，看見這世間難得的真人，赫然發現聖學不是虛假的框架，更不是吃人的禮教，人絕對能活在真實清澈的洞見裡，他本來凍如萬年冰山般被封鎖住的情感，猛然就被陽明先生那暖和如春日般的觀念給快速融化了，他不顧社會習慣，不在意自己年紀比較大，焦躁的想要跟陽明先生拜師，這意味著他想立即徹底改頭換面，就此撥開生命裡的陰霾，讓自己活在新天新地的暢然自在裡，這如此灑落的喜悅，本無法跟他人訴說，因為那是董澐的生命被完整洗刷而煥然一新的經驗，只有大信進去，纔能換取這寶貴的明珠。

原文

秦起拜賀曰：「先生之年則老矣，先生之志何壯哉！」入以請於陽明子。陽明子喟然歎曰：「有是哉？吾未或見此翁也！雖然，齒長於我矣。師友一也，苟吾言之見信，奚必北面而後為禮乎？」蘿石聞之，曰：「夫子殆以予誠之未積歟？」辭歸兩月，棄其瓢笠，持一縑而來。謂秦曰：「此吾老妻之所織也。吾之誠積，若此縷矣。夫子其許我乎？」秦入以請。陽明子曰：「有是哉？吾未或見此翁也！今之後生晚進，苟知執筆為文辭，稍記習訓詁，則已侈然自大，不復知有縱師學問之事。見有或縱師問學者，則哄然共非笑，指斥若怪物。翁以能詩訓後進，從之遊者遍於江湖，蓋居然先輩矣。一旦聞予言，而棄去其數十年之成業如敝屣，遂求北面而屈禮焉，豈獨今之時而未見，若人將古之記傳所載，亦未多數也。夫君子之學，求以變化其氣質焉爾。氣質之難變者，以客氣之為患，而不能以屈下於人，遂至自是自欺，飾非長敖，卒歸於凶頑鄙倍。故凡世之為子而不能孝，為弟而不能敬，為臣而不能忠者，其始皆起於不能屈下，而客氣之為患耳。敬惟理是從，而不難於屈下，則客氣消而天理行。非天下之大勇，不足以與於此！則如蘿石，固吾之師也，而吾豈足以師蘿石乎？」蘿石曰：「甚哉！夫子之拒我也。吾不能以俟請矣。」入而強納拜焉。陽明子固辭不獲，則許之以師友之間。與之探禹穴，登爐峰，陟秦望，尋蘭亭之遺跡，倘徉於雲門、若耶、鑑湖、剡曲。蘿石日有所聞，益充然有得，欣然樂而忘歸也。其鄉黨之子弟親友與其平日之為社者，或笑而非，或為詩而招之返，且曰：「翁老矣，何乃自苦若是耶？」蘿石笑曰：「吾方幸逃於苦海，方知憫若之自苦也，顧以吾為苦耶？吾方揚鬐於渤澥，而振羽於雲霄之上，安能復投網罟而入樊籠乎？去矣，吾將從吾之所好！」遂自號曰「從吾道人」。（出自《王陽明全集・文錄四》卷七）

120 良知會感應著環境

董澐自取號曰「從吾道人」，陽明先生很高興地表示：「這個董蘿石的生命狀態真是卓越啊！常人在年紀衰老後，血氣已經衰竭，最要戒懼莫過於自得，不再肯謙虛受教，還有幾個人能特別堅強奮發，再如青春的孩子般，有著英銳的作為？就拿『從吾所好』這件事情來說，世人往往是從其美名的所好，因而競相博取清高的聲望；或是從其利益的所好，因而競相貪取大量的金錢；或是從其心意耳目的所好，因而競相詐欺來騙取享樂的機會。他們這些人，都會自認在做著『從吾所好』的事情啊！然而，這豈能知道敝人說的『真我』呢！敝人說的『真我』，就是在指良知。父慈子孝，這都是我們良知的所好，不慈不孝，這就是我們良知會厭惡的狀態。言忠信，行篤敬，這就是我們良知的所好，不忠信，不篤敬，這就是我們良知會厭惡的狀態。因此名利物欲的喜好，這都是『私我』的所好，卻是天下都會厭惡的狀態。良知的喜好，這是真我的所好，更是天下都會共同喜好的狀態。因此人如跟隨私我的所好去貪取，則天下人都會厭惡他，他將攪得左支右絀，大量消耗精神，卻憂苦終身，這就在被物欲奴役。」這段話，還是出自於〈從吾道人記〉。

陽明先生講的「真我」，原文稱作「真吾」。真我與私我的差異，在於這兩個主體的範圍不同，真我的範圍與宇宙同體，與宇宙同大，私我的範圍僅限於個人的肉身，尤其是藉由感官的刺激與滿足，來確認這私我的存在。常聽見有人這樣的質疑：良知這個觀念太過於模糊，無法成為放諸四海而皆準的律則。其實，如果「有良知」與「無良知」這兩個詞彙其意涵能被畫出清晰的界線，那良知總是在「觀照著環境」，「環境」不是個物質的空間，而是個精神的空間，每個能量正在相互對應的生命，都會共組出他們感知的環境，這時候，如果能做出有利於環境（不見得有利於自己）的決斷，這就是有良知。真我就是能超越自己利害，觀照著環境的意識機制，由於環境會隨著能量與其背後的生命狀態的不斷蛻變，而跟著遷異，這使得良知決斷出的內容就會跟著不斷調整。

因此，決斷出你每個當際的良知，這首先需要「自覺」。良知的質性兼具「外照性」與「內照性」，前者就是指良知能觀照著環境，然而，這觀照本身如要釀就出任何決斷，就得來自於良知的內照性，意即良知能觀照著自己，讓自己的輪廓因應外在的環境而浮現，從而統攝著環境的發展，這就是自覺。這就體現出良知發作的路徑：良知會感應著環境，因為感應著環境而內照自身，由自身的充盈再外照環境，給出精確的對應。《中庸》說的「喜怒哀樂之未發」，其「中」字就是在指良知的內照，雖然未發，卻已有感應，這纔會接著「發而皆中節」，對環境做出精確的對應，無不冥然契合於「和」字。良知學就是一門實做工夫而體現良知由未發至已發的全部路徑的學問，只有懷抱著環境來安頓個人的舉止，這層意識纔能使得人活在良知裡。

原文

陽明子聞之，歎曰：「卓哉蘿石！『血氣既衰，戒之在得』矣，孰能挺特奮發，而復若少年英銳者之為乎？真可謂之能『從吾所好』矣。世之人從其名之好也，而競以相高；從其利之好也，而貪以相取；從其心意耳目之好也，而詐以相欺；亦皆自以為從吾所好矣。而豈知吾之所謂真吾者乎！夫吾之所謂真吾者，良知之謂也。父而慈焉，子而孝焉，吾良知所好也；不慈不孝焉，斯惡之矣。言而忠信焉，行而篤敬焉，吾良知所好也；不忠信焉，不篤敬焉，斯惡之矣。故夫名利物慾之好，私吾之好也，天下之所惡也；良知之好，真吾之好也，天下之所同好也。是故從私吾之好，則天下之人皆惡之矣，將心勞日拙而憂苦終身，是之謂物之役。（出自《王陽明全集．文錄四》卷七）

121 聖學最高段的見解

弟子林典卿跟他的弟弟遊學於大學，他們即將要離開了，弟子典卿特別去跟陽明先生辭行，並問陽明先生說：「元敘（典卿的字）曾經聽聞夫子講過立誠的重要性，現在要離開了，膽敢跟夫子再請教，有沒有什麼是弟子要牢記的觀念？」陽明先生回答：「立誠。」典卿說：「學習難道只是如此嗎？天地如此大，星辰如此瑰麗，日月如此明亮，四時不斷在運行，這些自然現象的事物不可窮盡，人物如此豐富，草木如此繁盛，禽獸各自群居，中國與夷狄的文化各自不同，這些世間的變化都無法窮盡。古時候的學者花費一生的智慮，消耗全部的精神，尚且無法窮究智慧的頭緒；不捨晝夜，窮盡年歲，尚且無法理清智慧的說法；這就像是梳整蠶絲與牛尾，不論如何辛苦，都沒有辦法獲得最根本的奧義。現在夫子卻說『立誠』，光只是立誠，就能窮盡這全部的智慧嗎？」

陽明先生回答說：「立誠就能窮盡這全部的智慧了。誠，就是最實在的理。這就是星辰如此瑰麗，日月如此明亮，四時不斷運行，還有各種不可窮盡的領域會發生各種事情的根本原因。就人物來說，或是繁衍生息，或是群居共事，或是區隔文化，或者任何說不盡道不完的變化，這都是人誠意在面對的結果，因此，如果在誠意外，再往枝微末節的領域花費一生的智慮，消耗全部的精神，不捨晝夜與年歲，強要梳整蠶絲與牛尾，這當然無法獲得任何的智慧。誠意，就只是專一而已，你無法在誠意外再增加什麼。再增加什麼，就是在析離為二了，只要有二就是在偽飾，因此我們無法在誠意外再增加什麼。這就是『至誠無息』，意即誠意使得世間萬事都獲得不斷運作。」

弟子林典卿起身敬拜說：「弟子到今天纔知道夫子的教育如此重要！請讓弟子終身事奉這個瑰寶，不敢再有任何質疑！」

這就是陽明先生寫的〈贈林典卿歸省序〉。

敝人曾經寫過〈誠意是萬教公法〉一文，發表在網路上，有人在大陸的儒學論壇裡質疑這點，並認為聖學裡即使有講誠意，都不是聖學最高段的見解，並認為敝人沒有什麼創見。敝人有沒有創見，這倒是沒有關係，因為敝人已經掙脫自我意識裡的成聖意願了。不過，由於其人講話的態度很凶狠，擺出典型好鬥的網路憤青樣，敝人只是很有禮貌的講幾個觀點，並未深度暢談，當然，這更是因為時間有限，無法在網路做消耗精神的虛無議論。不過，現在既然寫到這裡，敝人就要問：「如果我們不講誠意，那聖學的精華還剩什麼？」這世間萬事都獲得運作的機制，就是「誠」字，宇宙本體至自性本體，萬有一體，其內裡就靠著「誠」字的實質精神在聯繫，我們個人只有誠意，擺脫私念，廓然大公去感知著存在，這感知編織出你認知的環境，你與其良好而精確的對應，就能使得你對於自己的存在涵養出實在感。飽滿的實在感，就使人活得高昂而有意義。敝人不在意這是否為聖學最高段的見解，敝人只知道，人沒有誠意，則存在頓落虛無。

原文

林典卿與其弟游於大學，且歸，辭於陽明子曰：「元敘嘗聞立誠於夫子矣。今茲歸，敢請益。」陽明子曰：「立誠。」典卿曰：「學固此乎？天地之大也，而星辰麗焉，日月明焉，四時行焉；引類而言之，不可窮也。人物之富也，而草木蕃焉，禽獸群焉中國夷狄分焉；引類而言之，不可盡也。夫古之學者，殫智慮，弊精力，而莫究其緒焉；靡晝夜，極年歲，而莫竟其說焉；析蠶絲，擢牛尾，而莫既其奧焉。而曰立誠，立誠盡之矣乎？」陽明子曰：「立誠盡之矣。夫誠，實理也。其在天地，則其麗焉者，則其明焉者，則其行焉者，則其引類而言之不可窮焉者，皆誠也；其在人物，則其蕃焉者，則其群焉者，則其分焉者，則其引類而言之不可盡焉者，皆誠也。是故殫智慮，弊精力，而莫究其緒也；靡晝夜，極年歲，而莫竟其說也；析蠶絲，擢牛尾，而莫既其奧也。夫誠，一而已矣，故不可復有所益。益之是為二也，二則偽，故誠不可益。不可益，故至誠無息。」典卿起拜曰：「吾今乃知夫子之教若是其要也！請終身事之，不敢復有所疑。」（出自《王陽明全集．文錄四》卷七）

122 來日與你再相見

周瑩（字德純）曾經跟應元忠學習，應元忠是陽明先生的弟子，後來他特別來見陽明先生，跟先生請益。陽明先生問說：「你從應子那裡來嗎？」周瑩回答「對」。陽明先生再問：「應子拿什麼來教你呢？」周瑩回答：「老師沒有教什麼其他特別的言論，只有每天教誨我要從事於希聖希賢的學問，不要沉溺於流俗。並且，他還跟我說：『這就是我在陽明先生那裡獲得的指教。如果你不相信，何不親自過去跟陽明先生證實？』周瑩因此不遠千里而來謁見先生。」陽明先生再問：「你不遠千里過來，這是因為你不相信應子的說法嗎？」周瑩回答：「相信。」陽明先生再問：「既然相信，還不遠千里而來，這是什麼緣故呢？」周瑩回答：「因為沒有獲得希聖希賢的辦法。」陽明先生回答：「你已經獲得辦法了，並不需要跟我學習。」

周瑩聽見後，悚然心驚片刻，接著再問：「先生能不能因為應老師是您弟子的關係，最終還是賜教於學生。」陽明先生接著回答：「你已經獲得辦法了，並不需要跟我學習。」周瑩悚然站起來，茫然片刻，再問：「周瑩很愚昧，不能獲得辦法。先生請不要拿周瑩來戲要，如果最終能賜教，那是周瑩的大幸！」

陽明先生問說：「你自永康而來，有如何的里程？」周瑩回答：「有千里那般遙遠的里程。」陽明先生說：「確實很遙遠了。你坐船過來嗎？」周瑩回答：「坐船，接著再登陸。」陽明先生說：「確實很辛苦了。當此六月，你人在路上，會覺得酷熱嗎？」周瑩回答：「沿路酷熱特甚！」陽明先生說：「確實很困難了。你有準備資糧，或帶著童僕嗎？」周瑩回答：「在半路上，童僕生病了，因此我把他轉僱給他人，捨棄資糧，自己繼續前行。」陽明先生說：「這確實更加困難了。你來既然如此遙遠且辛苦，何不乾脆回去，卻非得要過來呢？有誰勉強你來？」周瑩回答：「周瑩能來到夫子的門裡，不論如何艱難辛苦，都會覺得很快樂。哪裡需要等到誰來勉強周瑩呢？」

陽明先生聽到這裡，就笑說：「這就是我說你已經獲得辦法了。你的志向，就是希望能來到我的門裡，因此你來我的門裡，並不需要假於他人。你的志向，如果希望獲得聖賢的學問，哪有不至於聖賢，還需要假於他人？你知道捨棄舟船，從陸路過來，會轉僱童僕，捨棄資糧，甘冒著毒暑而來，這又是從誰那裡告知而獲得的辦法呢？」周瑩聽到這裡，豁然大悟，跳起來敬拜說：「這就是最至關緊要的辦法！周瑩自己正就是由這個辦法而來，卻自己不明白其中的道理，必要等夫子解釋後纔豁然大悟，那周瑩現在要做什麼呢？」陽明先生說：「你沒有看見過燒石頭來提煉出石灰嗎？只要火的能量臻至飽滿的程度，見水就化了。現在你就回去自己家鄉，繼續跟著應子學習，來烘養自己的火候，我將儲蓄好澆熄熱石的水，靜待著來日與你再相見。」

這段對話出自〈贈周瑩歸省序〉。

有時候，萬般精鍊的言語，不到他人能聽懂的時候，說出來如同未說。有人覺得心學好像不是個具有系統性的知識的學問，頗有茫然無法把握住要領的感慨，其實，人只要願意謙虛下來，靜靜閱讀心學的文字，你真覺得自己很茫然，無法把握住要領嗎？你早已掌握住心學的要領了，卻還在跟我質問無法把握住心學的要領！敝人帶著啟悟的能量在書寫心學的文字，每個字的布局都有著深意在。願意跟著這些文字的脈絡來領會心學，這股願意的能量，就已經在把握住心學的要領了，這纔使你會一篇接著一篇的閱讀，你應該去深深感覺自己的蛻變與成長，而不是來反問敝人心學究竟有什麼要領。敝人在網路公開講論心學，就是希望能拋棄名相而普度眾生，讓全部願意閱讀這些文字的人都受益，你只要願意閱讀，這股意願，就使你受益，這並不是敝人特意在幫忙你什麼，不論敝人說什麼，重點是這促使你的自性已經開啟。

至於更精湛的點化，就讓每個人各憑因緣，烘養自己的火候，靜待著敝人來日與你再相見，雖然，只要跟著這個脈絡而來，我們從不陌生。自性本沒有人我，只有同一個整體裡的真情在交互洋溢。

原文

永康周瑩德純嘗學於應子元忠，既乃復見陽明子而請益。陽明子曰：「子從應子之所來乎？」曰：「然。」「應子則何以教子？」曰：「無他言也，惟日誨之以希聖希賢之學，毋溺於流俗。且曰：『斯吾所嘗就正於陽明子者也。子而不吾信，則盍親往焉？』瑩是以不遠千里而來謁。」曰：「子之來也，猶有所未信乎？」曰：「信之。」曰：「信之而又來，何也？」曰：「未得其方也。」陽明子曰：「子既得其方矣。無所事於吾。」

周生悚然有間，曰：「先生以應子之故，望卒賜之教。」陽明子曰：「子既得之矣。無所事於吾。」周生悚然而起，茫然有間，曰：「瑩愚，不得其方。先生毋乃以瑩為戲，幸卒賜之教！」

陽明子曰：「子之自永康而來也，程幾何？」曰：「千里而遙。」曰：「遠矣。從舟乎？」曰：「從舟，而又登陸也。」曰：「勞矣。當茲六月，亦暑乎？」曰：「途之暑特甚也。」曰：「難矣。具資糧、從童僕乎？」曰：「中途而僕病，乃捨貸而行。」曰：「茲益難矣。」曰：「子之來既遠且勞，其難若此也，何不遂返而必來乎？將亦無有強子者乎？」曰：「瑩至於夫子之門，勞苦艱難，誠樂之。寧以是而遂返，又俟乎人之強之也乎？」

曰：「斯吾之所謂子之既得其方也。子之志，欲至於吾門也，則遂至於吾門，無假於人。子而志於聖賢之學，有不至於聖賢者乎？而假於人乎？子之捨舟從陸，捐僕貸糧，冒毒暑而來也，則又安所從受之方也？」生躍然起拜曰：「茲乃命之方也已！抑瑩由於其方而迷於其說，必俟夫子之言而後躍如也，則何居？」陽明子曰：「子未睹乎熱石以求灰者乎？火力具足矣，乃得水而遂化。子歸，就應子而足其火力焉，吾將儲擔石之水以俟子之再見。」（出自《王陽明全集・文錄四》卷七）

123 心性的驗證與琢磨

喬白巖先生將要去南京，經過陽明先生那裡，特意去跟他請教學問。陽明先生跟他說：「學習貴在專一。」喬白巖說：「誠然。我年輕的時候很喜歡下棋，連飯菜都忘記吃，睡覺都不成眠，眼睛都不看別的東西，耳朵都不聽別的聲音，大概一年內，鄉里就沒有比我更會下棋的人了，三年內，全中國都沒有能下得過我的人了。誠然學習貴在專一。」陽明先生再跟他說：「學習貴在精工。」喬白巖說：「誠然，我長大後，喜歡文詞，字字都要講究，句句希望能合韻律，研習眾史，稽核百家，剛開始的時候希望學習唐宋的古文，最後則浸潤在漢魏的賦體，誠然學習貴在精工。」陽明先生跟他說：「學習貴在端正。」喬白巖說：「誠然，我中年後，喜歡聖賢的道理，對於曾經著迷於下棋與文詞，都深感懊悔，已經不再把它們放在心底了。先生認為如何呢？」

陽明先生回答：「這樣很好！下棋的學問，固然可稱作學問；文詞的學問，固然可稱作學問；學道的學問，固然可稱作學問，然而這些不同的學問，最後的歸宿卻不大一樣。道，就是大路，離開大路，都是荊棘的窄路，很難抵達終點。因此專一於大道，這纔是真正的專一；精工於大道，這纔是真正的精工。專一於下棋，卻不專一於大道，這種專一就是種陷溺；精工於文詞，卻不精工於大道，這種精工就是種荒僻。大道如此廣大，文詞的技能就從裡面出來，但，如果專一於琢磨文詞的技能，這樣反而離開大道很遙遠了。因此，除非專一於大道，就不能精工，沒有出自於大道產生的精工，就不能洞悉那個領域的真相，不能洞悉，就不能誠意。因此《尚書》纔會說『惟精惟一』。精工產生的洞悉，就是誠意與大道合一的基石。合一，就是天下的根本；精工，則是天下的大用，能知道天地如何的化育，更何況於文詞技能這種枝微末節呢？」

喬白巖說：「誠然！我將終身事奉於大道，而深深懊悔現在已經太晚了。」陽明先生回答：「這哪裡是容易的事情呢？公卿不講學問，已經很久了。過去衛武公年紀已經九十了，還下詔跟國人說：『不要因為我衰老了，而放棄我，我依舊會勵精圖治。』您的年紀不過只是衛武公的一半，而學道的效益卻可加倍！您不要面對衛武公而有愧，敝人則焉敢忘記天下的國士都在交相警惕督責我，希望敝人能振興大道。」

這出自於〈送宗伯喬白巖序〉。

這裡最重要的觀念，就是人要帶著心性去精工於某個領域。「帶著心性」與「精工於某個領域」這二者不可偏廢，而且沒有任何衝突性。如果沒有帶著心性，那精工於某個領域，就會陷溺在該領域的琢磨裡，淨在某些枝節問題裡糾纏，傷害身體，卻終身無法見道。終身無法見道，或許對從來不曾見道的人來說，根本不能感覺這件事情的嚴重性，然而，終身無法見道的實際效應，他們卻深受其害與其苦，那就是他們會感覺自己一輩子在操煩，卻備嘗挫折，好像被下詛咒般，總是活在不如意與受折騰裡。

如果只有帶著心性，卻不曾精工於某個領域，那他的心性，未曾經歷過驗證與琢磨，就如同窮酸文人講兵法，講得頭頭是道，卻從來沒有實戰的經驗，不只他人無法見信，自己都會問心有愧。因此，任何思想只要拒絕於實際人生的驗證與琢磨，那種思想內蘊的心性與路徑就會有問題，敝人曾經說過，「心」是指心靈的象限，其不在身內，不在身外，自具世界的存在，而對應於廣大無礙的宇宙的存在。「性」則是指意識這象限的機制。只要宇宙的存在與世界的存在這兩者綿密結合無間，就能「無有相生」，蛻變出物質的象限，因此，哪裡能有不能落實於物質的象限背後的心靈的象限？如果有，這樣的象限內具的思想，會引發整個存在的災難，那就是宇宙不再生生不息，人自棄世界，孤絕於宇宙外。

帶著心性精工於某個領域，這領域不該屬於心性領域，而該屬於更低階而具體的領域。因為心性議題屬於核心領域，本來就需要花全部生命去精工，卻不能僅精工於此，人應該有個落實現象的範疇，讓心性在這個範疇裡彰顯其存在，心性的內聖開啟現象的外王，這是個自然相生的脈絡，屬於內聖洋溢的展現。常聽人訴說自己忙於工作，無法得空精進於心性，這是錯誤的邪見，人的事業不該自外於志業，事業與志業的合一，更不是只有做著散播心學觀念的工作。但，不論工作的內容如何繁雜，或需要如何專業的知識來操作，只有帶著心性從事於工作，意識著工作本身是對於心性的驗證與琢磨，這樣的工作纔能給生命帶來幸福。而且，不要誤認這種幸福的感覺很主觀，當人能堅持帶著心性去精工於某個領域，他就是在「行善積德」，他的人生會有很具體的幸福，這包括遇到災難會逢凶化吉，自己與家人長年身體安康。

原文

大宗伯白巖喬先生將之南都，過陽明子而論學。陽明子曰：「學貴專。」先生曰：「然。予少而好弈，食忘味，寢忘寐，目無改觀，耳無改聽。蓋一年而詘鄉之人，三年而國中莫有予當者。學貴專哉！」陽明子曰：「學貴精。」先生曰：「然。予長而好文詞，字字而求焉，句句而鳩焉，研眾史，核百氏。蓋始而希跡於宋、唐，終焉浸入於漢、魏。學貴精哉！」陽明子曰：「學貴正。」先生曰：「然。予中年而好聖賢之道。弈吾悔焉，文詞吾愧焉，吾無所容心矣。子以為奚若？」陽明子曰：「可哉！學弈則謂之學，學文詞則謂之學，學道則謂之學，然而其歸遠也。道，大路也。外是，荊棘之蹊，鮮克達矣。是故專於道，斯謂之專；精於道，斯謂之精。專於弈而不專於道，其專溺也；精於文詞而不精於道，其精僻也。夫道廣矣大矣，文詞技能於是乎出。而以文詞技能為者，去道遠矣。是故非專則不能以精；非精則不能以明；非明則不能以誠。故曰『惟精惟一』。精，精也；專，一也。精則明矣，明則誠矣。是故明精之為也，誠一之基也。一，天下之大本也；精，天下之大用也。知天地之化育，而況於文詞技能之末乎？」先生曰：「然哉！予將終身焉，而悔其晚也。」陽明子曰：「豈易哉？公卿之不講學也，久矣。昔者衛武公年九十而猶詔於國人曰：『毋以老耄而棄予。』先生之年半

於武公，而功可倍之也。先生其不愧於武公哉？某也敢忘國士之交警！」（出自《王陽明全集・文錄四》卷七）

124 快樂是心靈的本體

有人問陽明先生說：「快樂是心靈的本體，不知道當我們遇見重大的變故，在悲哀到哭泣的時刻，這個快樂還在不在呢？」陽明先生回答得很好笑：「當人面臨這種時刻，就得要好好大哭一番了，纔能獲得快樂，不大哭就不能大樂了，雖然大哭一番，這哭得淋漓盡致處，就是快樂，對於本體本身來說，其實並沒有任何變化。」（出自《傳習錄‧下卷》第九十二條）

這「快樂是心靈的本體」，其實是陽明先生自己說的話。明世宗嘉靖三年（西元一五二四年），他在〈與黃勉之〉（二）這封書信裡說：「快樂是心靈的本體。領會本體的人，就是仁人，仁人的心靈，把整個天地萬物都視作一體，呈現寧靜祥和的情境，沒有內外物我的間隔。」這顯示出陽明先生認為，沒有內外物我的間隔，這會感受出無與倫比的快樂，這快樂本身就是本體。然而，對照前面說不論哭或是笑，這都是快樂，但對於本體來說卻沒有任何變化，顯然心靈的本體寂然朗照，哭得快樂或笑得快樂都不是本體，而是本體的呈現。

當然，我們不是在寫論文，無需咬文嚼字，而是精確指陳這情狀。因此，針對「快樂是心靈的本體」這段話，陽明先生的語意有兩層變化：其一，宇宙本體寂然朗照，這是就天的角度而言，然而，當人悟得這寂然朗照，這意味著人與天合一，就人的角度而言，天人合一會使人的心靈產生無與倫比的快樂，這表示人的自性本體已經被開啟，那開啟的當頭就是快樂的浮現，因此我們可說「快樂是心靈的本體」；其二，在生活裡大哭與大笑產生的快樂，並不是那自性本體被開啟的快樂，然而，自性開啟對生命的影響，卻會使得生命在每個片刻都會想要活得淋漓盡致，沒有絲毫遺憾。因此，大哭與大笑都是自性的呈現，而不是自性本身，因此自性這個感應機制並不會因為哭與笑而有任何更易。陽明先生因為隨機設教的需要，故而在「快樂是心靈的本體」這段話裡語意有翻轉，我們後來不在現場聆聽的學習者，只有釐清這個差異，纔能回歸實相。

最後，我們再回到「快樂是心靈的本體」這段話。一般人常會認為心靈在自己的身體內，其實，心靈不在身體內，不在身體外，因為「真身無內外」，這已經不只是物我無間，而是不再有我，卻有個不再有我的我，假借我來做著不再有我的事情。這就是心學早已打破內外，卻會由世外回歸世內的本懷。勉強落在個體的層面裡，卻會發現真實的身體跨越肉體，包括跨越肉體內的神經與器官，但，其卻假借著肉體（包括肉體內的神經與感官）來顯現與應化，這個事實，就是為何只有世界能呈現宇宙的原因，當人蛻變出真身，纔能意識整個宇宙最真實的生滅變化。當人能感知到真身的存在，這就表示他發現了心靈，這不是任何個人化的心理，而是種巨大的存在象限，在這個象限裡，已經沒有個人的感知，纔能自如穿梭在不同的物質，綜觀物質與物質背後共通的存有鏈。這種穿梭與綜觀的真身，印度的吠檀多（Vedanta）哲學會稱作「大樂身」（Sambogakaya，或稱「圓滿身」或「喜悅身」），這就能印證陽明先生說「快樂是心靈的本體」。要練就真身，還是得假借著肉體（包括肉體內的神經與感官）來涵養，肉體內「正穴」不過三百六十五個（如果合計「新穴」那就不止上千個了），然而要開啟自性，並在當頭裡獲得悟道無與倫比的快樂，只有認真依循著任督二脈，藉由喚醒這兩脈的各部穴位，來開啟自性。

原文

問：「樂是心之本體，不知遇大故於哀哭時，此樂還在否？」先生曰：「須是大哭一番方樂，不哭便不樂矣。雖哭，此心安處，即是樂也；本體未嘗有動。」（出自《傳習錄・下卷》第九十二條）

125 心靈即是天理

徐愛問陽明先生說：「至善只往自己的心靈內尋覓，恐怕面對天下事理，會有不能窮盡的時候？」陽明先生回答：「心靈即是天理。天下哪裡還會有心靈外面的事情，心靈外面的天理？」徐愛問說：「譬如事奉父母要孝順，事奉國君要忠誠，與人交往要信任，管理人民要仁愛，這其間還是會有很大量的天理，我們恐怕不可不細密檢查。」

陽明先生嘆息說：「這樣的說法，已經蒙蔽人間很久了，哪裡是一言半語就能讓世人開悟？現在，姑且就你的問題來討論。如果發現不能事奉父親，那就在事奉父親這個議題上去尋覓孝順的道理；如果發現不能事奉國君，那就在事奉國君這個議題上去尋覓忠誠的道理；如果發現不能與人交往或管理人民，那就都在這些具體議題上去尋覓信任與仁愛的道理，其內裡都只在我們的心靈。心靈即是天理。心靈沒有私欲的蒙蔽，這就是天理，不需要由外面添加任何一點。拿這個純粹來自於天理的心靈，在事奉父親的議題裡發作，那就是孝順；在事奉國君的議題裡發作，那就是忠誠；再往與人交往與管理人民的議題裡發作，那就是信任與仁愛。我們只應該在這個心靈裡善盡『去人欲，存天理』的工夫就對了。」

這段對話出自《傳習錄・上卷》第三條。

有人或認為心學沒有個精微開湛的理論，這是極大的誤解，陽明先生在《傳習錄》裡有大量關於本體的認識，需要我們經由當前能理解的脈絡來梳理出秩序。最起碼，盤古心學的要旨，就在針對這個領域提供實證的看法。然而，我們千萬不可忽略了，心學的實作，就在具體議題裡探索。心學不應該捨本逐末，只管認識什麼精微開湛的理論，卻忘記在生命的具體議題裡實踐，殊不知每個具體議題的細密釐清，都是企圖回歸本體的展現。當你在某個具體議題裡有深深的領會，那都是本體關注著你的生命而給出的祝福。

心靈即是天理，這段話要鋪陳開來認識。這並不是說「心靈裡面自有天理」，這是陸子（九淵先生）的看法，卻已不是陽明先生的脈絡。心靈是個象限，這個象限有其運作的法則，我們能理解的天理，由於其「理解」本身就來自於心靈的象限，因此理解出的天理，當然無法自外於心靈。因此，心靈即是天理的背後意味著心靈大於天理。如果有人問，天理不是指「我們能理解」的天理，而是指不管人類能理解與否，獨立而實存的天理，敝人會說，這種說法本身，還是出自於心靈的設想，並未自外於心靈，然而這個設想具有虛妄性，畢竟人不可能跨越心靈來認知任何獨立而實存的天理，如何能產生這樣獨斷的設想呢？這就是傳統理學的觀念盲點。當前堅持伸張真理的思想家，即使他們動輒聲稱自己的看法脫胎自心學，只要他們未曾理解這個事實，他們都還是未悟實相的理學。

原文

愛問：「至善只求諸心，恐於天下事理有不能盡。」先生曰：「心即理也。天下又有心外之事，心外之理乎？」愛曰：「如事父之孝，事君之忠，交友之信，治民之仁，其間有許多理在，恐亦不可不察。」先生歎曰：「此說之蔽久矣，豈一語所能悟？今姑就所問者言之：且如事父不成，去父上求個孝的理；事君不成，去君求個忠的理；交友治民不成，去友上、民上求個信與仁的理：都只在此心，心即理也。此心無私慾之蔽，即是天理，不須外面添一分。以此純乎天理之心，發之事父便是孝，發之事君便是忠，發之交友治民便是信與仁。只在此心去人欲、存天理上用功便是。」（出自《傳習錄．上卷》第三條）

126 去人欲，存天理

陽明先生說：「只是有個頭腦，只是按著這個心靈，在『去人欲，存天理』上面講究與探索。就如孝順這個議題來說，冬天想幫父母溫被，夏天想幫父母搧風，這都只是想要善盡這個心靈裡的良知，做這件事情的時候，恐怕自己有一毫人欲參雜在其間，因此只是在講究與探索這個心靈。這個心靈如果沒有人欲，純粹只是天理洋溢，只是個真誠孝順父母的思量，冬天的時候，就會自然思量父母的寒冷，自然會去尋覓讓父母獲得溫暖的辦法；夏天的時候，就會自然思量父母的炎熱，自然會去尋覓讓父母獲得清涼的辦法。這都是那至誠孝順的心靈發出來的條件。至誠孝順的心靈，就是至誠孝順發出來的條件。譬如樹木，至誠孝順的心靈就是樹木的根，各種條件就是枝葉，必須先有根，然後有枝葉，並不是先尋覓枝葉，然後纔去種植根。」（出自《傳習錄．上卷》第三條）

這裡說「只是有個頭腦」，並不是在真指人的頭腦，而是在指人應該「花全副精神去思量」，奮勉做著「去人欲，存天理」的工夫。我們當前這個時空最大的問題，莫過於「因著自我的名義」，做盡各種自誤卻認為在自娛，受苦卻認為在受樂的愚蠢事，並且，常因為跨不出自己，老是在做自認在幫忙他人，其實只是在藉由花錢「消災」了事，讓某個我們其實不想承擔的事情，因為我們肯花點錢而使得問題被解決。這裡面最具有因果業報的直接效應，莫過於孝順父母這件事情了。我們常見人因為不想孝順父母，卻不想背負著不想孝順父母的惡名，因此就會在經濟許可的範圍內，在父母還能照顧自己的時候，每個月花點錢「奉養」父母，讓父母不會怨懟自己的情感疏離，在父母不能照顧自己的時候，就花點錢把父母推往養老院或看護院，讓社會工作人員來承擔自己父母的飲食起居，尤其是吃喝拉撒這些瑣事。不論父母能不能照顧自己，我們都不大願意與父母生活，關注著父母的生活，我們覺得自己需要有獨立生活的空間，這纔是獨立人格的表現，這種自我盤據的意念，其實正是攪得「社會裂解」內裡的癥結。

因為我們自認很忙，沒有人願意孝順父母，因為我們自知其實不孝順父母，因此我們會早做謀劃，預先儲存大量的「糧餉彈藥」（其實就是金錢），避免自己年老的時候遭到可預期的「報應」，孩子同樣不願意孝順我們，當我們覺得準備妥當後，就會有恃無恐的繼續推廣這種美其名為獨立人格的自我意識，讓我們的孩子同樣要學會這種殘酷卻真實的社會法則，我們卻從來不曾想過，我們正在散播人與人情感疏離的毒素，尤其是面對我們最親密的親人，我們卻無法善待他們，讓他們的情感，因為有我們的承擔而獲得安頓。儘管我們會大言不慚稱這就是「美國風」，然而，我們卻從來不曾細究，這種崇尚自我的美國風，要付出社會如何巨量的成本，去承擔人與人情感疏離產生的各種社會問題，尤其是精神疾病的問題。因此，儘管我們自認有金錢做後盾，然而，情感疏離的事實，總會在當我們的妻子或先生死掉或離異後發生，這個時候，我們不論再有如何豐富的物質生活，都難掩精神的孤寂與落寞。報應，總會在我們自認已經準備周全，卻毫無意識要準備的空隙裡發作。

信得良知，要即時，不要在悔恨的時候，纔驚覺往日並沒有攜帶良知。

原文

先生曰：「如何不講求？只是有個頭腦，只是就此心去人欲、存天理上講求。就如講求冬溫，也只是要盡此心之孝，恐怕有一毫人欲間雜；講求夏凊，也只是要盡此心之孝，恐怕有一毫人欲間雜；只是講求得此心。此心若無人欲，純是天理，是個誠於孝親的心，冬時自然思量父母的寒，便自要去求個溫的道理；夏時自然思量父母的熱，便自要去求個凊的道理。這都是那誠孝的心發出來的條件。卻是須有這誠孝的心，然後有這條件發出來。譬之樹木，這誠孝的心便是根，許多條件便是枝葉，須先有根然後有枝葉，不是先尋了枝葉然後去種根。《禮記》言：『孝子之有深愛者，必有和氣；有和氣者，必有愉色；有愉色者，必有婉容。』須是有個深愛做根，便自然如此。」（出自《傳習錄．上卷》第三條）

127 心靈是個大存有巢

徐愛問陽明先生說：「《大學》說：『知止而後有定』，朱子以為事事物物內都有個固定的理則，這個說法好像與先生的說法相互違背。」陽明先生回答：「在事事物物上面去尋覓至善，這卻是個『義外』的工夫。至善是心的本體，只是彰明本然的德性，到極度精微合一的層面就是了。然而，這本體同樣未嘗離卻事物，只有窮盡天理至於極點，而毫無一絲人欲者，纔能獲得本體。」（出自《傳習錄．上卷》第二條）

相對於朱熹往外在探索，陽明先生側重往內在探索，紫陽先生的說法並不能說是錯，事事物物裡確實都含藏著本體，去考察那些存在於事事物物運作的理則，這確實是認識本體的一種知識工夫，然而這就像是去認識存在於人身體內不斷運作的血管或神經，想要藉由釐清血管或神經的系統布局，就能瞭解人的心靈究竟是怎麼回事嗎？這不能說全然無關，卻是比較枝節的認識。而且，如果我們發現心靈並不是指頭腦，那認識腦部的運作結構，都只是枝節問題，都無法釐清心靈究竟是怎麼回事。當然，朱子的這種看法，給某些很遺憾中國科學不彰的業餘哲學愛好者大加附會的機會，認為這種看法醞釀著科學態度。但，如果朱子能提高其精神的領會，提出人應該去冥契那確實存在於事事物物內的本體，他的看法就不會再被陽明先生視作「義外」了。

陽明先生側重往內在探索，並不是因為探索自己的心靈最可靠，且這個心靈已經含藏著具體而微的天理，前面曾指出，這是陸子的看法。陽明先生則認為本體在天更在人，探索人的本體，就能直通天的本體，基於「本體不二」，因此「天人不二」。但，針對心靈的本質與內容，陽明先生並未做過更徹底的揭示，敝人則更細密指出，心靈是個象限，既在內又在外，不在內又不在外，這條象限的存在，溝通天與人，精神與物質，抽象的觀念與具象的存在，使得人因此能架構出世界的存在，來符應住宇宙的存在。這條象限其實是個「大存有巢」，如果沒有這個大存有巢的存在，本體將無法借宿與顯化，人更無法認知與體察本體的存在，這個大存有巢是本體自生的窩，人的意識都因為直通著心靈的象限（或者說，就是心靈的象限的呈現），這纔能去領會本體。但，因為人的自保與自肥意識，使得人往往不知不覺割裂或阻斷與這心靈的象限的持續連結，這就是人欲的起因，由此發展出的觀念或想法，就是在「認欲做理」。

原文

愛問：「『知止而後有定』，朱子以為『事事物物皆有定理』，似與先生之說相戾。」

先生曰：「於事事物物上求至善，卻是義外也，至善是心之本體，只是『明明德』到『至精至一』處便是，然亦未嘗離卻事物，本注所謂『盡夫天理之極，而無一毫人欲之私』者得之。」（出自《傳習錄・上卷》第二條）

128

成聖的起點來自背叛

徐愛因為沒有領會陽明先生「知行合一」的宗旨，就再去請問先生。他問說：「如今人們往往知道要孝順父母與悌讓兄弟，卻不能孝悌，這就是『知』與『行』明明白白是兩件事情。」陽明先生回答：「這已經被私欲隔斷，不是知行背後的本體了。從來沒有知道卻不能做到的人，知道卻不能做到，只是因為不知道的緣故。聖賢教人知行，正是要人恢復那本體，並不是讓你想怎樣就怎樣。因此《大學》曾指個真正的知行給人看，其說：『就像是喜歡美色，就像是討厭惡臭。』看見美色這屬於知，喜歡美色這屬於行，只要看見美色的時候就已經喜歡了，並不是看見後再立個心態去喜歡；聞到惡臭這屬於知，討厭惡臭這屬於行，只要聞到惡臭的時候就已經討厭了，並不是聞到後再立個心態去討厭。」

陽明先生還繼續說：「如果有鼻子塞住的人雖然看見惡臭在前面，鼻子裡卻不曾聞到，就因此不大討厭，這就只是不曾知道惡臭。稱呼某人知道孝順或悌讓，必然是因為這個人已經在實踐孝順與悌讓，這纔能稱他知道孝順與悌讓，不能只是曉得說些孝悌的語言，就可稱呼他知道孝順與悌讓。再譬如知道痛苦，必然已經是自己痛苦了，這纔知道痛苦；知道寒冷，必然已經是自己寒冷了，這纔知道寒冷；知道飢餓，必然已經是自己飢餓了，這纔知道飢餓。知行如何能分得開？這都來自於知行的本體，不能有私意隔斷。」（出自《傳習錄・上卷》第五條）

因此，「知行合一」的重點在指出知行都來自於本體，由本體給出知與行。值得釐清在於後面說「不能有私意隔斷」，私意固然不能隔斷知與行，但，反過來思考，如何確知看見美色與聞到惡臭，或喜歡看見美色與厭惡聞到惡臭，這些被前面稱作來自於本體的知與行，就不是來自於私意呢？首先，陽明先生覺得，美色與惡臭，這被《大學》承認其存在的客觀性（最起碼就特定時空相同文化領域背景的人來說），人能被「啟動承認其存在」，其機制就是本體，順應著本體，因而開始「感覺出喜歡與討厭」，這兩者都是本體的已發，只要順承，就會自然而然發生。問題在於這本體的已發是否純粹來自於本體，文化的薰染難道會絲毫沒有人為的矯作嗎？探索至此，我們就得明白，良知的架構，從來就不單純只是宇宙本體的衍生，而是宇宙本體與世界本體的對應交合，因此，你會產生「這樣而不是那樣」的良知，必然來自於你相信的典範的指引，你是活在你相信的典範開出世界的存在，從而「認知」整個宇宙的存在。

人難免會如此自問：「我要相信怎樣的典範？」但，實情則是說，我們在尚未能問出這個問題前，就已經不知不覺在跟著學習典範了。這就是文化累積出的能量對心靈產生的巨大影響。文化是時間沉澱與過濾的產物，文化是否有可能產生錯誤的指引，致使我們的心靈受到蒙蔽與限制呢？絕對會！這就是絕大多數的人終其一生都活在渾渾噩噩的原因，只不過這錯誤的指引並不見得來自於文化本身的良窳問題，更不見得來自於典範的正誤，癥結來自於人們總是在豢養著自己習而不察的生命態度使然，致使文化的指引被扭曲的心靈吸納，再投射出錯誤的認知與呈現。如果人想要改革生命，這時候，人就會開始發自真誠問說：「我要相信怎樣的典範？」透過這樣的質問，他會不斷探索，這探索乍看在往外，其實在往內，他會不斷實踐，不斷推翻，再不斷架構，終於不再有疑惑，覓得一個你全然相信的典範，自己就是這個典範的參與者，或甚至是開創者（參與者的參與，其實自然而然就會繼續開創），這時候，你的視野會發生巨大的變化，你的世界會獲得根本的盤整，你會看見過去未曾做出抉擇的時候，完全看不出的宇宙，人只有將臨這個階段，我們纔可說是已經在洞見心性，這就是在成就出聖人的道路。因此，成聖的起點，來自於對習而不察的徹底背叛。

原文

愛因未會先生「知行合一」之訓，與宗賢、惟賢往復辯論，未能決，以問於先生。先生曰：「試舉看。」愛曰：「如今人盡有知得父當孝、兄當弟者，卻不能孝、不能弟，便是知與行分明是兩件。」先生曰：「此已被私欲隔斷，不是知行的本體了。未有知而不行者。知而不行，只是未知。聖賢教人知行，正是要復那本體，不是著你只恁的便罷。故《大學》指個真知行與人看，說『如好好色，如惡惡臭』。見好色屬知，好好色屬行。只見那好色時已自好了，不是見了後又立個心去好。聞惡臭屬知，惡惡臭屬行。只聞那惡臭時已自惡了，不是聞了後別立個心去惡。如鼻塞人雖見惡臭在前，鼻中不曾聞得，便亦不甚惡，亦只是不曾知臭。就如稱某人知孝、某人知弟，必是其人已曾行孝行弟，方可稱他知孝知弟，不成只是曉得說些孝弟的話，便可稱為知孝弟。又如知痛，必已自痛了方知痛，知寒，必已自寒了；知饑，必已自饑了；知行如何分得開？此便是知行的本體，不曾有私意隔斷的。（出自《傳習錄．上卷》第五條）

129 平安的道域

陽明先生說：「『格物』這個觀念，要如孟子說『大人格君心』那樣的格，這是去除自己心靈的不正，來周全本體的正。只要人的意念在哪裡，就要去除意念的不正，來周全意念的正，這就是無時不在存養著天理，這就是在窮究義理，因此『天理』就是在那本來光明的德性，『窮理』就是在恢復我們本來光明的德性。」（出自《傳習錄．上卷》第七條）

如果人希望去除意念的不正，來周全意念的正，他會面臨這個問題：這世間到底什麼是「正」，什麼是「不正」？對於陽明先生那個時空來說，由於整個社會都按著儒家的秩序在運作，「正」與「不正」本是兩個昭然若揭的命題，其內容就如同天然的情感流露，見父母自然知孝，見兄弟自然知悌，夫妻相愛相敬，雙親愛護孩子，做人臣子要忠於國事……，然而，在我們這個時空，資本主義社會異化掉人性，產能與產值纔是社會思考的核心價值，快速變化與變遷的生活環境，使得父母兄弟夫妻親子都動輒因工作的關係長期不相見，工作的流動性更無法討論何謂忠誠……，在這樣的背景裡，到底什麼是「正」，什麼是「不正」呢？這是哲學家大可忽略或漠視的問題，卻是我們真實面對生命的心學家，不可不反思的議題。

先回歸到原點。「正」首先得來自心裡的平安。如果心裡不平安，那顯然就沒有獲得端正。人這一生，不論身處於哪裡，他應該奮鬥的焦點，就是要把自己身處的環境，轉化為「平安的道域」。在那裡，人與人都能真誠相待，相互關懷與照顧，體現出光與愛，沒有傾軋與殘害。這常不是靠外在的轉化，而來自於人自己心靈的整合，並施放這整合出的能量到他人身上，使得他人感覺出溫暖與親愛，而回應出相同頻率的感覺，如此善良的循環，就會使得整體互動的環境，變為平安的道域。

因此，我們要由制高點來體證陽明先生說的「無善無惡心之體」。不要先執著於世間的善與惡，這些具體的價值判斷，會隨著時空不斷的變異，然而，跨越表面的善與惡，掌握住那光與愛的實質（就是心體），纔是涵養的重點。但，由於其意涵充滿了模糊性，該如何把握，好像變得極其困難？不！模糊的感覺，只來自對這片領域不熟悉，當你體證出本體的存在，面對具體的價值判斷，就不再會感覺茫然，你會看見最真實的意念，表面的善內裡的惡，表面的惡內裡的善，都在你的意念裡井然有序，你進而就會知道該順從這意念，或不該順從這意念，這就是由「有善有惡意之動」至「知善知惡是良知」。在這個轉關裡，意念的對應點有二：往天來自於自然層面；往人來自於社會層面，這兩者都能精確對應，做出縝密的判斷，發出的良知，已不再是本然的良知，而是應然的良知，這就是「感性良知」與「理性良知」的差異。

原文

先生又曰：「格物，如《孟子》『大人格君心』之『格』，是去其心之不正，以全其本體之正。但意念所在，即要去其不正以全其正，即無時無處不是存天理，即是窮理。天理即是『明德』，窮理即是『明明德』。」（出自《傳習錄．上卷》第七條）

130 心性的循環論證

陽明先生說：「良知就是人心靈的本體，心靈自然會感知。看見父親自然知道孝順，看見兄弟自然知道悌讓，看見孩子掉到井裡，自然知道惻隱，這些就是良知，不需要往外覓得。良知發作的時候，完全不會有私意障礙，這就是孟子會說擴充其惻隱的心靈，仁的能量就不可限量。然而一般人不能沒有私意障礙，因此就得要用『致知』與『格物』這些工夫，來打敗私意，恢復天理，這使得心靈的良知沒有任何障礙，能恢復充塞流行，這就是『致良知』，如果良知獲得，意念就能澄澈。」（出自《傳習錄．上卷》第八條）

歷來涵養心性有個最玄奧的轉關：只有意念澄澈，纔能獲得良知，但，只有獲得良知，纔能意念澄澈。這兩者變成循環論證，對一個剛學習心性的人來說，他正是因為意念混雜，纔無法獲得良知，但，他只有獲得良知，意念纔能不再混雜，他應該怎麼辦？他會感覺很徬徨與茫然，甚至覺得什麼都被攪亂了，心底很不平安。記得敝人剛念大學的時候，參加學校社團辦的靜坐，有法師來教大家，敝人靜坐不過五分鐘，頓然覺得渾身像是有螞蟻在亂竄，搔癢難忍，很難繼續靜坐下去，真想立即起身。但，如果坐不住就如此放棄了，那靜坐這門工夫就再無法探得虛實，哪裡還會有「心學盡性六課」的闡發？其實，涵養心性的癥結，正就是堅持與不懈，面對心性的循環論證，不要就此激生挫折感，而要不斷去琢磨，在這些反覆琢磨裡，自然會有越來越相應的體證。

人如果想消除私意，他應該先問自己：到底什麼是私意？私意既然存在於個人的意念裡，它就會有千變萬化，並不容易檢視，但，檢查私意有個辦法：我這個意念如果發出，對於任何人的善良情感，與這種情感架構出來的公共秩序，有沒有任何傷害性？如果有，那我就要放棄這個意念，不讓它再有滋生的空間。當然，即使這樣的釐清，都還是會有各種細節需要討論，有時或許不是放棄，而是往與大家相互協調的路來轉化自己的意念，甚至，有時則要宣傳嶄新的思想，呼籲大家放棄既有的框架，藉此調整大家本來的善良情感架構出的公共秩序，使其更能對應於人類前景該有的共識。但，不論如何，面對任何人的善良情感，我們都要心懷尊重並展開溝通，不宜只因為與自己的意念不合，就採取暴烈的情緒來傷害這種情感，使其被扭曲或擠壓，那會釀就人類集體潛意識的變異。消除私意，其實就是在正視自己的生命，只要還願意詳細觀察自己生命每個變化的脈絡，私意就已開始被這樣的真誠給點滴消溶解了。

原文

又曰：「知是心之本體，心自然會知：見父自然知孝，見兄自然知弟，見孺子入井自然知惻隱，此便是良知不假外求。若良知之發，更無私意障礙，即所謂『充其惻隱之心，而仁不可勝用矣』。然在常人不能無私意障礙，所以須用致知格物之功勝私復理。即心之良知更無障礙，得以充塞流行，便是致其知。知致則意誠。」（出自《傳習錄・上卷》第八條）

131 隱藏自己的私意

弟子蕭惠問陽明先生說：「我自己的私意很難克服，真不知道該怎麼辦？」陽明先生說：「把你為自己的私意拿來幫忙克服你的私意。」他再接著說：「人必須要有為自己的心思，纔能接著去克服自己；能克己，這纔能成就自己。」蕭惠再問道：「蕭惠同樣很有為自己的心思，不知什麼緣故卻不能克己？」陽明先生說：「你且說你那個為自己的心思是如何？」蕭惠想了很久很久，這纔說：「蕭惠同樣一心想要做個好人，就自己認為已經頗有這為自己的心思了。現在想起來，看來只是在為得個軀殼的自己，並不曾真有為自己的心思。」陽明先生回答：「真正的自己，何曾離得開軀殼？恐怕你連那個軀殼的自己都不曾在為。」（出自《傳習錄．上卷》第一百二十五條）

這段話裡最詭異者莫過於「把你為自己的私意拿來幫忙克服你的私意」。既然人有著私意，如何還能克服私意呢？這裡就有心學能拯救真實受苦者的一帖良藥。陽明先生認為，既然你正受著私意的折磨，痛苦不堪，那你就來認真探索這痛苦的內容，查察其內裡與脈絡，你受著私意如何大的綑綁，就使出如何大的熱忱，仔細研究私意，當然，這研究的背後要始終帶著堅毅的信念，那就是「我最終要活出真實的自己」，只要帶著這個信念去仔仔細細探索，這個過程就會自然而然在化解你的私意，使你的自性逐漸充溢。

這世上有大量的人不只不能克服自己的私意，還掩飾與偽裝自己的私意，轉化出各種善良的語言或舉止，來欺騙廣大因為心性尚未開啟，同樣有著私意的芸芸眾生，他們利用眾生的貪戀，來毒害眾生，使眾生的身家性命都掉落到深淵裡。目前最嚴重者，莫過於資本主義的商業意識。人因為沒有心性，卻有著物質欲望引發的商業意識，使得人與人忙著相互欺騙，爾虞我詐，並認為堅持仁義道德是軟弱者的態度與表現，會無法適應並生存於這個物競天擇的現實環境裡。他們並不瞭解洞見心性能開展出「修齊治平」的大能量，更會產生出相應的大心術，來應對與破除人的各種私意。有人問說：「我們該如何看穿人對私意的掩飾與偽裝呢？」最簡單的路徑，就是你只要感覺出有人的語言或舉止出自於「套路」，他並不是真實在面對著你這個人在說話，而是按著自己演練過的某種規則在「自言自語」，他顯然就在隱藏自己的私意，並希望用自己的私意來詐取你的僅有，來擴張他自己的私意。

原文

蕭惠問：「己私難克，奈何？」先生曰：「將汝己私來，替汝克。」先生曰：「人須有為己之心，方能克己；能克己，方能成己。」蕭惠曰：「惠亦頗有為己之心，不知緣何不能克己？」先生曰：「且說汝有為己之心是如何？」惠良久曰：「惠亦一心要做好人，便自謂頗有為己之心。今思之，看來亦只是為得個軀殼的己，不曾為個真己。」先

生曰：「真己何曾離著軀殼！恐汝連那軀殼的己也不曾為。」（出自《傳習錄．上卷》第一百二十五條）

132 我從來不會性愛

弟子陸澄（原靜）問陽明先生說：「關於『主一』這門工夫，我們能理解為譬如讀書的時候，就全心全意放在讀書上，待客的時候，就全心全意放在待客上，這樣就能落實『主一』這門工夫嗎？」陽明先生回答：「那，好色就全心全意放在好色上，愛錢就全心全意放在愛錢上，這樣就能落實『主一』這門工夫嗎？不！這是放逐精神在營求於物質的表象，並不是『主一』。『主一』的意思，就是專主一個天理。」（出自於《傳習錄・上卷》第十六條）

陽明先生說「專主一個天理」，這是在專主什麼呢？就是全心全意相信本體，這包括相信本體的存在，相信本體的觀照，與相信本體的眷顧。陽明先生並沒有要人放棄於外在物質，這並不是說，當我們全心全意相信本體，我們就不再能讀書與待客，更不能好色與愛錢了。但，如果人只是全心全意在做著外事，這確實在耽擱精神。如果是全心全意想要體證本體，這時候能不能帶著這想要體證本體的態度，去讀書、待客、好色與愛錢呢？當然能！這就是「事上磨練」了。讀書與待客並不容易引發什麼爭議，重點在於喜歡美色與金錢這兩件事情，通常是常人無法跨越的兩大難關，而傳統儒家幾乎都不討論這兩個層面，好像從來沒有這兩件事情一般。敝人過去就很疑惑，難道大儒都不愛異性？都不生孩子？都不愁吃穿？都不需花錢？果真如此，那人類社會早就應該要滅絕種性了。古人這種隱諱的態度，會引來現在處於知識爆炸與議題解放的時空的世人誤解，錯認古人把人類合情合理的需要都當作羞恥或執著，或與其他宗教的教義混淆，這會違背儒家體察本體生生不息的根本情狀。

現在，我們特別針對情愛這個層面來談。兩情相悅出於天然的人性，任何情愛的揮發，只要不對他人產生傷害，都不應該被壓抑，而應該被順應與成全，禮儀則是情愛的文飾。一般人只會留戀於情愛的揮發，卻不知道情愛交感同樣能帶著本體去體認，這包括情愛的滋生背後人與人的感應，那不言說卻如觸電般四目交疊的凝視，彼此心領神會與心照不宣，正就是來自於自性的本來聯繫，纔能使人跨越自我意識，默然得知他（她）的心意。當情愛關係獲得彼此心底的確認，即使不得相見，情人忽然在外發生什麼事情，沒有任何聯絡，他（她）立刻就會有感應，而會著急懸念著，不斷想辦法去瞭解情況，有時甚至能在情人最困難的時候給出最及時的溫暖援手，這還是自性的發作。當情人交歡性愛的時刻，身體無條件的給出獲得最親密的交流，那很容易會讓人感覺出自我意識不再綑綁住生命，而有強烈的暢快與喜悅。當情人因此生出孩子，這個孩子同時敞流著兩人共同的血液與基因，他們兩人的情感與理想，共同產生出現實的結晶，世上再沒有任何事情能比這件事情更美麗，更讓人動容，更能彰顯出本體的大能了！最後，當情人死亡，愛到最深無怨尤的他（她），會領悟到自己的生命在某個核心的角落好像同樣跟著結束了，活著再沒有滋味與意義，甚至就跟著無疾而終，兩人前後相伴死亡（這是我們常聽到的新聞，尤其會發生在極高齡的老人家身上），這還是呈現出本體的節奏感。

因此，怎麼能誤認體證本體只是不食人間煙火者的事情？百姓日常生活，尤其是情愛生活，正都是本體自然流行的呈現。問題的癥結只在於常人只耽溺於肉體的慾望，卻不知道這裡面內含著本體的奧祕，只把情愛就當作肉體慾望的抒發，卻未曾體證出情愛現象裡生生不息的意蘊，並藉著私情來領會道情，讓兩人的情愛呈現出心性的溝通與交流。關於這點，女人常比男人顯得深刻而誠懇，她們常真實在面對著自己的感情，只不過當女人只意會到情愛的事實，卻沒有意會到情愛的內裡，她就很容易為情所困無法自拔。男人則常常要不就是只耽溺著情愛過程裡肉體交流的表象，要不就是道貌岸然對於這些層面統統抱著嚴厲指責的態度，擺出一副「我從來不會性愛」的假道學規格，背地卻越是壓抑越會意淫，這只會使得性這個呈現本體的美好事實，被人扭曲的心靈攪得很醜陋。

原文

陸澄問：「主一之功，如讀書則一心在讀書上，接客則一心在接客上，可以為主一乎？」先生曰：「好色則一心在好色上，好貨則一心在好貨上，可以為主一乎？是所謂逐物，非主一也。主一是專主一個天理。」（出自於《傳習錄．上卷》第十六條）

133 心學的結聖胎

有人問如何立志。陽明先生說：「只是念念要涵養著天理，這就是立志。能不忘記這件事情，時間久了，自然會在心中凝聚，猶如道家說的『結聖胎』。這天理的念頭常涵養，馴化生命，使得生命呈現出美麗宏大神聖的狀態，都只是依循著這個念頭去涵養擴充罷了。」（出自《傳習錄．上卷》第十七條）

陽明先生引「道家」（其實稱作道教會更精確）說的「結聖胎」來講立志，這結聖胎是個實指，並不是虛指，不能僅視作譬喻。涵養天理的實質就是涵養本體，如果通過如同持咒般唱頌，來念念不忘本體，並引領這涵養的意念，想像有個光團，在體內順著任脈與督脈的穴位反覆流轉，當這三個意識點聚焦凝合（唱頌，念體，光團，稱作「三點歸一」），這種凝聚感不斷累積與擴充，就會具體結出自性的聖胎。學習儒家的人，都會說「立志」是要秉持著「士人的心」，然而「士人的心」是秉持什麼樣的心態呢？就最本質來說，這個心態是指涵養本體，而且涵養本體有具體的辦法，按著任督二脈的流轉來讓自性獲得凝聚，就會化育出自性的寶珠。印度系統的涵養本體並不認同任督二脈的流轉，而會再特別感應出「中脈」（Central channel，梵文Sushumna Nadi）的存在，位於脊椎中部，屬於天人合一的通道，中脈裡面密布著七個輪位（Chakras）：根輪（Moodadhara Chakra），腹輪（Swadhisthana Chakra），臍輪（Nabhi Chakra），心輪（Anahata Chakra），喉輪（Vishuddhi Chakra），額輪（Agnya Chakra），頂輪（Sahastrara Chakra）。意念按著這七個輪位做上下流轉，就能同時打通個人的性情，直接獲得來自上天的智慧。其實，中脈與任督二脈的差異點，根據敝人的實證，在於任督二脈涵養框架的細密度高於中脈，其前胸與後背的穴位的對比與對稱，使得溫潤穴位就是在溫潤中脈的脈輪，卻比脈輪更精確對應著人體（這就呈現出中國系統的涵養本體更貼靠著人的脈絡，而不是只對應於天的脈絡），因此，按著任脈與督脈的流轉，能使得人體被高度操作，氣血循環暢通，人會感覺出強大的光與熱，身體會很強壯，精神洋溢，那是因為自性的寶珠被凝聚得極其精密。就這個角度來說，是否已證得聖人，其實自己的感知會很具體，無法有任何欺瞞。

原文

問立志。先生曰：「只念念要存天理，即是立志。能不忘乎此，久則自然心中凝聚，猶道家所謂結聖胎也。此天理之念常存，馴至於美大聖神，亦只從此一念存養擴充去耳。」（出自《傳習錄．上卷》第十七條）

134 心學要解決的難題

有人問陽明先生說：「聖人面對事情能做無窮無盡的應變，這難道是事先布置與準備好纔能做得到嗎？」陽明先生回答：「如何能事先布置與準備好這麼大量的事情呢？聖人的心靈如同鏡子一般，只是呈現出清明的狀態，按著事情的發展隨感隨應，而每一件事情都帶著清明的狀態朗照著，活在每個當下裡，不可能過去發生的事情還存在於這個明鏡裡，更不可能尚未發生的事情已存在於這個明鏡裡。然而後世講學的人卻都是這樣講，因此跟聖人的學問大相違背。周公制禮作樂來讓天下受到教化，這都是聖人纔能做得到的事情，但，堯與舜為什麼不事先把事情全都做完，而要等待周公來做？孔子刪改與重講六經，藉此來光照萬世，這同樣是聖人纔能做得到的事情，周公為什麼不事先把事情全都做完，而要等待孔子來做？我們因此知道當聖人遇到這個時境，纔有這個事情要去成全。聖人只要憂慮鏡子不能呈現出清明的狀態，不怕事情來的時候不能朗照。講究著事情發生的時候跟如何機變，這是鏡子朗照的時候再去感應的事情，然而學者卻需要先有個恢復清明的工夫。學習心學的人，只應該憂慮自己的心靈不能呈現出清明的狀態，不需要憂慮事情發生變化的時候，不能無窮無

盡的應變。」（出自《傳習錄・上卷》第二十二條）

記得曾經有個人問敝人說：「聖人的思想都已經完備了，載諸典籍，細細探索即可，請問先生憑什麼認為自己的思想超越了陽明大聖人？」敝人從來沒有認為自己的思想超越了陽明大聖人，這並不需要秉持著謙虛或自大的態度，因為這是個虛擬的偽命題。實情則是說，每個希望成聖的人，他面臨的時境都不一樣，激生出的思想自然不同，自然會做出完全不同的應變。同樣是心學，同樣在三十七歲的時候，陽明先生幾經迫害，流浪大半個中國，最後困在修文，每天看著日出與日落；敝人同樣每天看著日出與日落，卻不再有遊歷中國的機緣，精神被封鎖在島嶼裡，最後困在風城，間或奔忙於講學，還平白遭遇五回車禍而不死。但，陽明先生在這一年終於領悟出本體的存在，敝人卻早在二十七歲的時候，就已在泰山洞見本體。這要如何比較？這並不是誰早慧或誰可憐的問題，這是每個人時境與因緣的推演。

陽明先生有剿滅宗室叛亂與盜匪流竄的因緣，前一個聖人在世，為何不先幫他把這些外王的事情做完？如果陽明先生能預知後世，為何不針對兩岸變局與中國統一的命題事先準備好錦囊，便利後人打開來依計奉行？顯然，每個時空面臨的背景與難題不同，產生的思想會有呈現型態的差異，按著這個思想做出來的舉止自然會有變化。盤古心學的提出，要旨在因應這個時空的三大變化：首先，西洋各種知識大舉來到中國，卻已經跨越「西學東漸」這樣的命題，而是深刻全面影響著國人的思維；再者，各種傳統或新興宗教正在轉化其存在的型態，往中國加緊傳布，深刻影響著國人的信仰；其三，資本主義的生產型態，其背後夾帶著工具理性，已經大量異化國人面對生命的態度，使得人被物質宰制住精神。面臨著華人社會這三大變化，不論我們認同或不認同，中華文化都亟需要跟著轉型，重新取得面向與引領新社會該有的領導權與詮釋權。這都不是傳統心學或儒家曾面臨過的巨大考驗，現在卻是我們這一輩人得要解決的難題。因此，如何在涵養本體這不變的宗旨裡，同時消化各種靈性或世俗的觀念，帶著心性共構出開放型的中華文化，引領人類（不見得只是華人）重新認識與認同，並回歸這個系統裡自然與自在的生活，這是我們倡發心學的同志，不可不念茲在茲的重責，因為這個艱鉅的外王工程，需要內聖的極大化。

原文

問：「聖人應變不窮，莫亦是預先講求否？」先生曰：「如何講求得許多？聖人之心如明鏡，只是一個明，則隨感而應，無物不照；未有已往之形尚在，未照之形先具者。若後世所講，卻是如此，是以與聖人之學大背。周公制禮作樂以文天下，皆聖人所能為，堯、舜何不盡為之而待於周公？孔子刪述《六經》以詔萬世，亦聖人所能為，周公何不先為之而有待於孔子？是知聖人遇此時，方有此事。只怕鏡不明，不怕物來不能照。講求事變，亦是照時事，然學者卻須先有個明的工夫。學者惟患此心之未能明，不患事變之不能盡。」曰：「然則所謂『沖漠無朕而萬象森然已具』者，其言何如？」曰：「是說本自好，只不善看，亦便有病痛。」（出自《傳習錄・上卷》第二十二條）

135 棄置有漏的精神軀殼

有人問陽明先生說：「後世著書立說的人太多，恐怕會混亂正學。」陽明先生回答：「人心天理渾然一片，聖賢把這個狀態書寫出來，就像是寫真傳神，不過只是讓人看個大略的形狀，使後來者因此能去尋覓真實，那背後的精神與意氣，表現出來的語言與微笑，還有各種動靜舉止，都無法精確重現。後世的著書立說，這是將聖人的作品模仿謄寫，再妄自做解析來馳騁自己的特技，這就越來越失真了。」（出自《傳習錄．上卷》第二十一條）

這裡講的正學，就是指心性的學問。體證的路，與教化的路，雖然有交集，卻是兩條不同的路。教化要越來越通俗，體證要越來越細密，眾生人人都會說想要解脫，遠離諸惡顛倒，然而九成九的人，終其一生，都在踏著與解脫無關的路，但，悟道者不能點破，卻要幫忙他繼續堅固其向善的意願，使他不至於信念崩潰，釀就個人更大的災難與痛苦，這時候，悟道者就要給出大量的便利法門，讓這些愚痴的眾生能簡單如實操作，就獲得安全感。這是絕大多數正在人間傳播宗教的主事者，面對不願意認識心性的人，採取的權宜辦法。

面對願意認識心性的人，悟道者要能引出一條體證的路，這條路如果真要踏實踐履，會引發當事者生命極大的煎熬，因為悟道本身是在展開蛻變，經歷脫胎換骨的過程，要棄置原來有漏的精神軀殼，不可能不引發神經纖維的解離與重整，解離與重整產生的震盪與反覆，尤其會產生「拙火覺醒」的經驗，那種對於肉體的劇烈沖刷，要能承受得住，人如果沒有發大願，此生想要來成就眾生，幾乎不可能完成這段歷程。因此，悟道這件事情的困難就在這裡被揭露開來，人要背離自己個體化的傾向，感知每個殊異的頻率，將其整合，來共同成就出新生命，這種脫離自我來呈現自性的路，能跨過來的聖者幾希。但，如果我們能明白，自我與自性並不是兩條平行線，而是在交互對話與共融的一體兩面，那，我們不掙扎於自我，卻很認真釐清這自我的理路與盲點，並藉由認真做工夫，發大願想要消化自我來呈現自性，我們總會有驀然回首，發現自我已經蛻變的一天。

當然，這個過程並不輕鬆，人生本來就是如此。

原文

問：「後世著述之多，恐亦有亂正學？」先生曰：「人心天理渾然，聖賢筆之書，如寫真傳神，不過示人以形狀大略，使之因此而討求其真耳；其精神意氣言笑動止，固有所不能傳也。後世著述，是又將聖人所畫，摹仿謄寫，而妄自分析加增，以逞其技，其失真愈遠矣。」（出自《傳習錄．上卷》第二十一條）

136 心靈的偉大復興

徐愛曾經這樣回憶說：「徐愛因為往日心性的學問已經消亡了，剛開始聽見先生的教誨，實在反覆驚駭不已，而且感覺沒有個進去的路徑，後來聆聽先生的教誨久了，逐漸知道『反身實踐』，直接使用自己的身體去落實，然後纔能相信先生的學問真正是孔門嫡傳，捨棄這條路徑，都是偏僻荒路，如同乾枯的河道與斷掉的港口一般。」（出自《傳習錄．上卷》第十五條）

這個體會很真實。心性的學問如同天際的彗星，出現有時辰，消亡有時辰，出現與消亡的交替，那明滅的閃爍，來自於人是否有意識到心靈的存在，而不是只有腦部的心智與胸部的心臟。當人意識到心靈，天際的彗星就會在這人的眼際劃過，否則它從來就不存在，這是因為人的精神得要擴大其頻寬，纔能搆著心靈的象限，纔有機會看見該象限的內裡與生化。每個人都有身體，每個人都會不同程度體會得到自己身體器官的喜怒哀樂，並且，每個人都會拿個外在的物質，來餵養自己身體器官的喜怒哀樂，但，大家通常就只停留在這個層次了，幾乎沒有幾人懂得使用自己的身體去體會心性，去體會心靈的象限那內外合一的機制

（就是本體），本體的自體「至微無內」，本體的作用「至寬無外」，本體因至微而能至寬，因無內而能無外，因此人其實不能說「自己的心靈」（雖然人總習慣於這樣說），因為心靈本來沒有自己，心靈只是個象限。

徐愛表示，他終於相信陽明先生的學問真正是孔門嫡傳。常有人表示，敝人的學問真正是王學嫡傳。那，敝人的學問是否就能稱作「孔門嫡傳」呢？他們不應該因為看敝人每天在認真寫《陽明心學涵養實記》，就做出如此簡化的論斷，雖然他們這樣說不是沒有原因。但，更細密的脈絡應該這樣領會：重點不是誰是誰的嫡傳，重點是不同的時期都有人把握住本體。孔子的學問如果對中華文化有什麼重大貢獻，那莫過於他首先揭示「仁」這個本體，使得心性的學問就此在中華文化裡揭開涵養與實踐的帷幕。陽明先生的學問如果對當前的時空有什麼重大意義，那莫過於他告訴世人：如果不領會本體，那服膺於道德教條，只會釀就更大量的虛偽狡詐的亂象。敝人講心學，率先由陽明先生做論講的起點，旨在立個大本，然而，敝人講的心學已經有順應環境做出更豐富的義理變化，這點需要世人去細細咀嚼其間滋味。

如果華人不識本體，只講社會意義的倫理，那就是宣告放棄中華文化最精微開湛的內容，卻在跟世人傳播中華文化。難怪當人講這樣的中華文化的時候，會引來深受西洋觀念思維或印度靈性思維這兩類文化影響的人士訕笑，因為講這種道德並沒有西洋哲學脈絡的倫理學來得觀念嚴謹，講這種道德並沒有印度修行脈絡的心靈學來得體察深刻，兩相踏空的結果，釀就還會聲稱自己是繼承中華文化的倫理觀念的論學者，常在邏輯智能與生命智慧都不如人，卻往往養得一身知識的傲慢與心理的積習，自己不能改革，卻很會誇誇其談。

敝人在台灣推廣心學，面臨最大的困難，在於「心靈」與「文化」的脫鉤，關注文化議題的人，不關注心靈議題，覺得討論這種議題感覺「很軟弱」，關注心靈議題的人，不關注文化議題，覺得討論這種議題「很嚴肅」。這使得心靈人士歸於心靈人士，文化人士歸於文化人士，彼此的屬性如渭涇兩斷，相互不關注。然而，怎麼會有與文化脫節的心靈，或與心靈脫節的文化呢？這是這個時空的大弊端，照敝人的觀察，現在的大陸同樣很難「免俗」。心靈與文化的背後，其實更反映出信仰與學術的大問題。學術與信仰被拿著某種自認客觀的教條給蠻橫分家，使得學者言說中國的學問，盡顯得支離，而廣大的民眾只講信仰，卻不梳理學問，這同樣是個大盲點，使得他們不能認識深度的心性。佛道盛行的背後，其實要破除名相，揭開更深層的文化與心靈問題，那就是世人不願意有任何承擔，然而，不願意承擔，同樣不會有什麼真實的領悟與解脫，這對於佛道兩家的深層開展同樣有損（信仰者其實只是種依附與寄託），使得議論心靈議題或議論文化問題的人，永遠都停留在議論的層次，不能有任何解決。我們只有把文化與心靈緊密結合，纔能認識到文化的深刻面（心靈），與心靈的作用面（文化），洞見出中華文化的復興，其本質是心靈的偉大復興。

原文

愛因舊說汩沒，始聞先生之教，實是駭愕不定，無人頭處。其後聞之既久，漸知反身實踐，然後始信先生之學為孔門嫡傳，捨是皆傍蹊小徑、斷港絕河矣！（出自《傳習錄．上卷》第十五條）

137 真理無路可循

有人問陽明先生說：「看書不能明白書中的道理，這是什麼緣故呢？」陽明先生說：「這只是在文章的表面意思裡穿梭尋覓，因此不能明白。如果只是想瞭解文章的表面意思，那倒是不如去做過去漢儒那種傳注的學問，漢儒的確看得很豐富，每段文字都有個解釋。只不過這樣為學，雖然解釋得極其明白通曉，卻還是終身都不會有什麼收穫，必須要在心體裡琢磨與奮勉。只要不能明白或無法實踐，就必須反過來在自己的心靈裡去體會衡量，這樣就能通曉心體。全部的四書五經不過就是說這心體，這心體就是所謂的大道，心體獲得彰顯就是大道獲得彰顯，明白心體就是明白大道，彼此無二，這就是為學最關鍵的角落。」（出自《傳習錄．上卷》第三十四條）

心體就是我們說的自性本體。陽明先生對人間最大的貢獻，就是為世人曝曬出心體。陽明先生前面的儒者，有沒有心體的認識？如果沒有，那意味著四書五經的作者都沒有領會心體，果真如此的話，儒學豈能稱作聖學，四書五經豈能被有心體的人讀出深意與滋味？但，有的儒者的言論是在順應心體的自發，卻沒有意識出這來自心體；有的儒者是意識出心體，卻沒有俐落講出心體；有的儒者是大量在講心體，卻沒有講破說這就是心體。直到陽明先生拿良知講心體，簡潔扼要點出這聖聖未能徹底言傳的奧義，我們循此而回看四書五經，就會發現無不是心體的作意。

榮格（Carl Gustav Jung）認為這心體就是「潛意識」（unconsciousness），潛意識這個概念的首發者是佛洛伊德（Sigmund Freud），任何人如果使用潛意識這個詞彙，不能不由佛洛伊德開始講起。但是，榮格更指出潛意識裡面的「集體潛意識」，這是內蘊著人類歷史與文化的大池塘，有別於作為內在情結的個人潛意識，它是最純然的宇宙原則。集體潛意識有四種原型：首先，「阿尼瑪」（Anima）是男人潛意識裡女人面向的具體化；再者，「阿尼瑪斯」（Animus）是女人潛意識裡男人面向的具體化；其三，「陰影」（shadow）是我們人格中黑暗、未知與被壓制的內容；其四，「面具」（mask）是我們人格中習而不察，不斷適應環境而做出調整的內容。對於榮格來說，集體潛意識是有靈性的存有，曾經發願到中國傳播福音，卻反而深受中華文化影響的德國傳教士衛禮賢（Richard Wilhelm），他後來徹底放棄傳教工作，開始鑽研中國各種思想經典，並逐漸認同自己的中國心靈，臨老想要回歐洲傳播中華文化的靈性思維，卻不到五年就在德國死亡，在榮格眼裡，最終是被歐洲的集體潛意識內蘊的神靈給殺害。

但，在敝人來看，心體不能簡單就說是集體潛意識（當然，同樣不是個人潛意識），更不是來自於意識，因為意識出自於自我（這是佛學說的末那識），然而無關於自我的訊息（出自於潛意識），並不見得來自於自性（或來自於人類集體的自我意識），這使得意識與潛意識的和合，不見得能和合出自性，意境高者充其量只能和合出有染的自性（這是佛學說的阿賴耶識），卻不能和合出無染的自性（這是佛學說的阿摩羅識），這是和合出的整體結構限制使然。這樣的結構限制，陽明先生當日並沒有解決，甚且，他使得自我與自性這兩個精神狀態，因為被曝曬，而共同攤開於世，在阿賴耶識的存有感裡，兩者徹底攪和在一起，其後學則由於把握不清，則呈現倒退的領會，誤把更偏向於自我意識的內容視作良知（這就是泰州學派內某些學人講的現成良知），結果由阿賴耶識轉回末那識。

在陽明先生的詮釋角度裡，心體在內不在外，這是人人能最真實把握的本體，因為它在我們自家性命內。不過，這只能當作某種詮釋的權法，不能視作究竟實相。畢竟本體在內更在外，不在內更不在外，「心體」這個說法太過於模糊，很容易讓人有在我們自家性命內的錯覺。實則是說，心靈是個存在的象限，其縱橫穿梭在內外，沒有你體與我體的間隔，心靈的精核就是自性，這是個大存有巢，人要把握住自性本體，如果只由末那識的蛻變去著手，只能開展出阿賴耶識，因為無染的自性沒有意識（當然，更沒有潛意識），其只是宇宙本體作用於人的稱謂，宇宙本體不是個意識（或者該這麼說，其意識不是人類的意識結構，而是「無意更無識的意識」，這已經指向言語道斷的層面），使得由阿賴耶識到阿摩羅識的中間有個斷溝，人如果含藏著身體來感知，會終究無法感知其究竟，印度的悟道者克里希那穆提（Krishnamurti）曾說：「真理無路可循。」如果從這個角度來認識，就會特別有深意。

原文

問：「看書不能明如何？」先生曰：「此只是在文義上穿求，故不明。如此，又不如為舊時學問，他到看得多，解得去。只是他為學雖極解得明曉，亦終身無得。須於心體上用功，凡明不得，行不去，須反在自心上體當即可通。蓋《四書》、《五經》不過說這心體，這心體即所謂道。心體明即是道明，更無二：此是為學頭腦處。」（出自《傳習錄‧上卷》第三十四條）

138

生命底層的存在

有個弟子問陽明先生說：「靜坐的時候會覺得很有意境，然而只要一遇見事情來襲，就會發現美好的意境不見了，這是怎麼回事呢？」陽明先生說：「這是只知道靜養，而不用克己的工夫。果真如此的話，那只要面臨艱難的事情，意境就會傾倒。人必須要在事上磨練，如此精神纔能真正立得住，這樣纔能安靜的時候入定，行動的時候同樣入定。」（出自於《傳習錄．上卷》第二十四條）

已經開始認識陽明心學的人，都會很熟悉「事上磨練」這四個字。然而，人在事情上頭，要磨練個什麼呢？大家都會不假思索就說，就是秉持堅毅的態度，接受各種事情的艱難考驗，最終能臨危不亂的解決問題，這就是事上磨練了。如果人不肯放棄心智裡的自我，持續浮沉於世間龐雜的事情裡，總希望能獲得什麼成就，來餵養自我的需要，秉持這種堅毅的態度，即使最終獲得什麼成就，恐怕都還是與事上磨練這門工夫毫無關係吧？畢竟事上磨練作為工夫，最終總是懷著見本體為最終依歸，失去這個依歸，那不能視作在從事著事上磨練的工夫。

因此，事上磨練，是否意味著要能打碎這精壯的自我，不斷懷著工具理性，在縝密替未來布局的現象？的確，自我總是在朝向著未來，每個意識裡的現在，都預設著這個行為能帶來美好的未來，纔會願意在此刻停留。這種無止盡的算計與權衡，使得自我會產生巨大的能量，來掩蓋住自性的顯現。因此，事上磨練不應該是自我的磨練，然後透過對某個物質的占有與否，來確認出勝利或失敗，只有當自我無法繼續保持慣有的平衡，無法再藉由算計與權衡來掌控住他要的局面，人纔會發現穿透自我後，還有個生命底層的存在，在這個底層裡，表面的名相俱歸於無，人其實是藉由這個無，而與其他人在同樣的底層裡發生連結，這個生命底層的存在就是自性。

人如果藉由自我來感受著他人的喜怒哀樂，人就會說「感同身受」，但，感同身受畢竟不是自身的感受，我們對於他人的生老病死會有感覺，這種感覺常常是異體的感覺，即使我們會自覺在同悲或同喜，那都只是我們在用自己的身體去「設身處地」來感覺某件不是發生在我們身上的事情。但，如果我們跨過自我，歸宿到生命的底層，我們就會發現自性作用於人讓就出的明暗與生滅，這時候就會滋長出同體的感應，這感應不是誰在感應，並沒有個主體，而是本體（自性本體）對生命的感應，由於我們的生命底層都有自性，因此我們共同參與了這感應的流程，大家好像都是主體，然而，大家其實都只是本體的受體，自性在我們共有的生命底層裡相互川流不息，這使得我們緊緊相依，能跨越自我去同悲與同喜，在這樣的脈絡裡對生命產生的明白，那會是有關於生死學議題的大覺悟。陽明先生說的「事上磨練」，要從這樣的脈絡，來體察生命裡遭遇的現象。

原文

問：「靜時亦覺意思好，才遇事便不同，如何？」先生曰：「是徒知靜養而不用克己工夫也。如此，臨事便要傾倒。人須在事上磨，方立得住；方能靜亦定、動亦定。」

（出自《傳習錄·上卷》第二十四條）

139 看清你自身就是諦念

陽明先生說：「持志如心痛，人如果把全部的心念都放在痛上，豈有工夫說閒話或管閒事呢？」他還說：「千古而降的聖人，終身在做的事情，只有謹慎把持心念這個要點；人生這一世活著，更只有忙著這件事情。」（出自於《傳習錄．上卷》第二十六條與第二十七條）

佛教說「四聖諦」，這指的是「苦，集，滅，道」，「諦」是指徹底與根本，生命的起點會有苦，那正是因為自我的執著，大量的佛教弟子每天念念不忘著這四個字，然而有幾人是口誦心行呢？問題的癥結，就在他們無法產生「諦念」，諦念是指人展開某種不再是「常人」的狀態，生命有個底層的存在，在那個底層裡，人不再需要操控，不再需要靠著把自身遺忘，來忙著經營與占有某個從來都在自身外的東西。人活著，往往會忘記自己得要面臨死亡，往往會相信自己有著無窮的時間與精神，因此，往往會不自主的向外投射，這種投射會自己產生一個對應的幻象，我們常人的心智卻會覺得這纔是真相。但，寓居在這個環境裡的人，卻不是他自己，尤其不是他的自身，而是他的自我設計並累積出來的成就，這成就可被簡單視作為榮華富貴，靠著榮華富貴，堆疊出某個金碧輝煌的面目，這個被裝飾出來的臉孔，卻不是他自己。

常人生活的環境，如果沒有帶著諦念，其存在如同不存在，他面對的環境是整個平面，而不是立體，這是因為這個存在沒有觀看自身如何存在的空間，沒有回頭往內的反身性，因此並沒有高度，致使常人的存在並不是種本真的存在。人總是忙著把自己往外推，卻使得我逐漸異於我本來的存在，這就是我們會說「存在，卻沒有世界」的原因。人不應該完全否認自己生活的環境，但，更不能完全承認它，如果完全承認，而只是活在裡面，人就會變得很愚蠢，因為我們眼前的東西總有一天會毀滅，然而我們卻對這些東西表現得太過在意，如果你能產生洞見，瞭解這全部只是個幻象，你雖然正活在這裡面，卻會滋生出某個更大的領會，那就是雖然你需要很認真活著，你卻不需要太認真，因為你奮鬥的對象不是那外在的東西，而是要構築你內在的世界，使得你能看清你自身。這是個諦念，沒有這徹底的諦念，人就無法離開自我。

原文

持志如心痛。一心在痛上，豈有工夫說閒話、管閒事。（出自《傳習錄・上卷》第二十六條）

千古聖人只有這些子。又曰：「人生一世，惟有這件事。」（出自《傳習錄・上卷》第二十七條）

140 生前悟道與死前悟道

有個學習心學的弟子眼睛生病了，他滿臉愁容，很是憂慮。陽明先生對他說：「你這是寶貝你的眼睛，而輕視你的心靈。」（出自於《傳習錄．上卷》第一百二十六條）

常常有人這樣問敝人：「請問我要如何破除自我呢？」我常常會這樣回答：「身體的毀壞會導致心智逐漸衰弱，當心智越來越無法掌控生命，這就是自我破除，靈性獲得出生的契機。」但，每當他們聽到這裡，他們就會擺出一副不可置信的神情，彷彿這個問題離他們太過遙遠，他們正活在美好的生活裡，每天身體都在忙著強奪與爭占，他們不可能放棄這些行為，致使他們認為自己幾乎不可能有機會破除自我了，這種認為身體的毀壞不大可能（或者，絕對不是現在）會發生在自己身上的堅信，確實是自我的鞏固機制，來過濾掉任何不利於自我掌控的訊息。當人開啟這自我鞏固機制的時候，確實他幾乎不可能有機會破除自我，然而，請更仔細注意，這只是個「自我鞏固機制」而已，然而，生老病死這個流程，有無量數我們不可操縱的變項會發生，當你被這些變項開始作祟，折磨到萬般不由自己的時候，你就不會想要那麼多東西了，你只想活著，這種剝落萬有名相，只想活著，由此產生出的寧靜，就是自性的顯現。

正因為世間太有滋味，人急著想用身體去體會，人就會逐漸離開自己本身的存在。如果我們想操縱，要能更長生，尤其要福壽雙全，如果我們不能誠意對人間布施，有智慧者布施智慧，有專業者布施專業，有財帛者布施財帛，有愛心者布施愛心，我們要想福壽雙全，幾乎無異於痴人妄想。畢竟現實生活裡絕大的內容是由「無我」釀就，人如果願意捨棄自我，就是在參贊自性的化育，就會受著自性的保全。但，當我們誠意布施的時候，我們就正在流失自我，因為我們得要點點滴滴失去我們自認擁有的東西，這些東西的累積促使我們透過擁有確認出自我的存在。因此，即使某個被豢養出極大自我感的人，他總會在由生病至臨終的時刻，被迫開始面對著自我的流失，他不願意給，卻不得不給出的東西，就在瓦解他的自我，那種失去的痛苦，會引發他看見痛苦後面，一直有個無限大的底景，他往日能靠著自我的文飾來忽略，現在則無法不正視這底景，當人意識到自己什麼都沒有了，就沒有什麼好再持續耽溺在痛苦了，他就會洞見存在的底景，那底景會讓他體會出深深的寧靜，這就使他活在自性裡。

因此，大智慧者在生前悟道，大愚痴者在死前悟道，悟道雖有早晚，不過人終會與大道相見。如果人能早些承認自己會死，願意放掉企圖掩飾自己會死而產生的錯誤奮鬥，他再做出來的事情，就不會是在任何意義裡的打打殺殺，因為他不再需要占有，而是唐朝的儒者李翱寫的一首詩：「吾來問道無餘說，雲在青天水在瓶。」那是種參贊自性化育流露出的灑落自在。

原文

有一學者病目，戚戚甚憂。先生曰：「爾乃貴目賤心。」（出自《傳習錄・上卷》第一百二十六條）

141 我的生就是在朝向死

陽明先生說：「省察是有事時存養，存養是無事時省察。」（《傳習錄・上卷》第三十九條）

人通常不會覺得自己會死，這種「我絕對不會死」的自信機制，促使人因此能忙著規劃未來，把自己拋向時間的波流裡，去做著「不屬於現在」的事情，從而累積出某種成就。累積成就，使得人的自我因此不斷獲得滿足與擴張，同時更會害怕有人妒忌自己，會過來剝奪自己的成就。然而，如果我們把「生」與「死」的壁壘打破，這兩者被整合起來重新觀看，就會發現「我絕對不會死」這種念頭，真正有問題者並不是我是否其實會死於意外，使得「我絕對不會死」的想法變成幻念，而是「我的生就是在朝向死」，致使生與死本來是同一件事情，這個事實被嚴重的忽略了。

如果我們拔高「我的生就是在朝向死」這個思考，就會發現因為生與死本來是同一件事情，使得我們的意識裡只顧著「生」這一頭，而漠視「死」這一頭，顯得很荒謬。因為這本來是同一件事情，我們其實應該使用同一件事情的態度，來面對著我們的生與死，這主要是指面對著我們的人生。當我承認我同樣會死，我就不會一直停留在起點（生）思考，而會反過來由終點（死）思考，這時候我會做出來的事情，就可能與停留在起點的思考很不一樣。由死亡這個終點來思考，反而會是悟道的起點。

敝人說過，不論是「生前悟道」或「死前悟道」，人終究會悟道，有人曾經質疑說，為什麼死前就必然會悟道呢？這就觸摸到我們對於悟道的認知。常人因為沒有悟道，這使得悟道對他來說是種很模糊的感覺，如同幽暗通道裡微微綻放的光芒，這驅使著他會邁往光指引的路徑，卻對於光的內容毫無知悉，因為這是站在光外面得出的印象，由於光的照射太過耀眼，人無法對於光本身有任何精確的認識，然而，當他踏至光本身，就會豁然明白，悟道並不是終點，悟道有個門檻，這個門檻的後面，還有無限寬廣的世界需要被探索，到這個時候，纔有世界的存在，此前則是實然的環境，人存在於裡面，而不知其存在。

陽明先生講的省察與存養，就應該從這個角度來認識。我們說「事上磨練」，並不是發生事情的時候，這纔展開磨練，而是指人要帶著「生死如一」的態度，在生活裡存養與省察，留神於每個日常事情內在環節的變化，這不只是把生與死看作同一件事情，還在把大事與小事都看作同一件事情，更在質變事情本身，使得事情不再是事情，而回歸本質，讓處理事情與面對心性變作同一件事情，當我們面對心性的能量拔高一著，我們處理事情的辦法就拔高一著，甚至，我們有時不需要忙著處理事情，而是拔高心性的當頭剎那，事情就獲得解決。

原文

省察是有事時存養，存養是無事時省察。（出自《傳習錄・上卷》第三十九條）

142 心靈本來無善無惡

陽明先生說：「虛無的心靈不會蒙蔽，內含各種理性的脈絡，而萬種事情都由心靈滋生出來。心靈的外面沒有理性，心靈的外面沒有事情。」（《傳習錄．上卷》第三十五條）

我們「活著」的基本單位，常由「時間」與「空間」組合出某個被我們認知出的環境，在這個環境裡，我們有個「位置」，提供出我們對自我的認同。但，這種存在並不是本真的存在，因為它是透過往外推的動作，創作出某種被我們認為可占有的東西，使得我異於我的存在，這種無關於自身的異化狀態，使得我們對自己的認識，並不是藉由對自身內在脈絡的瞭解，而是藉由對身外占有的東西，來確認出自己是誰。但，由於我們占有的東西具有流動的型態，它的型態會隨著時間與空間的推演而變化甚至消失，這使得我們那確認出的自己，樣貌會不斷跟著變化，當我們不再能占有任何東西的時候，難道我們的自己就跟著消失了？雖然實相並不是如此，但很多人卻如此相信，致使當他們在這個環境裡占有不盡如人意的位置，他們就會覺得自己在人前很卑微，當他們被剝奪繼續占有任何東西，他們就會覺得自己活著已經毫無價值的意義，索性去自殺了斷！

自我會不斷說服自己：我做的這件事情，帶有某種特殊的意義，或最能證實我活著的價值嗎？這種說服的過程，最需要的就是「道理」，只要有道理，自我就能接受，但，自我會接受的內容根本不是抽象的道理，而是某個使自我的意義與價值獲得彰顯的說法，因此，自我會接受的道理，其實是自我早就已經知道的內容，而且其內容就是不斷在催眠自我的膨脹與放大，自我根本不可能去接受對自我有絲毫傷害的內容，自我的抵抗總會加上「這完全不合理」來做觀念的盾牌，看起來他好像是個很理性的人，只要有道理就會接受，不！理性只是他縱容自己繼續活在自我裡的工具，使得他能永恆站在自己生命的局外，藉由質疑與批評自我外的他者，來讓自我感覺良好，產生某種站在制高點的幻象，其實他的生命極其封閉，因為自我是個與生命疏離的機制，其完全不願意質疑與批評自己，且根本不能知道自我不想知道的內容，因為自我不想知道的內容如果被曝曬，會使得自我逐漸失去安全感，他不再能掌控，他就會覺得極其焦慮，而且害怕自我的感覺不見了。其實，自我的消失就是自性的現身，失去掌控纔能獲得無價值的價值，無意義的意義，這得要讓自我溶解掉，人纔能體察出浩瀚的宇宙如何瀰流在我們那沒有自我卻有存在的感覺裡。

心靈這個象限是個虛無的存在，由於其全然不實有，因此藉由實有獲得確認的自我，根本無法體察出心靈的存在。體察心靈的存在需要感性，意即帶著情感，誠意發出想要認識心靈的意願，心靈這個頻率纔會與人相互感應。心靈的外面沒有理性，這意味著人如果想要拿理性做工具來「理解心靈」，他根本無法認識心靈本身，他只能處在與心靈毫不相應的精神狀態，自怨自艾因為不能認識心靈，因此不能查知善惡，因為不能查知善惡，因此不能認識心靈。其實，心靈本來無善無惡，查知善惡與心靈有任何干係？由於思維出自於自我，自我總是要查知有利於自己或不利於自己，這纔會萌生出善惡的意識，這個錯誤的主體，使得人只能漂泊在心靈外。心靈的裡面有理性，這是因為心靈本身是個感性的存在，這個感性的存在，生出萬事的內裡，就具有理性的脈絡。當人開始往內轉向（inward turning），人就不會有一堆質疑與批評，而會開始關注自身，卻驚覺並發現萬有都早已跟你融合在一起，你已經不再有人我或物我的區隔，在那裡，滿天的星宿與長江的源頭都渾淪不相離，你不知自己正站在天上，還是置身於江底？因為你正在心靈的象限裡。

原文

虛靈不昧，眾理具而萬事出。心外無理，心外無事。（出自《傳習錄·上卷》第三十五條）

143 在世間大死幾回

有弟子問道有沒有精粗？陽明先生回答：「道無精粗，不過人的觀看有精粗。譬如我們現在這一間房屋，人剛進來的時候，只看見一個大概如此的規模，在裡面待久了，就會對房屋內的柱子或牆壁這類結構看得比較明白；再待久些，那柱子的上面有什麼雕刻或文字，都能細細看出來，然而這還是同一間房屋。」（出自於《傳習錄．上卷》第六十六條）

有人無法辨識自己的意念到底出自於善念還是惡念，這其實很正常。常人的意念出於自我，自我總會展開極其複雜的思考，這個思考的主軸都是自己的利害，在利害的權衡裡，往往會衡量某個意念的發出對他人有害，他人的反應會反過來釀就對自己的傷害，因此要改為某個表面看起來無害於他人的意念，或表面看起來對他人有利的意念，來擴大自己的實質利害。因此，常人認知裡的善念或惡念，只是相對於他人來說有沒有傷害性，其實質內容對自我這個主體來說則都是善念，因為總歸會對自我有利。世俗義的佛教思想，常就在這個脈絡裡發展出因果報應的觀念，並鼓勵人常發善念來做善事，因為這纔會產生對自我最有利的生命狀態。如果這稱作善念（意念表面看起來對他人有利，或最起碼無害），這就難怪在基督型態的信仰裡，基督會表示，如果不依靠他的寶血，善人都還是要下地獄，因為那善惡的標準來自於他們自己的意念，其考量都是人本身的利害，而完全與上帝無關。

如果你想瞭解任何一位探索生死議題的先知或大師，他的開示或教法到底是高邁還是低俗，你只要觀察他講話時聚焦的對象在自我還是自性，就能判斷出其領會生命奧義的深度。如果他一直在針對著自我說話，不論是勾引出自我的貪戀，還是想澆滅掉自我的痴著，只要他講話的主軸在人的自我，這其實都是無法有任何根本意義的教育（儘管這可能更能由信眾裡抽出龐大的商業利益），因為自我無法停止思考，只要會思考，就無法不在意自己的利害。帶著自我去信仰的人，即使願意做出某種程度的犧牲，其背後還是預設這最終對自我有極大的利益，因此，在這個脈絡裡，有人會願意去利益眾生，因為這真正在利益自我。但，利益眾生確實能減輕自身的惡報，增加自身的善報，這種效應卻與悟道的奧義無關，人如果想增加福壽，那確實應該奮勉做著利益眾生的事情，但不要誤認悟道僅止於此，悟道來自於「自我道斷」，只有當自我的路再無他徑可覓，人已經深深體察：執著於自我產生的利益再大，都無法讓人因悟道而獲得徹底解脫的時候，這纔會是悟道的起點。

生死學常有這樣的基本假設：只有當人的身體越來越往下掉落的時候，他那超越自我利害（不論是善念或惡念）的諦念就越容易冒出來，這諦念是指人在世間的操煩終於來到盡頭，除了死亡，再無煩惱可操，人就會產生某種決斷的意念，他不再需要維護什麼或隱藏什麼，他完全沒有任何顧忌了，他只需要衝破死亡對他生命的威脅或禁錮，這個意念就是諦念。因此，只有當人快要臨終的時候，纔會真正發出至善無惡的諦念，我們稱諦念的「至善無惡」，這是指自我的防衛機制已經瓦解，他不再有個人的絲毫利害可圖，他已經知道，自己的生命快要抵達終點，這時候他纔可能看見活著的整體（the Whole），這個整體來自於人慣常設立的有限（這有限還是來自於利益，有限的疆域包括全部於己有利的範圍），已經因有限的虛假性而崩潰，廣漠的無限就此呈現開來其恢弘的景觀。雖然諦念的產生不見得只能來自於臨終，不過，任何常人要想悟道，不在世間大死幾回（這不見得是指身體的死亡，更是指組織身體背後的精神機制的潰散與重構），焉能瓦解那頑強固陋的自我，洞見無垠的心靈內裡那主宰萬有生滅的自性？如果有人想問：那該如何在世間大死幾回呢？你只要想悟道，保持著這個意念，持續在這個脈絡裡待久了，本體自然就會讓你有各種機會如翻雲覆雨般，在攸關性命的搏鬥裡讓你幾度做垂死掙扎，你就會逐漸看清悟道的面貌了。

原文

問道之精粗。先生曰：「道無精粗，人之所見有精粗。如這一間房，人初進來，只見一個大規模如此；處久便柱壁之類，一一看得明白；再久，如柱上有些文藻，細細都看出來：然只是一間房。」（出自《傳習錄．上卷》第六十六條）

144 由死亡這個終點回看

有弟子問陽明先生說：「我的知識沒有什麼長進，這該怎麼辦呢？」陽明先生回答：「為學須有本原，只有從這個本原上頭花精神琢磨，然後循序漸進，越來越能開展。仙家很會拿嬰兒做譬喻。嬰兒在母親腹部的時候，純然只是存在於能量裡面，有什麼知識呢？出胎後，這纔開始會啼哭，接著會微笑，而後纔能認識他的父母兄弟，再而後纔能站立與前行，再來纔能手握住東西與抱住東西，最終天下的事情無不能去參與，這都是因為精神與能量日漸充足，他的身體日漸茁壯，聰明日漸張開，這並不是出胎的時候就能獲得的成果，因此必須要有個本原。聖人能使這個世界各就各位，因此能化育萬有，其起點最早同樣只能從『喜怒哀樂未發的心體』內養出來。後來的儒者不能明白格物的真意，見聖人好像無不知無不能，不想循序漸進，就跟著想要在下手的時候，就能全部獲得這些成果，這真是豈有此理！」（出自於《傳習錄．上卷》第三十三條）

這段話，如果拿來棒打敝人的弟子，實在是最精確的話語了。敝人的弟子不能踏實從日常的灑掃應對進退裡做好修身，卻老是虛懸個想悟道的幻念，那內裡並不是來自於對悟道的誠意，而是來自於想要超越他人的好勝感，這種自我的強烈染著不除，焉能談任何有關於悟道的實質做法？這就是不能掌握住本原。面對這樣的弟子，敝人總不會順遂他的願望，跟他輕易開口去講如何悟道，因為那完全是白費精神，他根本不要聽，他只想快點取得某個便利法門，如變魔術般，來跟他周遭的人炫耀逞強，這是種很幼稚的念頭，如果敝人不消磨掉他這種毛病，那是在害他，而不是在幫他，即使不幫他，往後更艱難的人事摧殘，總會消磨掉他這種誇大不實的毛病，只不過大多數人經歷這些消磨的過程，不只消磨掉虛幻的好勝感，更消磨掉人生僅有的一點志氣，變得極其卑微或卑瑣，只知道社會存在著殘酷的現實，順從著毫無慈悲的鬥爭，完全蔑視理想，最終帶著不識心性的扭曲生命，含著怨與恨死去。

生死學（Thanatology）面對著人的生與死，其實更關注於後者，這個學問正確的英譯應該是「死亡學」，而不是生死學，這是由俄國的動物學與細菌學家艾利梅奇尼可夫（Elie Metchnikoff）在西元一九〇三年首先提出這個說法，他在其名著《人類的本質》（*The Nature of Man*）裡指出：我們使用科學的精神與辦法來研究「死亡學」，可減輕人類在死亡前承受痛苦的過程，並能改善人類生活的本質。然而，如果我們能由死亡這個終點，懷著自我瓦解的狀態，來回看我們活著的點點滴滴，那種回看產生帶有靈性的生命態度，就是洞見，這或許正是我們華人會特別要把本來稱作「死亡學」的學問翻譯作生死學的原因，這或許不符合英文的原意，卻更具有深意。

自我只有在死前纔能瓦解嗎？如果只能如此，那真實的信仰與精神的實證不就完全不可能了。雖然，生死學利用超個人心理學（Transpersonal Psychology）對生命的看法，而對於人的成長，有這三個階段的主張：首先，前自我（Pre-Ego）階段，這是由胚胎到兒童，依賴著他人而獲得成長的自我；再者，心智自我（Mental Ego）階段，這是由青年到中年，人的自我最精壯在開展的時期，人全部在人間的表象成就（這包括各種型態的榮華富貴），都會在這個階段獲得；第三，超自我（Transpersonal Ego）階段，人隨著身體逐漸衰老，心智自我逐漸破裂，不再忙著思慮，開始超越個體的限制，而與整個存在流轉合為一體。然而，我們想認識心性究竟的人，就是希望打破西洋文化圍繞著自我作主軸而產生這個「慣性的階序」，來讓自性能貫穿搖籃到墳墓，回轉作人生命的主軸。因此，年齡產生的階段，不再是人依賴於自我的說詞。人站在死亡做終點的回看，其目的就在於忘記身體的時間記憶，在當下徹底回轉生命的態度，來讓「自性復位」。自性很貼靠著那超個體的自我狀態，但還是不僅於此，這只能說是在自我捨棄前，對尚有自我者的剎那描寫，很像是敝人曾說過的「寶珠照玻璃」（玻璃就是自我，寶珠則是自性，這是指身體內運用自我的玻璃化〔自我依舊存在卻不再遮蔽〕，來讓自性能因此反射出光照），當自性全面復位後，人就會產生神性的意識與能量，使這個世界各就各位，萬有都獲得化育。

原文

問：「知識不長進如何？」先生曰：「為學須有本原，須從本原上用力，漸漸盈科而進。仙家說嬰兒，亦善譬。嬰兒在母腹時，只是純氣，有何知識？出胎後方始能啼，既而後能笑，又既而後能認識其父母兄弟，又既而後能立能行、能持能負，卒乃天下之事無不可能：皆是精氣日足，則筋力日強，聰明日開，不是出胎日便講求推尋得來。故須有個本原。聖人到『位天地，育萬物』，也只從『喜怒哀樂未發之中』上養來。後儒不明格物之說，見聖人無不知無不能，便欲於初下手時講求得盡，豈有此理！」（出自於《傳習錄．上卷》第三十三條）

145 解開「四句教」的奧祕

陽明先生在出發去征討思田前，跟錢德洪與王畿這兩位弟子說：「日後跟朋友講學的時候，千萬不可離開我這個宗旨：無善無惡是心靈的本體，有善有惡是意念的萌生，知善知惡是良知的發作，為善去惡是格物的工夫。只要依著我這個話頭去隨著機緣指點人，自然不會有任何病痛，這原來是徹上徹下的工夫。」（見《傳習錄．下卷》第一百一十五條）

這就是後來傳世的「四句教」。然而，對於這段話，學者常領會不得究竟。

現在，敝人做個闡發：

首先，「無善無惡心之體」這段話是說：心靈是個橫貫與縱貫宇宙的象限，其使得宇宙有意識與其運作的肌理，意識的發作機制，就是本體。本體無善無惡，因為其沒有任何人工的作意，純然只是個清澈無比的朗照與開顯，這是超越人意的至善。對於這點，明朝末葉受朱熹理學影響的學者，因為沒有工夫的實證，已經不能領會這層義理。他們竟對於「無善無惡」這個事實產生驚恐，深怕這個事實會毀壞風教，因此強烈詆毀陽明先生闡發的心學。會讓人產生驚恐的背景，確實來自某些心學儒者在世俗層面無視於風教的表現，引發受理學影響的學者的緊張，這些心學儒者的表現，固然在體察與落實「本體在人間的發作」這個層面出現問題（或瓶頸），受理學影響的學者，卻更是全然沒有把握住心靈的本體（心體）這個沒有「人設的價值」的終極特徵。

再者，「有善有惡意之動」這段話是說：人存在於世間，就具有主體的事實，操作主體不能不來自於精壯的自我，自我得要藉由各種價值評斷，來決策自己這個主體在人間的行為。因此，自我意識不能不判斷出「善」與「惡」，且全部善惡的準繩，都圍繞著自我的利害出發，包括會做出利他的犧牲行為，那背後還是來自於「利己的心態」。這是自我意識無法擺脫的技術特徵。然而，甲的自我意識基於利己的心態判斷出的善或惡，可能對於乙的自我意識基於利己的心態判斷出的善或惡來說，其善惡的認知會完全顛倒，但，自我意識無法顧慮到這點，只要有自我意識的存在，就會基於利己的心態判斷出有關於自身的善或惡。

第三，「知善知惡是良知」這段話是說：這世間存在著兩大矛盾：意即「天人矛盾」與「自我矛盾」。終極特徵（天）與技術特徵（人）的事實存在，就會在義理層面與實踐層面產生無法避免的矛盾，那就是說「無善無惡」的宇宙事實跟「有善有惡」的社會事實本身就存在著矛盾。並且，人間每個自我基於利己的心態判斷出的善或惡，都會釀就出無限個自我間的矛盾。要解決這兩大矛盾，就只有依循著本體，打通「天與人」暨「人與人」的隔閡，這就需要本體（天）按著人的脈絡，做出兩層轉化：其一，由宇宙本體轉化出自性本體，自性本體就是降生於人內裡的本體，這就是指良知。因為人有自性，人因此與宇宙本體有著至深的聯繫；因為人人都有自性，人因此能與他人有著至深的聯繫；其二，由感性良知轉化出理性良知。自性本體來自於對天的感悟，因此這感悟的本質是「感性的良知」，但，自性本體作用於人間，要能按著社會發展的脈絡開展出相應的善，並避免掉牴觸社會發展的脈絡釀就出的惡，甚至要能糾正既有社會發展的脈絡引發的問題，使其回歸更有益於社會發展該有的脈絡，這都需要感性的良知蛻變出理性的良知，創生出能被當日社會理解的樣態與樣貌。這種負責的態度，就是良知面對社會的「知善知惡」，使得人不再侷限於自我意識，而能由領會證得的良知出發，基於社會整體發展的脈絡，認知出對社會整體有害的惡，開展出對社會整體有益的善，這個過程都需要藉由語言架構出各種理性的觀念。明朝末葉，有某些心學儒者，只領會感性良知，個人就洋溢在這個激情感裡，卻尚未領會由感性良知蛻變出理性良知的重要性，這就是尚未領會感性良知的人，會感覺很驚恐的原因，他們寧可固著於已然僵化的社會教條（儘管這可能曾經符合某個時空的社會發展脈絡裡的理性良知），卻不敢做出改革，因為他們覺得那些自認證得感性良知的人，並沒有拿出嶄新的理性良知（意即其義理適合於當前時空），來幫忙整個社會發展的脈絡做出蛻變。

第四，「為善去惡是格物」這段話是說：人如何能證得感性良知，並能讓感性良知蛻變出理性良知呢？這就需要人正確去做工夫，藉由領會本體，來釐清出真知，同時間就是在做個真人，這就是在指「格物」的意思。外在的現象背後都出自於本體的創生，因此「格物」的本質都是在「格心」，意即要領會本體，瞭解心靈的象限究竟如何生化與運作。做工夫，就是在去除自我意識，但，自我意識如何去除得了？人不可能沒有主體，因此不能沒有自我意識，但，人能把主體虛無化，讓主體變作客體（雖然還是有體），意即讓自我意識玻璃化，使其能呈現並反射出自性的朗照。自我如何能玻璃化呢？這就要知道自我如何障蔽自性。自我意識在意的善或惡，不見得會與「感性良知蛻變出的理性良知」判斷出的善或惡能符合，人如果尚未證得感性良知，自然無法去認知理性良知判斷出的善或惡，而只能在意著自我意識判斷出的善或惡，但，如果人還想要做工夫來證本體，尚處於迷惑的時候，就需要相信已經徹底證得本體的人，認其為夫子，相信他這個肉身闡發出的義理（敝人曾經拿陽明先生說的「誠身」（而不是法身）來精確指稱這個生命狀態），就是個世界本體，能完整呈現出宇宙本體的奧義，按著其闡發的觀點來革新生命，這就是依循典範來「為善」與「去惡」（這都是指自我對自性的障蔽），由做個君子，終至於做個聖人。聖人存在的深意，在於世界本體開出的典範，不論如何周全，都只是個輪廓，且現象不斷在變化，對應或對治的智慧自然得不斷更新（當然，智慧同時會繼續生化現象），迷惑的時候要由師度，證道的時候要由自度，即使是已經證得本體的聖人，都還有各種有關自度的新課題，需要他繼續實證。

今天清晨，敝人尚在睡覺的時候，夢裡竟悟得有關於「四句教」的奧祕，這四段話在腦海裡，有如密碼被解開般，波瀾壯闊，翻騰出綿密的語言，在天際示現給敝人看。敝人被這幅壯偉的景象驚醒，大汗淋漓，立即把這四段話記錄出來，仔細檢視，發現其間數層義理，敝人平日早就闡釋在各種文章裡，只是尚未明確指出這就是有關於「四句教」的內容。現在將其文字稍經整理，讓想瞭解心學究竟的學者，此後不會再對「四句教」的真意有任何疑惑，而能循此路徑，善做涵養的工夫，深度實證本體。

原文

既而曰：「已後與朋友講學，切不可失了我的宗旨：無善無惡是心之體，有善有惡是意之動，知善知惡的是良知，為善去惡是格物，只依我這話頭隨人指點，自沒病痛。此原是徹上徹下功夫。」（見《傳習錄．下卷》第一百一十五條）

146 我們都是啞子

弟子劉觀時請教陽明先生說：「什麼是『未發的中』？」陽明先生說：「你只要戒慎不睹，恐懼不聞，養得自己的心靈純然是天理，就自然會看見了。」弟子劉觀時懇請陽明先生略微揭示本體的氣象。陽明先生隨口講出這首打油詩：「啞子喫苦瓜，與你說不得；你要知此苦，還須你自喫。」當時徐愛聽著，就立刻說：「如此纔是真正的『知』與『行』了。」在座的弟子聽見了，都跟著有省察。（出自於《傳習錄．上卷》第一百二十八條）

這裡的重點，就在指出心學是體證的學問，不能帶著生命感去體證存在議題，那說著再條理的話語，都只是鸚鵡學舌，說話的人，根本不知道自己在說什麼。中國有這樣一段諺語：「小和尚念經，有口無心。」就是這個意思。人如果聽不懂智慧的言語，就讓悲慘的處境去打擊他的冥頑不靈，讓骯髒的角落去挫敗他的驕傲自大，這本來並不是誰要故意對他不好，而是他自己的抉擇，他漠視智慧的指引，這種意念就會驅使自己被丟往顛簸搖擺震盪的船，那艘船漂泊在浪濤劇烈翻滾的海面上，他站都站不穩，浪濤會不斷搖晃他的身子，攪和他的脾胃，讓他頭痛欲裂，感覺自己生不如死。

人活著，就是在尋覓一塊能生養他的大陸。這塊大陸的地基，要有古老的時空層累堆疊出深深的厚度，使他能生養得安然自在，不需要憂慮地基會塌陷。在這塊盤古大陸上，人能蓋出自己的家屋，在外面種植莊稼，在裡面生養孩子，他能安然的觀看日出日落，星辰滿布在銀河，他就在這裡活著，直至死去。因為這個家給與他精神足夠的包覆，他不會挨餓受凍，他有著深深的安全感，在這個安全感裡，他開始說話，這些話都是渾然天成的語言，他看著山就說山，看著江河就說江河，江河與銀河的交會，他能清晰的辨識，說：「看啊！那就是江河與銀河的交會。」這些話語出自於他的身體，卻不是出自於他的自我，因為那並不來自於他的精打細算，卻來自於他豐富的感覺，不得不發出對萬有的讚嘆。

但，在開始說話前，面對存在，更大量的人都是啞子。他們喫著苦瓜，卻有苦說不出，因為他們沒有話語，來描寫他們的體會，沒有話語，來自於沒有厚實的安全感，無法自在講著自己的體會，他們深怕說話犯錯被懲罰，時間久了，他們就都不會說話了。甚至，不會說話的時間拉長，他們跟著就不會體會，或者漠視自己的體會，這就使得他們逐漸變成「存在卻沒有世界」的孤兒，被棄置在宇宙的邊緣外，自生而自滅。你可能會說，當他們活著，就已經在宇宙裡了，怎麼會在外面呢？因為他們不知道自己是誰，他們沒有名字，他們無法辨識存在是怎麼一回事，沒有名字的人，無法與宇宙相見，他們可能會終其一生呼喊著上帝如何待他們不公，或者他們如何想要悟道，他們甚至會自認有著豐富的人生經驗來面對挫折，然而，只要他們沒有覓得生養自己的大陸，他們就無法說話。

智慧，並不是人生經驗的總和。有些人誤認只要有豐富的人生經驗，就意味著擁有深厚的智慧。然而，人生經驗出自於有限的人生，總有著一套運作的模型，這使得問題的解決看起來有著很清晰的脈絡，但，你按著人生經驗踏過去的路，卻不見得會滋生智慧，因為你並不認識行者，儘管行者就是你自己。智慧往往超越這些模型，不按牌理出牌，這時候，能把握住某種沒有牌理的牌理，沒有模型的模型，有個在全部的理論出現前，就已經出現的感應，使你知道自己為何身在這裡，即將面臨什麼處境，解決處境背後真正的造化用意，這就是智慧。良知的內容就是智慧。沒有體證出良知前，我們都是啞子。

原文

劉觀時問：「『未發之中』是如何？」先生曰：「汝但戒慎不睹，恐懼不聞，養得此心純是天理，便自然見。」觀時請略示氣象。先生曰：「啞子喫苦瓜，與你說不得。你要知此苦，還須你自喫。」時曰仁在傍，曰：「如此才是真知，即是行矣。」一時在座諸友皆有省。（出自《傳習錄・上卷》第一百二十八條）

147 恢復心性的傳統

弟子徐愛曾經跟陽明先生說：「先儒討論《六經》的時候，常會把《春秋》視作一部史書，裡面的歷史專門都記載著事件，這恐怕與其他五經的事體，在最終的層面或許稍有差異。」陽明先生回答：「同一部《春秋》，如果就事件的角度會稱作史書，如果就大道的角度會稱作經典。其實，事件裡面就體現著大道，大道就表現在事情裡面。《春秋》固然是經典，其他五經同樣都是史書。譬如《易經》就是包犧氏的歷史，《書經》就是堯舜而降的歷史，《禮經》與《樂經》就是夏商周這三朝的歷史。各種乍看不同的事件裡面，因為有著相同的大道，使得事件能彼此貫通，哪裡會有什麼所謂的差異呢？」（出自於《傳習錄·上卷》第十三條）

清朝的史學家章學誠曾說「六經皆史」，這四個字很有意義。如果我們不能就歷史的眼光來認識傳統的經典，其實很容易陷溺在自己對經典內容的想像狀態，而不能真確認識經典的原意。然而，正就因為活在想像狀態裡，帶著對經典本身的無限敬意，儒者常謙稱不敢根據現在時空環境的需要，妄自改變對《六經》的解釋，但，畢竟他們是活在他們自己時空裡的人，常不免早已受到自己環境的影響，在尚未仔細檢視與反思自己的意念前，就已經把個人化的看法框架出來，卻不知不覺宣稱這纔是先秦古意，強烈鼓舞世人能循著這條古意來獲得真知。但，這很容易使得儒學釀就出專斷與威權的論點，美其名或許稱作規範，實則在壓制其他人檢視與反思自己意念的機會。因此，如何強化儒者檢視與反思自己的意念，開拓儒者內觀的深度，這點實在是儒學復興的要領。

儒學復興的過程裡，當然得面對我們的傳統。如何促使傳統恢復其自覺與自新的能量，這需要人本身的心靈恢復清新。不過，傳統本身並不是一成不變的東西，即使是先秦儒學，孔子的弟子曾子，與孔子的孫子子思子，他們對於孔子的思想的理解，就已經因應時空環境背景的差異，而有不同。即使孔子自己在早期與晚期的看法，都有不同，什麼纔會是聖人的本意？《六經》的整理與詮釋，譬如同樣是《春秋》，就有《三傳》，意即《左傳》、《公羊傳》與《穀梁傳》，這《三傳》其實就是三種不同認識孔子講《春秋》的思考路徑，什麼纔會是孔子的本意？如果我們知道，尤其是《公羊傳》與《穀梁傳》，這兩本書各自由孔子的弟子子夏傳給公羊子與穀梁子，你就會知道，那同樣只是孔子兩名再傳弟子在各自奮勉闡發孔子的思想。而《論語》這部聖學的教典，在漢朝前就已經有《齊論語》與《魯論語》的差異，這兩本書的差異，不會只是字詞的差異，還會包括齊學與魯學這兩種學術思維對孔子思想的闡釋。如果我們要開挖其究竟，早在先秦時期，何謂孔子的思想，就已經有各種不同理解的辨法了。

因此，對於傳統的繼承，宜著重於繼往開來的精神，而理解《六經》，其實「註定」就是拿一個「處身在二十一世紀的活人的事實」，來理解《六經》，如同曾子就是處身在比孔子晚的春秋末葉的事實來理解《六經》，子思子就是處身在戰國早期的事實來理解《六經》，甚至孔子自己，都是在一個禮崩樂壞的環境裡，去理解周公本來治禮作樂的心境，而重新刪訂《六經》。這並不意味著曾子或子思子有意扭曲孔子的思想，孔子自己更不可能想要扭曲周公的本意，但，每個人的時空背景條件有異，各自對於聖學的理解就不可能沒有差異，他們只是要奮勉把握住那基本的精神，去依據環境的更易與時俱進，孔子被孟子讚許為「聖之時者」，正能點出他是個「食古而化」的聖人。我們認識聖學，千萬不能忽視掉「時間」架構出的歷史事實，反過來說，如果對於歷史事實有比較清晰的認識，這對於我們釐清何謂傳統，並繼承傳統來創新，相信會有很大的裨益。

傳統應用於不同時空，當然會有變通，這並不是誰有意去創新，而是自然而然的發展，但，即使是這自然而然的發展，如果沒有覺醒者的提倡，都有可能會往離開傳統的路徑發展，畢竟一般人常不見得是抱持著文化的使命感，來面對自己的人生。而且，我們要注意，我們是要「恢復傳統」，還是要「恢復心性」，如果某些傳統沒有心性的內容，我們的恢復，會不會變成恢復教條？讓人做個覺醒的人，這在敝人來看，應該是聖學的第一義，人如果不覺醒，成就出有智慧的生命，那即便天天穿著漢服，朗讀《六經》，每天行禮如儀，卻不是個能清明面對人生的狀態，這會是「沐猴而冠」，無法洞見聖人講授聖學的本來用意。我們對這點要很謹慎。敝人在台灣，過去十餘年來，就常見到某些言必稱孔孟的家庭（台灣的中國文化未斷絕過，這種現象雖然不是很大量，卻同樣不會很罕見），家人活在很緊繃與嚴厲的關係裡，充滿著形式主義的束縛，彼此卻沒有流動的情感在滋潤，心靈呈現某種被禁錮的狀態，敝人很替他們覺得不捨與難過。

因此，面對傳統，要能「復本開新」，這個根本是心性的恢復。

原文

愛曰：「先儒論六經，以《春秋》為史。史專記事，恐與五經事體終或稍異。」先生曰：「以事言謂之史，以道言謂之經。事即道，道即事。《春秋》亦經，五經亦史。《易》是庖羲氏之史，《書》是堯、舜以下史，《禮》、《樂》是三代史：其事同，其道同，安有所謂異？」（出自《傳習錄．上卷》第十三條）

148

反智主義的思維

弟子蕭惠喜好仙家與佛家的道理，陽明先生警告說：「敝人在幼年的時候，同樣篤信甚至有志於這兩家的學說，自認為有些收穫，並感覺做個儒者沒什麼值得學的內容。其後居住在蠻荒三年，看見聖人的學問如此簡易廣大，終於開始嘆息懊惱，覺得自己錯用三十年的氣血與精神。仙家與佛家的學問，大抵來說，其最精湛的奧義，與聖學只有毫釐的差異，你今天稍微學點這兩家的內容，就其奧義來說，只不過如同糞草，卻動輒自信已有歸向，覺得其美好到這種程度，這真是如同貓頭鷹急著在偷竊腐臭的鼠肉罷了。」

蕭惠聽完，接著請問仙家與佛家的奧義在哪裡？陽明先生說：「已經跟你說聖人的學問如此簡易廣大，你卻不問我領悟的內容，卻只問我悔悟的內容！」蕭惠覺得很慚愧，就接著跟陽明先生請教聖人的學問。陽明先生說：「你現在只是在善盡人際關係，基於客套而相問，並不是真想要明白。等你真的發出想要做聖人的心思，我再與你說。」蕭惠聽了，再三請陽明先生告知詳情。陽明先生覺得很奇怪，說：「已經跟你一語道盡了，你怎麼還是聽不懂意思！」（出自於《傳習錄．上卷》第一百二十七條）

有人很執著想探索心學的源頭，認為其源自於道家，這正是因為儒釋道三教其奧義有「共法」，由於不知共法，因此會很執著編派名相，故而覺得心學源自於道家。這樣說同樣並不是要咬死說「心學源自於儒家」，儘管就名相來說這是事實，但，為什麼我們只在意這個名相，而不在意這個名相背後的真意呢？這就得回來發問：三教的奧義，其毫釐的差異究竟在哪裡？正在於儒家不棄人間，甚至肯認人情事理內自有通往究竟的大道，人只有在人間琢磨，纔能證得生命存在的真意。因此，心學不能偏離事上磨練，並認為這是悟道的大門，只有細細在做事的過程裡砥礪心性，保持敏銳的覺察，纔能知曉你會出現在這裡，到底需要領悟什麼課題。

在台灣，當前的學術環境裡，學者很容易就會尊重與接納任何一位學者在從事於學術研究的時候，能同時在心底帶著佛教的信仰、道教的信仰、天主教或基督教的信仰，但，他們很難接納有個學者在從事於學術研究的時候，能同時在心底帶著對儒家的信仰，他們立刻就會覺得這會影響「學術的公正性」。為何並不被認為會發生在佛教、道教、天主教甚至基督教的信仰者身上的問題，卻會被認為會發生在儒家的信仰者身上呢？

這只是因為大家普遍認為儒家思想自明朝滅亡後，就跟著結束了，而且儒家會衰落，正是因為其思想並不究竟，沒有任何高深的奧義，只是綑綁人的教條。敝人並不否認這很可能是因為大家常觀看清朝或民初的歷史書或歷史劇，對於那種家長制的專制統治引發的反感使然，但，值得思考的問題在於：這到底是儒家的全貌，還是儒家衰落後的反映？如果有人還敢冒大不韙，聲稱自己是儒家的信仰者，而且揭櫫自悟的心學，學者基於對殘存在各自腦海裡的儒家的反感，並對於個人獲得覺悟這件事情的陌生（雖然，他們很可能在假日或其他個人時間裡，都會參與他們信仰的宗教活動，跟著他們的宗教老師的指引，深感法喜充滿或聖靈洋溢），因此覺得這樣會不符合學術典範，這就不是不能被同情的理解了。

但，這並不是儒家的悲哀，而是覺悟這件事情的悲哀。因為人只相信「他人的指引」，卻不願意相信「自性的指引」，只相信謙虛對教義的學習，卻不相信覺悟本身。如果覺悟這件事情，沒有被體制承認，尤其是政治體制與學術體制，使得「心靈教育」成為國家教育發展的重點項目，全體國民都應該接受對自家性命（精神的性命）深度的認識，政府更應該投注大量的經費，來讓學者開發心靈議題的科學研究，促使領悟自性成為人人都能獲得的法寶，國家如果不承認這件事情對於國民的根本重要性，個人如果不承認這件事情對於自身的根本重要性，這就會是反智主義（anti-intellectualism）的思維繼續在擴張。

這就指出儒家的心學，為何對於世人會如此重要的原因了。因為心靈的教育尤其需要有一套在世的法門，能在人間傳授與操作，來讓「人人成聖」這個理想獲得落實（尤其是政府的支持），而且，只有當在世的法門獲得承認，其他「不在世的法門」（這包括全部不重視人間實踐的宗教信仰）纔有獲得深度的認識與實踐的機會，且不說儒家自來尊重與接納各種不同的宗教信仰，畢竟人只有先做個聖人，纔有可能做個比聖人意識更高層的存在，前者是後者的基石，更不要說對絕大多數的人而言，這輩子能在事上磨練，做個言行有度的君子，都已經是極不簡單的生命品質了。全人類的歷史經驗裡，只有儒家的信仰成為國家長期支持其發展的重點政策，這個國家就是「中國」，其政策就體現在心靈的教育裡。如何轉化這種傳統的素材，過濾出嶄新的思想，成為人類新時期的社會現實，這就有賴於大覺知者的覺悟，並藉由掌握權柄來「治禮作樂」，復古開新，推廣具有前瞻性的心靈教育，來讓人人成聖成為新現實，新中國就會因此出現。

原文

蕭惠好仙、釋，先生警之曰：「吾亦自幼篤志二氏，自謂既有所得，謂儒者為不足學。其後居夷三載，見得聖人之學若是其簡易廣大，始自歎悔錯用了三十年氣力。大抵二氏之學，其妙與聖人只有毫釐之間。汝今所學乃其土苴，輒自信自好若此，真鴟鴞竊腐鼠耳！」惠請問二氏之妙。先生曰：「向汝說聖人之學簡易廣大，汝卻不問我悟的，只問我悔的！」惠慚謝，請問聖人之學。先生曰：「汝今只是了人事問；待汝辦箇真要求為聖人的心，來與汝說。」惠再三請。先生曰：「已與汝一句道盡，汝尚自不會。」

（出自《傳習錄．上卷》第一百二十七條）

149 女人不是生育的工具

有人問陽明先生說：「每個人都有心靈，這心靈就是天理，既然如此，那為何有人會做善事，有人會做不善的事情呢？」陽明先生回答：「惡人的心靈，已經失去本體。」（出自於《傳習錄．上卷》第三十七條）

中文其實是很簡潔的語言，不過，有時候正因為過於簡潔，使得不同時空表達出來的語意，會隨著後人受著他那個時空的理解，而呈現多義性，這是幾乎無法避免的問題。因此，聲稱要全面恢復某個時空的傳統（譬如先秦），視其為精神的源頭，眼耳鼻舌身意（六識）都要拿那個時空做標準，不敢有任何違背，這只能是個人主觀的願望，客觀來說則根本無法辦到。閱讀古籍的時候（尤其是討論心性議題的古籍），比較真誠的做法，則是根據你的理解，同時呈現這無法避免的多義性，但，你最終的態度，則應該要藉由你平日善做工夫，培養出心性的洞察，這時候，你閱讀那個人的著作，就能自如在他的精神裡穿梭進退，獲得他的精神訊息給出的思維脈絡。

這裡講的心靈，有兩個含意：其一，心靈是巨大的存在象限，自己獨立作為架構宇宙最精華的內涵，這個象限的機制稱作本體；其二，心靈是個人的感知意識，隨著個人這個主體認識客體的程度高低而起伏。後者的心靈其實是自我意識，前者的心靈則是自性意識（這是就個人來說）。自性的心靈本沒有善惡，自我的心靈則有善惡。這自我的心靈給出的善惡，同樣有兩個含意：其一，這善惡是指朝向自性的距離，越與自性契合就稱作善，越與自性疏離就稱作惡；其二，這善惡是指社會價值的判斷，越與價值契合就稱作善，越與價值疏離就稱作惡。社會的價值不見得會符合心靈的自性，社會的價值主理（而且是工具理性），心靈的自性則主情（尤其是生命感性），當理背離情（工具理性背離生命感性），就會發生違背「天理」與「人情」（這兩者是相同的意指裡不同的側面），但符合道德自身的價值需要。人如果只為道德自身的價值需要，而犧牲天理與人情，這就是對自性的背叛。人類歷史裡有數不清的政治迫害與社會災難，都是假道德自身的價值需要，而不惜背叛自性的結果。

背叛自性的人，都是惡人，但，惡人可能會戴著社會價值鍛鑄出的好人面具來現身，並督責你替社會的價值需要而獻身，當然，常常有這個現象：戴著好人面具的惡人，其實並不知道自己正是惡人，卻反而相信自己那戴著好人面具的樣子，纔是自己真正的容貌，這就是在社會裡浮沉，庸庸碌碌過完一輩子的眾生，最常呈現出的精神狀態。隨手舉個例證，絕大多數為人父母者，生出女兒，長大到二十歲後，就急著她能快點覓得婆家，嫁為人婦，好像女人生來就是要做人妻子（尤其要生出孩子），纔是在盡本來該有的責任（生育的工具），卻漠視女人自己的生命需要，不顧其人格獨立存在於世間的意義，這固然符合社會的價值需要，卻極可能是對女人生命最大的壓制與迫害。為什麼女人不能首先做個「人」，尤其做個洞見自性的人，接著再自己抉擇是否要做個女人，尤其是自己抉擇是否要做個太太或母親呢？然而，這些為人父母者，卻常常會跟他們女兒聲稱，這是對她們最大的愛，這樣的愛真正是何其沉重哪！現在離婚率會如此高，正就是因為女人日益產生對生命的自覺的緣故。

因此，人生在世，為何需要洞見心性的智慧？歸根結柢，如果你不希望做個惡人而不自知，你就得要看清自性不見得會符合道德自身的價值需要，並且，你如果是個大覺悟者，你就應該改革你當日已經眼見其腐壞的道德，使其價值需要能出於自性，而不是道德的教條本身。

原文

或曰：「人皆有是心。心即理，何以有為善，有為不善？」先生曰：「惡人之心，失其本體。」（出自《傳習錄．上卷》第三十七條）

150 帶著情感的領悟

陽明先生說：「只有涵養與獲得這個心靈，常見這個心靈的存在，這就是學問的真諦。過去或未來的事情，思考它們有什麼利益？只有放穩這個心靈罷了。」（出自於《傳習錄．上卷》第八十二條）陽明先生還說：「人如果講話的時候言語毫無秩序，這同樣可看出他並不存在著心靈。」（出自於《傳習錄．上卷》第八十三條）

絕大多數的人講「學問」兩字，著重都在身外，他們認為學問就是知識，就是要藉由書本閱讀某種藉由語言鋪陳出的系統化觀念，將其記憶與演繹，這就是學問了。他們通常會忽略掉：學問首先不在身外，而在身內，這不僅是指如果沒有心靈，則知識根本無從吸納，更是指只有先把握住這身內的心靈，纔能領會有個身外的心靈，更精確來說，纔能領會有個心靈，其實不在身內與身外，而獨立存在並亙古不滅。

對於深受西洋文化浸染的人來說，並不存在身外的意識，只有身內的意識，而且這身內的意識僅僅出自於大腦的活動使然，大腦的活動就稱作思考，這思考得要架構出理性的演繹，不受任何感情的干預。由於過度抬高理性的意義，不關理性的狀態就被視作感情用事，致使理性與感情彼此嚴重的對立。然而，感情並不見得是情緒化的精神狀態，壓抑感情的奔放，正來自於對感情的恐懼，更來自於拒絕承認感情的精神位階更高於理性，因為感情是心靈的元素，理性則是心靈的體現。不過，絕大多數人身內的思考都來自於末那識，只要他不斷對過去或未來的事情展開度量與審查，他就得不斷比較，並確保自己擁有通過比較後更優越的東西，度量與審查固然顯得很理性，卻不是真理性，度量與審查（意即思考）往往不能帶來精神的喜樂，而會繼續引發失落（畢竟這種比較的心態會無窮展開與發展，終至面臨瓶頸），因此何需不斷展開容易引發焦慮的思考？人確實應該首先回歸帶著情感的領悟。

帶著情感的領悟（感悟），並不是不要理性了，而會產生無關於末那識的無漏理性（有關於末那識的理性則是有漏理性），這個理性不與感情對立，而會交融無間，在精確的位置呈現其秩序，因此陽明先生會說把握住心靈的人，講話自有條理的秩序，不會毫無章法。我們有時看見某些人講不清觀念，卻很憤慨他人聽不懂自己的言語，質問他人為何不打開心靈，這個問題得要先反思自身，只有自己調高維度，能感悟出無漏的理性，自然言語會呈現出清晰的脈絡。雖然敝人書寫涵養實記的時候，常會觸碰社會議題，這本來是心靈開出外王的表現，而且更是想藉此讓世人能透過探索社會議題回溯心靈的源頭，不過，究其實，心靈議題的釐清，本來不見得需要拿現象來解釋（這就如同數學公理的演算得證，不見得需要舉生活的例子），因為我們只要給出無漏的理性，其觀念脈絡就能呈現心靈的系統性，只要是系統化的觀念，就是科學，因此，心靈並不與知識對立，而只是居於知識的前端，而且，心靈本身的無我性，會使得其知識具有跨越個人視野的客觀性，通過心靈給出的知識，這種心靈的科學，就稱作心學。

原文

只存得此心常見在，便是學。過去未來事，思之何益？徒放心耳。（出自《傳習錄·上卷》第八十二條）

言語無序，亦足以見心之不存。（出自《傳習錄·上卷》第八十三條）

151 受困於知識的驕傲

有人討論在陽明先生的門裡，有人專門在涵養層面做工夫；有人專門在見識層面做工夫，陽明先生聽見這個說法，就說：「專門在涵養做工夫的人，每天都會看見自己涵養的欠缺；專門在見識做工夫的人，每天都會看見自己見識的餘蔭。每天看見自己欠缺的人，其實每天都有餘蔭；每天看見自己餘蔭的人，其實每天都有欠缺。」（出自於《傳習錄．上卷》第一百一十九條）

人最忌知識的驕傲，驕傲於知識的人，只會焦慮於跟人做觀念的辯論，卻很難反問自己的心靈，是否受困於知識的驕傲而不自覺。如果我們都是在靠著讀書來獲得知識，這樣的知識並不出自於你的創生，究竟有什麼值得驕傲呢？如果某個內容只是閱讀與吸收就能瞭解，那先瞭解或後瞭解，最多只是認真程度的問題，如果先瞭解的人就要憑藉著這點資本去瞧不起後瞭解的人，這種驕傲只是在累積人與人的對立與隔閡，無益人與人的溝通與和諧。更何況，知識本該由心性給出，如果不能在乾淨無垢的心靈內洞見觀念，並由此醞釀出創造性的知識，卻只是在藉由讀書來吸納已經被人家套裝整理完的知識，這種狀態如果還要擺出「知識的驕傲」，那純粹是個無能實踐卻滿腹經綸的書呆子，而不是個大覺悟者。

但，不能因為這個事實，就因此詆毀讀書，認為讀書獲得的知識無關於心性的宏旨，人應該就此棄絕知識，恢復生命的本真。在垂聽任何大覺悟者慷慨表示讀書如何毫無意義前，請先釐清他到底有沒有認真讀過書，根據敝人的詳細考察，沒有！沒有任何大覺悟者，其活著的時候沒有認真讀過書（或最起碼「曾經」認真讀過書），不論是老子或莊子，或號稱不識字的六祖慧能，或強烈詆毀讀書的奧修，如果他們沒有認真讀書（或者就廣義來說，由自己的心靈吸收各種身外的深層思維），他們的心靈無由壯大，根本不可能成就他們已經成就的事情。因此，任何偉人在聲稱「知識無用論」的時刻，你都要認真觀察他自身到底有沒有在認真讀書，你不能因為他隨意發聲牢騷，或在文章馳騁風流，或在特殊公共場合對群眾喊話，就真相信他這類話語的真實性。

誠然，讀書獲得的知識，往往有益於取得在社會發言的位置，畢竟已經獲得社會共識的知識，其公信度常能附加到使用者的身上，增強其言語的說服性。然而，癥結更在於人內在的心靈要能貫通外在的心靈，意即自性本體要能貫通宇宙本體，認真觀察其他認真在冥契本體的人（不論與你同時空或異時空），他們內在的心靈如何貫通外在的心靈，保持這種開放性，這是在從事於「知識瑜珈」，意即在做著觀念工夫，藉由吸納身外的思維來促發身內的蛻變，任何修行者如果不從事於這種知識瑜珈（或詆毀讀書這種觀念工夫），或者只知道吸納他自身歸宗的法門的教義，你就能判斷出他只是個教條主義的學習者，他正在做著與大覺悟者的心靈無關的奮勉，終身活在自設的觀念牢籠內。

原文

因論先生之門，某人在涵養上用功，某人在識見上用功，先生曰：「專涵養者，日見其不足；專識見者，日見其有餘。日不足者，日有餘矣，日有餘者，日不足矣。」（出自《傳習錄．上卷》第一百一十九條）

152
精準拿捏人情的學問

弟子陸澄曾經問陽明先生有關陸象山指出應該在人情事變上面做工夫的說法。陽明先生回答：「除了人情事變，則人活著不再有任何事情了。喜怒哀樂這些事情難道不是人的情感嗎？由人的視聽言動這些舉止，到富貴與貧賤，患難與死生，這全部都是事變。事變同樣都是在人的情感裡，其要點只是在『致中和』，而『致中和』只是在謹慎面對生命的獨立性，如此而已。」

原文說「謹獨」，應該如何解釋？謹慎面對生命的獨立性這個實質狀態。這種實質狀態並不只是指自己獨處的時候，而是不管有人或沒人，生命的本質就是獨立存在，人被賦與這個肉身，你有眼耳鼻舌身意這六識，人對這六識的留戀、凝聚與沉澱，會繼續醞釀就出末那識，佛學講的末那識其含意比較複雜，有潛意識對顯意識的伏藏與投射的意思，在我們來看，則都稱作自我意識。人這個生命體，對自我意識負有完全獨立的責任，你要沉湎於自我意識，還是要把自我意識轉化出自性，這本來都是「自己的事情」，出自個人的意願，他人無法左右，你當然要負完全的責任。

其實，當你意識出人對自己負有完全的責任，你這個意識本身，就會自然而然開始放空，擱置某些根本不需要在意的事情（尤其留戀於他人片面的觀感產生的評價，我們俗稱流言蜚語），因為要負責任的是你自己，並不是他人，這是種「徹念」，這種徹念使得你豁然了悟，你在這宇宙間具有「絕對的自由」，你能把自己的生命推往天堂，同樣能把自己的生命推往地獄；你能把自己的生命朝向於宇宙某片淨土，同樣能把自己的生命朝向於人間這塊淨土。做抉擇的是你自己，你終得做出決斷，甚至，你的不決斷都是個決斷，這個決斷會決斷出你這一生的禍福壽夭，畢竟想成為混世魔王的是你，想成為不世聖人的是你，想要播灑愛人與被愛的是你，想要表現懦弱與無能的還是你，當你洞見這個大自由，豈能不負大責任？你置身在這浩瀚無際的存在裡，能讓你有感知的內容，就是存在本身，與其緩緩散發出溫柔和煦的照撫，這就是「致中和」。

因此，當人體證出存在本身，並體證出存在的照撫，人面對眼前的現象，就不再只是面對視聽言動這些舉止，更不只是面對富貴、貧賤、患難與死生，而是在面對這全部事變裡自己那人情的釋放與收攝，如何能拿捏得精準如宜，富貴要拿捏，貧賤要拿捏，患難要拿捏，死生更要拿捏，這個拿捏不單純是工具性的算計，這只是理性良知，已經掉落至最表層的考量，更要拿捏你是否依偎著存在本身來收攝與釋放人情，否則就是虛應故事，就只是在忙著應酬而已。心學就是依偎著存在，精準拿捏人情的學問，全部的涵養工夫都在這裡面。因此陽明先生會說除了人情事變，就不再有其他任何事情了。

原文

澄嘗問象山在人情事變上做工夫之說。先生曰：「除了人情事變，則無事矣。喜怒哀樂非人情乎？自視聽言動，以至富貴、貧賤、患難、死生，皆事變也。事變亦只在人情裡。其要只在『致中和』；『致中和』只在『謹獨』。」（出自《傳習錄・上卷》第四十條）

153 領悟心性的鑰匙

有人問說，因為要奉養雙親的緣故，因此不得不用求舉業的態度來做學問，這使得精神不免被拖累了。陽明先生說：「因為雙親的緣故而從事於舉業，因此覺得心性的學問被拖累了，那耕田來奉養雙親的人，他們是否同樣被拖累，而不再能從事於心性的學問？古人講『只害怕志向被奪去了』，怕只怕是從事於心性的學問的志向並不認真篤實，卻拿舉業來說事罷了。」（出自於《傳習錄．上卷》一百零六條）

敝人目前傳播心學二十年，常見有人這樣跟敝人說：「弟子馬上要開始工作了，往後就不再能學習心學了。」或：「弟子因為雙親的期待與施壓，不得不趕快急就章的畢業，往後會再繼續認真學習心學。」或：「弟子現在工作很繁忙，實在沒辦法認真靜坐，更不要說跟夫子請益了。」或：「弟子不是不希望涵養心學，不過由於他人並不接受心學，弟子平日要做工夫，實在會有點困難。」雖然敝人傳播心學，本來就應該幫忙化解人各種具體的疑惑，不過，如果疑惑的產生，來自於自己不清明的精神，他不想堅毅學習的志向，不肯面對自己的積習與困境，只是不斷在想藉口來躲開學習，那敝人再怎麼誠懇解釋都沒有意義，因為他並沒有做出任何「決斷」，他還是留戀著不決斷帶給他感官的餵養或現象的榮華，他捨不得拋棄這些供給他過著好日子的「家當」，只因為要來「悟道」。

說到底，「悟道」是不是一件毫無現實利益的事情？不！悟道產生的洞見，能使人趨吉避凶，種善因得善果，且因為智慧高邁群倫，而在任何領域都能做個領導社會的菁英。套用異人蔡蓬頭對陽明先生的評語，這的確是種「不忘官相」的說法，儘管這是個事實。但，即使我們不斷費神闡發悟道會產生的「具體好處」，都不能吸引人堅毅自己學習心性的志向，反而會使他的精神變得扭曲，只想著那些現實的利益，因為那是他本來就很在意的事情，他現在因為我們敢保證他能獲得這些利益，而願意過來學習心性，他就真能獲得這些利益嗎？不！因為他的精神已經嚴重扭曲，他根本不可能悟道，焉能奢談悟道產生的洞見，更不要說這些洞見能帶來的現實利益了。這就是為何常有帶著現實利益的企圖而來敝人面前的人，敝人總會讓他帶著無法獲得現實利益的失望離開，甚至會很決絕表示敝人這裡不會有任何現實利益能帶給他，儘管這並不是事實，但，因為他的起念就出問題，即使敝人不愛惜聲譽，高聲做出不能承擔後果的口頭保證，都無法改變他將無法獲得任何現實利益的處境，因為問題出在他自己的起念。

獲得人間的金錢或名聲，這並不是問題，充實的精神生活並不與豐富的物質生活衝突，人更不需要裝著清高的樣子，藉由鄙視物質生活的豐富，來表示自己如何有心性的高度。但，悟道本身有著純粹性，人或許不能不意識到悟道確實會帶給生命無可計量的現實利益（否則悟道這件事情，對於人活在人間來說，就變得毫無意義，這的確嚴重背離事實），不過，人在從事於心性的學習的時候，要發出認真篤實的志向，不能拿自己眼前具體的現實利益，不惜傷害或荒廢對心性的涵養與琢磨，這種捨微利而棄大利的行徑，正就是人沒有智慧的表現。人或許在尚未悟道前，不見得能全盤知曉心性會帶給人什麼樣的現實利益，不過，人最起碼要對心性有誠意，要先完全甘願為獲取心性的領悟，而不惜做出重大犧牲，過程裡埋頭苦幹而毫無怨言，只有全然忘我的付出，纔是領悟心性的鑰匙。

原文

或問為學以親故，不免業舉之累。先生曰：「以親之故而業舉，為累於學，則治田以養其親者，亦有累於學乎？先正云『惟患奪志』，但恐為學之志不真切耳。」（出自《傳習錄．上卷》一百零六條）

154 對內在自甘於無知

陽明先生說：「人表現出來的精神與道德，或者任何視聽言行，其中大抵都要帶著收斂的自覺，這個自覺產生的能量，如果發散出來，其實是不得已的表現，整個天地與人物，都是依循著這個原則。」（《傳習錄・上卷》第五十七條）

正因如此，人就更需要常給自己收攝與聚斂精神的時間與空間，這種收攝與聚斂精神最直接的辦法，就是常練習靜坐這個工夫。靜坐是相對於人張開眼睛往外觀看而言，人閉著眼睛，卻不是睡著，保持著靈敏，去往內觀，並由這個內觀產生的能量，再往外觀，這時候內外會匯合出清新的覺知系統，產生對世界的存在更精細的認識。人如果能常做靜坐的練習，就會發現世界的存在並不是如眼睛看見那般狹隘或粗鈍，各種表面不相關的層面內在都有著緊密的聯繫。其實，人並不需要對靜坐有任何反感，或誤認這是什麼裝神弄鬼的事情，這種恐懼意識的滋生與擴張，會使得人對內在自甘於無知，正如同人需要吃飯與睡覺，靜坐同樣是種滋補精神的辦法，只不過這件事情是滋補精神最重要的辦法，因為靜坐在內觀本體，並養著身體，讓身體與本體合一。

這世間有兩種工夫，一種稱作「悟本體即工夫」，一種稱作「由工夫悟本體」。前者一念靈明的發作，當下悟得本體，此外別無工夫；後者則是事上磨練，包括挑柴、打水與案牘勞形……，全部的生活瑣事，只要用誠意去感受，都是悟本體的工夫，此外別無次第。

當然，這是就最根本的層面來說，工夫本身沒有次第，然而本體有次第。但，更精細來說，工夫還是有次第，只不過這個次第是隨機設教出來的辦法，其次第要因時因地因人而異，不需要執著，即使夫子教弟子，都要注意其生命資質的特殊性，去設計與個人相應該操作的工夫，但，這個宇宙至深的奧祕，如果只是如此簡潔告知世人，世人反而會有無法把握住本體的困擾，因此再設立個很精確的次第，來讓世人循序學習，這點同樣有其意義，只要夫子與弟子隨時保持溝通與調整即可。重點在悟得本體是個極艱辛的旅程，悟得一層接著得面臨一層，每個層面都變化莫測，認識會不斷隨著自己悟境的拔高而跟著翻轉，每個當下領會，總會有很新鮮的滋味，因此，悟道者的精神常會洋溢在「法喜充滿」的感覺裡，這是很真實的描寫。

原文

精神道德言動，大率收斂為主，發散是不得已。天地人物皆然。（出自《傳習錄・上卷》第五十七條）

155 騎著驢子在尋覓驢子

陽明先生說：「樂是心靈的本體，雖然不同於七情的快樂；雖然聖賢別有真樂，但常人同樣有這層真樂，只不過常人有而不自知，反而自己去尋覓許多的憂苦，自己加諸自己貪痴與頹廢。即使處在這些憂苦裡，被貪痴與頹廢包圍，然而這層真樂未嘗不存在，只要一念開朗明白了，反身而獲得誠意，就會看見真樂一直都在這裡。」（出自《傳習錄．答陸原靜書》第十五條）

針對這種常人都恆常有著真樂而不自知，還要往外尋覓真樂的自我蒙蔽現象，陽明先生稱作「騎驢覓驢」，意即人騎著驢子在尋覓驢子，這原本只是在指正他的弟子陸原靜，希望他能擺脫這種錯誤的認知，不過對任何人都饒富有省察的深意。有關於「七情」，《禮記．禮運篇》說：「喜，怒，哀，樂，愛，惡，欲，七者弗學而能。」不過，這七個概念涵蓋的意思彼此就有些交纏，更會增加我們解釋的困難，傳統醫家則稱七情是「喜，怒，哀，思，悲，恐，驚」，這七個概念涵蓋的意思應該會更顯得精確，而且能突顯出陽明先生講的「真樂」。不過，在我們闡釋真樂前，值得思索的事情是說，難道沉溺在七情裡，同樣有著快樂嗎？人在面對「喜，怒，哀，思，悲，恐，驚」的時候，首先能誠意面對自己這些情緒（請注意，在中醫的觀點裡，思慮都是種情緒），能淋漓盡致的發出，這種悵然引發的暢然就是莫大的快樂了。

但，僅有這樣的快樂則還是不夠，因為悵然引發的暢然終歸會傷害身體（讓五臟受損），人還要進而誠意去面對這些情緒的源頭，觀看情緒的發端，這不只是指內容，更是指產生情緒的機制，當人能誠意觀看情緒，就會沉靜下來，對情緒產生抑制與化解的作用，並接著產生因應內觀而有的洞見。這就是為何陽明先生會說「雖然不同於七情的快樂，同樣不外於七情的快樂」，如果只是淋漓盡致的發出情緒，這誠然是種快樂，卻不是真樂，但真樂並不離開這些生理的情緒，卻不能說真樂就是生理的情緒，因為真樂需要人對這些生理的情緒去誠意觀看，纔能突破情緒的困境，蛻變出來，產生豁然開朗的喜悅。

人人都有著這樣的基本素質，只是願意或不願意往內在觀看而已。只要這個意念想通了，當下就活在聖賢的真樂裡。只不過對於聖賢的「別有真樂」，還要再做闡釋。誠意發出自己的情緒，這是引往真樂的路徑；誠意面對自己的情緒，這是踏在真樂的路徑。然而，聖賢的別有真樂，則是「無有情緒的言語道斷」，意即既有情緒鋪底的路徑已斷，卻凌空飛越在真樂裡。這並不是不再歷練世事，卻不再有各種情緒的牽絆，而能純淨面對生命並展開生命，說實話做實事，要能體會無有情緒的言語道斷，人在事上磨練的同時間，要有靜坐的習慣，來當作生命培元固本的基底。

原文

樂是心之本體，雖不同於七情之樂，而亦不外於七情之樂。雖則聖賢別有真樂，而亦常人之所同有。但常人有之而不自知，反自求許多憂苦，自加迷棄。雖在憂苦迷棄之中，而此樂又未嘗不存。但一念開明，反身而誠，則即此而在矣。每與原靜論，無非此意，而原靜尚有「何道可得」之問，是猶未免於騎驢覓驢之蔽也。（出自《傳習錄・中卷・答陸原靜書》第十五條）

156 心靈妄念同樣是光照

陸澄（原靜）曾經寫信問陽明先生說：「弟子不知道該如何做下手的工夫，常覺得自己的心靈無時無刻都不寧靜，起妄念的時候心靈固然在晃動著；起覺察的時候心靈同樣在晃動著。心靈既然是處於恆動的狀態，就沒有半時片刻能獲得停止。」陽明先生回答說：「這是有意於求寧靜，因此反而越來越不能寧靜了。起妄念的時候心靈固然在晃動著，起覺察的時候心靈卻不能說同樣在晃動著，因為覺察如陽光的普照，不會有任何遺漏，光照本身固然可謂恆動狀態，卻更是恆靜狀態，天地就因為有這樣的光照，而能恆久獲得生長化育。而且，不要誤認如光照般獲得覺察的心靈纔是光照，產生妄念的心靈同樣是光照，事物自身或有明暗表裡，光照這件事情則沒有任何區別，這纔是各種生物都能不息滋養的原因，如果有半時片刻停止，這種會停止的狀態，都不是至誠無息的學問。」（出自《傳習錄．中卷．答陸原靜書》第一條）

這段話最值得注意者，就在「產生妄念的心靈同樣是光照」（妄心亦照）。這與佛家常說「煩惱即菩提」有著相通的意思。不要輕視自己痛苦的時刻，你會感覺痛苦，對這痛苦滋味的深深品嘗，同樣是覺察的起點。而且，不要誤認人痛苦會很不舒服，正好相反，人承受痛苦，情緒因此發作，那發作的當頭，其實會覺得很舒服，纔會急著想要抒發出來，問題只是這種抒發產生的舒服太過短暫，其後身體就要接著去承受抒發情緒引發的反饋效應，人如果沒有更高的智慧去停止對痛苦的發作，最起碼要學會認真品嘗，這包括品嘗抒發情緒引發的反饋效應，這種反饋效應會使得人感覺更痛苦（而不是痛苦的減輕），痛苦到自覺已不堪承受的程度，這痛苦背後的各種顛倒夢想，就會被這自覺給掃廓一空，妄念就因為意念本身環境的變異而消失。因此，人即使不做任何工夫，對痛苦有感覺，而且不間斷去感覺，這個事實本身就已經是工夫，會使得人最終獲得覺悟，儘管時間早晚各有不同。

有弟子常問敝人如何誠意？誠意並不是教出來的精神狀態，誠意就是誠意，即使不誠意，不誠意引發的各種苦果（這包括物質的剝奪與精神的折磨），都會使得人不得不回頭誠意。本體化出這個時空的場域（宇宙的存在），自然就會教育活在這個場域裡的人，人如果不能誠意活在這個時空，就會在自己的人生增加各種痛苦。這個問題的癥結更在於有很多人常自認為很有誠意，卻不免質疑為何自己的人生還會有如此大量不堪承受的痛苦，難道「好人沒好報」嗎？顯然他們對誠意的領會只停留在字面，他們還不明白痛苦只來自於未曾覺悟本體，不來自於世俗認知裡的價值標準，因此世俗認知的好人沒好報，這並不奇怪，奇怪的事情反而是好人常不能誠意來覺悟本體，儘管他們往往自認有信仰什麼宗教的神，從來沒有間斷對信仰該神的組織付出各種無私的奉獻。

原文

來書云：「下手工夫，覺此心無時寧靜。妄心固動也，照心亦動也；心既恆動，則無刻暫停也。」是有意於求寧靜，是以愈不寧靜耳。夫妄心則動也，照心非動也；恆照則恆動恆靜，天地之所以恆久而不已也。照心固照也，妄心亦照也；其為物不貳，則其生物不息，有刻蹔停，則息矣，非至誠無息之學矣。（出自《傳習錄．中卷．答陸原靜書》第一條）

157 事上磨練是意上磨練

有弟子道通來信問陽明先生說：「夫子講『事上磨煉』，並說我們人應該在一整天的時間裡，不管有事或無事，只是一意培養本原。但，如果遇見事情來牽引著人的精神，或者自己對事情有感應，心上既然有覺，怎麼能說是無事呢？」陽明先生回答：「一般人治理生命的學問，終身只是為著一件事情。自孩童至老年，由早晨至晚上，不論有事或無事，都只是做得這一件事情，這就是我們所謂『必然有事情』的狀態。」這究竟是在為著哪一件事情呢？陽明先生再說：「事物出現的時候，但盡我們心底的良知來交接感應，這就是『忠恕離開道並不會很遠』的意思。只要置身在有時善有時不善的處境裡，或有自覺困頓，不知本末先後的憂慮，這樣的人都是受著毀譽得喪的牽引，並不能真實致得良知了。如果能真實致得良知，就會發現平日所謂善的事情不見得真是善，所謂不善的事情，卻恐怕正是因為受著世俗外在評價的牽引，正在自己賊害其良知。」（《傳習錄．中卷．啟問道通書》第四條）

陽明先生講的「事上磨煉」，我們現在一般寫作「事上磨練」，不過如果稱作「磨煉」更有「鍛金煉鋼」的意象，很符合涵養心性的本來意旨。雖然我們現在常寫作「事上磨練」，但，不論是「事上磨練」還是「事上磨煉」，一般人往往困頓在積習裡，受著事情的牽引，繼續理解「事上磨練」只是認真在做事情裡接受生命的鍛鍊，這雖然是正確的理解，卻只是「事上磨練」最表層的意涵。最深層來認識，「事上磨練」其實是「意上磨練」，磨練的內容並不是事情本身，而是意識本身，這個意識是否能含著自性本體（良知）來面對著全部生命裡的動靜舉止，這纔會是磨練的課題。不過，話說回來，含著自性本體（良知）來面對著全部生命裡的動靜舉止，極可能精神駑鈍的人會覺得自己還是無法把握，因為他的良知受到蒙蔽，既然受到蒙蔽，豈能再含著良知來面對呢？如果我們再跟他說，陽明先生講的「致良知」這門工夫極其簡單俐落，良知只要想要有就會有，每個懷著良知的意識的剎那，良知就存在，正就如同孔子說「我欲仁，斯仁至矣」那般的簡單俐落，儘管這本來就只是個事實，極可能精神駑鈍的人卻還是會表示：「我懷著良知的意識的剎那，為什麼這就表示良知已經存在了？」他對此有理性的知覺，卻毫無出自直覺的感應。

這時候，不如讓我們回歸生命的底境，對「意上磨練」做這樣的闡釋：不要對生命有任何評價，就只是「保持觀察」。不只是觀察你全部生命裡的動靜舉止，還包括觀察你全部生命裡的動靜舉止，那背後的意念。而且，意念其實在最深層還可拆解為兩層：「意識」與「念頭」。意識屬未發，念頭屬已發。事上磨練的重點在意上磨練，觀察由未發到已發的過程裡，意念由潛藏至萌芽的各種變化，面對各種變化，不要急著拿世俗的道德評價去標籤化，急著評論其內容究竟是善或不善，就只是觀察，這種觀察跟克里希那穆提講的觀察最大的不同，在於克里希那穆提並沒有細論觀察本身的義理，這觀察對一般人來說都能瞭解，很容易就能操作，更精確來說，我們能產生觀察的機制，這就是自性本體（良知），只要保持觀察，不外加任何知識的判斷（不只不做道德的判斷，甚至沒有任何觀點的詮釋），這就是在保任良知或收攝良知。

保持觀察，人雖然還是在使用意識，這意識卻只是個能含藏的孔竅或軀殼，來讓人生出超越意識的慧見，這使得意識雖然具有自我的體質，卻會蛻變出自性，使得自我不再自我，而能反射出自我背後閃耀的自性，這就是我們會說「寶珠照玻璃」的意思。世俗的道德評價，不論正面或反面，往往就是蒙蔽人並阻撓人涵養自性的源頭，人如果不能掙脫這些左搖右擺的評價，難免會遇上「父子騎驢」的困境，即使奮勉做個世俗認知的大善人，往往在意識底層變得極其僵化，只依偎著他人的稱讚或自設的信念在過日子，即使為成全他人的稱讚或自設的信念而不惜犧牲生命，卻根本不曾把握住良知。因此，我們得要知道事上磨練其本質就是意上磨練，意上磨練的實質做法就是保持觀察，只要能維護住觀察的純粹，沒有任何外部思緒的干擾，或即使有外部思緒的干擾，都還是生出個觀察，來觀察這些外部思緒的流竄，這就能磨練意念，讓意念變得精緻化。

原文

來書云：「事上磨煉，一日之內不管有事無事，只一意培養本原。若遇事來感，或自己有感，心上既有覺，安可謂無事。……凡人為學，終身只為這一事，自少至老，自朝至暮，不論有事無事，只是做得這一件，所謂『必有事焉』者也。若說『寧不了事，不可不加培養』，卻是尚為兩事也。『必有事焉而勿忘勿助』，事物之來，但盡吾心之良知以應之，所謂『忠恕違道不遠』矣。凡處得有善有未善，及有困頓失次之患者，皆是牽於毀譽得喪，不能實致其良知耳。若能實致其良知，然後見得平日所謂善者未必是善，所謂未善者，卻恐正是牽於毀譽得喪，自賊其良知者也。」（出自《傳習錄·中卷·啟問道通書》第四條）

158 心學只是個實踐哲學

陽明先生說：「堅持落實志向，如同面對心痛，只是全部的意念都在這個痛苦的感覺裡，哪裡還會有工夫說閒話或管閒事？」（出自於《傳習錄．上卷》第二十六條）

常聽見有些人跟敝人說：「感覺學心學很難？」敝人總會回答：「心學是人間最簡單的學問，心學只是個實踐哲學。徹底認清生命的意義，並全面付諸實踐，這就是心學。」心學只是個實踐哲學，如果不能誠意在事上實踐，那不能說在學心學或做心學，因此，心學同志都得要帶著心學來過自家生活，使得自家生活不再只是自家生活，因為其內含著道情，而成為實質的儒家生活，並且，敝人會引領弟子在心學聯合論壇上面誠意跟人論學，並每天認真而堅毅寫著日記，藉由誠意的自省與曝曬，來釐清生命的本相，這往往使得人們來論壇，都能感受到溫和有禮且真摯待人的氣息，包圍著彼此的生命。

然而，心學同樣是人間最困難的學問，因為心學畢竟是個實踐哲學。如果縱容自我的積習，過著放縱的人生，每天淨在說閒話或管閒事，憑藉著社會地位來決斷自己與他人生命的重量，忙著應酬交際來爭取實質的利益，不能收攝自己私人的生活，毫無生命的紀律與章法，這能說是在實踐心學嗎？我們要知道「忙」這個字拆解開來，就表示「心靈的滅亡」。常見有大量自認儒者的人，每天在那裡誇言要復興儒學，卻正過著這樣自負與任性的人生，這樣的人即使認真講著儒學的義理，其作風都無法不避免正在敗壞儒學的風貌，因為他的生命不能實踐。如果由實踐哲學的角度來認識心學，那人生最難者莫過那「知行不合一」，且不說知行不合一的源頭來自於不認識本體，人不肯放棄自己已知的錯誤習慣，落實自己已知的正確態度，畢竟世上沒有比真實改革自己更感困難的事情了。

因此，我們只好聲稱要改革社會，來躲開這個根本難題，或者，對自己的存在處境深感不安的儒者，只好藉由認真議論儒學的義理，來躲開這個根本難題，畢竟改革社會聽來總是件好事情，其結果就是社會從來沒有被改革。誠意很簡單，人要帶著誠意來過生活，這有什麼困難？誠意很困難，人要帶著誠意來過生活，這實在不簡單。老實說，敝人並不真知道心學很簡單還是很困難，因為這並沒有客觀的標準值，我們只能說這因人而異，端賴人到底想不想改革自己。人如果釐清自己生命的意義，而把全部的意念都放在實踐生命意義的鬥志裡，那種淋漓盡致的美，就是心學。就這個角度而言，環顧宇宙內，不在心學外，只要積極孕育萬有的生生不息，都是在實踐心學。

原文

持志如心痛。一心在痛上，豈有工夫說閒話、管閒事。（出自《傳習錄・上卷》第二十六條）

159 心學無法學習

陽明先生說：「千古而降的聖人，只有這些東西。」他接著說：「人生一世，唯有這件事情。」（出自於《傳習錄・上卷》第二十七條）

這段話如同謎語一般，陽明先生說的「這些東西」或「這件事情」，究竟指著什麼東西或事情呢？其實，他只是想指出不論古今中外，或任何人的一輩子，都只有心性這個課題需要琢磨與領悟。人如果迴避心性這個根本議題，那只是他個人任性的選擇，卻不意味著他這一生不會有生命的考驗。太多人承受著生命的考驗，卻不肯接受琢磨，並領悟自己為何會有這個考驗，他們往往只想取巧，用最聰明簡單的辦法來「跳脫」這個考驗，當自認為得計的時刻，卻正是在替自己累積更大的患難，讓他在後頭品嘗。就心學的角度而言，生命的苦，不是因為生老病死這個本質的苦，生老病死這是自然而然的歷程，本沒有什麼苦可言，真正的苦是人不肯正視生老病死背後含藏的心性課題，這使得他得要承受精神與肉體莫大的耗損，卻終身不知耗損他精神與肉體的原因，更無法改變這個原因帶給生命的負擔。

聖人獲得的寶貝，只有洞見心性的經驗。聖人如果跟常人有什麼不同，不過只是他能堅持對本體的信仰，奮勉承受生命的考驗，因此獲得各種私密的體證。如果學習生命的學問而不信仰本體，那就如同學習知識的學問而不信仰真理，沒有真理則知識就無法被架構，沒有本體則生命就無法落實，那請問他要如何認識生命的學問呢？生命的學問並不是個空，更無法簡單看空，這裡面有無量的因緣際會，含藏著名利聲色的考驗，如果不相信有個「大有」在布局著世事，個體應該回歸整體，那生命就會掉落至無意義化的虛無狀態裡。而且，人如果不願意磨練自己的意志，帶著堅毅的態度與熱忱來面對生命，那心學確實對他來說會顯得很難，生命本來就蘊含著大量極不簡單的議題，人即使不去探索，都不能不承受這些考驗帶來的效應，如果偷懶於面對，只會使得個體的生命更無法離苦得樂。因此，就本質而言，心學其實只是種面對生命本然的態度而已，何來特意的學習可言？雖然如此，一般人還是不願意懷著堅決的意志，來接受這個本來就有的考驗，如果有人特意想學心學，敝人只是把他本來就有的考驗給突顯出來罷了，讓他能加速燃燒其本來就有的因果業能，悟得終極實相。

原文

千古聖人，只有這些子。又曰：「人生一世，惟有這件事。」（出自《傳習錄・上卷》第二十七條）

160 自性技藝學

陽明先生說：「知道是實踐的開始，實踐是知道的完成。聖學只是同一個工夫，知道與實踐，本不可分開成為兩件事情。」（出自《傳習錄．上卷》第二十九條）

心學不割裂人的意識，這個意識直接來自於自性，因此無顯無潛，其顯潛意識同進同出，川流不息，這使得其意識無內無外，直來直往，故而無人我的區隔，因此能感應他人的意識，其實本不需要稱作神通，因為那都來自同一個自性。這樣的意識，其知道本身就已經是實踐，或可視作實踐的端倪，然而無法自外於實踐，這樣的意識根本無法產生自我，或者，其自我只是個虛靈的軀殼，如實展現在人間的權且設相，這使得其根本沒有利己的命題，因為利己都是在利人，利人都是在利己，豈有自私可言？因為無我相，因此無私意，其意識的揮發都是道情的給出，這就體現出萬物一體的事實。

心學是個「自性技藝學」（technologies of the Self），其對本體的本質（無宗教屬性）認識，並開展出領會本體的技法，使得其具有融合知識與心性的雙重特徵，因為其由心性出發，因此會產生原創的知識（original knowledge），因為其兼容並蓄各種身外的知識，因此會滋補本有的心性。要演繹這門技藝，就得要把握住本體，作為入門者，則要惦記著本體，真情實意的做著每一件事情，如此簡單俐落，就是活在心學裡。常有人會這樣問敝人：「要如何確認自己不是活在私意呢？」其實，何需如此自苦？只要念念不忘本體，認真去做著事情，給出的意識就來自於自性了。並且，這個念念不忘，不能由字面來理解，其真實的意涵就是保持覺察，來觀看全部的正在發生的事情。

原文

知者行之始，行者知之成：聖學只一箇功夫，知行不可分作兩事。（出自《傳習錄・上卷》第二十九條）

161 心學伏羲氏

有弟子問陽明先生說：「世道每天不斷在沉淪，太古時候的氣象，要如何能再度看見呢？」陽明先生說：「每天都能呈現一個紀元的循環。人在清晨時刻起身端坐，尚未與任何外物交接，其心靈呈現出清明的景象，這就如同在伏羲氏的時空賞玩一般。」（出自於《傳習錄・上卷》第七十二條）

很多人常在憂慮著「世界末日」的問題。這種憂慮的源頭，本來應該來自懷著上帝會「終極審判」的基督信仰，接著纔會有「末日」的想法，而且，這樣的末日來臨，對信仰上帝的人來說，本不應該憂慮，反而應該滿懷喜悅與感恩，因為世間的不義與不平，都會就此獲得公正的眷顧與治理。但，現在很多人憂慮著「世界末日」，其憂慮卻無關於信仰，而是看見地殼與氣候正在劇烈變化，因而深感恐懼，加上社會長期瀰漫著「人心不古」的籠統印象，自然而然會對人自身的存有產生極大的挫折與不安。

世道每天不斷在沉淪，這種說法本身就是個偽命題。不要對我們無法看見的時空就輕易稱作古時候，然後將其幻想得如何美好，人類從來就不曾活在這樣的時空裡，從石器時期到網路時期，人類社會都有各種層出不窮的困難需要面對與解決，地殼與氣候從來都在不斷變化，災難從來沒有停止降臨，問題的癥結，只是世人從來無法正視自己，優先面對自身心性的盲點，共構出人類整體的覺醒，卻老是在忙著想解決身外的問題，其結果卻是這些身外的問題從來沒有被解決，卻通過前面的人自認的面對與解決，讓其蛻變出新的樣態，留給後面的人來聲稱要面對與解決，如此不斷循環下去。

當人願意正視自己，他就會發現這剎那就回歸太古，而且，本來並沒有時間，哪裡會有古今的隔閡？我們練習靜坐，就是希望打破身內與身外的隔閡，讓個體的心靈呈現出整體的心靈，使得自我蛻變為自性，當人的心靈呈現出清明的景象，洋溢著無限的智慧洞見，他並不需要去伏羲氏的時空賞玩，因為他自己就是伏羲氏。而且，我們還要特別指出，陽明先生徵引伏羲氏這個宛如神話裡的領袖來做譬喻，其實確實有著深意，伏羲氏被中國與印度都視作創世者（印度的梵文稱作Shiva），傳說他在距今七千年的新石器時期現身，替人類設立各種典章制度，這是第一個「世界本體」（至上意識降臨的肉身），當人能跟宇宙本體完整合一，再開人類的新紀元，他確實就會是伏羲氏。

原文

問：「世道日降，太古時氣象如何復見得？」先生曰：「一日便是一元。人平旦時起坐。未與物接，此心清明景象，便如在伏羲時游一般。」（出自《傳習錄．上卷》第七十二條）

162 接納身體不是私欲

陽明先生說：「只是存養著自己的心靈，使其常常無礙朗現，這就是學習心學的奧義。過去或未來的事情，思慮他們有什麼利益呢？活著不過就只是擺放好我們的心靈，如此而已。」（出自於《傳習錄．上卷》第八十二條）

很多人會誤認涵養心性，就是要把各種道德規範都拿來溫習，把自己綑綁得如同一個活死人，終於能按照經典的刻劃，擺出個聖人的樣子，甚至站在制高點來嘲諷他人如何不符合道德規範，這就是在實踐儒家了。如果涵養心性的目標在培養虛假的「道學先生」，難怪會發展出吃人的禮教，這樣的儒家不可能會獲得任何真實活著的人絲毫的敬意。涵養心性並不是在當身體的敵人，誤認把全部維持身體需要的事情都視作莫大的羞恥，都視作私欲，只有去除淨盡，纔能獲得光潔無垢的心靈，這種對身體的折磨與虐待，完全不是在涵養心性。

無法根除私欲，來自你還是感受著私欲的好，你並不想要放棄，你只是覺得人家都說這私欲的壞，你因此習染，跟著覺得有個良知認為這私欲是壞，如果你真的覺得私欲在傷害著你的精神，你不喜歡有私欲的感覺，你不需要去意識根除，卻自然而然沒有私欲了。而且，我們要很謹慎面對：何謂「私欲」？有欲望並不見得是私欲，人有欲望是完全正常的事情，個人的欲望更需要被合情與合理的滿足，只有對自己與他人的生命釀就出傷害的精神狀態，這纔是私欲，生命裡的任何欲望，能讓自己與他人的生命都帶來福祉，這是「公欲」，不是私欲，即使同樣是人稱的食慾、財欲與色慾，只要能維護人的生存與生活，甚至能帶給自己與他人的生命福祉，這都會是公欲，符合宇宙萬有的生生不息。

反過來說，拿著道德標籤在某些具體的事情質疑與指責他人，來彰顯自己如何的清高或偉大；或喜歡在與人引經據典來高談闊論，藉機顯示自己的學識如何的淵博；或不斷活在對過去的悔恨與對未來的期許，來強化自己奮鬥的熱忱，這些精神狀態纔是真正的私欲，然而，這些私欲能被輕易克服嗎？人通常對此習而不察，更不要說克服了，但，這正是心學的大頭腦，這個根本環節，正能標誌出自我與自性的差異。人不可能脫離身體而活著，因此，人不可能沒有欲望，跟身體做朋友，誠摯解決身體的問題，纔能讓身體內的自我願意出來成全自性，如果漠視這個流程，只能養出虛假不實的態度，絕對無法完善出光明的人格。

這裡面更在觸摸理想與現實的議題。人活著不能脫離現實，更絕對不能沒有現實的支持，如果沒有踏在現實的地基，人無法搆著精神的天空，當然，絕大多數人即使踏在現實的地基，卻依舊沒有眺望精神的天空的願景，但，我們換個角度來檢視，人如果只因為想要實踐自己單純相信的理想，最終讓生命都跟著消磨殆盡，這使得實踐理想都跟著沒有機緣，這樣的做法到底是否恰當呢？這是很真實的性命議題，每當發現有人為實踐自己相信的理想而活得極其辛苦，甚至讓身體都面臨著瓦解，敝人常常對此深感不捨與難過。現實與理想要能兼容並蓄的開展，這纔是符合本體而自然給出的現象，更是「知行合一」。人面對現實，不能活在作白日夢的狀態裡，只有精確的選擇情境，選擇出相應於生命的現實，纔能使得理想有機會生根與發芽，終至於獲得實踐。

當身體被接納了，你真實大做一個人，纔有機會呈現光潔無垢的心靈。

原文

只存得此心常見在，便是學。過去未來事，思之何益？徒放心耳！（出自《傳習錄・上卷》第八十二條）

163 事上磨煉的冥契經驗

陽明先生說：「人必須在事上磨煉做工夫，如此對精神纔能有大益。如果只是喜歡寧靜的狀態，只要遇到事情，精神就會受到影響而很煩亂，如此生命終究不會有什麼長進。如果只是做著求靜的工夫，這看起來好像在收斂精神，其實卻是在放溺精神。」（見《傳習錄・下卷》第四條）

我們很容易對「事上磨煉」這四字流於膚淺的認識，覺得這只是在說人不該隔絕世事，淨在尋覓著精神的意境，反而應該把世事的完善就當作提高精神意境的場域。這樣的理解固然不錯，卻並不深刻，這只會讓人執著於名相，眷戀著出家或不出家的爭論，好像表示人不該「離開紅塵」，修行就在人間，這纔是涵養的正法，卻不曾領會這四字的深意。

陽明先生會使用「磨煉」兩字，就反映出他想特別指出生命要經歷千錘百鍊，尤其要通過各種難關醞釀出的大火去煨燒，纔能鍛鑄出超越自我格局的生命。更甚於此者，事上磨煉作為一門觀念工夫，我們得要把本體放在自己的生命裡，作為涵養生命的核心信仰，否則做工夫就沒有與其合一的對象，事上磨煉就無法有絲毫的「磨煉」可言。

信仰本體，可把全部曾經記錄如何信仰本體的書籍都當作信仰者的實驗報告，卻不應該把這些書籍當作教條，誤認本體的示現盡在裡面。本體至大無外，其牽引著全宇宙的生滅，因應著情境而有無盡量的變化，我們只能藉由信仰，來感悟某個情境裡本體的作用義，卻無法把握住本體變化的「客觀規律」，因為這只是人的理性具有將物質抽象化來獲得掌控的心理需要，卻不是本體的實相。

當我們信仰本體，就會進而緊密觀察發生在我們生命裡的點點滴滴，其如何內蘊著本體對我們的考驗與眷顧，在這種意識裡，任何細微的生活現象，都具有某種指引生命前行的徵兆或啟發，我們的「靜」不見得要在純靜的體驗裡尋覓，即使在生活的動態發展裡，只要我們緊緊把持著對本體的信仰，我們都會很驚喜的發現：本體持續在藉由各種精細的布局，體現出與我們的恆在。

因此，事上磨煉，其本質是個冥契經驗，這是聖學的真骨血。如果個人沒有這層渴望與至上接軌的意識，那你在事上，無異於白做工，你的精神與肉體會受盡操煩，都搞不清人生的受苦受難究竟是為什麼。無數人這輩子都活在白做工的日子裡，他們或靠著微薄的薪資來撫慰自己的苦難，或對微薄的薪資無法撫慰自己的苦難深感憤恨，卻從來不曉得其實正是本體在示現這全部的考驗，他們有如困在迷宮裡東奔西跑，卻繞不出自身的苦難，終身人在事上，卻不磨煉。

原文

人須在事上磨煉做功夫，乃有益。若只好靜，遇事便亂，終無長進。那靜時功夫，亦差似收斂，而實放溺也。（出自《傳習錄．下卷》第四條）

164 人身本質為道身

陽明先生說：「靈敏的全知，這就是心靈的本體，使得人心自然就能感知，譬如說，看見父親自然知道要孝順；看見兄長自然知道要謙讓；看見孩子掉落井裡，自然會惻隱救援；這就表現出良知不假外求的特質。只要良知往外發作，更不會有絲毫的私意在障礙己身，這就是孟子會說：『擴充這個知道惻隱的心靈，仁的能量就會無窮的給出，讓人受用不盡。』」（出自於《傳習錄．上卷》第八條）

本體作用於人，使得人體有光照身，有覺知身，有能量身，有物質身，這四者都是本體在人身的呈現。常人的意識往往只體會出有物質身，這是明白可見的肉體，只要人活著，就無法否認維持肉體運作的實質需要，這裡如果失衡，就會引發人欲的困惑；然而，維持肉體運作的內裡，實質為能量身，什麼樣的能量，醞釀出什麼樣的肉體，因此更深層的調伏不在肉體的供養，而在能量的配置，人只有調配出清靜無垢的能量，纔有可能孕育出健康結實的肉體；調配能量的機制就是覺知身，覺知的深刻程度，會影響能量的清靜程度，這種覺知深度不來自外在知識的吸納，而來自本體體驗的深度，其運作特徵在感應；覺知身尚有身（意即主體意識），覺知身的內裡有個無身的身，其機制不在人而在天，這就是光照身，這是三身的元身，實為宇宙本體蛻變出自性本體的首發意識（客體意識），在光照身發至覺知身的剎那，主客在其間交融，醞釀出受體，因光照而生覺知，因覺知而生能量，因能量而生物質，四身的存在，使得人身本質為道身。

當我們說要「與本體合一」，我們得要釐清：究竟自己在哪個意義裡的身體，想要與本體合一？其實這四身都在與本體合一，只不過在實質層面，有些人並不知道覺知身甚至光照身的存在，使得他們說要與本體合一，至高只在能量身意義的與本體合一。仁的能量無窮的給出，就來自覺知的拔高，使得常獲光照。知道惻隱的心靈會出現在人身，因為心靈充塞在整個宇宙內，其是宇宙獲得生生不息的肌理，如同人體維生內埋的血脈，或者反過來說，人體維生內埋的血脈就是按照這個宇宙事實而創生，這使得人如果按照體內的血脈（尤其是任督這兩脈）來靜坐，就能直接領會整個宇宙生發的根本原理。這是「心即理」最深層的奧義。

原文

又曰：「知是心之本體，心自然會知：見父自然知孝，見兄自然知弟，見孺子入井自然知惻隱，此便是良知，不假外求。若良知之發，更無私意障礙，即所謂『充其惻隱之心，而仁不可勝用矣』」。（出自《傳習錄．上卷》第八條）

165 忘記身體來感應良知

薛侃曾經問陽明先生這個很緊要的問題：「只是專注在涵養心性，卻不去鑽研探究自己涵養的內容，如果誤把人欲當作天理，這該如何是好呢？」陽明先生則回應說：「人生的重點在知道學習的原因，鑽研探究自己涵養的內容，這同樣是在做著涵養的工夫，不鑽研探究的話，那反而是涵養心性的志向並不真誠。」薛侃再問：「何謂知道學習？」陽明先生則反問：「你不如說說看，人為何要學習，或者要學習什麼？」薛侃說：「曾經聽過先生的教導，您說學習就是在學習存養天理，心內的本體就是天理，體認天理只是要讓自己的心底沒有絲毫私意。」陽明先生回答：「果真如此，那你只須克服掉自己的私意就是了，怎麼還會憂愁什麼天理與人欲無法澄清呢？」薛侃回答：「正因為恐懼自己對這些私意的體認不真實。」陽明先生回答：「總是志向尚未立穩，如果志向真的樹立，不論眼睛的觀看或耳朵的聆聽都只在裡面，如何還會有對私意體認不真的道理？每個人都有辨識是非的心靈，不假外求，鑽研探究都只是在體察自己良知的觀看，不應當在良知外，別存個心思在發表意見。」

（出自《傳習錄・上卷》第九十九條）

立志，只是在確認自己與本體合一，這個願望的成真，當來自純粹的信仰。宇宙本體與人最真實的聯繫，就是給每個人按照其結構微縮出的能量實體，這就是自性本體，意即良知，良知的本質無關知識的正誤與善惡，因此無法藉由推理的論證來得出，但，這並不意味著良知毫無真實的內容，只能隨人各說各話，良知的獲致來自身體的感應，每個人的身體雖然各自獨立，但感應的內在狀態都毫無差異，只要不經由純粹的情感來冀圖與良知扣應，則感應就無法生出。因此，當人用身體感應著良知的存在，並順應著良知來舉止，這就是致良知。

有人會問：「為何當我越想要用身體感應著良知的存在，我的身體就越會覺得緊張與焦慮？」因為他根本沒有用身體來感應，他只是在使用腦子，誤認腦子能幫他「想出個」良知來。良知不是想像出來的存在，良知的實有，只有當人放鬆精神，這種放鬆甚至讓人忘記在放鬆，包括忘記有個身體的存在，卻意識到只有心靈自身的存在，意即當人不再有主體，感應就會現身，讓心靈自做主宰，這就是莊子會在體證裡闡發出「坐忘」與「心齋」這兩個詞彙的原因，這兩個詞彙深含著領會本體的奧義。

最幽微的密旨，就在忘記身體，纔能用身體來感應良知。

陽明先生在悟得「致良知」這個觀念工夫後，就放棄朱子「絕天理，去人欲」這種語意尚不成熟的說法。棄絕人欲並不是毫無私意，相反來看，棄絕人欲其實正由於私意濃厚，棄絕人欲則天理無法完善。譬如說，如果只想悟道，不惜放棄人倫關係的交織與共善，這就來自濃厚的私意。否則，天理正要人生生不息的繁衍，如何能割捨本體給出的人欲？如果人會對人欲採取壓制的態度，正來自他異化自家生命，在良知外，別存個心思在發表意見，如果他在良知內，就會按著良知給出的節奏感，來妥善安頓人欲，使得人欲精確成就出本體的生生不息。

原文

侃問：「專涵養而不務講求，將認欲作理，則如之何？」先生曰：「人須是知學，講求亦只是涵養。不講求只是涵養之志不切。」曰：「何謂知學？」曰：「且道為何而學？學個甚？」曰：「嘗聞先生教，學是學存天理。心之本體即是天理，體認天理只要自心地無私意。」曰：「如此則只須克去私意便是，又愁甚理欲不明？」曰：「正恐這些私意認不真。」曰：「總是志未切。志切，目視、耳聽皆在此，安有認不真的道理？是非之心，人皆有之，不假外求。請求亦只是體當自心所見，不成去心外別有箇見。」

（出自《傳習錄．上卷》第九十九條）

166 自我意識的瓶頸

弟子德章問陽明先生說：「聽聞先生拿精鍊過的純金來比喻聖人，拿不同重量來比喻聖人的分量，拿精鍊出純金來比喻學者的工夫，這最是深刻與精確。然而您說堯舜有萬鎰重，孔子有九千鎰重，弟子懷疑這種評價恐怕並不妥當。」陽明先生回答：「這還是在身體這個軀殼上起念頭，纔會替聖人爭個重量；如果不由身體這個軀殼上起念頭，即使稱堯舜有萬鎰都不會太重，稱孔子有九千鎰都不會太輕，堯舜的萬鎰，只是孔子的萬鎰；孔子的九千鎰，只是堯舜的九千鎰，原來並沒有人我彼此的區隔。我們討論聖人，只討論『精一』，意即生命是否已經精鍊出純金，不會去討論輕重，只要這個心靈純粹反映出天理，這就會稱作聖，如果講能量與氣魄，每個聖人如何可能都相同？」（出自於《傳習錄．上卷》第一百十一條）

聖人不是種樣版。即使是某個人的生命精鍊出純金，這個聖人，同樣要面臨生老病死與愛恨情仇，他同樣要吃喝拉撒睡，同樣要面對自身情感的安頓，甚至包括性慾的安頓。聖人不是死人，因此他擁有如同其他正常人一般的生理機能，他如果跟其他正常人有何不同，只不過他的生命經歷各種苦難的粹煉，養鑄出博大深厚堅毅的人格，對整個宇宙產生洞視，能讓自身的舉止洋溢著靈性的意義，最終精確對應著宇宙的存在。當你願意坦然承認聖人不是死人，你就不能不承認古老的時空裡有聖人，未來的時空裡同樣有聖人，那現在的時空呢？同樣有聖人。聖人不是古人的專利品，聖人只是個產生靈性洞見的正常人，因此，如果只拿古老的時空裡孕育出的聖人，來檢視現在的時空，你會看不見現在的聖人，因為你會不經意拿靈性情境已經變異的古老洞見，來檢視因應當前靈性情境產生的嶄新洞見，這種崇古的傲慢只反映出這個事實：崇古者本身對靈性毫無洞見，因此他看不出誰是現在的聖人，甚至他會拿古老洞見教給他的知識，來打擊覺悟者由靈性體證給出的嶄新洞見，這就是為何每個覺悟者幾乎無法避免生命劇烈的磨難，然而這類磨難，卻會使得他的洞見越來越光亮而深刻。

現在的人都很強調獨立思考，然而，我們常會發現：越是強調獨立思考的人，越會反映出其獨立思考的瓶頸。強調獨立思考的人，往往都會有著強烈的自我意識在主導，他們不願意對自我意識本身展開獨立思考，意即不願意打破自我的侷限性，展開對宇宙的存在無遮蔽的觀看，這使得他們都困在相同的自我意識泥淖裡無法自拔，其結果固然在順應著自我意識的獨立思考，卻其實並沒有任何實質的獨立思考。更何況，自我本身就是個假合，人不能只耽溺在這個假合裡，而漠視真相。生命本質的獨立性，並不是要人變得只活在自我裡，而要領會有幸獲得這個肉身的意義，不斷藉此誠身。人如果執著自我，其意識就會被封閉住，不能領會宇宙萬有一體的事實。當人的意識被封閉住的時候，其意識的獨立思考就像是個在不斷空轉的機器，完全催生不出有內容的思想，這就是為何越是強調獨立思考的人，越會反映出其獨立思考的瓶頸，天人合一的生命當來自受體的意識，而不是主體的意識。

陽明先生在這裡講出個洞見：聖人只問純不純，不問重不重。不同重量的人，都可成就出相同的純金。在陽明先生的眼裡，他並不覺得孔子有機會成就出如堯舜那般恢弘的志業，雖然重量略輕，這並不妨礙孔子是個具有純金質量的聖人。其實，不僅如此，我們絕大多數的人，這一生有機會承擔的事情，其影響恐怕不出自己生活的範圍，但，這並不妨礙我們同樣能產生靈性的洞見，成為能與宇宙的存在精確對應的覺悟者。

原文

德章曰：「聞先生以精金喻聖，以分兩喻聖人之分量，以鍛煉喻學者之工夫，最為深切。惟謂堯、舜為萬鎰，孔子為九千鎰，疑未安。」先生曰：「此又是軀殼上起念，故替聖人爭分兩。若不從軀殼上起念，即堯、舜萬鎰不為多，孔子九千鎰不為少。堯、舜萬鎰，只是孔子的。孔子九千鎰，只是堯舜的。原無彼我。所以謂之聖。只論精一，不論多寡。只要此心純乎天理處同。便同謂之聖。若是力量氣魄，如何盡同得？（出自《傳習錄．上卷》第一百一十條）

167 身體是最真實的道場

陽明先生說：「如果人能去除比較的心態，不再稱斤論兩，硬是要做出什麼偉大的志業，纔能證實自己是個聖人，每個人都只是各自盡著自己的能量與精神，就只是在這個心靈如何能純粹善得天理去認真做工夫，那人人都自有其可塑性，個個能圓成生命，生命氣象大者能成其大，生命氣象小者能成其小，誰都不要往外假借與企圖，生命就能無不具足。這就是實實在在做著落實工夫，明白何謂至善的本體，來藉此誠意身體的事情。」（出自於《傳習錄．上卷》第一百一十條）

心靈是個大存有巢，這個存有巢使得整個宇宙都獲得孵育，整個宇宙由各種不同維度的宇宙共構，其內含無盡量卻常不重疊的宇宙（或即使重疊卻無法被侷限在單一維度的身體探知），譬如同樣有個我，生活在這個宇宙裡，卻在相同時間的不同空間或不同時間的不同空間裡，有著無盡量的「我」正在其他宇宙裡共同生活，因為生命本質並不是原子（atom），而是「光」，其波頻能在無數因緣和合的位置存在，當人還原至生命最純粹的本來面目，就能出離這個宇宙裡的身體，跳至那個宇宙裡的身體，因為生命的本質只是光，光能貫穿不同維度的宇宙，而整個宇宙其實具有多重性，這就是「多重宇宙」（Multiverse）。

因此，就產生這個很微細的現象：當人能捨棄這個身體侷限住的我，就能發現無盡量的我，更重要者，人會發現共構無盡量的我的本質，這就是捨棄自我能獲得自性的原因。自性本體由宇宙本體給出，這是因為光的存在來自光的源頭，儘管光的終極源頭會給出無盡量的駐點源頭，然而如果沒有終極源頭的存在，駐點源頭就無法給出能量，如果沒有終極源頭的照撫，駐點源頭就無法跟著照撫，這就是人的自我需要藉由做工夫來捨棄，藉此引燃駐點源頭（自性）的原因，其工夫雖然有萬變，卻不離其宗，這就是信仰宇宙本體，使得自性獲得開啟，信仰的精神意念，就使得身體在消融中呈現其光的本質。

宇宙本體實存在宇宙底，心靈這個大存有巢有個中軸點，宇宙本體就在裡面，這就是「心」中的「性」。為什麼心性本質無外無內呢？因為「內」與「外」的概念都是人的意識自設出的侷限，不符合宇宙一體的根本事實，人如果只往外探索心性，就不知心性；只往內探索心性，卻沒有心性。人體結構按著這個宇宙根本內容而獲得孕生，因此有個矛盾的事實：人得要捨棄身體，纔能證得自性，人卻得要探索身體，纔能證得自性，意即這個探索得經過意識的轉化，意即帶著貫通天人的信仰來探索身體，身體不再是自我的軀殼，而蛻變與還原其內容，當捨棄者不能捨棄，不能捨棄者能捨棄，身體本身就會讓人看見整個宇宙。

天理不在心靈外，心靈是個大存有巢，其交織出天，卻貫穿著人。身體就是人最真實的道場，要成聖或成魔，都在這裡見得高低。這就是為何陽明先生雖要人不在「軀殼上起念」，卻要人「實實落落明善誠身的事」的原因！

原文

若除去了比較分兩的心，各人盡著自己力量精神，只在此心純天理上用功，即人人自有，箇箇圓成，便能大以成大，小以成小，不假外慕，無不具足。此便是實實落落明善誠身的事。（出自《傳習錄‧上卷》第一百一十條）

168 完整的我們

有人讀書的時候，常會拿裡面的內容來指責批評朱熹。陽明先生說：「如果特意存個心靈來求異，這就不是涵養的本意。敝人的學說與晦庵先生常有不同的原因，在入門下手處有著細微如毫釐，差異如千里的區隔，因此不得不辯正，然而敝人的心靈與晦庵先生的心靈其實未嘗有不同。如果能將晦庵先生文章內的義理做清澈而精當的解釋，如何能對晦庵先生的文章再增減一個字！」（出自於《傳習錄．上卷》第一百零一條）

陷溺在自我意識的人，往往會因為執著於主體經驗，而站在這個經驗裡去對他人展開批評，他們往往自認出自善意，希望能糾正他人的「錯誤」，希望他人能幡然改正，而對他人的觀點不假辭色，卻往往忽略對生命展開跨主體的關懷，體察與自己不同的觀點背後能獲得成立的心理依據，這使得他們越認真指責他人，越反映出自身視野的窄化，因為他們無法將生命蛻變為受體，自然無法與不同的生命產生交融，更不能發現心靈其實未嘗有不同，只要人不陷溺在自我意識，生命就會自然流露出愛，萬有一體的事實就會獲得恢復，每個人雖然各有身體，卻有著相同的心靈。

有人竟有這種說法：認識陽明心學不能有任何解釋，只能不斷讀著陽明心學的書籍。且不說人如果不經由解釋，在自身的思維裡獲得整合，則根本無從認識陽明心學，更癥結的問題，就在認識陽明心學，如果說到底，不放棄陽明心學的書籍，則終究無法融會貫通陽明心學。人如果能將自己的思緒貼合著心靈的象限，則沒有我的心靈與你的心靈的區隔，只有個「完整的我們」，全部人的生命都在裡面，當人置身在這裡，則自然會對人家的思想做出清澈而精當的解釋，因為人家不是人家，人家只是自己，自己則沒有自己，自己只是良知。人如果能獲得這個完整的我們，則接著再讀任何聖人的典籍，其內容都無不能心領神會。

智慧是人活在完整的我們裡不斷有的領會。在完整的我們裡，人與人的情感產生深摯的締結，這個關係就稱作「我—你」的關係（I-Thou relation），這不再是主客對立的人際關係，因為彼此有著愛在相互給出，「你」不再是人面對自我外在的陌生人，而是用某種型態參與我生命的主體性的別個主體，當人願意讓你來做我生命裡的主體，人就要放棄宰制的心態，尊重且容納他人的主體進來，來讓彼此同時都能成為主體，這種主體就不再是原先那種堅壁清野的主體，而是「你中有我，我中有你」的新主體（其實更適合稱作受體）。哪裡有陽明心學？只有智慧本身。但，確實有陽明心學，這只是因應某個時空的環境需要，有一大群人願意彼此相愛，共同成就出當日最能解釋這一大群人生命的智慧。

原文

朋友觀書，多有摘議晦庵者。先生曰：「是有心求異，即不是。吾說與晦庵時有不同者，為入門下手處有毫釐千里之分，不得不辯。然吾之心與晦庵之心未嘗異也。若其餘文義解得明當處，如何動得一字？」（出自《傳習錄‧上卷》第一百零一條）

169 觀察意念的三個次第

有個弟子名惟乾，他問陽明先生說：「孟子說：『執中無權，猶執一也。』這是什麼意思呢？」陽明先生回答：「『中』只是天理的體現，只是《易經》的大化，隨時都在變易，如何能執著去把握住？自然得要因時制宜。很難預先制訂一個規矩來套死。這就像是後世的儒者，希望將道理一個接著一個，都說得毫無縫隙漏洞般，強要設計個格式來解釋，這正是對根本原則有錯誤的執著態度。」（出自《傳習錄・上卷》第五十五條）

陽明先生講的「中」就是指心靈象限裡的自性，自性不斷隨境變化，硬是要設立個理論，來周全解釋其變化的內容，這種企圖本身就是種精神的痴著不悟。如果自性的內容本不能有理論，那人該如何把握住自性呢？因為不論自性或自我，都藏在人的意識裡，這使得事上磨練本質就是意上磨練。因此，把握住自性，需要更換不同的思維型態，這種思維型態是不再做理性的籌謀規劃，藉此布局與經營，而是如《詩經・大雅・文王之什・皇矣》說：「不識不知，順帝之則。」意即不再想要靠理性思維識得或知得什麼，全然去感應而順應上天的法則。

如果事上磨練就是意上磨練，那藉由意上磨練來把握自性的工夫，這裡要探索其間三個觀察意念的次第：首先，你會很自然由外部變化的情境裡，觀察自己內部有個念頭在不斷跟著變化；再者，你觀察這些念頭由潛藏至萌芽的過程裡，其輸出與拓展的樣貌；最後，你回歸至念頭萌芽前的意識，觀察意識如何作為念頭存在前的機制，並如何培養念頭的潛藏，使其獲得萌芽的機會。當你能不斷練習這三個觀察意念的次第，你就是在做著致良知的觀念工夫，每個練習本身，都正在見本體。

這裡就是在對蘊含念頭的意識，做最究竟的檢視，使其獲得蛻變的機會，讓意識由有侷限的狹隘自我轉為無遮蔽的開放自性，因此會將念頭與意識做出區隔。常做這個練習，意識就會不斷深化，這就使得意識自然而然離開個體肉身的內外區隔，往廣大無礙的宇宙存有開拓，回歸至心靈的大存有巢，使得自性就直通人身，自我意識變成自性意識。這練習觀察意念的三個次第的過程裡，不能有任何的善惡評價，如果人受到社會道德的牽引與內塑，使得人總是不斷忙著譴責自己，那這種念頭本身同樣要拿到這個次第裡，展開由外而內的觀察。

觀察會生出能量，觀察得越仔細，醞釀出清晰銳利的洞見，能量就會越強大。引導這個觀察的主體當然還是在人，但，人本身願意開放自己，使得人主體獲得放空，不再執著其主體的範圍與界限，而與廣大無礙的天主體交融（天主體就是宇宙本體），這個人主體其本質就已是個受體，能承接著天的能量，當這個能量在人身產生，就意味著這個人主體已經有自性本體在主宰。但，人本身得要有這個根本意願，如果沒有這個根本意願，那宇宙本體無從在人身灌注自性本體，這個根本意願就是我們平日反覆強調的誠意。

原文

惟乾問孟子言「執中無權猶執一」。先生曰：「中只是天理，只是易，隨時變易，如何執得？須是因時制宜，難預先定一箇規矩在。如後世儒者要將道理一一説得無罅漏，立定箇格式，此正是執一。」（出自《傳習錄・上卷》第五十五條）

170 天情的外殼是天理

陽明先生說：「當人精神專篤，就直接把握住心靈的本體，就能體驗天理。動靜都只是天理在不同時節的變化而已。」（出自於《傳習錄．上卷》第四十四條）

當人精神專篤，就直接把握住心靈的本體，這是指人的意念首先感應本體，接著本體洋溢在自己的意念裡，使得意念裡全然只是本體的波流，這就是感性良知的發作。在人生命裡的本體，會特別稱作「自性」或「良知」，這是由天灌注給人身的本體，本體具有感性的根本屬性，因為這層根本屬性，人纔能與其交互感應與感通，這個交互感應與感通的內裡，就有個如管線般的存在，在天與人這兩者間傳輸著感性，如果人只看見管線的外殼，而不看見管線的內容，就會誤認維繫天人的是理性，殊不知天理這個外殼的真正內容其實是「天情」，體驗天理其實正是在體驗天情。這層根本內容，明朝的心學在思想茁壯的過程裡，面臨著程頤與朱熹的理學給出的強大思想籠罩，無法徹底釐清這層根本義，往往不得不將感性的本來面目蒙塵，來配合天理的說法，做不融貫的交互解釋，殊不知天理的內容是天情，天情的外殼是天理，兩者本是共生的關係。

當然，我們往日會將良知在特別稱作「感性良知」，還有一層含意，就是相對良知在社會層面的發作會稱作「理性良知」，理性良知的源頭或內涵，就是感性良知。因此，不只感應與感通天人的外殼需要天理，感應與感通世事的外殼同樣需要天理，讓人與人共築的社會有個管線來維繫其運作，當然需要理性良知這層規範，然而，這層規範的內裡，還是感性良知，如果只有這層規範卻沒有內容，那就如沒有水流的管線，會讓生命乾涸僵死，譬如森林沒有水流，則萬籟俱寂；城市沒有水流，則文明崩解，理性良知如果沒有感性良知作為支撐，那只是綑綁生命的教條。但，反過來看，如果感性良知沒有理性良知作為管線，那感性良知的恣意橫流，只會使得生命反被洪流吞噬。

然而，這只是個有趣的譬喻，裨益大家領會意象，我們思考問題，卻不能只拘泥在裡面。譬如說，感性良知與理性良知是否因此並不是同一件事情，如同管線與水流並不是同一件事情呢？的確，感性良知不是理性良知，如同兩性交媾是很自然的感性良知，然而兩性交媾不能只憑著感性的發作，人與人要符合或共構彼此能安住的社會規範。但，感性良知會演化或要演化出理性良知，否則感性良知就無法獲得安頓。感性良知的恣意橫流，還能稱作感性良知嗎？如果感性良知恣意橫流，使得人類的倫理秩序大壞（不論其倫理的型態是什麼），人類無法再生生不息，那這個感性良知就不再適合被稱作感性良知，不再是公欲而是私欲，因為這個欲的馳騁，無法再孕育生命的開展。

因此，自認感性良知發作，其行徑卻不能被社會既有的規範接受，或無法構築出新的規範，來指引著社會開展具有未來性的倫理秩序，如此其良知在轉化層面出現問題，這就意味著良知本身的體證有問題。為什麼呢？因為良知的本質「體用一原」，發用正有發體，陽明先生的弟子聶雙江要人去體證未發的良知，他稱那是「不睹不聞的寂體」，不能感應與感通的寂體，如何把握得住，這難道不是在忙著「抓鬼」嗎？因為根本沒有這個絕對虛寂的本體存在。宇宙本體確實有其虛寂面，這同樣是本體在未發裡的發作，人感應與感通自性本體的未發，其實在宇宙本體卻屬已發，宇宙本體是個無盡的發體，能量的源頭，它不斷的創生，無片刻的止息，使得宇宙因此生生不息，生生不息裡有著生死交替與動靜交替，聶雙江不過只是體證到本體的寂面而已，然而本體尚有運面，運寂兩面都是本體的發作，同是本體的屬性，因此體用一原。

原文

定者，心之本體，天理也，動靜，所遇之時也。（出自《傳習錄．上卷》第四十四條）

171 承認喜怒哀樂的存在

敝人曾經在前面討論過這個問題：弟子陸澄曾經問陽明先生有關陸象山指出應該在人情事變上面做工夫的說法。陽明先生回答：「除了人情事變，則人活著不再有任何事情了。喜怒哀樂這些事情難道不是人的情感嗎？由人的視聽言動這些舉止，到富貴與貧賤，患難與死生，這全部都是事變。事變同樣都是在人的情感裡，其要點只是在『致中和』，而『致中和』只是在謹慎面對生命的獨立性，如此而已。」

這裡還想再做補充：人應該首先要拋棄道德框架產生的制衡，纔能活出真道德。真道德不是來自於人害怕被懲戒，而不得不活在教條的規範裡，這種無形之網醞釀出的社會壓制，只會激生出人各種顛倒夢想，活在自欺欺人的精神狀態裡，用指責他人的敗德，來掩飾自己的敗德，藉此獲得道德正在保護自己帶來的安全感。人為什麼會有這種顛倒夢想呢？畢竟常人很容易害怕被社會懲戒，但，這種畏懼本身並不來自對生命真誠的瞭解，極易不知不覺使人留戀觸犯禁忌帶來感官的刺激性，使得人終究很難躲開心魔的牽引，做出敗德的舉措，接著就活在懊惱與自責裡，如此反覆循環。這種愚人管制愚人的做法，絲毫無法觸摸到智慧。

真道德來自於人生命的自覺，自覺則來自良知，人只有藉由真實感應著自身的存在，纔能感應出良知的存在，人該如何真實感應著自身的存在呢？首先，你就應該由承認你的喜怒哀樂開始著手。我們受到某種聖人神話太深的欺瞞，誤認成聖者不該有任何的情緒，如果人沒有任何情緒，那還是個人嗎？人有喜怒哀樂各種情緒，這是生命自然而然的波流，人應該讓這個波流自然而然的推展，在這個推展的過程裡，觀看引領著人活出如此真情實意的機制，那就是良知。人不應該害怕自己有情緒，因為本體有情，人自然有情，但，人的情的生滅，其發作自有發體，在發作裡觀看發體的存在，這就是在體證良知。

或許有人會問：「如果我馳騁著情緒，難道不會對自己與他人產生傷害嗎？」如果你真的產生這樣的自覺，那難道不正是來自良知的指引？問題正在很多人往往活在「我不該有情緒」的教條性的管制裡，釀就出生不生死不死的精神狀態，做任何事情都未曾盡興，讓自己生命的波流沒有獲得完整的推展，使得自己並不曾認識自己，而往往在自己即將與自己相見前，就已經被社會設計的面具，掩蓋住自己的本來面目，讓自己成為「共創和諧社會」這個大帽子的犧牲品，這往往使得人只是在忙著應酬交際，做個世人眼中的好人，卻沒有藉由對情緒的不斷剝落與還原，回歸出生命的本來面目。

因此，陽明先生會說「謹獨」，這是指謹慎面對自己生命的獨立性。人往往無法承認生命的獨立性，卻急著要獲得社會的認同，接著纔能獲得自己對自己的認同，這就使得人往往產生自己並不認同自己，卻渴望他人認同自己的荒謬現象。當人承認自己，尤其承認自己的喜怒哀樂，並真誠願意觀看這全部的喜怒哀樂，當人看得清這些情緒，包括情緒的動靜與始末，人還會只活在情緒的馳騁裡嗎？一點都不會！如果「人人都有良知」這是個事實，那人對情緒的馳騁，自然會有不忍的感知，人就會在當下由情緒裡獲得超越，產生沒有情緒的徹底了然，這就是回到《中庸》說喜怒哀樂未發前的「中」，這就是良知，良知的朗現覺照，使得人感受著祥和如煦，因此「致中和」只是來自人對喜怒哀樂的承認，能大膽承認喜怒哀樂這個已發的存在，其機制就來自良知這個未發的存在。

原文

澄嘗問象山在人情事變上做工夫之說。先生曰：「除了人情事變，則無事矣。喜怒哀樂非人情乎？自視聽言動，以至富貴、貧賤、患難、死生，皆事變也。事變亦只在人情裡。其要只在『致中和』；『致中和』只在『謹獨』。」（出自於《傳習錄．上卷》第四十條）

172 心靈就是神靈

陽明先生說：「省察作為工夫，這是在人有事情的時候，拿事情在心靈存養，善加琢磨；存養作為工夫，則是在人沒事情的時候，直接省察著心靈本身，仔細觀照。」（出自於《傳習錄．上卷》第三十九條）

到底什麼是心學？如果人不能承認心靈的存在，將心靈本身當作神靈般虔誠的信仰，如接待大賓般謹慎面對，沒有絲毫放鬆，那我們就不能說這個人正在涵養心學。「心靈就是神靈」，這六個字還有更深刻的意思，當人能懷著信仰神靈的態度來認識心靈，他就會發現心靈內自有神靈，真實不虛的存在，這種體會使得他對整個宇宙的認識都發生翻轉，他會發現從來沒有看見的景象，尤其是洞見全部的存在背後貫通交織的元素與線路，使得「萬有一體」成為他領悟的事實，這種領悟能進而拯救生命出離苦難，因為苦難的根源只有一個，那就是人執著在自我意識裡，實質斬斷萬有一體的聯結，使得人無法活出生生不息的存在感。

當人願意承認心靈就是神靈，人就會懷著戒慎恐懼的態度來面對心靈，而不會顯得散漫與隨意，畢竟這個面對其實不是種對象化的面對，人很容易因為沒有對象而不經意失察與輕忽，因此，只有承認心靈就是神靈，承認本來面目的存在，人纔能謹慎面對這整個面對的過程，使得自己跟自己相見。常見有人會在網路上跟揪人說自己願意「一生伏首」來信心學，卻往往講個三言兩語，人就不知不覺消失無蹤，這正是因為他的心靈沒有神靈，他覺得面對不面對，並沒有立即性與現實感，他很容易就覺得自己有「更重要的事情」要忙，就去從事著自己覺得更有意義的應酬交際了。

的確，認識心靈這件事情到底重要或不重要，人自己本身如果沒有智慧，本來就無法正確衡量，更何況中國大亂很長的一段時間，心靈早被抹煞與摧殘，精神意義的中國人早就不存在了，現在要恢復這個本來面目，當然不是容易的事情。不過，人如果沒有心靈，或者說，有心靈，卻沒有把心靈當作神靈，那我們就不要怨懟整個社會充斥著蠻橫與殘暴的行徑，隨意吃個飲食都會買到黑心商品，各種人與人的互動都隱藏著詐欺與傷害，當我們生活在毫無安全感的社會裡，我們應該老實承認，讓這個社會在光明的假象裡洋溢著陰暗，我們都是幫凶，因為我們縱容著自己的無知與無感，在我們的心靈裡，沒有神靈。

原文

省察是有事時存養，存養是無事時省察。（出自《傳習錄・上卷》第三十九條）

173
貫通晝夜的道理

蕭惠問死生的道理。陽明先生說：「知道晝夜，就會知道死生。」蕭惠接著問晝夜的道理。陽明先生說：「知道白天，就會知道晚上。」蕭惠對此不解問：「白天還會有什麼不知道嗎？」陽明先生說：「你真的能知道白天嗎？大多數人，每天懵懵懂懂的睡醒，然後愚愚蠢蠢的飲食，對自己的行徑沒有目標，對自己的積習毫無覺察，終日昏昏沉沉，這只是呈現在白天睡眠的狀態，我稱作『夢晝』。只有不論呼吸或眨眼那麼短的時間，都不停止存養心性，讓自己的心靈保持清澈靈敏，天理在其間的運作沒有一息間斷，這纔是能知道白天，這就是上天呈現在人身上的德性，這就是貫通晝夜的道理，其餘哪裡還有什麼死生的道理呢？」（出自《傳習錄．上卷》第一百二十九條）

人認識心性，不能只對看不見的層面極感興趣，卻對看得見的層面不感興趣，這種偏頗的心態，會使得人只想認識「死生的道理」，卻對釐清「晝夜的道理」毫不在意，結果就是沉湎在身外玄虛的宇宙奧義，眷戀著人只要認真活著，就很難直接經歷的死亡議題，熱烈的探索神怪，卻對身內實在的心性議題棄若敝屣，這不正就是活在「顛倒夢想」裡？殊不知人如果能貫通身內實在的心性議題，其實就能打破死生的限隔，悟出「死生如一」的實相，在其間把握住存在的智慧，在這種把握裡，會自然領會死亡，因為人已經首先領會跨越生死的根本奧祕。人該如何貫通身內實在的心性議題呢？這就來到陽明先生說的「晝夜的道理」了。讓自己的心性保持清澈靈敏，不該只有在靜坐的時候收攝精神，而是沒有片刻的懈怠，不論呼吸或眨眼，都不停止存養心性，都不擱置對存在最緊密的把握，這纔是他說人知曉白天（知晝），而不是在白天睡眠（夢晝）。

但，我們再繼續問，人如何纔能不擱置對存在最緊密的把握呢？這就得要來自我們對「知晝」更深刻的認識了。首先，人如果對自己的生命有絲毫欺瞞，這就毫無辦法「知晝」，知晝的具體辦法，得來自全然攤開生命，沒有閃躲與隱瞞，如實檢視自己的全部意念與行徑，這個檢視不是指批評與指責的意思，而是指沒有閃躲與隱瞞的觀看，沒有絲毫的道德評價，只有真誠坦然，這會讓觀看本身獲得鍾鍊，過濾出更精細與渾厚的能量，來不斷支撐著如此純粹的觀看，甚至會接著影響觀看的內容（自己的全部意念與行徑），使得意念與行徑都跟著變得更精細與渾厚，這個精細與渾厚的能量會不斷發展，接著會讓人「知夜」，意即人會在睡眠裡（或任何能保養精神的身體狀態，如靜坐）產生各種意境，精細與渾厚的能量會自然而然引領人來領會這些意境，人的覺知在這個過程裡不斷拔高，這就是為何陽明先生會說「知晝則知夜」了。

因此，人如果沒有發展出這兩個精神狀態來洞見人生，我們很難說這個人在正確學習心學，而能循序漸進的領會根本的智慧：其一，踏實的事上磨練，這得要來自全然外放的攤開生命，這就是「知畫」；其二，踏虛的境上磨練，這得要來自全然內縮的保養精神，這就是「知夜」。這裡面有個無上心法，當精細與渾厚的能量持續發展到頂峰狀態，就會讓心靈快速的「畫夜交替」，不斷在剎那間自然輪轉，讓「畫中有夜」而「夜中有畫」，最終「無畫無夜」，只有覺知的光照。這是什麼意思呢？人如果踏實的事上磨練，其總會與踏虛的境上磨練交織，使得事上磨練最終回歸本質，成為意上磨練，在這個狀態裡，做事的狀態裡會有深度的冥契經驗，使得做事本身具有精神的收攝性（畫中有夜）；休息的狀態裡同樣會有深度的冥契經驗，繼續在意境裡磨練著做事本身（夜中有畫）；最終事情不再是事情，事情不在人外，更不在心外，沒有在做事與不做事的區隔，更沒有保養精神與馳騁精神的區隔，人會作為大覺知者，不斷成就出「天德」，這就是貫通畫夜的道理。

原文

蕭惠問死生之道。先生曰：「知畫夜即知死生。」問畫夜之道。曰：「知畫則知夜。」曰：「畫亦有所不知乎？」先生曰：「汝能知畫？懵懵而興，蠢蠢而食，行不著，習不察，終日昏昏，只是夢畫。惟息有養，瞬有存，此心惺惺明明，天理無一息間斷，才是能知畫。這便是天德，便是通乎畫夜之道而知，更有甚麼死生？」（出自《傳習錄・上卷》第一百二十九條）

174 乾坤萬有基

陽明先生說：「大凡飲食只是要滋養我的身體，吃了要消化，如果只是蓄積在肚子裡，就鬱結成塊，如何能長出肌膚來？後世學者博文多識，留滯胸中，這都是如同飲食沒有消化那般的毛病。」（出自《傳習錄．下卷》第二十條）

如何辨識人的講話誠意不誠意？你只要觀察他講話的內容是不是由自家真實的體會出發，還是在拿他人的言語如鸚鵡學舌般，冀圖說著自己都聽不懂的話來鎮懾他人，你就能辨識他誠意不誠意。誠意首先是人面對自己的態度，而不是面對他人的表現，如果人不能攤開自己的生命，坦然澄清自己的每個意念，心裡有鬼怪作祟，表露出來的現象，就會是虛浮的假話滿篇，學者尤其會有這個大病，其充滿著傲慢，旁徵博引訴說各種見聞，卻完全無法讓人知道自己的真正想法，耽誤著自己與他人的精神。

在宗教信仰裡，任何宗教只要流傳時間長久，其間沒有大師承擔著將內涵更新與過濾的重責，其結果就會是不知不覺累積出一大堆該宗教獨門的術語，謙卑的叩問者在其間學習，乍看在完善其學問，卻正在摧毀其信仰，因為這樣的宗教沒有在幫忙人釐清自家生命，卻在勉強人認識身外知識，這種知識根本無關宇宙的本來面目，知道得越豐富，障蔽就越深刻，當學者不斷炫耀這些靠記憶強記得來的理解，只有讓生命異化到成為麻木不仁的人，還要聲稱畢生在學習如何悟道，這難道不是最嚴重的詐騙？

最典型的例證，莫過那些按照舊宗教的格套來聲稱要「打破我執」的人，其徵引各種與自家生命無關的悟道者的說法，來證實打破我執的絕對正確性，卻沒有意識到正在說話的自己，如果沒有身體，如何能從事任何「打破」的舉止？既然有著吾身，豈能動輒隨人訴說身體本質的無意義性？身體果真毫無意義，那修身將毫無存在基點，果真沒有自我的存在，哪裡還會有打破的命題呢？自我當然要蛻變出自性，然而自我不能被漠視其真實的狀態，人只有承認自己的身體，由承認自己的身體出發來認識生命，接著纔有反省的可能。

這就是為什麼「反省」這件事情具有反身性（reflexivity），只有回到生命自身的真實經驗，纔能領會存在。王心齋常說「百姓日用即是道」，其實每個人不論階層是帝王將相或販夫走卒，本質都是個「百姓」，如果不能在日常生活各種與身體有關的瑣事裡如實面對，尤其老實面對身體的各種慾望，冀圖拿其他外表燦爛的言語來掩飾這些真實的慾望，那他就不曾展開生命的反省，因為其內容不具備反身性。心學有著極度濃郁的現實感，良知作為乾坤萬有基，如果沒有懷著身體激發出的現實感，那根本無由體證。

原文

於中、國裳輩同侍食。先生曰：「凡飲食只是要養我身，食了要消化；若徒蓄積在肚

裡，便成痞了，如何長得肌膚？後世學者博聞多識，留滯胸中，皆傷食之病也。」（出自《傳習錄・下卷》第二十條）

175 跟天掛個號

陽明先生說：「聖賢並不是沒有世俗的功業與內含的氣節，但他們循著這天理運作的規則行事，就自然而然呈現道的脈絡，不會再拿功業與內含的氣節來標榜自己的名聲。」（出自《傳習錄．下卷》第二十三條）

這裡對「氣節」兩字要再做釐清。如果我們由古典的道德角度來認識氣節，則氣節就是呈現某種特殊意識型態的教條，具有外在性，諸如大家素來熟習的「忠，孝，仁，愛，信，義，和，平」這八德或「禮，義，廉，恥」這四維，不論其出自管子（仲）或哪位聖人的開示，如果這些道德觀念被無限上綱，奉作無法經由反省來內化至生命底層的規範，就難免會變成「吃人的禮教」。氣節首先得由自家性命來涵養，把握住感性良知，就是把握住內外合一的源頭（對個人來說，就是意識感應出自性的「氣」的流轉），把握住的當下，將其轉化出理性良知，意即轉化出能被世人理解的觀念（就個人來說，就是意識開展出自性的「節」的呈現），這纔能呈現出真實的「氣節」。由感性良知轉化出理性良知，這意味著人感應出宇宙的存在，將其符應出世界的存在，這個由感應至符應的歷程，就體現出證道的雙重性：

首先，人得要證得不落言筌的宇宙本體，這是「感性證道」；再者，人得要證得大落言筌的世界本體，這是「理性證道」，這兩者的合一，意即獲得雙重證道，人對整個道體的把握，纔能堅實與鞏固。

人對道體的堅實鞏固，則不論有事或無事，生命都只是在做同一件事情，當人的生命活得如此純淨，只是在做著同一件事情，他怎麼可能沒有世俗的功業？只是這個功業來自內在的外推，自然而然的揮發，並不需要勉強的經營。世人如果覺得涵養心性很辛苦，那是因為他只希望瞭解世俗諦的生命，藉此獲得自認能獲得的功業，卻往往畢生被自己這糊塗的生命糾纏而受苦，拿不到想像的功業，就只有抱怨自己命運不濟了，殊不知瞭解根本諦的生命，纔能開出偉大的功業，偉大的功業或許會呈現出各種名相，卻有個共同的特徵，那就是「執一御萬」，意即把握住道體，來統攝住全部的外事。不論是「感性證道」或「理性證道」，其間如果沒有「信」，意即信仰，則道體根本無法把握，因為道體本來不存在，不存在的東西，如果不願意信仰，其要如何獲得存在？信仰就如同看病掛號，信仰的當下，你就跟天掛號了，整個治病療程，自能通過信仰的過程裡，產生各種療癒的效應，如果不願意來掛號，卻就是只願意站在信仰的大門外，這就如同人站在醫院的大門外，不斷對整個醫院指指點點，說的都是無意義的廢話，卻與治療本身的病體毫無干係，這聽來或許很有趣，卻是絕大多數人的生命景象。

不要再講廢話了。來！跟天掛個號。

原文

先生曰：「聖賢非無功業氣節，但其循著這天理，則便是道，不可以事功氣節名矣。」（出自《傳習錄・下卷》第二十三條）

176 心體的自在坦露

門人環繞著陽明先生而坐，其中有人動靜舉止甚為矜持的樣子。陽明先生說：「人如果動靜舉止太過矜持，就其根本來說，還是生命有著弊病。」有弟子不禁疑惑發問說：「動靜舉止太過矜持，生命如何會有弊病呢？」陽明先生回答：「人只有這麼些個精神，如果專在容貌樣子上花精神，則對自己的心靈通常就照顧不到了。」有人的表現太過直率，陽明先生說：「如今講論心學這個學問，卻對外面完全不做檢束，這還是把心與事區隔開來，當作兩件事情了。」（出自《傳習錄．下卷》第三十二條）

陽明先生這段話很明白指出，人的精神有限，不能消磨在外在的應酬交際裡擺個樣子，同樣不能不管外在的樣子，只認為如此纔是直接在呈現率真。這裡面的收放該如何拿捏呢？與其回答該在什麼時候動靜舉止，不如回到根本，問自己：「你想做個什麼樣的人，纔會覺得淋漓盡致，生命沒有虛度？」這個問題的答案只有一個，不能有第二個假想。當你獲得這個問題的答案，你的全生命，不只是全部的器官，甚至全部的細胞，都能完全符應這個意念：「我只想做這樣的人！只想做這樣的事！」你已經探問到生命的底部，忘記毀譽得失，任何他人或自己的流言蜚語都與這個生命無關，不再有任何掛礙，不再有恐怖，沒有任何事情能動搖你要踏往這條路，在這個狀態裡，只要一息尚存，其精神就只是活在你的願望裡，那此刻，其實不再有時間與空間，只有存在本身，你已經活在實證裡，你只是這樣一個人，懷著這樣的精神，做著這樣的事情，內外被打成一片，而不再有內外的區隔，這就是心體的自在坦露，讓身體蛻變出道體！這，就是悟道了。

世上想悟道的人如江河裡的魚蝦，然而真悟道的人卻如銀河裡的北辰，其癥結就在人有著太濃郁的毀譽得失在身，懷著想做個世俗的好人心態，在生命的各環節裡委曲求全，不斷成全這個人的觀感與那個人的觀感，其實都只是在成全自己心裡的雜念，那就是只希望人人都羨慕自己或稱讚自己，讓自己在人前很威風，或有著美名，而不是想做真正的自己，活出生命的本真！如果有一天，你這樣的糊塗到處碰壁，讓你發現不斷應和他人，並沒有讓你獲得你想像裡該有的榮耀，或者，你進而發現：「我沒有辦法，我就是這樣的人，只能做這樣的事！」你打從心底承認自己，承認自己就只能這樣活，纔能活得心安理得，這種祥和的感覺，徹底與他人無關，你只能如此的發念與行事，即使開展出外在的恩仇，內在都不再有惱怨，你徹底知道自己就活在這個存在感，即使站在萬仞懸崖上，風聲如鶴唳，都不再有淒冷與孤寂，因為仰望整個燦爛的星空，都與你一體，你不是你，你只是這個飽滿的狀態，這時候，你會感覺出本體與你正緊密依偎，你就是本體。

原文

門人在座，有動止甚矜持者。先生曰：「人若矜持太過，終是有弊。」曰：「矜持太過，如何有弊？」曰：「人只有許多精神，若專在容貌上用功，則於中心照管不及者多矣。」有太直率者，先生曰：「如今講此學，卻外面全不檢束，又分心與事為二矣。」

（出自《傳習錄・下卷》第三十二條）

177 情緒的奴隸

有個人常常很容易動情緒責備人，陽明先生警惕他說：「探索心學最需要反省自己；如果只是責備他人，只見得他人的不對，卻看不見自己的錯誤；如果能反省自己，方見自己有許多事情做得並不完善，如何還有閒暇去責備他人？舜能化解掉象的驕傲，其關鍵點只是不去看見象的不對。如果舜只想要端正象的奸惡，就會看見象的不對，憑著象如此驕傲待人的態度，必然不肯屈服，舜如何能感化象呢？」這個人聽了很有感覺，對自己的行為不禁有悔悟。陽明先生再說：「你今後只不要去議論人家的對錯，只要想責備或議論他人的時候，就把這個念頭當作一件自己的大私欲，只有克制去除纔能罷休。」（出自《傳習錄．下卷》第四十五條）

陽明先生這段話，正就是對事上磨練就是意上磨練的最佳註腳。當我們的眼睛看見他人的錯誤，我們的情緒立即發作，很想要指責出來，我們對此要很警覺：那想要指責他人的意念，到底真是他人的錯誤，還是我們面對事情的不順，想要藉由發作來掩飾自己的錯誤？如果是後者，我們就應該即時打住自己的情緒，不要讓自己成為情緒的奴隸。如果我們無法控制自己的情緒，任由情緒潑灑，就會讓事情的發展反而越來越失控，畢竟我們不只在傷害他人，更在藉由指責他人來傷害自己。因此，誠意不是「有話直說」，不是看見他人的過失，立即說出來纔表示自己的正直；誠意應該是「遇事自問」，將觀察到的現象內在化，徹底釐清自己的意念，不要放過自己的過失。

更重要者，學習心學不應該將心學教條化，尤其不應該拿著心學的名號，徵引良知的相關話語來輕易指責他人，當我們想要隱藏自己內在的問題，最典型的做法就是將問題外在化，藉由高深的哲理闡釋，來指出他人的過失，或完全解構掉對任何價值的辨識，並模糊掉自己的過失，心學的涵養者最忌犯此弊端，往日的術語就稱作「狂禪」。生命的羅盤如果會消磁，那往往就是來自情緒的干擾，當良知尚未全然隱沒，最簡易的觀念工夫就是反省自己，不讓意念有纖毫受情緒控制的機會。情緒是意念正在起伏動盪的波流，只要意念會起伏動盪，就無法保守住感性良知，精確體證存在的深意。感性絕不是情緒，情緒出自個體的主觀，感性則來自超越主體的絕對善，這只有無遮蔽的反省自己纔能體證。

原文

一友常易動氣責人，先生警之曰：「學須反己。若徒責人，只見得人不是，不見自己非。若能反己，方見自己有許多未盡處，奚暇責人？舜能化得象的傲，其機括只是不見象的不是。若舜只要正他的奸惡，就見得象的不是矣。象是傲人，必不肯相下，如何感化得他？」是友感悔，曰：「你今後只不要去論人之是非，凡當責辯人時，就把做一件大己私，克去方可。」（出自《傳習錄・下卷》第四十五條）

178 生命裡的唯一要緊事

前面曾經討論過看書這件事情。有人請教陽明先生說：「看書不能明白，應該怎麼辦？」陽明先生回答：「這只是在文義上穿鑿附會，因此不能明白。果真如此，還不如只是讀著古時候的學問，看倒是看一大堆，順著飣餖訓詁解釋過去，好像都很順當，這樣做學問，縱然對這些文義認識得極為清楚明白，不過終身不會有什麼收穫。人需要在心體上做工夫。如果讀書不大明白，不知如何落實，就應該回歸到自家心上體會琢磨，如此就能豁然貫通。四書五經不過都只是在說這個心體，這心體就是所謂的大道，明白心體就明白大道了，更沒有第二件事情。這是做學問最關鍵的要領！」（《傳習錄・上卷》第三十四條）

常常有人會請敝人開書單給他，讓他能認真讀著真該終身誦讀不輟的書。瘋狂的時空已經焚書好幾回，想焚書的時候都不知道心疼，聖人倏忽基於需要被立個雕像，倏忽基於需要再被推倒雕像，任何偉大的思想，在現實的國度裡，其價值充其量都不過只是被當作個人牟取聲色犬馬與王朝牟取富國強兵的工具而已，只要手段達到就會被立刻棄置不顧，哪裡會有真該終身誦讀不輟的書呢？說到底，如果人沒有意識著心體，世上沒有一本書蘊含著寶藏。

如果人常意識著心體，自家就有著無數的寶藏值得筆錄成書。人如果不去意識著心體，這就如同一頭牛牽到北京還是一頭牛，讀萬卷書如同未讀書，行萬里路如同未行路，為何只是拿著準備讀書的說法，來作為掩飾心虛的口實，遂行著忽視心體的事實？通常會這樣發問的人，即使有幸拿到任何書單，書沒有讀兩天就被擱置了。

人應該把琢磨心體當作生命裡的唯一要緊事。在琢磨心體裡，自然而然的讀書與做事，自然而然每個讀書與做事，都會對自身琢磨的心體做出回應，讓自己明白正在從事的讀書與做事究竟正確與否。如果人不緊緊琢磨心體，那讀書很自然會讀不懂，做事很自然會做不順，讀不懂與做不順的人，最常見的徵象就會怨天尤人，讀不懂就怪他人寫書寫得不精確；做不順就怪他人做事做得不仔細，遇到大挫折，動輒就會感覺都是他人在背叛自己，或者怨懟老天幹嘛要這樣讓自己無端受盡折磨，自己彷彿置身事外，不需要對整個處境負擔核心的責任。陽明先生講的「知行合一」，不過只是在指出人願意琢磨心體這個內境，外境自然會給出相應的「知」與「行」，人不願意琢磨心體，卻在責備外境的「知」與「行」如何有問題，這就沒有把握住做學問最關鍵的要領了。

人這一生會發生如何的因緣，跟你的心量有著絕對的關聯性。心量的寬窄，會影響出現在你生命內的事情其意義的深淺。緊緊琢磨心體的人，自然會承擔更大格局的事情，事情如果不困難，就無法顯現有志者需要承擔的考驗，往往當有志者願意面對困難的剎那，事情本身就峰迴路轉了。如果竟對琢磨心體這件唯一要緊事都顯得疏懶，則終身就只是在忙碌裡過著盲目的人生，甚至最終變得無事可忙。觀諸明朝心學諸子，誰人不是承擔著蒼生或王朝的慧命，終其一生或在名山大澤間翻雲覆雨，或在宮闕廊廟間穿梭自如？如果有人竟會對自己遇到事情，稍有挫折，就表現出退縮與逃避的態度，或對意外有著驚慌失措與不耐易怒，其癥結就是他不願意相信心體的存在，不願意緊緊琢磨心體來大作一個人，而寧可讓自己的生命過得卑微，活在情緒的牢籠裡。

原文

問：「看書不能明如何？」先生曰：「此只是在文義上穿求，故不明。如此，又不如為舊時學問，他到看得多解得去。只是他為學雖極解得明曉，亦終身無得。須於心體上用功，凡明不得，行不去，須反在自心上體當即可通。蓋四書、五經不過說這心體，這心體即所謂道。心體明即是道明，更無二：此是為學頭腦處。」（出自《傳習錄・上卷》第三十四條）

179 偉大的弟子

陽明先生徵引《中庸》說「修道之謂教」，表示道體就是教化，有人不明白，問陽明先生說：「為什麼道體就是教化？」陽明先生回答：「道體就是良知，良知本來是完完全全的明白，如鏡子般察照，正確的事情就還給其正確，錯誤的事情就還給其錯誤，是非都只依著良知，不會有任何疑慮的情況，這良知就是你生命的明師。」（出自於《傳習錄．下卷》第六十五條）

生命只有善於做個「受體」，纔能聆聽存在的深意，與統攝萬有的本體和合，人如果只是執著自己這個主體，就會漠視身體外面的存在與自身本來緊密聯結，萬有一體的事實被主體蒙蔽，人就會與心性疏離。當陽明先生指出良知就是我們生命的明師，這就意味著只有我們有志做個清澈的弟子，纔能「虛己」，人願意放空生命，接受良知的指引，就能感應出存在的深意，活出有良知的人生。

或許有人會問：「良知看不見摸不著，該如何把握，接受良知的指引？」這就需要有證得本體實相的明師，來幫你點出良知的本來面目，這個證得本體實相的明師就是你的世界本體，他幫忙你架構出世界的存在，讓你獲得正確的觀點來領會這宇宙的存在，通過這個橋梁，使得你智慧大開，直悟本真，這樣的明師就儒家而言，就是你皈依的夫子。

不論有沒有夫子，都不能沒有弟子，因為弟子是良知要指引的對象。偉大的夫子著實難得，偉大的弟子更難得！因為偉大的弟子能虛己來體道，感應天聽，完整活在與本體合一的冥契，落實其對本體的領會，開展出淋漓盡致且推展世風的人生。當人的意念未淨，就會在活出自性或活在自我裡猶豫不決，就會只在意個人的毀譽得失，而不敢大膽承當，開出新生命。

偉大的弟子，來自謙虛的生命態度。謙虛不是種作態，不是在應酬交際裡故意表示禮讓，謙虛的對象在天不在人，即使面對著人，我們的虛己展露出的謙虛，其目的還是希望能傾聽天意，這點尤其應該注意，當人把握住本體，待人處事的表現就會溫和有情，善待每個受苦的生命，實踐理想的人格。因此，每個有志成聖的儒者，其要領就在鑄出偉大的弟子風範，堂堂正正做個人。

原文

「『修道之謂教』，道即是教。」問：「如何道即是教？」曰：「道即是良知。良知原是完完全全，是的還他是，非的還他非，是非只依著他，更無有不是處。這良知還是你的明師。」（出自《傳習錄．下卷》第六十五條）

180 造化的精靈

陽明先生說：「良知是造化的精靈。這些精靈能生出你認知的天與地，更能蛻變出你心中的鬼怪與上帝，全部的現象都由良知發出，其屬於第一義的自明概念，真的沒有任何具體事物能與其對應理解。人如果能將良知完完全全恢復，對生命沒有絲毫虧欠，會不自覺手舞足蹈，不知道天地間更有什麼快樂能取替人活在良知裡。」

造化是指宇宙生成變化，其精靈則是指良知，因此，敝人這裡闡釋「王子精靈法則」，談的內容就是陽明先生講良知的來龍去脈。宇宙本體創生萬有的存在狀態，在陽明先生的思想裡被微調，他側重在放大良知作為自性本體的意義，這種微調對於「天」的實質並沒有任何差異（宇宙本體不增不減不生不滅），卻對「人」面對「天」的態度發生重大差異，人不見得需要往外在去膜拜任何被建構成神明形象的上天，人只需要往內在去探索自性，自然能貫通天人與古今，心學特具某種內含有宗教性（卻不再是宗教）的人文精神，人存在的意義被其闡發出來，人如果往自身發掘生命的本來面目，完全恢復良知，沒有任何障蔽，就能直接與上天感應道交，在神會的過程裡獲得無與倫比的喜悅，這即是悟道的經驗。

蘇格拉底（Socrates）曾說：「我唯一知道就是我一無所知。」這是人面對自我意識最謹慎的發言。然而，敝人會說：「我知道我本來不知道的事情。」這是人從自性意識出發，對宇宙生成變化產生的洞見，後一個「我」是指「自我」，前一個「我」則是指「真我」，當真我被開啟，智慧就能如源泉滾滾不捨晝夜般的出來。當人把握住由自性而不是自我的角度，纔能瞭解陽明先生會說「我的靈明，便是天地鬼神的主宰」這段話的意思，因為天沒有我的靈明，誰去仰他高？地沒有我的靈明，誰去俯他深？鬼神沒有我的靈明，誰去辨他吉凶災祥？天地鬼神萬物離開我的靈明，便沒有天地鬼神萬物了。因此，陽明先生表示：「可知充天塞地中間，只有這個靈明。」他舉例說，我們觀察已經死亡的人，他內在的精靈游散了，對他而言，其天地萬物根本什麼都不存在。

通常「人只為形體自間隔」，這是指人因為自我意識產生內外的隔閡，對生命的感知產生侷限。因此，如果人沒有開啟良知，天地鬼神萬物都不會被人感知，不會被人感知，他們就不存在。這個觀點，頗與英國哲學家柏克萊（George Berkeley）指出：「存在就是被感知。」（To exist is to be perceived.）兩者說法頗能相互會通解釋，在柏克萊的觀念裡，如果人沒有感知，外在的對象就不曾存在，由於人人都有感知，外在的對象受到眾人意識的交會映生，因此恆常在生滅間存在。與此有關，最有名的故事就是那「南鎮觀花」的故事，陽明先生帶著弟子在南鎮遊玩論學，有名弟子指著岩石中長出的花樹問：「您說天下無心外之物，此刻這株花樹在深山中自開自落，不因我的本心來去而受影響，兩者究竟有什麼關係呢？」

陽明先生則回答：「你沒有來看這株花樹前，這株花樹從來不曾出現在你的心體，兩者同歸於寂靜；當你來看這株花樹的當下，這株花樹的顏色頓時豁然開朗，你就知道這株花樹不在你的心體外。」因此，花樹客觀存在與否，並不是本質的重點，畢竟在因緣假合裡什麼東西都只是短暫的幻象，重點是人的良知如果沒有意識到花樹的存在，則花樹就不曾存在。就柏克萊的觀念來說，人沒有意識到花樹的存在，然而花樹依舊客觀存在，這只是因為其他人意識到花樹的存在使然，這使得「存在就是被感知」的說法能持續成立；對陽明先生來說，客觀的花樹會存在，這是因為宇宙本體創生該花樹的存在，人如果復見良知，就能與宇宙本體合一，感知該花樹屬於「宇宙的存在」，其感知本身同樣是緊跟著宇宙本體在從事創生的工作，這種創生我們則稱作「世界的存在」。

宇宙本體（天）創生宇宙的存在，人通過把握住自性本體，與其合一，創生世界的存在，這世界意指「意識與語言的和合」，意識藉由語言給出花樹的觀念，當世界的存在符應宇宙的存在，花樹就在人的心內與心外現身。天地萬物從來生滅不已（換個角度即是生生不息），本沒有是非可言，然而，人置身在宇宙間，探索生命存在的意義，就已產生「是非」，這個是非產生的觀念，不能離開宇宙的存在的實質內涵，卻已經不再是宇宙的存在本身，這是自性本體既來自於宇宙本體，又不同於宇宙本體的根本特徵。當我們來學習「王子精靈法則」，其目標就在打破既有宗教彼此名相壁壘帶來的阻斷，直接把握住全部宗教共有的內核，因為開闢出「地」（世界的存在）來面對「天」（宇宙的存在），使得「人」產生真正的主體性，精神生命獲得解脫與解放，這就是天地人三才的對應整合關係。

原文

先生曰：「良知是造化的精靈。這些精靈，生天生地，成鬼成帝，皆從此出，真是與物無對。人若復得他完完全全，無少虧欠，自不覺手舞足蹈，不知天地間更有何樂可代。」（《傳習錄．下卷》第六十一條）

先生曰：「可知充天塞地中間，只有這個靈明，人只為形體自間隔了。我的靈明，便是天地鬼神的主宰。天沒有我的靈明，誰去仰他高？地沒有我的靈明，誰去俯他深？鬼神沒有我的靈明，誰去辨他吉凶災祥？天地鬼神萬物離卻我的靈明，便沒有天地鬼神萬物了。我的靈明，離卻天地鬼神萬物，亦沒有我的靈明。如此，便是一氣流通的，如何與他間隔得！」又問：「天地鬼神萬物，千古見在，何沒了我的靈明，便俱無了？」曰：「今看死的人，他這些精靈游散了，他的天地萬物尚在何處？」（出自《傳習錄．下卷》第一百三十七條）

先生游南鎮，一友指巖中花樹問曰：「天下無心外之物，如此花樹，在深山中自開自落，於我心亦何相關？」先生曰：「你未看此花時，此花與汝心同歸於寂。你來看此花時，則此花顏色一時明白起來。便知此花不在你的心外。」（出自《傳習錄．下卷》第七十五條）

王子精靈法則：陽明心學智慧記

2018年8月初版
定價：新臺幣560元

著　　者　陳　　　復
叢書編輯　張　　　擎
內文排版　極翔企業有限公司
校　　對　馬　文　穎
封面設計　江　孟　達
編輯主任　陳　逸　華

總 編 輯　胡　金　倫
總 經 理　陳　芝　宇
社　　長　羅　國　俊
發 行 人　林　載　爵

出版者　聯經出版事業股份有限公司
地址　新北市汐止區大同路一段369號1樓
編輯部地址　新北市汐止區大同路一段369號1樓
叢書主編電話　(02)86925588轉5321
台北聯經書房　台北市新生南路三段94號
電話　(02)23620308
台中分公司　台中市北區崇德路一段198號
暨門市電話　(04)22312023
台中電子信箱　e-mail：linking2@ms42.hinet.net
郵政劃撥帳戶第0100559-3號
郵撥電話　(02)23620308
印刷者　文聯彩色製版印刷有限公司
總經銷　聯合發行股份有限公司
發行所　新北市新店區寶橋路235巷6弄6號2樓
電話　(02)29178022

行政院新聞局出版事業登記證局版臺業字第0130號

本書如有缺頁，破損，倒裝請寄回台北聯經書房更換。　ISBN 978-957-08-5158-8 (平裝)
聯經網址：www.linkingbooks.com.tw
電子信箱：linking@udngroup.com

國家圖書館出版品預行編目資料

王子精靈法則：陽明心學智慧記／陳復著．初版．
新北市．聯經．2018年8月（民107年）．576面．17×23公分
ISBN 978-986-05-5158-8（平裝）

1.（明）王守仁　2.學術思想　3.陽明學

126.4　　107012478